들뢰즈와 탈근대 문화연구

이 책은 동국대학교 통합인문학 특성화 사업의 일환으로 출판된 책입니다.

들뢰즈와 탈근대 문화연구

펴낸이 | 박미옥
펴낸곳 | 도서출판 당대
제1판 제1쇄 인쇄 | 2008년 3월 20일
제1판 제1쇄 발행 | 2008년 3월 30일
등록 | 1995년 4월 21일 (제10-1149호)
주소 | 서울시 마포구 서교동 395-99 402호
전화 | 323_1315 323_1316
팩스 | 323_1317
dangbi@chol.com
ISBN 978-89-8163-142-0 03150

들뢰즈와 탈근대 문화연구

장시기 | 지음

당대

책머리에

21세기 대한민국의 자화상과 코엔 형제의 〈노인을 위한 나라는 없다〉

최근 코엔 형제의 〈노인을 위한 나라는 없다〉의 영화를 보았다. 이 영화는 19세기 후반과 20세기 초반에 아일랜드에서 활동했던 시인 예이츠(W. B. Yeats)의 「비잔티움으로 가는 항해」(Sailing to Byzantium)에서 나오는 "그것은 노인을 위한 나라가 아니다"라는 구절을 패러디하여 21세기 미국의 서부를 사실적으로 묘사한 코맥 매카시(C. Mccarthy)의 소설 『노인을 위한 나라는 없다』를 영화한 작품이다. 「비잔티움으로 가는 항해」에서 예이츠는 20세기 초의 아일랜드와 영국을 포함한 서구유럽의 세계를 "노인을 위한 나라가 아니"라고 선언하고, 제국주의 영국이나 그 식민지였던 아일랜드가 아니라 이슬람의 문명권에 있으면서 고대그리스의 문화가 살아서 꿈틀대고 있는 "비잔티움으로 가는 항해"를 선언한다.

19세기 후반과 20세기 초반의 영국과 아일랜드를 "노인을 위한 나라가 아니"라고 선언하는 예이츠와 마찬가지로 코맥 매카시와 코엔 형제는 "노인을 위한 나라가 아닌" 미국과 멕시코의 국경지대를 배경으로 소설을 쓰고 영화를 만든 것이다. 19세기 후반과 20세기 초반의 유럽 근대성을 극복하는 대안으로 제시되었던 미국이 또다시 "노인을 위한 나라가 아니"라고 이야기되는 것은 무슨 이유 때문일까? 20세기 후반과 21세기 초반의 미국과 멕시코가 "노인을 위한 나라가 아니"라면, 미국을 우방으로 생각하고 미국식 삶의 방식을 최선이라고 생각하고 있는 우리 대한민국은 도대체 어떤 나라일까? 그것이 바로 영화 〈노인을 위한 나라는 없다〉를 보면서 끊임없이 나의 뇌리에서 떠나지 않았던 문제였다.

예이츠와 같은 동시대의 아일랜드 소설가 제임스 조이스(J. Joyce)는 『젊은 예술가의 초상』(*A Portrait of the Artist as a Young Man*)이라는 소설에서 예이츠와 마찬가지로 자신의 조국 아일랜드를 "새끼돼지를 잡아먹는 어미돼지의 나라"라고 비난하면서 당시의 다국적 도시이면서 예술의 도시이기도 한 프랑스 파리로 떠난다. 예이츠와 조이스가 19세기 후반과 20세기 초반의 아일랜드와 영국을 "노인을 위한 나라가 아니"며, "새끼돼지를 잡아먹는 어미돼지의 나라"라고 명명하는 것은 자본과 권력만을 추구하여 온갖 폭력이 난무하는 당시의 제국주의 영국과 식민지 아일랜드에 대한 근대성의 본질을 간파한 것이라고 할 수 있다. 독자를 위하여 예이츠의 시, 「비잔티움으로 가는 항해」를 번역하면 다음과 같다.

비잔티움으로 가는 항해

그것은 노인을 위한 나라가 아니다. 젊은이들은
서로 무리지어, 나무에 있는 새들처럼
—죽어가는 세대들의— 노래를 부르고,

연어가 모이는 폭포, 고등어가 우글거리는 바다,
물고기, 살 또는 닭의 무리들이 여름 내내
생겨나고, 태어나서, 죽어가는 모든 것을 칭송하는 나라.
온통 육욕적인 음악에만 사로잡혀
세월과 무관한 지성의 기념비를 무시한다.

나이든 사람은 단지 닭처럼 하찮은 존재,
영혼이 박수를 치거나 더 큰소리로 노래하지 않는다면,
누더기 옷을 걸치고 지팡이에 의존하는 하찮은 존재.
누더기 옷을 걸치고 죽어가는 노인을 위하여
영혼의 거대한 기념비를 공부하지 않고
노래만 하는 학교는 없다.
그래서 나는 바다를 항해하여
비잔티움이라는 신성한 도시로 갔다.

오, 하나님의 신성한 불속에 있는 성자들은
인류의 순환 속에 있는 원형의 인간,
마치 벽의 황금벽화 속에 있는 것처럼 불속에서 나와,
내 영혼을 노래하는 스승들이 되어주시라.
나의 심장을 완전히 소진시켜서, 욕망에 병들고
도대체 어떤 존재인지 알지도 못하는
죽어가는 동물이 되어버린 나,
영원의 예술품으로 새롭게 만들어라.

이미 자연에서 벗어나버린 나는 결코

어떤 자연적 존재에서도 내 몸의 형상을 얻을 수 없다는 것을 안다.
그러나 나는 게으름뱅이 황제를 일깨우는 위하여
그리스의 대장장이가 황금을 담금질하고
황금을 장식하여 만든 형상이 되거나,
혹은 황금가지에 앉아서
비잔티움의 신사와 숙녀들에게
과거와 현재와 미래를 노래하는 새가 되기를 바라노라. (필자 번역)

예이츠가 이야기하는 19세기 말과 20세기 초반의 아일랜드와 영국이 "노인을 위한 나라가 아닌" 이유는 시의 첫 연에서 예이츠가 "젊은 이들은/서로 무리지어, 나무에 있는 새들처럼/―죽어가는 세대들의―노래를 부르고,/연어가 모이는 폭포, 고등어가 우글거리는 바다,/물고기, 살 또는 닭의 무리들이 여름 내내/생겨나고, 태어나서, 죽어가는 모든 것을 칭송하는 나라"라고 말하는 것처럼 삶의 세대가 아닌 "죽어가는 세대들이" 오직 "여름"에만 "생겨나고, 태어나서, 죽어가는 모든 것을 칭송하는 나라"이기 때문이다. 이러한 나라는 "온통 육욕적인 음악에만 사로잡혀/세월과 무관한 지성의 기념비를 무시하"는 나라이다. 그래서 경제적 능력이 없거나 정치적 당파를 조직하지 못하는 "나이든 사람은 단지 닭처럼 하찮은 존재"이고 경제적 이익이나 정치적 당파를 위하여 "영혼이 박수를 치거나 더 큰소리로 노래하지 않는다면,/누더기 옷을 걸치고 지팡이에 의존하는 하찮은 존재"이고 그런 나라에는 "누더기 옷을 걸치고 죽어가는 노인을 위하여/영혼의 거대한 기념비를 공부하지 않고/노래만 하는 학교는 없다." "그래서 나는 바다를 항해하여/비잔티움이라는 신성한 도시로 갔다." 예이츠가 "비잔티움이라는 신성한 도시로 간" 이유는 경제적 논리나 정치적 논리를 위해서가 아니라 자신과 자신의 삶을 "영원의 예술품으로 새롭게 만들"기 위해서이다.

예이츠의 「비잔티움으로 가는 항해」나 조이스의 『젊은 예술가의 초상』이 19세기 후반과 20세기 초반의 영국과 아일랜드를 이야기하는 것처럼 20세기 후반과 21세기 전반의 미국과 멕시코를 이야기하는 코엔 형제의 영화 〈노인을 위한 나라는 없다〉에는 오직 자본과 폭력이 난무하는 무한히 강한 강자들만이 존재하고 "노인"과 마찬가지로 여성과 어린이 등의 소수자들은 자본과 폭력의 무차별적인 대상일 뿐이다. 과거와 현재의 차이는 19세기 후반과 20세기 초반의 영국과 아일랜드의 근대성이 지녔던 자본과 촉력이 아마추어의 성격과 유럽열강의 지역적 특성을 지니고 있었다면, 20세기 후반과 21세기 초반의 미국과 멕시코가 지니고 있는 자본과 폭력은 프로페셔널의 성격과 전지구적인 특성을 지니고 있다는 것이다. 바로 이러한 프로페셔널하고 전구적인 미국의 근대성 때문에 조이스의 『젊은 예술가의 초상』에 등장하는 젊은 스티븐 데달루스가 영국의 식민지 아일랜드를 버리고 프랑스 파리로 떠나거나 「비잔티움으로 가는 항해」에서 시적 화자인 예이츠가 이슬람문명의 비잔티움으로 떠나는 것과는 달리 20세기 후반과 21세기 초반의 미국과 멕시코에서는 삶이나 예술의 생성을 위하여 그 어디로 떠날 곳이 없다.

영화 〈노인을 위한 나라는 없다〉에는 유혈이 낭자한 참혹한 시체들과 마약 그리고 달러로 표현되는 돈과 죽고 죽이는 추격과 도망의 음모와 살인만이 있다. 옛날 서부영화들에서 그렇게 용감무쌍하게 제시되었던 보안관 벨은 가급적 사건에 연루되지 않기 위해 끊임없이 범죄로부터 거리를 두고 있을 뿐이다. 그들과의 거리를 두는 것만이 서구적 근대가 만든 "노인을 위한 나라"가 아니거나 "새끼돼지를 잡아먹는 어미돼지의 나라"에서 나름대로 생명을 유지하는 방법이다. 그러나 "노인"은 단지 보안관 벨만이 아니다. 평범한 사나이 모스도 노인이고, 그의 부인과 장모도 노인이다. 그들은 그들이 알지 못하는 사이에 근대적인 나라에서 일어나는 사건과 연루되어 아무 이유도 없이 죽는다. 보안관 벨처럼 일정한 거리에 대한 인식이 없는 평범한 사나이 모스와 마찬가지로 우리는 자본을 좇다가 이유도 없이 죽거나, 우리의 사랑하는 주위사람들을 죽일 것이다. 영화 〈노인을 위한 나라는 없다〉에서 이야기하는 미국의 서부와 멕시코의 국경에서 우리 대민민국은 자유롭지 못하다. 그래서 우리에게 더더욱 필요한 것이 자본과 거리두기이고, 미국과의 거리두기이며, 근대적 사건들과의 거리두기이다.

들뢰즈의 노마돌로지적 사유체계와 오늘날 탈근대 문화연구는 〈노인을 위한 나라는 없다〉의 보안관 벨처럼 자본과의 거리두기, 근대국가와의 거리두기 그리고 근대적 사건들과 거리두기의 방법들을 제시한다. 그것은 마치 19세기 후반과 20세기 초반의 예이츠와 조이스가 「비잔티움으로 가는 항해」와 『젊은 예술가의 초상』에서 영국과 아일랜드의 근대성과 거리두기를 하고 있는 것처럼 20세기 후반과 21세기 초반의 미국에서 소설을 쓰고 영화를 만드는 코맥 매카시와 코엔 형제는 후기근대의 "노인을 위한 나라가 아니"거나 "새끼돼지를 잡아먹는 어미돼지의 나라"인 미국과 거리두기를 하고 있다. 예이츠와 조이스가 근대적인 사회·국가·자본과의 거리두기를 통하여 제1차 세계대전과 제2차 세계대전으로 몰락한 영국과 유럽의 제국주의적 근대성과 아일랜드의 식민지적 근대성을 간파하고 있듯이 코맥 매카시와 코엔 형제는 오늘날 미국이 지닌 제국주의적 근대성과 멕시코의 식민지적 근대성을 간파하고 있는 것이다.

들뢰즈의 노마돌로지적 사유체계는 나 자신을 포함한 모든 문화연구의 텍스트들과 거리두기를 하면서 그 텍스트의 생명성을 바라보는 학문적 시선을 제시한다. 따라서 들뢰즈의 노마돌로지적 사유체계를 근대의 국가주의적 시선이나 계몽주의적 사유방식으로 바라보면, 지극히 난해하기 그지없다. 그러나 예이츠와 조이스처럼, 혹은 코맥 매카시나 코엔 형제처럼 국가주의 철학이나 계몽주의적 지식인의 사유방식에서 벗어나면, 들뢰즈의 노마돌로지적 사유체계는 즐거움의 철학이며, 생성의 미학이고, 노마드의 과학이라는 것을 쉽게 간파할 수 있다. 그러한 즐거움의 철학과 생성의 미학 그리고 노마드의 과학을 독자들과 지속적으로 나누고자 하는 것이 나의 유일한 꿈이다. 그러한 학문적 즐거움을 서로 나누다 보면, 언젠가 근대의 세계는 저만치 사라지고 평화와 생성을 꿈꾸는 탈근대의 사회가 이미 도래해 있지 않을까? 그러한 꿈이 독자들에게 온전하게 전달되지 못했다면, 그것은 전적으로 나의 학문적 연구의 태만이라고 말할 수밖에 없다.

장시기

차례

서장

근대 인문학의 위기와 탈근대 인문학의 생성

1. 인문학의 위기와 근대성

서구의 근대성 연구자인 아그네스 헬러(Agnes Heller)는 "모든 인간은 자유롭게 태어나고 평등하게 이성과 양심을 (신으로부터) 물려받았다"는 개념이 '근대성의 토대'(Heller 1999, p.135)가 된다고 이야기한다. 자유와 평등을 토대로 한 이성과 양심이 근대의 개인과 사회 그리고 국가의 토대가 된다는 것이다. 물론 근대의 개인은 전근대를 구성하는 왕의 백성이거나 신(God)의 신민이 아니라 "국민국가(nation state)를 구성하는 국민"으로서의 '개인'이다. 이러한 이유 때문에 영국과 독일 그리고 프랑스에서 시작한 서구의 근대 인문학은 가장 자유로운 영혼과 가장 훌륭한 이성과 양심을 사유하고 실천하기 위한 인문학(humanities, arts and humanities) 연구를 확고한 근대국가의 틀이 이루어진 19세기 중반 이후에야 비로소 근대 대학제도의 토대로 설정하였다.[1)]

다소 시간과 공간의 차이는 있을지언정 서구대학들의 인문학 연구의 틀은 일본과 한국을 비롯한 비서구국가들에서도 마찬가지이다. 따라서 오늘날의 인문학의 위기는 근대 자본주의가 만든 시장의 확대가 대학의 학문시장으로 후기근대성의 시장주의를 확장시킨 것과 더불어, 오늘날 우리의 삶을 구성하는 개인과 사회 그리고 국가의 형성과 미래의 발전에 인문학이라는 "자유와 평등을 토대로 한 이성과 양심에 대한 사유와 실천"이 전혀 도움이 되지 않는다는 인문학 스스로의 반성이기도 하다. 이러한 측면에서 오늘날 제기되고 있는 인문학의 위기에 대한 탐색은 시장의 확대 그리고 자유와 평등을 토대로 한 이성과 양심에 대한 사유와 실천이 지니는 근대적 의미를 탐구하는 것이라고 하겠다.

시장의 확대와 인문학 스스로의 반성에 하나의 모델이 되는 것이 과학과 인문학의 대립이다. 이러한 과학과 인문학의 대립은 인문학 내부에도 존재한다. 1867년에 옥스퍼드대학에서 영문학과 개설을 둘러싼 논쟁은 당시 역사학 교수였던 에드워드 프리만(Edward Freeman)의 다음과 같은 연설에 의해 길이 막혔다. "우리는 문학연구가 '취향을 가꾸어주고, 연민을 교육시키며, 정신을 확대시킨다' 고 들었다. 이러한 것들은 모두 훌륭한 것들이다. 그러나 우리는 취향과 연민을 조사할 수 없다. 연구자들은 연구하기 위하여 기술적이고 적극적인 정보를 가져야만 한다."(Barry 1995, p. 14)

프리만의 연설 속에는, "취향" "연민" 그리고 "정신"과 같은 "훌륭한" 인문학적 주제들은 "기술적이고 적극적인 정보"라는 과학적 방식에 의해 입증되어야만 한다는 근대 과학정신이 깃들어 있다. 아무리 훌륭한 인문학적 가치들이라 하더라도 과학적 방식에 의해 입증되어야만 비로소 대학이라는 제도 속에서 연구할 가치가 있다는 것이다. 이것은 중세의 대학에서 유지되었던 학문이 기독교 신학에 종속되었듯이 문학·역사학·철학이라는 인문학이 근대대학의 제도 속에 들어오기 이전에 이미 근대의 대학은 "근대성의 지배적인 세계관"이라고 일컬어지는 기술의 논리, 즉 과학에 종속되었다는 증거라고 할 수 있다.

근대의 대학이 과학에 종속되었다는 또 다른 증거 하나가 바로 인문학에 대한 인문과학(human science)이라는 명칭일 것이다. "근대성의 지배적인 세계관"이 과학이라는 기술적 논리이기 때문에, 근대 인문학의 형성에서 과학은 항상 인문학자들의 뇌리에 마치 셰익스피어의 『햄릿』에 등장하는 '햄릿'의 유령처럼 하나의 거대한 아우라를 형성하였다고 할 수 있다. 그 유령과 아우라를 해결하는 길은 과학의 출발점이 되는 명제, 즉 인문학을 구성하는 문학, 역사학 그리고 철학의 출발점이 되는 명제를 발견하는 일이다. 이러한 근대 인문학의 기본적인 명제가 바로 정신/몸(물질)의 이분법에서 출발한 데카르트의 코기토라는 "생각하는 나"이다. 정신/몸의 이분법에서 과학이 '몸'(물질)을 연구의 대상으로 삼았다면, 인문학은 정신을 연구의 대상으로 삼았다는 것이다.

이러한 이유 대문에 근대 인문학의 철학은 헤겔이 정의한 '최고의 정신'(the supreme mind)을 연구하는 것이고, 역사학은 랑케(Leopold von Lanke)가 정의한 것처럼 "사실과 객관적 추론을 입증하는 하나의 과학"으로서 "실제로 있었던 그대로의 과거"를 제시하는 것이었고, 문학은 매튜 아놀드(Matthew Arnold)가 정의한 것과 같은 "이 세상에서 사유되고 알려진 최상의 것"(Arnold 1869, p. 5)을 과학적 비평으로 입증하는 것이었다. 물론 이러한 인문학의 명제는, 뉴턴의 중력의 법칙과 아인슈타인의 상대성이론에서 보는 바와 같이 과학의 명제가 시간과 공간의 차이에 따라 변화하는 것처럼 변화한다. 이런 측면에서 1950년대 이후에 형성된 인문학과 과학의 대립과 갈등은 근대과학과 근대 인문학의 형성 이후에 두 분과학문들이 어떻게 변화하였으며 문화연구가 어떻게 등장하였는가를 아주 잘 보여준다.

2. 인문학과 과학의 갈등과 문화연구의 등장

1959년, 물리학자이면서 소설가인 동시에 과학행정가인 스노우(C. P. Snow) 박사가 케임브리지대학에서 행한 "두 개의 문화와 과학혁명"(The Two Cultures and the Scientific Revolution, Eaglestone 2000, p. 124)이라는 강연은 서구 근대 인문학의 형성 이후로 인문학과 자연과학 사이에 존재했던 갈등의 불씨에 불을 지폈다. 그는 인문학과 과학 사이에 존재하는 인식의 차이를 전제한 이후에 다음과 같이 이야기한다. "한편으로, 인문학에 종사하는 사람들은 과학자들을 비문화적이고, 문화해독력이 부재하며, 무도덕적이고, 아름다움에 대한 인식이 불가능하고, 인간의 조건에 대한 어떠한 이해도 결여되어 있는 것으로 간주한다. 다른 한편으로, 과학자들은 인문학적 설득을 행사하는 사람들을 시대의 혁명에서 낙오되어 퇴보하는 것처럼 보이는 지적 속물들로 간주한다." 스노우 박사는 이러한 인문학과 과학 사이에 존재하는 인식의 차이를 "열역학 제2법칙을 아는 것과 셰익스피어의 작품 하나를 읽은 것은 동등한 가치를 지닌 것이다"라고 전제하면서 "인문학에 종사하는 사람들은 적어도 셰익스피어의 희곡 한 편은 읽었으면서도, 열역학 제2법칙을 아는 사람은 그 어디에도 없는 것 같다"(같은 곳)는 것이다.

이러한 스노우의 강연에 대한 반격으로 당시 영국 영문학의 대부로 일컬어졌던 리비스(F. R. Leavis) 교수는 같은 대학에서 1962년에 "두 개의 문화라고 역설한 스노우의 의미"(Two Cultures? The Significance of C. P. Snow)라는 제목의 강연을 했다. 그러나 스노우의 강연이 인문학과 과학 사이에 존재하는 인식의 차이를 제시하면서도 그 간극을 전혀 좁히지 못하고 심지어 더욱 넓혔다는 평가를 받는 것과 마찬가지로, 리비스 교수도 스노우 박사가 제시한 인문학과 과학 사이에 존재하는 인식의 차이를 좁히기는커녕 스노우 박사보다 더 크고 위험하게 그 간극을 넓혔다. 심지어 리비스는 인신공격까지 서슴지 않는다. "물론, 스노우는 하나의 소-이다. 나는 차마 그것을 말할 수 없다. 그는 아니다. 스노우는 자기 자신을 하나의 소설가라고 생각한다." 리비스는 영문학교수라는 권위를 이용하여 스노우 박사에 대한 원색적인 비난을 하고 있는 것이다. 이러한 스노우에 대한 비난을 토대로 리비스는 (영국 인문학을 대표하는) 영문학이 "지각, 지식, 판단 그리고 책임감을 가장 많이 포용하고 있는 중심적인 학문이라고 주장"(같은 책, p. 125)하면서 강연을 끝마쳤다.

스노우와 리비스와는 달리 긍정적으로 인문학과 과학 사이에 존재하는 인식의 차이를 인정하고 그 간극을 좁히고자 노력했던 사람들도 있다. 그러한 사람들 중의 한 사람이 생물학자였던 리처드 도킨스(Richard Dawkins)이다. 그는 과학이라는 학문분야에서 인문학과 과학 사이에 존재하는 인식의 차이를 넘어서고자 시도한다. 그는 『무지개를 풀어헤치기』(*Unweaving the Rainbow*)라는 책에서 "마치 당신이 악기로 어떤 곡조를 연주할 수 없으면서도 음악을 즐길 수 있는 것과 마찬가지로, 당신은 읽고 그 안에서 즐거워할 수 있는 그 무엇으로 과학을 인식할 수 있다"고 이야기한다. 그가 이야기하는 과학은 "이 세계의 신비를 밝히는 것"인데, "이 세계의 신비는 그 신비함이 과학에 의하여 밝혀졌을 때도 그것이 지니는 신비적 시의 속성을 결코 잃어버리지 않는다"는 것이다. 이와 반대로 과학의 해결책은 흔히 문제의 수수께끼를 푸는 것이 아니라 문제를 더 아름답게 드러내는 것이라고 도킨스는 이야기한다. 이런 측면에서 "과학이 우주의 시학이라면, 인문학은 우주의 시학을 인식하는 학문"(같은 책, p. 126)을 의미할 수도 있다.

리처드 도킨스와는 달리 인문학의 입장에서 인문학과 과학 사이에 존재하는 인식의 차이를 극복하고자 시도했던 사람이 철학자 다니엘 드네트(Daniel Dennett)이다. 드네트는 다윈(Charles Robert Darwin) 이후의 인문학을 논하는 『다윈의 위험한 사상』(*Darwin's Dangerous Idea*)에서 이렇게 말한다. "이것[다윈의 진화론]은 거의 모든 전통적 개념을 먹어치우고 나중에 깨어나서 단 하나의 혁명적인 세계관만을 남겨놓는다. 그것은 우리가 여전히 인식할 수 있지만 근본적인 방식들에서 변형된 가장 뚜렷한 인식의 표시들이다." 드네트가 말하는 다윈 이후에 존재하는 "가장 뚜렷한 인식의 표시들"은 다윈 이전에 존재했던 서구세계의 "아담과 이브의 창조라는 기독교적 사상"이 "우리는 다른 동물들과 마찬가지로 진화되었고 진화하고 있는 인간이라는 동물"이라는 인식의 세계이다. 이러한 사실에도 불구하고 "인문학으로 알려진 여러 과목들은 마치 다윈이 결코 이 세계에 살았던 적이 없는 것처럼 오늘날 가르쳐지고 (연구되어지고) 있다"(같은 책, p. 125)고 드네트는 한탄한다. 다윈의 사상과 같은 세계관의 거대한 변화가 영문학을 포함한 인문학 전체의 변화에 전혀 영향력을 끼치지 못한 것은 정말로 이상한 일이다.

그러나 인문학의 입장에서 똑같이 "과학자들을 가르칠 수 있다"고 영문학자인 로버트 이글스톤(Robert Eaglestone)은 이야기한다. 물론 인문학의 가르침은 "과학을 하는 방법이 아니라 이 세상에서 과학자가 담당하는 역할"에 관한 것이다. 이글스톤은 "과학은 단지 문화의 한 부분이고, 과학자로서 사건들을 '있었던 그대로' 해석하는 것은 (그 사건들이 지니는) 문화적 상황들의 복잡성들을 중요하게 파악하지 못한다"고 이야기한다. "과학적 접근은 수많은 다른 접근방식들 중에서 이 세계를 관찰하고 참여하는 하나의 방식"(같은 책, p. 126)일 뿐이라는 것이다. 과학의 입장에서 인문학을 비판한 스노우 박사가 인문학과 과학을 "두 개의 문화"라고 언급하고, 이글스톤이 과학을 "이 세계를 관찰하고 참여하는" "문화의 한 부분"이라고 언급하는 것은 문화학의 입장에서 인문학과 과학이라는 두 분과학문들을 더 심층적으로 살펴볼 수 있다는 가능성을 제시한다. 그 가능성은 오늘날 제시되고 있는 인문학의 위기가 과연 무엇이고, 이글스톤이 제시하고 또한 오늘날의 수많은 인문학자들이 소망하고 있는 것처럼 "과학을 하는 방법이 아니라 이 세상에서 과학자가 담당하는 역할"에 관하여 인문학이 과연 "과학자들을 가르칠 수 있"느냐 하는 것이다. 이글스톤이 제시하는 방법은 영문학 연구가 '문화연구'로 전환하는 것이다.

모든 언어는 시간과 공간의 차이에 따라 그 내용과 표현의 형식을 달리한다. '문화'라는 말은 "어떤 것, 특히 동물이나 곡식을 가꾸고 양육시키는 것"을 의미했다. 그러나 유럽에서 "18세기부터 양육이라는 문화의 의미는 특히 정신적이고 도덕적인 인성(humanitiy)의 진보를 의미했다"(Giles and Middleton 1999, p. 10). 이와 더불어 19세기 민족국가의 성장과 민속예술에 대한 낭만주의적 관심 속에서 "문화는 다양한 민족들의 특수한 문화들을 구별하기 위하여 다원적인 의미에서 문화를 이야기하는 것이 필요하게 되었고, 또한 하나의 민족 내부에 있는 사회적이고 경제적인 집단들의 특수하고 다양한 문화들을 구분하는 것이 필요하게 되었다"(Williams, p. 89). 이와 더불어 20세기 초반에 형성된 문화인류학에서 문화는 "특수한 개별사회들이 지니는 총체적인 삶의 방식"(Kuper and Kuper eds., p. 27)으로 규정된다. 이런 측면에서 서구 근대화과정의 다양한 산물들이 혼재되어 있는 오늘날 사용되고 있는 '문화의 개념' (concepts of culture)은 크게 세 가지로 구분될 수 있다. 하나는 "'고급문화' (high culture)로 이해되는 문화"이고, 다른 하나는 "'문화적 담론' (cultural discourse)으로 이해되는 문화"이며, 나머지 하나는 "'인류학적 개념' (anthropological concept)으로 이해되는 문화"(Heller 1999, p. 116)이다. 헬러는 "고급문화로 이해되는 문화의 개념"을 다음과 같이 설명한다.

> 고급문화라는 문화의 개념은 헤겔에 의하여 절대정신(the Absolute Spirit)이라고 집단적으로 명명되는 정신, 기예 그리고 상상력의 창조들을 포함했다. 그것은 예술, 신학, 철학 그리고 19세기에 또한 과학의 대표적인 작품들을 의미했다. '고급' 이라는 말은 일상적 삶과 사유의 표면 위에 높이 있는 공간을 의미했다. 따라서 만일 누군가가 고급문화의 영토 속으로 들어가게 되면 그(혹은 그녀)는 자기 자신을 고양시킬 수 있다고 생각하였다. 어떤 의미에서 고급문화는 잠재적 실재로 이해되었다. 그러나 그것은 일상적 실재보다 더 실재적인(더 진실한) 실재로 인식되었다. 고급문화라는 표현에서 '고급' 은 형이상학적 상상력과 예술의 유사성을 보여주거나 그렇게 이해된다. 이러한 잠재적 실재로 들어가는 입구는 비록 '고급' 문화가 또한 묵중하고 심오하다고 이야기됨에도 불구하고 상승과 연결되어 있다. (같은 곳)

헬러가 이야기하는 것처럼 "고급문화라는 문화의 개념"은 19세기 서구유럽의 인문학 형성과 밀접한 관련이 있다. 즉 "헤겔에 의하여 절대정신이라고 집단적으로 명명되는 정신, 기예 그리고 상상력의 창조들"은 "일상적 삶과 사유의 표면 위에 높이 있는 공간"에서 이루어진 고상한 정신적 활동으로 문학·역사·철학이라는 인문학의 개별적 분과 학문들을 설정하였다고 볼 수 있다. 따라서 "고급문화라는 문화의 개념"이 항상 "일상적 삶과 사유"라는 하위문화(low culture)를 그 대립적 개념으로 설정해야만 하듯이, "고급문화라는 문화의 개념"에 의하여 형성된 "묵중하고 심오한" 근대 인문학은 항상 "일상적 삶과 사유"의 하위문화에서 허덕이는 일상인들에 대한 계몽주의적 교육을 통한 "상승"의 작용과 밀접한 관련이 있다. 즉 "잠재적 실재"로 존재하는 문학적·역사적 그리고 철학적 "실재"가 "일상적 삶과 사유"라는 하위문화에 빠져 있는 일상인들을 "일상적 실재보다 더 실재적인(더 진실한) 실재"로 고양시키고 상승시키는 근대 인문학의 힘은 교육과 계몽의 준비가 되어 있는 중산층을 겨냥한 학문적 제도화이지만 그 효과는 항상 사회적이거나 국가적으로 '하위문화'라고 일컬어지는 노동자와 농민 그리고 여성과 비유럽인의 집단이 가시적으로 존재해야만 가능하다. 즉 근대 인문학은 정신/몸의 이분법에 토대를 두고 있듯이 고급/하위, 지배/피지배라는 이분법을 필요로 한다. 이러한 이분법에 토대를 둔 근대 인문학은 필연적으로 이데올로기의 수족이 될 수밖에 없었다.

"문화적 담론으로 이해되는 문화의 개념"은 근대성이 심화되면서 "일종의 변증법"적 작용을 하는 "근대성이 지니는 역동성"(같은 책, p. 40)에 의하여 생겨났다. 이것은 또한 "고급문화로 이해되는 문화의 개념"에서 하위문화로 설정되어 있는 노동자와 농민 그리고 여성과 비유럽인 집단이 지니고 있는 문화가 하위문화로 존재하는 것이 아니라 고급문화에 대한 대항문화로 존재하기 시작하면서 등장한 문화의 개념이다. "고급문화로 이해되는 문화의 개념"이 "모든 인간은 자유롭게 태어나고 평등하게 이성과 양심을 (신으로부터) 물려받았다"라는 '근대성'을 토대로 한 서구 근대 인문학자들이 지니는 독백의 문화라면, "문화적 담론으로 이해되는 문화의 개념"은 "근대성이 지니는 역동성"에 의하여 근대성의 진보와 발전에 따른 "일종의 비공식적인(사상과 해석의 교환 이외에 아무것도 목표로 하지 않는) 담론"이라고 할 수 있는 "대화의 문화"이다(같은 책, p. 128). 이러한 "논의의 지속적인 물결들과 의견의 교환들은 지식엘리트 집단의 일상적 삶 속으로 깊숙이 근대성이 지니는 역동성을 침투시켰다"(같은 책, p. 129). 그러나 "문화적 담론으로 이해되는 문화의 개념"이 등장한 이후에도 대학이나 사회적 제도로 존재하는 지배적이거나 엘리트적인 "고급문화로 이해되는 문화의 개념"을 따르는 관점에서 보았을 때, 노동자문화와 농민문화 그리고 여성문화와 비유럽문화와 같은 "문화적 담론으로 이해되는 문화의 개념"은 "대화의 문화"가 아니라 그들에 대한 저항의 문화이기 때문에 둘은 항상 대립적이다.

"고급문화로 이해되는 문화의 개념"이 근대대학의 인문학제도를 만든 것과 마찬가지로 "문화적 담론으로 이해되는 문화의 개념"은 마르크시즘, 민중사학, 페미니즘 그리고 탈식민주의 등과 같은 사회과학적인 "문화적 담론"을 근대대학의 인문학제도의 틀 속으로 편입시켜 모든 것을 취향의 문제로 격하시키고 있다. "문화적 담론으로 이해되는 문화의 개념" 속에서 고급문화도 하나의 취향일 뿐이며, 고급문화를 토대로 한 근대 인문학도 취향의 문제에서 크게 벗어나지 못한다. 수많은 시인이나 소설가들 중에서 셰익스피어를 연구하는 것은 하나의 취향이고, 수많은 철학자들 중에서 헤겔이나 니체를 연구하는 것도 하나의 괴팍한 취향일 뿐이다. 이러한 측면에서 "취향의 판단들은 서로 경쟁할 수는 있지만 논박될 수는 없다." "문화적 대화는 단순히 사회적인 사회화의 능력을 표현하는 것일 뿐이다."(같은 책, p. 133) 따라서 "문화적 담론으로 이해되는 문화의 개념"이 인문학의 연구와 강의실에 들어오는 것은 인문학을 다양한 문화가 서로 경쟁하여 각각의 취향을 충족시키는 문화상품의 생산공장으로 만드는 것이며, 인문학자들로 하여금 자신들이 소속하고 있는 문화의 대변자이거나 이데올로기적 허무주의자로 만드는 것이다. 이런 측면에서 헬러는 다음과 같이 이야기한다.

> 문화의 두번째 개념은 매우 매력적인 것처럼 보인다. 그러나 이러한 개념은 또한 그것의 어두운 측면을 지니고 있다. 대화는 그 자체의 목적으로 진행되고 모든 것은 반성적인 담론의 문제가 될 수 있기 때문에, 문화적 대화는 항상 사소한 이야기로 전락하게 될 수 있다. 더욱이 그 자체의 목적을 지닌 논의는 타자들에 대한 책임감이 없거나 아주 나약한 책임감만을 지닌 실천이다. 궁극적으로 근대성이 지니는 역동성을 수행하는 문화적 담론은 끊임없이 모든 것을 부정하게 되고, 부정은 하나의 거대한 스포츠처럼 수행될 수 있다. 그 게임은 파괴적인 것이 되거나 냉소적인 것이 되거나, 아니면 허무주의적인 것이 된다. (같은 책, pp. 133~34)

헬러가 이야기하는 것처럼 "문화적 담론으로 이해되는 문화의 개념"은 지배적이거나 억압적인 형식으로 존재하는 "고급문화로 이해되는 문화의 개념"을 해체하는 '매력'을 지니고 있음에도 불구하고 모든 "문화적 대화"를 "사소한 대화로 전락"시키는 "어두운 측면"을 지니고 있다. "더욱이 그 자체의 목적을 지닌 논의는 타자들에 대한 책임감이 없거나 아주 나약한 책임감만을 지닌 실천"이기 때문에 계몽주의적 목적을 지닌 "고급문화로 이해되는 문화의 개념"에 토대를 둔 근대 인문학이 지니는 이론과 실천의 적극성에 과학적 논리로 뒤질 수밖에 없다. 그럼에도 불구하고 "문화적 담론으로 이해되는 문화의 개념"에 토대를 둔 후기근대의 인문학은 '계몽의 변증법' 이라는 "근대성이 지니는 역동성"의 소산인 동시에 "모든 것을 부정"하여 새로운 것의 긍정으로 나아가는 "거대한 스포츠"로 작동하기 때문에 근대성의 '생산-등록-소비' 의 회로를 따르는 초기근대, 핵심근대 그리고 후기근대의 근대화과정에서 후기근대가 지니는 소비사회의 정점에 도달하는 장점을 지닌다.

"문화적 담론으로 이해되는 문화의 개념"에 토대를 둔 후기근대의 인문학이 "고급문화로 이해되는 문화의 개념"에 토대를 둔 핵심근대의 인문학을 해체하는 동시에 그것마저도 하나의 "문화적 담론"으로 만들면서 소비사회의 정점에 도달하였다는 것은 "자유"와 "평등"을 토대로 한 인문학적 사유와 실천마저 하나의 '게임' 상품으로 전락하였다는 것을 의미한다.[2] 그러나 그 게임은 '자유' 와 '평등' 의 사회적 생산의 회로 속에 있는 생산이나 등록 혹은 소비가 아니기 때문에 항상 "파괴적인 것이 되거나 냉소적인 것이 되거나, 아니면 허무주의적인 것이 된다." 이러한 "파괴적"이고 "냉소적"이며 "허무주의적"인 근대적 문화의 개념에서 벗어나는 것이 바로 "인류학적 개념으로 이해되는 문화의 개념"이라고 할 수 있다.

3. 인류학적 개념의 문화와 탈근대 인문학의 생성

이러한 근대 인문학마저도 하나의 소비상품으로 전락하게 만드는 후기근대의 인문학의 위기를 극복하는 방법이 "인류학적 개념으로 이해되는 문화의 개념"에 토대를 둔 탈근대의 인문학이라고 할 수 있다. 서구유럽에서 근대 인문학의 한 분과학문으로 20세기 초반에 설립된 인류학은 "모든 개별적인 인간사회는 그 주민들에게 기준, 규칙, 이야기, 심상 그리고 종교 등을 제공하는 한 문화이다"라는 개념을 발전시켰다. 이러한 "인류학적 개념으로 이해되는 문화의 개념"에서 인간이라는 종족이나 계급 혹은 성 이전에 동물이나 식물 혹은 광물과 아무런 구별이 없이 노마드(nomad)로 존재하는 "모든 삶의 방식은 문화"이기 때문에 노마드가 만드는 "모든 문화는 그들의 삶의 방식과 그들의 시각에서 연구되고 이해되어야만 한다." 이것은 마치 하나의 나무에 두 개의 동일한 잎사귀들이 없고 두 개의 동일한 가족이나 친구 혹은 연인이 없는 것과 마찬가지로, 두 개의 동일한 문화들이 이 세상에 존재하지 않는다는 것을 의미한다.

"인류학적 개념으로 이해되는 문화의 개념"이 "문화적 담론으로 이해되는 문화의 개념"처럼 '사소한 대화'로 전락하지 않는 이유는 모든 개별적인 인간들과 마찬가지로 문화는 서로 비교할 수 있는 것이 아니라 서로 다름으로 생성되기 때문에 "모든 문화는 다른 문화와 동등한 가치를 지닌다"라는 삶의 방식의 보편성과 "차별화되지 않는 다원주의로 이해되는 차이"를 생산하는 개별성이 존재하기 때문이다. 즉 "인류학적 개념으로 이해되는 문화의 개념"은 근대 인문학이 지니는 자유와 평등이라는 보편적 가치와 차이의 생산이라는 개별적 특수성을 동시에 공유한다. 그럼에도 불구하고 "인류학적 개념으로 이해되는 문화의 개념"이 근대 인문학의 위기를 불러오고 그에 대립하고 있는 "문화적 담론으로 이해되는 문화의 개념"과는 달리 근대 인문학과 결별하는 동시에 포용하면서 탈근대 인문학을 생성시키는 역할을 담당하는 것은 근대 인문학이 토대를 두고 있는 개인과 사회의 이분법을 해체하고, 국민과 국가의 서열화를 방지하고 있기 때문이다.

> 만일 모든 문화들이 그 자체의 기준들(그 기준들이 그것들을 '하나의' 문화로 만드는 것이 확실하다면)에 의하여 이해될 수 있다면, 문화들은 서로서로 비교될 수 없다. 그것들 속에는 서열구조가 존재하지 않는다. 다른 문화들에 기준이나 모델 혹은 이상을 제공하는 문화는 존재하지 않는다(그것들은 비교될 수 없기 때문에). 여전히 문화들을 비교하고 하나의 문화를 다른 문화들보다 상위에 놓는 사람들은 그들이 잘못된 입장을 취하고 있다는 것 이외에 아무것도 입증하지 못한다. 왜냐하면 그들은 내부적인 시선으로 개별문화들을 관찰하는 것에 실패하고 그 대신에 그들에게 소외시키는 기준(문화적 서열구조에서 어떤 문화를 하위 수준으로 평가하여 기준이 되는 문화로부터 소외시키는)을 강요하기 때문이다. 이러한 입장은 '종족중심주의'로 명명되거나 비난받는다. 만일 어떤 하나의 종족이 관찰자로 하여금 또 다른 종족을 이해하고 인식하는 관점을 제공한다면, 관찰자는 종족중심주의의 불법적 입장을 지니고 있다고 일컬어진다. (같은 책, p. 135)

이러한 "인류학적 개념으로 이해되는 문화의 개념"에 토대를 둔 삶의 방식의 '보편성'과 '차이'라는 개별성은 절대적 주체의 폭력과 존재의 위기 그리고 절대적 주체의 해체를 경험한 근대 인문학으로 하여금 다른 방식으로 존재하여 다른 방식으로 사유하도록 강요한다. 이러한 삶의 방식의 보편성과 차이의 생산이라는 개별성은 "서열구조가 존재하지 않"기 때문에 "서로서로 비교될 수" 있는 것이 아니고, 또한 그 어떤 근대적 의미의 "기준이나 모델 혹은 이상을 제공하는 문화"와 동일시하는 것이 아니다. 차이를 생산하는 삶의 방식이라는 개별성을 통하여 "내부적인 시선으로 개별문화들을 관찰하는 것"은 각각의 문화가 지니는 보편성, 즉 서로서로 관계를 맺어 어떤 삶의 방식이라는 '문화를 만드는 힘'을 긍정하는 것이다. 헬러는 그러한 '문화를 만드는 힘'이 지니는 사회적 의미를 다음과 같이 이야기한다.

> 바로 이곳에 새로운 해석가들이 존재한다. 그들은 예언가의 신성한 사명을 포기하고 헤르메스의 신성한 소명을 근절시킨다. 그러나 헤르메스가 없는 곳에 해석학은 존재하지 않는다. 만일 인칭적 의미가 모든 공개된 것들을 쉬어싸서 더 이상 해석으로 만들어지는 저항적 과거들이 존재하지 않는다면, 해석은 적절한 해석학적 실천이 되는 것을 지양하고 다음 학회나 다음 학기를 위한 '처방적 독서', 즉 진리가 없는 지식과 같은 정신적 양식을 준비한다. (같은 책, p. 150)

핵심근대가 지닌 "고급문화로 이해되는 문화의 개념"을 토대로 이루어진 핵심근대 인문학의 해석가들이나 이에 대항하는 후기근대의 "문화적 담론으로 이해되는 문화의 개념"을 토대로 이루어진 후기근대 인문학의 해석가들과 헬러가 말하는 "새로운 해석가들"의 차이는 "예언가의 신성한 사명"이나 "헤르메스의 신성한 소명"과 같은 인문학의 지식인들이 지식을 통하여 향유하는 계몽주의적 사명감의 존재 유무이다. "예언가의 신성한 사명"이나 "헤르메스의 신성한 소명"은 핵심근대의 인문학과 후기근대 인문학의 존재론적 토대이다. 그러나 "인류학적 개념으로 이해되는 문화의 개념"을 토대로 한 다양한 삶의 방식이라는 보편성과 차이의 생산이라는 개별성을 사유하는 탈근대의 인문학에서 "예언가의 신성한 사명"이나 "헤르메스의 신성한 소명"은 존재하지 않는다. 이러한 계몽주의적 사명감은 그것이 존재하는 바로 그 순간에 억압과 폭력이 된다. 그러나 헬레가 이야기하는 것처럼 "헤르메스가 없는 곳에서 해석학은 존재하지 않는다." 따라서 "인류학적 개념으로 이해되는 문화의 개념"에 토대를 둔 탈근대의 인문학은 자신의 삶을 영위하고 지식인의 문화를 형성하는 "처방적 독서", "즉 진리가 없는 지식과 같은 정신적 양식"일 뿐이다.

탈근대 인문학이 지니는 "처방적 독서"는 "해석학적 실천이 되는 것을 지양하"는 계몽주의적 사명감이 사라졌기 때문에 근대 인문학이 상정하고 있는 "국민국가(nation state)를 구성하는 국민"으로서의 '개인' 이라는 주체의 소멸인 동시에 지식인이 처한 "다음 학회나 다음 학기를 위한" 지식인의 노마드적 주체를 형성한다. 노마드적 주체의 지식인이 행하는 처방적 독서의 특성을 이야기하는 "진리가 없는 지식과 같은 정신적 양식"은 국가철학이나 국가인문학이 아니라 국적이 없고 자유로운 인류의 노마드적 주체를 형성하는 노마돌로지이다. 따라서 "국민국가를 구성하는 국민"으로서의 '개인' 이 아닌 "인류를 구성하는 노마드"로서의 '개인' 이 행하는 처방적 독서는 비로소 "인류학적 개념으로 이해되는 문화의 개념"에 토대를 둔 문화형성의 보편성을 발견하는 지적 즐거움과 차이의 생성이라는 개별성을 경험하는 생성의 즐거움을 제공한다. 이러한 측면에서 "인류학적 개념으로 이해되는 문화의 개념"에 토대를 둔 탈근대 인문학의 노마드 지식인이 지니고 있는 "진리가 없는 지식과 같은 정신적 양식"이라는 노마돌로지는 지적 즐거움과 생성의 즐거움을 향유하는 노마드의 노래인 동시에 춤이다.

> 니체는 족쇄에 묶여서 춤을 추는 것은 쉽다고 말한 적이 있다. 묶인 줄에서 해방된 이후에 춤을 추는 것이 더 어렵다. 도대체 그 어떤 안무기술도 존재하지 않는 상황에서 춤을 추는 것이 가장 어렵다. 안무기술법이 존재하지 않는다면 춤꾼은 항상 즉흥으로 춤을 추어야만 하기 때문에 단지 일련의 자유로운 즉흥연주들만이 존재한다. 춤꾼들은 모든 동작을 선택한다. 그들은 그들의 춤을 보는 사람들에게 그들의 춤이 어떤 의미를 전달하는지 전달하지 못하는지 혹은 즐겁게 만드는지 못하는지 알지 못한다. 우리들은 심지어 그곳에 청중들이 있는지 혹은 있을 수 있는지조차 확신할 수 없다. 춤꾼은 즉흥적으로 춤을 춘다. 그러나 극장은 텅 비어 있을 수도 있다. (같은 책, p. 150)

"고급문화로 이해되는 문화의 개념"에 토대를 둔 핵심근대의 인문학이나 "문화적 담론으로 이해되는 문화의 개념"에 토대를 둔 후기근대의 인문학은 모두 니체가 말하는 것처럼 "족쇄에 묶여서 〔인문학을 노래하는 인문학자의〕 춤을 추는 것"이다. "고급문화"나 각각의 "문화적 담론"이라는 "족쇄에 묶여서 춤을 추는" 인문학의 노래나 춤은 너무나 쉽다. 플라톤이나 데카르트 혹은 칸트나 헤겔이 만든 근대 인문학의 철학이라는 '안무기술'을 따라 춤을 추거나, 매튜 아놀드나 랑케가 만든 근대 인문학의 문학과 역사학이라는 안무기술을 따라 춤을 추는 것은 너무나 쉽다. 이것은 후기근대의 "문화담론으로 이해되는 문화의 개념"에 토대를 둔 마르크시즘이나 페미니즘 혹은 탈식민주의나 해체이론 등의 "족쇄에 묶여서 춤을 추는" 이런저런 안무기술에 따라 춤을 추는 것도 너무 쉽다. 그러나 "인류학적 개념으로 이해되는 문화의 개념"에 토대를 둔 탈근대의 인문학이 추는 춤에는 어떠한 '안무기술법'도 존재하지 않는다. 그것은 인문학을 구성하는 문학·역사학·철학이라는 인문학의 텍스트들에 대한 처방적 독서를 통하여 탈근대 인문학의 '춤꾼'들이 "항상 즉흥으로 춤을 추"는 "자유로운 즉흥연주들만이 존재한다."

그러나 탈근대 인문학자들이 "그들의 춤을 보는 사람들에게 그들의 춤이 어떤 의미를 전달하는지 전달하지 못하는지 혹은 즐겁게 만드는지 못하는지 알지 못"하기 때문에 탈근대 인문학이 존재하는 "그곳에 청중들이 있는지 혹은 있을 수 있는지조차 확신할 수 없다"고 걱정하지 말자. 진정한 "춤꾼은 즉흥적으로 춤을 추"기만 하면 된다. "극장은 텅 비어 있을 수도 있다." 그러나 그 춤이 "인류학적 개념으로 이해되는 문화의 개념"에서 이야기하는 "문화형성의 보편성"과 "차이의 생성이라는 개별성"을 지니고 있으면, 청중들은 스스로 몰려들고, 항상 "문화형성의 보편성"과 "차이의 생성이라는 개별성"을 창조하는 탈근대 인문학의 "극장은" 가득 차게 마련이다.[3] 탈근대 인문학의 "극장"은 새로운 문화의 형성과 연결되어 있다. 즉 탈근대 문화연구의 토대를 만든 레이몬드 윌리엄스(Raymond Williams)는 고급문화나 문화담론이 아닌 각각의 '삶의 방식'(way of life)이 만드는 문화형성의 보편성과 차이의 생성이라는 개별성을 '정서의 구조'(structure of feeling)라고 말하는 것처럼 대학의 강의실이나 연구실에서 이루어지는 탈근대 인문학의 극장은 새로운 정서의 구조를 형성한다.

탈근대 인문학의 극장이 만드는 새로운 정서의 구조는 고급문화로 이해되는 문화의 개념 속에서 태어난 핵심근대의 인문학이 영국·프랑스·독일 그리고 일본·중국·한국이라는 개별적인 국민들의 정서의 구조도 아니고, 이러한 개별적인 국민들의 정서의 구조에 대항하기 위한 종족이나 계급 혹은 성(gender)으로 구별되는 집단의 정서의 구조도 아니다. 근대의 역사에서 목격하였듯이 핵심근대의 인문학이 만든 근대국민들의 정서의 구조는 지배국민과 피지배국민을 형성하는 제국주의와 식민지국가를 형성했고, 그것은 결국 제국주의 국가들의 자기파멸로 이끈 두 개의 세계대전으로 이어졌다. 이러한 개별적인 국민들의 정서의 구조에 대항하기 위한 문화담론으로 이해되는 문화의 개념 속에서 태어난 후기근대의 인문학도 국가나 국민의 대립을 종족의 대립, 계급의 대립, 성의 대립으로 전환시켰을 뿐이다. 따라서 탈근대 인문학의 극장이 만드는 새로운 정서의 구조는 문화담론으로 이해되는 문화의 개념 속에서 태어난 마르크시즘, 탈식민주의, 여성주의 등 후기근대의 인문학이 지니는 저항성을 유지하면서 종족·계급·성의 구별을 해체하고 상호 생성적인 노마드의 문화를 형성하는 특성을 지닌다.

4. 탈근대 노마드 인문학의 탄생

고급문화/저급문화의 이분법적 개념 문화를 파악하여 저급문화에 대한 지배와 계몽의 이중성을 지닌 근대 인문학에 대한 저항으로 만들어진 문화연구 혹은 문화학은 근대 인문학을 구성하는 문학·역사학·철학의 국가주의를 통찰할 수 있는 훌륭한 지적 도구가 되었다. 그러나 문화적 담론으로 이해되는 문화의 개념 또한 지배문화/저항문화라는 이분법을 지니고 있기 때문에 근대 인문학조차도 하나의 문화담론으로 받아들이고 있으며, 문화시장이라는 자본주의의 세계화전략으로 애초에 설정되었던 지배에 대한 저항의 능력을 상실하고 문화의 물신화와 지식의 상품화에 기여하고 있다. 이러한 측면에서 오늘날 인구에 회자되는 인문학의 위기는 후기근대의 문화담론을 포함한 근대 인문학의 위기이고, 곧 국가주의를 토대로 한 국가/국민의 이분법적 인식론의 위기이다. 국가/국민의 이분법에서 국민은 항상 종족·계급·성으로 서열화되고, 고급/저급이나 지배/피지배의 이분법을 양산한다. 그러나 근대국가의 지식에서 벗어난 인류학이 제시한 인류학적 개념으로 이해되는 문화의 개념을 토대로 국가/국민의 이분법에서 벗어났을 때, 인문학을 구성하는 문학·역사학·철학의 근원적 토대는 국민이 아니라 노마드이다.

질 들뢰즈의 노마돌로지를 토대로 한 노마드의 철학과 노마드의 역사학 그리고 영화를 포함한 문학의 노마드 미학은 근대의 사회과학과 자연과학도 탈근대의 노마드 사회과학과 노마드 자연과학으로 변화시킬 수 있는 토대가 될 것이다. 사회과학의 분야에서 이러한 변화는 이미 문화정치학이나 문화사회학 등으로 존재하고 있다. 따라서 문화사회학이나 문화정치학 등에서 거론되는 문화가 고급문화나 문화담론으로 이해되는 문화의 개념이 아닌 인류학적 개념으로 이해되는 문화의 개념일 때, 오늘날의 문화사회학과 문화정치학은 들뢰즈의 노마돌로지에 토대를 둔 내재성(Immamence)의 철학으로 기존의 사회와 정치에 접근하는 '내재적 접근법' (Immanent methodology)의 탈근대 사회학이나 정치학의 사회과학이 될 것이다. 이런 측면에서 사회는 노마드의 일시적 '무리' (band)이고, 정치는 과거의 신이나 왕을 국가로 대체한 국가주의나 국가를 종족이나 계급 혹은 성으로 대체한 지배와 피지배나 적대적 대립의 관계가 아니라 노마드들이 관계를 맺는 선분, 즉 상호생성과 관련된 영토화와 탈영토화의 시간성을 의미하는 것이다.

인류학적 개념으로 이해된 문화의 개념에 토대를 둔 탈근대의 인문학은 탈근대의 사회과학을 육성할 뿐만 아니라 탈근대의 자연과학을 조장할 수 있다. 즉 문학·역사학·철학이라는 노마드의 문화가 지니는 '내재성의 장'을 토대로 노마돌로지의 개념들과 개념적 인물들을 사유하고 실천한다면, 과학은 각각의 노마드 문화들이 지니는 욕망과 욕망, 욕망과 몸 그리고 몸과 몸의 상호지시 관계를 파악하기 위하여 수많은 변수들에 따른 다양한 지시기능들을 파악할 수 있다. 따라서 생물학자 리처드 도킨스가 『무지개를 풀어헤치기』에서 "마치 당신이 악기로 어떤 곡조를 연주할 수 없으면서도 음악을 즐길 수 있는 것과 마찬가지로, 당신은 읽고 그 안에서 즐거워할 수 있는 그 무엇으로 과학을 인식할 수 있다"고 이야기하는 것처럼 노마드와 노마드의 문화가 존재하는 "이 세계의 신비를 밝히는" 과학이 자연과 우주가 지니는 '그 신비함'을 밝혔을 때도 "그것〔노마드의 문화〕이 지니는 신비적 시의 속성을 결코 잃어버리지 않는다." 도킨스가 이야기하는 "과학이 우주의 시학이라면, 인문학은 우주의 시학을 인식하는 학문"이 되는 것은 인문학의 입장에서 인문학과 과학 사이에 존재하는 인식의 차이를 극복하고자 시도했던 다니엘 드네트가 "우리는 다른 동물들과 마찬가지로 진화되었고 진화하고 있는 인간이라는 동물"이라는 인식이 바로 탈근대의 노마돌로지 인문학이다.

주

1) 19세기 중반까지 옥스퍼드와 캠브리지에서 가르친 과목은 유럽의 다른 중세대학들과 마찬가지로 신학, 고전학, 수학, 수사학이었다. 영국의 경우 옥스퍼드대학교에서 가장 먼저 학과가 형성된 인문학은 1850년에 세워진 역사학과이고, 철학과가 1870년대(법철학의 경우 1876년)에 오늘날의 모습을 갖추었으며, 1894년에 영문과가 만들어졌다. 이에 관해서는 http://www.history(philosophy, english).ox.ac.uk. 참조.

2) 이런 측면에서 강우성 교수는 2003년 시카고에서 열린 *Critical Inquiry* 포럼이 지녔던 이론의 죽음이 지니는 분위기와 "문화적 담론으로 이해되는 문화의 개념"이 생산한 다양한 이론들이 마침내 "버나드 쇼의 묘비명"을 은유하여 "오래 얼쩡거리다가 내 이런 꼴 당할 줄 알았다"는 애도의 마음을 전달한다. 강우성 교수는 이런 분위기가 미국을 비롯한 서구에서 데리다의 『이론. 이후. 삶』(*life. after. theory*)과 이글턴(Terry Eagleton)의 『이론 이후』(*After Theory*)의 출판으로 그 징후가 더욱 뚜렷하다고 이야기한다. 이에 관해서는 강우성 2007 참조.
3) 탈근대 인문학의 철학자가 추는 춤이 질 들뢰즈의 『차이와 반복』 『의미의 논리』 『안티 외디푸스』 『천 개의 고원』 『철학이란 무엇인가?』 등이라면, 탈근대 인문학의 역사학자가 추는 춤은 남아프리카의 저널리스트인 막스 두 프레즈의 "남아프리카의 과거에 대한 특이한 이야기들"이라는 부제가 달린 『전사, 연인 그리고 예언가의 이야기』(*Of warriors, lovers and prophets*)라고 할 수 있다. 이에 관해서는 장시기 2006(199~225쪽) 참조.

1

질 들뢰즈와 탈근대의 문화연구

질 들뢰즈의 노마돌로지와 탈근대의 문화연구

질 들뢰즈의 사건과 의미에 대한 역설의 서사학

질 들뢰즈의 대지와 영토의 관계로 사유하기
윌리엄 셰익스피어의 『리어왕』과 제인 스마일리의 『천 에이커의 땅』

질 들뢰즈의 생태문화적 사유의 영토들과 문화연구

질 들뢰즈의 로렌스 읽기

질 들뢰즈의 노마돌로지와 탈근대의 문화연구

1. 리좀으로 구성된 책

들뢰즈(Gilles Deleuze)는 가타리(Felix Guattari)와 공저로 이루어진 『천 개의 고원』(*A Thousnad Plateaus*) 1장에서 지식의 원천이라고 할 수 있는 책의 구성을 세 종류로 구분하고 있다. 첫번째 종류의 책은 '뿌리를 갖는 책' 이다. 뿌리란 이상세계의 이미지이고, 그 뿌리에서 솟아난 나무는 현실세계의 이미지이다. 이러한 책은 마치 예술작품이 자연을 모방하듯이 현실의 인간세계를 모방한다. 따라서 '뿌리를 갖는 책' 은 현실세계 속에서 뿌리에 근원을 둔 변증법적인 판단과 과거에 대한 반성적인 사유를 북돋운다. 이러한 판단과 사유는 결코 다양성을 이해하지 못한다. 우리가 흔히 근대의 고전이라고 일컫는 책들이 이러한 '뿌리를 갖는 책' 에 속한다. 이와 더불어 들뢰즈는 오늘날의 프로이트의 이론을 따르는 정신분석학, 촘스키류의 언어학, 프랑스의 구조주의 그리고 정보이론을 다루는 책들을 '뿌리를 갖는 책' 의 부류에 포함시킨다. 이러한 책들이 독자들에게 요구하는 것은 원형과 모델을 통한 이해와 해석이다. 우리가 흔히 근대적이라고 비판하는 것은 이러한 '뿌리를 갖는 책'이 지니고 있는 이항논리와 일 대 일 대응관계의 인식론이다.

들뢰즈가 이야기하는 두번째 종류의 책은 '곁뿌리 혹은 총생뿌리를 지닌 책'이다. 이러한 책은 후기근대성의 주류를 형성하고 있는데, 이상세계의 이미지라고 할 수 있는 뿌리가 발육부진이거나 파괴되어 그 뿌리의 다양성과 이차적인 유사뿌리들이 접붙여져서 번창한 것을 말한다. 이러한 다양성과 이차적인 유사뿌리들이 번창하는 것은 항상 과거의 신화적 원형이거나 미래의 가능성으로만 존속한다. 들뢰즈가 "서구의 근대화과정은 곧 플라톤주의로부터 탈주하는 역사이다"라고 말하는 이유는 서구 근대성이 지니고 있는 플라톤적 이데아의 곁뿌리 혹은 총생뿌리의 특성을 일컫는 것이다.

따라서 곁뿌리 혹은 총생뿌리를 지닌 책은 이데아나 신을 법률이나 국가로 대체하고, 가치를 자본으로, 아름다움을 추상으로, 개념을 명제로, 생성을 기능으로 대체할 뿐이다. 그러나 다양한 곁뿌리들이 지니고 있는 총생적 체계는 항상 근대적인 이원론, 즉 정신/몸, 주체/객체, 인간/자연, 남성/여성 등의 이분법으로부터 완전히 벗어나지 못한다. 근원적 뿌리가 지니고 있는 통일성은 끊임없이 해체되고 방해받지만, 항상 새로운 종류의 통일성이 주체의 내부에서 승리의 찬가를 부른다. 끊임없이 생성되는 새로운 주체는 더 이상 이분법을 만들 수 없음에도 불구하고 항상 보완적인 의미에서 이중성이니 혹은 중층결정이니 하는 고차원적인 통일성으로 접근한다. '뿌리를 갖는 책'이 과학적 기능의 책이라면, '곁뿌리 혹은 총생뿌리를 지닌 책'은 종교적 신비화로 나아가는 책이라고 할 수 있다.

들뢰즈가 탈근대적이라고 인식하는 세번째 종류의 책이 구근이나 덩이줄기 형식을 지니고 있는 '리좀으로 구성된 책' 이다. 구근이나 덩이줄기의 리좀은 뿌리나 곁뿌리 혹은 총생뿌리가 지니고 있는 유일자라는 중심을 지니지도 않고 신화적 원형이나 미래의 가능성이라는 유사뿌리의 형태를 지니고 있지도 않다. 이와 반대로 구근이나 덩이줄기의 리좀은 무한수 n으로부터 유일자 1을 뺀 (n-1)개의 가능성을 항상 내부적 속성이라고 부르는 다양성의 일부로 구성하고 있다. 그런데 문제는 '리좀으로 구성된 책' 을 보면서 우리는 근대적인 '뿌리를 갖는 책' 이나 후기근대적인 '곁뿌리 혹은 총생뿌리를 지닌 책' 조차도 '리좀으로 구성된 책' 의 일부라는 것을 알 수 있게 된다는 것이다. 즉 구근이나 덩이줄기를 지닌 식물뿐만 아니라 모든 식물 그리고 모든 동물들이 리좀으로 구성된 것이라는 사실을 알 수 있다. 감자, 고구마, 땅콩 혹은 칡넝쿨이나 잡풀처럼 고양이, 원숭이, 늑대, 호랑이 등도 단지 좀더 훌륭한 리좀과 좀더 조악한 리좀만이 있을 뿐이다. 개보다 더 늑대 같은 인간이 있고, 고양이보다 더 살쾡이 같은 호랑이가 있고, 인간보다 더 개 같은 돼지가 있다. 한국인이 미국인보다 더 영국적이고, 일본인이 한국인보다 더 중국적이며, 중국인이 몽고인보다 더 유목민적이다. 이런 측면에서 오늘날의 과학은 철학보다 더 예술적이고, 예술은 과학보다 더 철학적이며, 철학은 예술보다 더 과학적이다.

서동욱의 『들뢰즈의 철학』이 들뢰즈의 '사상과 그 원천' 이라는 명백한 철학적 뿌리를 찾아나가고 있음에도 불구하고, 그것이 근대적인 '뿌리를 갖는 책' 이나 후기근대적인 '곁뿌리 혹은 총생뿌리를 지닌 책' 으로 남아 있지 않고 탈근대적인 '리좀으로 구성된 책' 으로 생성되는 이유는, 바로 그가 들뢰즈의 '리좀으로 구성된' 탈근대성의 노마돌로지를 추적하고 있기 때문이다. 이러한 이유 때문에 서동욱은 들뢰즈를 "스피노자와 니체의 충실한 종"이라고 부르면서, 스피노자에 대립하고 있는 데카르트의 충실한 종을 자처하는 칸트의 선험적 형이상학(초월적 관념론)과 영국의 경험주의 철학이 들뢰즈의 "선험적(초월적이 아니다) 경험주의 철학"을 통하여 탈근대적으로 생성되는 과정을 추적한다. 들뢰즈 노마돌로지를 통하여 '리좀으로 구성된' 탈근대성의 책으로 생성되는 것은 칸트와 영국 경험주의 철학만이 아니다. 니체에 대립하여 후기근대 정신분석학의 맹주로 등장한 프로이트와 라캉의 정신분석학적 '뿌리를 갖는 책'이나 '곁뿌리 혹은 총생뿌리를 지닌 책'들 또한 들뢰즈의 '욕망의 긍정'으로 인하여 탈근대적인 '리좀으로 구성된 책'으로 새롭게 생성된다.

그러나 서동욱의 『들뢰즈의 철학』이 부제로 달고 있는 "(들뢰즈 철학의) 사상과 그 원천"의 추적이 형식적으로 '뿌리를 갖는 책'으로 구성되어 있기 때문에 탈근대적인 '리좀으로 구성된 책'으로 충분히 나아가지 못하는 아쉬움이 있다. 이것은 근대와 후기근대의 형성과정에서 스피노자와 니체가 근대성과 후기근대성의 주변부에 머물러 있었던 것처럼, 들뢰즈의 철학을 근대성과 후기근대성으로 환원시키는 위험성을 내포하고 있다는 것을 의미한다. 이러한 위험성은 서동욱이 들뢰즈 철학의 '사상과 그 원천'을 추적한다고 이야기하면서, 들뢰즈가 스스로 최고의 역작이라고 명명한 『천 개의 고원』 그리고 가타리와 함께 그들의 철학을 총정리하는 마지막 저서인 『철학이란 무엇인가?』를 자신의 학문적 추적의 대상에서 제외시켰기 때문에 발생하는 위험성이다.

『천 개의 고원』에서 들뢰즈가 근대적인 '뿌리를 갖는 책'이나 '곁뿌리 혹은 총생뿌리를 갖는 책'과 탈근대적인 '리좀으로 구성된 책'을 구분하듯이, 『철학이란 무엇인가?』에서 그는 근대적인 '국가철학'과 탈근대적인 '노마돌로지'를 구분한다. 따라서 '리좀으로 구성된 책'을 통하여 '뿌리를 갖는 책'이나 '곁뿌리 혹은 총생뿌리를 갖는 책'을 바라보았을 때 그것들 또한 '리좀으로 구성된 책'의 일부라는 사실이 밝혀지는 것처럼, 들뢰즈의 철학을 구성하는 노마돌로지의 지식으로 국가철학을 바라보아야만 비로소 서구 근대성의 국가철학을 구성하는 칸트의 선험적 형이상학과 영국 경험주의 철학이 탈근대적인 노마돌로지의 일부분이고, 서구 후기근대성의 국가철학을 구성하는 프로이트와 라캉의 정신분석학이 탈근대적인 노마돌로지의 일부분이라는 것을 밝힐 수 있다.

2. 들뢰즈 철학의 탈근대성 혹은 근대성과 후기근대성의 종합

서동욱은 들뢰즈의 철학을 총괄하면서, 들뢰즈의 철학은 "'초월적(선험적) 경험론'이라는 입장으로 확립된 인식론, '차이'와 '반복'이라는 두 개념을 축으로 구성되었으며 아리스토텔레스 이래의 '존재의 유비'에 정면으로 도전하는 '일의성의 존재론', 정신분석학이 자본주의가 낳은 학문임을 밝혀내고, 그것이 어떻게 욕망을 순응적인 것으로 만듦으로써 자본주의의 빗장을 부숴뜨릴 혁명의 힘을 증발시켜 버리는가를 폭로한 정치철학으로서의 '오이디푸스 비판' 그리고 프로이트류의 정신분석학과는 전혀 다른 방식으로, 스피노자적 견지에서 욕망의 비밀을 밝혀낸 '새로운 욕망이론' 등"(서동욱 2004, 6쪽)이라고 말한다. 들뢰즈 철학에 대한 이러한 파편적 인식은 서동욱의 『들뢰즈의 철학』이 그러하듯이 들뢰즈의 '초월적 경험론'이라는 인식론의 입장에서 들뢰즈가 칸트나 영국 경험론과 얼마나 유사한가를 추적하든가, "일의성의 존재론"이라는 입장에서 데리다나 레비나스와 얼마나 유사한가 혹은 "오이디푸스 비판"이나 "새로운 욕망이론"의 입장에서 프로이트나 라캉과 얼마나 유사한가를 추적하는 동기가 된다.

칸트나 영국 경험론이 서구 근대성(근대 국가철학의 확립)을 대표하듯이, 데리다나 레비나스는 후기근대성(근대 국가철학에 대한 회의)을 대표한다. 이들은 플라톤주의의 이데아가 지니는 초월성을 긍정하거나 부정한다. 더 구체적으로 이야기한다면, 초월성에 대한 긍정의 부정이거나 부정의 긍정 혹은 부정의 부정이다. 그리고 정신분석학에서 프로이트가 근대성을 대표한다면, 라캉은 후기근대성의 정신분석학을 대표한다. 이들 또한 욕망을 긍정하거나 부정하며, 더 구체적으로는 욕망에 대한 긍정의 부정이거나 부정의 긍정 혹은 부정의 부정이다. 서동욱이 『들뢰즈의 철학』에서 들뢰즈의 철학을 잘 설명하면서도 근대 자본주의 국가철학이 지니고 있는 근대성과 후기근대성의 환원주의로 빠질 위험성을 내포하고 있는 것은 들뢰즈 철학을 종합하는 '긍정의 긍정'이 지니고 있는 노마돌로지와 탈근대성에 대한 언급이 전혀 없기 때문이다.

『철학이란 무엇인가?』에서 들뢰즈가 자신의 철학을 국가철학에 대립되는 노마돌로지라고 부르는 이유는 그의 사상과 그 원천이 근대세계에서 벗어나 고대그리스의 세계에 뿌리를 두고 있기 때문이다. 이와 더불어 그의 노마돌로지는 고대그리스의 '국가철학'인 플라톤과 아리스토텔레스에 뿌리를 두고 있는 것이 아니라 고대그리스의 '노마돌로지'인 스토아학파와 소크라테스의 사유와 실천에 맞닿아 있다. 이러한 고대그리스의 스토아학파가 지녔던 노마돌로지의 지식은 서구 르네상스의 인문학으로 부활하여 근대의 철학·과학 그리고 예술로 분화되었다고 들뢰즈는 바라보고 있다. 따라서 들뢰즈는 『철학이란 무엇인가?』에서 자신의 노마돌로지를 철학으로 한정시키는 것이 아니라, 기존의 철학과 과학·예술을 종합하는 새로운 종합적인 지식의 개념을 창조한다. 그것이 노마돌로지이다.

철학과 과학·예술을 종합한다는 의미에서 들뢰즈의 노마돌로지는 철학이나 과학이 지배하는 근대성이나 후기근대성으로부터 벗어나는 탈근대성을 내포하고 있다. 고대그리스의 노마돌로지가 부활하였던 르네상스의 노마돌로지적 에너지를 통하여 근대를 촉진시키는 힘으로 작동시킨 영국과 프랑스·독일의 철학체계는 르네상스의 노마돌로지를 다시 국가철학으로 재영토화시켰다. 이러한 재영토화과정은 서구의 근대화과정에서 노마돌로지의 지식을 유지·발전시킨 스피노자와 니체를 제도권의 철학으로부터 주변화하고, '코기토'를 통하여 플라톤의 국가철학을 부활시킨 데카르트를 유지·발전시킨 칸트와 헤겔을 제도권의 철학으로 확립하는 과정 속에서 발생한다. 이 과정에서 근대철학은 들뢰즈가 근원적 노마돌로지라고 부르는 예술을 지배하거나 주변화하기 위하여 과학과 결합하여 논리학을 발전시킨다.

이러한 측면에서 서동욱이 들뢰즈를 "스피노자(와 니체)의 충실한 종"이라고 부르는 이유는, 마치 사도 바울로가 예수 그리스도의 종을 자처하면서 "주인의 가르침을 충실히 전달하는 것"을 자신의 사명으로 여겼듯이 들뢰즈가 스피노자의 노마돌로지를 충실히 전달하는 것을 자신의 사명으로 여겼다는 것을 의미한다. 따라서 오늘날 들뢰즈가 스피노자와 니체의 충실한 사제의 역할을 담당하여 노마돌로지를 전파한다는 것은, 르네상스의 노마돌로지가 유럽적 중세의 인식론적 영토로부터 탈영토화하여 탈중세적인 근대의 인식론적 영토로 재영토화하는 것을 의미하듯이 전지구적 근대의 인식론적 영토로부터 탈영토화하여 새로운 미래의 인식론적 영토로 재영토화하는 것을 의미한다.

들뢰즈의 노마돌로지는 '대지와 영토의 관계'로 사유하는 것이다.

대지는 끊임없이 영토화되고, 영토는 항상 대지를 끌어안고 있기 때문에 대지로 탈영토화될 가능성으로 존재한다. 따라서 들뢰즈의 노마돌로지는 사유의 인식론에서 근대성의 영토를 제거하고 그 속에 웅크리고 있는 대지의 본질을 드러낸다. 이러한 측면에서 들뢰즈의 적은 칸트나 경험주의자들과 같은 근대의 인식론자들이 아니라, 그들을 근대적 영토 안에 가두려는 데카르트의 코기토가 지니고 있는 정신/몸과 주체/객체의 이분법이다. 마치 플라톤의 이데아/현실, 기독교의 신/인간이라는 고대와 중세의 이분법을 벗어나는 것이 고대와 중세의 영토로부터 탈영토화하는 것처럼, 정신/몸과 주체/객체의 이분법에서 벗어나는 것이 근대의 영토로부터 탈영토화하여 탈근대의 대지로 나아가는 것이다. 따라서 들뢰즈는 근대의 인식론적 영토에 의해 완전히 영토화되지 않은 칸트의 선험성을 초월성으로부터 떼어내어 선험성을 초월성에 포개는 것이 아니라, 초월적인 것을 선험적인 대지의 내재성의 구도 속으로 끌어들이는 것이다.

그러나 재영토화 없는 탈영토화는 곧 죽음이다. 칸트가 선험적인 것을 초월적인 것으로 받아들여 그것을 현실적인 경험적인 것과 이분법으로 구분하는 것과 달리, 들뢰즈는 끊임없이 재영토화라는 가능성의 세계와 그 표현들을 구성하는 근원적 경험주의를 칸트의 선험성과 연결시켜 칸트의 선험적 초월주의가 지니고 있는 근대적 환원주의의 인식론적 고리를 끊는다. 따라서 들뢰즈는 영토화나 재영토화의 경험을 가능하게 하는 선험적인 내재성의 장을 사건의 철학에서 '잠재적인 것' (the virtual)이라고 부르고, 그러한 '잠재적인 것' 으로부터 '현실적인 것' (the actual)으로 드러나는 것을 경험이라고 부른다. 이런 측면에서 들뢰즈의 선험적 경험주의는 플라톤이나 데카르트의 초월주의로 환원되는 칸트의 선험성을 구해 내고, 끊임없이 체험된 경험에 단순히 호소하는 기계론적 유물론으로 환원되는 영국 경험론을 구출하고 있다. 따라서 서동욱이 들뢰즈의 "초월적 경험론은 두 용어 '선험적'과 '초월적'을 타당하게 자기 것으로 삼는다. …초월적 경험론에서 경험의 근거는 선험적 개념에 있지 않고 순수지각에 있기 때문이다"(같은 책, 30쪽)라는 말은 들뢰즈의 선험성이 지니고 있는 순수지각이라는 내재성의 장과 끊임없이 개념을 창조하는 경험이라는 가능성의 세계를 혼동하고 있기 때문에 발생하는 들뢰즈에 대한 근대적 이해의 오류라고 할 것이다.

서동욱의 『들뢰즈의 철학』이 지니고 있는 선험성과 경험 그리고 개념과 내재성의 구도에 대한 혼동은 들뢰즈가 지속적으로 철학과 예술을 구분하고자 하는 탈근대적 시도를 이해하지 못한다. 들뢰즈는 철학이 예술을 지배하고 억압하고자 하는 플라톤주의와 근대의 신플라톤주의를 철학의 영역에서 추방하고 끊임없이 새로운 가능성의 세계를 창조하는 예술의 세계와 탈근대적 관계 맺기를 시도한다. 서동욱이 말하는 것처럼 "철학자는 개념을 창조하고 개념을 통하여 사유하지만, 예술가는 형상을 창조하고 형상을 통하여 사유한다."(같은 책, 70쪽) 그러나 그것은 "형상에 대한 사유, 곧 경험론이 절대적으로 비그리스적임을, 즉 비철학적임을 명시하고 있는 것"(같은 곳)이 아니라, 그러한 형상에 대한 사유가 곧 예술의 영역이기 때문에 새로운 형상에 대한 사유를 가능하게 하기 위하여 철학자는 끊임없이 새로운 개념을 창조해야만 한다고 강조하는 것이다. 따라서 "비철학적(예술적 형상에 대한) 사유를 계속해서 (국가)철학의 테두리 안에 가두고서 (그것을) 공격해 보려고 하"는 데리다와 "철학을 하지 않는 일이 '여전히 철학을 하는 일'은 아닐 것이다"(같은 책, 69쪽)라고 말하는 레비나스의 근대적인 대립을 들뢰즈는 예술과 철학의 상호 영역설정을 통하여 탈근대적인 사유의 지평으로 끌어올린다. 근대의 국가철학 속에서 이루어진 지속적인 영국 경험주의와 독일 관념론의 대립을 들뢰즈는 국가철학으로부터 벗어나고자 하는 예술과 그것을 계속 국가철학의 테두리 속에 가두고자 하는 근대의 예술과 철학의 대립으로 인식한다. 이러한 근대적 대립으로부터 벗어나는 것이 바로 들뢰즈의 유목민에 대한 사유의 노마돌로지이다.

들뢰즈의 노마돌로지가 지니고 있는 또 다른 탈근대성의 특성은 철학과 과학 그리고 예술과 과학을 명확히 구분하는 것이다. 근대의 철학은 선험성이라는 내재성의 구도가 현실의 경험으로 드러나서 구성되는 개념을 과학적 명제로 혼동하였기 때문에 논리학을 중심으로 하는 과학의 시녀 역할을 담당했다. 이러한 현상은 근대국가의 감시체제의 하나로 형성된 정신분석학의 논리학이 철학을 대변하고, 그 결과 프로이트와 라캉의 정신분석이론이 예술을 지배하고 억압하는 국가철학으로 드러나는 계기가 된다. 철학이 개념을 창조하고 그것을 통하여 사유하는 반면에, 과학은 명제를 설정하고 그 기능을 관찰한다. 따라서 철학자는 개념적 인물이지만, 과학자는 경험으로 드러난 명제의 기능들을 관찰하는 부분적 관찰자이다.

프로이트는 철학자인가 과학자인가? '리비도'와 '무의식'이라는 선험성과 경험을 넘나드는 개념들을 창조하였다는 측면에서 프로이트는 철학자의 이름을 지닐 수도 있지만, 그는 리비도를 오이디푸스의 기능으로 가두고 무의식을 의식(전의식)과 이분법적으로 구분하여 그것의 현실적인 기능을 관찰하였다는 점에서 과학을 철학으로 오인한 국가철학자이다. 따라서 정신분석학은 근대 국가철학이 과학의 시녀 역할을 담당하였기 때문에 발생한 국가철학의 지적인 감시기구이다. 이러한 감시체제를 국가철학으로 더욱 구체화한 사람이 라캉이다. 라캉은 프로이트를 계승하여 프로이드의 '위대한 발견'이라고 할 수 있는 리비도를 더욱 초월적으로 승화시켜 '실재계'나 '결여'라는 플라톤의 이데아로 환원시키고, '상징계'라는 과학적인 기의체제(the system of signified)와 '상상계'라는 예술적인 기표체제(the system of signifier)를 구분하여 국가철학과 과학이 예술을 이중적으로 포획하는 토대를 만들었다.

서동욱의 『들뢰즈의 철학』은 이러한 들뢰즈의 미래학적인 노마돌로지의 관점을 결여한 채, 들뢰즈가 프로이트나 라캉과 얼마나 유사한가만을 추적한다. 그러나 이러한 추적은 들뢰즈가 니체의 긍정의 철학, 즉 내재성의 구도 위에 펼쳐지는 선험성이라는 욕망의 긍정과 개념을 창조하는 경험이라는 생성의 긍정이 지니는 "긍정의 긍정"에서 가능하다. 따라서 서동욱은 들뢰즈의 "긍정의 긍정"(같은 책, 122쪽)을 통하여 "근친상간을 원하는 것이 욕망의 본질이기 때문에 법이 그것을 금하는 것이 아니라, 있지도 않은 근친상간을 법으로 금함으로써 근친상간에 대해 죄의식을 가지는 욕망이 태어난다"(같은 책, 130쪽)고 말한다. 프로이트의 정신분석학이 바로 근대 자본주의의 이데올로기라는 것이다. 이러한 정신분석학이 지니고 있는 근대 자본주의 이데올로기의 극복은 프로이트가 발견한 리비도를 긍정하는 것이고, 라캉이 초월적 세계 속에 가두어놓은 실재계를 경험의 현실 속에서 긍정적으로 작동시키는 것이다. 이것은 들뢰즈의 생산적 욕망이론이 프로이트나 라캉의 정신분석학과 유사한 것이 아니라, 프로이트의 리비도에서 오이디푸스를 제거하고 라캉의 실재계 속에 그의 상징계와 상상계를 포개어놓음으로 말미암아 분열증적으로 탈근대의 세계를 열어놓는 것이다.

3. 탈근대적인 리좀의 세계

들뢰즈는 "예술(문학)은 근원적으로 노마돌로지이다"라고 말한다. 예술이 근원적으로 노마돌로지인 이유는 '형상'이라는 기념비를 통하여 욕망이나 선험성(초월성이 아니다)으로 구성된 내재성의 구도가 지니고 있는 무한의 카오스에 유한의 질서를 부여하기 때문이다. 이러한 예술의 노마돌로지적 특성과 달리, 철학은 예술의 노마돌로지를 작동시키는 개념들을 창조하여 무한에 일관성을 부여하는 것이다. 그리고 과학은 이미지들로 구성된 형상들의 지시관계를 파악하기 위하여 선험성이나 생산하는 욕망이 지니고 있는 내재성의 구도라는 무한의 세계를 포기한다. 따라서 들뢰즈의 모든 글과 책을 관통하고 있는 노마돌로지를 이해하기 위해서는 근대적으로 주입된 (국가)철학이나 과학 속에 그의 사상을 가두지 말아야 한다. 이것은 근대화의 과정에서 끊임없이 예술을 철학이나 과학의 테두리 속에 가두려는 근대의 기획으로부터 철학자들이 탈영토화해야 한다는 것을 의미한다.

들뢰즈의 노마돌로지가 드러내어 보여주고 있는 내재성의 구도라는 무한의 카오스 속에서 철학자는 사유의 일관성을 부여하기 위하여 변주(variations)를 가져오고, 과학자는 명제가 지니는 지시관계의 기능을 파악하기 위하여 변수(variables)를 가져오며 그리고 예술가는 끊임없이 내재성의 무한을 복원하기 위하여 다양성(varieties)을 가져온다. 따라서 들뢰즈는 근대 국가철학으로부터 칸트의 선험성과 영국 경험주의의 실천을 구제하여 개념의 변주들을 창조해야 하는 노마돌로지의 철학자들을 국가철학으로부터 분리시키고, 프로이트와 라캉의 리비도와 실재계를 구제하여 생산하는 욕망기계를 정신분석학이라는 매개과학으로부터 분리하여 예술적 생성에 재배치한다. 결국 들뢰즈의 노마돌로지가 지니고 있는 탈근대성은 "예술이 비예술적 인식을 필요로 하고, 과학이 비과학적 인식을 필요로 하는 것과 마찬가지로 철학은 비철학적인 인식을 필요로 한다"는 것을 강조한다. 즉 들뢰즈의 탈근대성의 노마돌로지는 철학·과학·예술이 서로 지배하고 억압하려고 하는 것이 아니라, 서로의 영역을 넘나들며 상호 가로지르기를 시행해야 한다고 강조하는 것이다. 이러한 가로지르기를 시행할 때, 우리는 비로소 들뢰즈의 노마돌로지를 근대의 국가철학이나 정신분석학의 매개과학으로 환원시키는 잘못을 범하지 않을 것이다. 서동욱의 말처럼 "비인물적 욕망들의 해방에서부터 혁명의 가능성을 모색하는 들뢰즈의 욕망이론은, 어떤 형태가 됐건, 이 욕망들을 가두는 '구조'를 변호하려는 입장과 양립할 수 없는 것이다"(같은 책, 206쪽). 이것은 바로 들뢰즈의 노마돌로지가 지니고 있는 탈근대성이 결코 근대성의 국가철학으로 환원될 수 없다는 서동욱 나름의 깨달음이다.

서동욱의 『들뢰즈의 철학』이 들뢰즈의 걸작들이라고 할 수 있는 『천개의 고원』과 『철학이란 무엇인가?』를 포용하지 못하기 때문에 드러나는 한계에도 불구하고, '리좀으로 구성된 책'의 일부로 인식될 수 있는 것은 그가 근대의 국가철학으로 규정할 수 없는 들뢰즈의 노마돌로지에 대한 '사상과 그 원천'을 충실하게 추적하고 있기 때문이다. 그리고 이것은 또한 그의 『들뢰즈의 철학』이 들뢰즈의 노마돌로지를 알고자 하는 사람들에 의하여 또 다른 '리좀으로 구성된 책'으로 다시 탄생할 수 있는 근거가 되기도 한다. 왜냐하면 "무심한 별들이 그렇듯, 기억될 만한 사상이란 그것에 얼마나 동의할 수 있는지 없는지 아랑곳하지 않고, 진리를 기르는 자들의 옆에서 늘 성가시게 빛나게 마련"(같은 책, 207쪽)이기 때문이다.

질 들뢰즈의 사건과 의미에 대한 역설의 서사학

1. 들뢰즈의 탈근대적 서사학

문학예술을 과학의 울타리에 가두어놓은 근대적 전통의 서사학에서 바라보면, 들뢰즈가 『의미의 논리』[1]에서 이야기하는 문학의 서술이론은 반(反)서사학 혹은 탈(脫)서사학이라고 부를 수 있다(김지영 2004, 196~99쪽). 근대적 전통의 서사학은 인간 중심주의의 시점(전지적 시점과 제한적 시점 그리고 객관적 시점의 구분 혹은 1인칭 서술과 3인칭 서술의 구분 혹은 주인공 시점과 관찰자 시점의 구분 등)이나 내용과 형식 혹은 이야기와 서술의 이분법적 구분으로 만들어지는 구조 기능주의적 분석틀로 이루어져 있다고 할 수 있다. 그러나 들뢰즈는 이러한 근대의 인간 중심주의 시점이나 구조 기능주의적 시각은 단지 현실이라는 물질적 표면효과이기 때문에 항상 무의미의 의미라는 역설의 함정에 빠질 뿐만 아니라 물질적 표면효과가 지니고 있는 의미의 근원을 추상화시키게 된다고 일축한다. 따라서 표면효과라는 무의미에서 벗어나 물체가 지니고 있는 심층의 의미 혹은 어떠한 물체의 심층과 표면의 상호작용으로 만들어지는 생성의 의미를 파악하기 위하여 들뢰즈는 물체와 비물체를 구분하는 것이 아니라 물체와 비물체를 가로지르는 시뮬라크르의 사건을 사유해야 한다고 강조한다.

이러한 측면에서 문학서술은 언어라는 물질의 기표가 현실적으로 지시하는 기의도 아니며, 또한 기표라는 물질이 지니고 있는 심층적 무의미도 아니다. 문학서술은 마치 우리의 삶처럼 이 세계에서 끊임없이 의미를 생산하는 사건이고, 그 무엇으로도 환원될 수 없는 순수생성의 의미를 지닌다. 따라서 들뢰즈는『의미의 논리』에서 근대의 서사학이 지니고 있는 텍스트라는 고정된 물체의 서술분석으로 나아가는 것이 아니라, 소설이나 시가 만들어지는 형이상학적 과정의 의미생성을 추적한다. 근대의 서사학이 소설이나 시의 문학텍스트를 분석하기 위하여 인간 중심주의나 플라톤주의의 형이상학으로부터 출발하여 텍스트를 구성하고 있는 언어라는 물질의 표면효과의 분석으로 추락하는 반면에, 들뢰즈는 문학텍스트를 구성하는 언어라는 물체로부터 출발하여 그 언어가 만들어내는 심층과 표면의 형이상학적 생성의 의미를 도출한다. 다시 말해서 근대의 서사학이나 의미론은 신이나 이데아 혹은 유일자라는 절대적 의미의 관념적 형이상학에서 출발해서 물질만능의 근대적 기능주의나 인간 중심주의의 서술분석으로 추락한다고 할 수 있다. 그러나 들뢰즈의『의미의 논리』에서 이야기하는 서사학이나 의미론은 플라톤이나 서구적 근대에 의해 부활된 신플라톤주의에 의하여 '헛것'이거나 '쓸모없는 것'으로 하찮게 여기는 시뮬라크르의 물질적 사건에 대한 서술이나 의미이다. 따라서 그는 사건에 대한 사유로부터 출발하여 신이나 이데아라는 형이상학의 비물체적 의미를 물질적 사건에서 드러내어 보이는 것에 이르는 역설의 서사학이나 의미론을 보여준다.

들뢰즈가 『의미의 논리』에서 19세기 영국의 동화작가 루이스 캐럴의 『이상한 나라의 앨리스』의 서술구조를 분석하는 기본적인 출발점은 서구 근대화과정에서 지식적으로 강화된 플라톤주의의 이분법이나 나눔의 철학이 아니다. 문학텍스트를 바라보는 들뢰즈의 시각은 서구 근대화과정에서 강력한 국가의 통제로 인해 음지의 지식이 되었거나 혹은 푸코가 "알려지지 않은 지식"이라고 부른 노마돌로지의 세계관[2]을 드러냄으로써 『이상한 나라의 앨리스』를 비롯한 문학적 서술이 근원적으로 노마돌로지로 구성되어 있음을 밝히는 것이다. 새로운 삶과 사랑을 위해 끊임없이 이동하는 유목민들의 삶과 마찬가지로, 문학서술을 구성하고 있는 노마돌로지의 지식은 언어라는 물체적인 것들의 비물체적인 의미를 물체적인 것 저 너머에 있는 본질적인 것에서 찾는 것이 아니라 물체적인 것의 이면, 즉 물체적인 것이 순간적으로 드러나는 표면효과에서 찾는다. 따라서 들뢰즈가 이야기하는 문학서술의 '의미의 논리'는 물체적인 것이 시뮬라크르라는 순간의 사건을 통하여 드러나는 형이상학적 의미 생성의 논리이다.

들뢰즈가 이야기하는 의미생성의 논리는 문학텍스트를 구성하는 기호가 어떠한 대상을 개별화하여 지시하는 '지시작용'도 아니고, 주체나 의지에 의하여 구성된다는 '현시작용'도 아니며, 또한 기호들 사이의 차이들에 의해 형성되는 '기호작용'도 아니다. 근대적인 의미론을 구성하고 있는 지시작용과 현시작용·기호작용은 근대 서사학의 밑바탕에 흐르는 플라톤주의의 근대적 변형, 즉 실증주의와 현상학과 구조주의의 의미론이다. 플라톤이 시뮬라크르를 '헛것'이나 '의미 없음'으로 치부하여 철학적 사유의 대상에서 제외시킨 것과 마찬가지로 의미의 생성이라는 사건은 지시될 수도 없고, 주체에 의해 구성되는 것도 아니며, 또한 기호체계 바깥에 있는 그 무엇을 요청한다는 측면에서 기호작용만으로 한정되는 것도 아니다. 따라서 들뢰즈는 근대적 의미론을 부분적으로 인정하면서 그것들을 뛰어넘어 '순수사건'이라는 의미생성의 원천으로 들어간다. 들뢰즈와 가타리의 공저 『철학이란 무엇인가?』에서 이야기하는 것처럼, 문학텍스트의 서술이 지시작용이나 현시작용 혹은 기호작용을 포용하면서도 그것들을 뛰어넘어 수많은 의미로 생성되는 것은 시와 소설이라는 문학의 서술이 과학이나 철학의 서술과 달리 순수사건을 서술하기 때문이라는 것이다.

2. 의미생성의 계열화와 구조

들뢰즈가 이야기하는 루이스 캐럴의 『이상한 나라의 앨리스』는 세 부분으로 구성되어 있다. "첫번째 부분(1~3장)은, 앨리스의 끝없는 추락으로 시작하여, 심연의 분열증적 요소 속으로 완전히 빠져든다. 모든 것은 음식이나 똥, 시뮬라크르, 부분적인 내재적 대상 혹은 감염된 혼합물이다. 그녀가 작을 때, 앨리스는 이 대상들 중의 하나이다. 그리고 그녀가 클 때, 앨리스는 그것들을 담는 그릇과 동일시된다."(질 들뢰즈 1999, 381~82쪽) 앨리스의 추락은 순수사건으로 추락하는 것이며, 순수사건은 "분열증적 요소들"로 구성되어 있다. 이러한 분열증적 요소들은 억지로 이름 붙여 "음식이나 똥, 시뮬라크르, 부분적인 내재적 대상들 혹은 감염된 혼합물"이라고 이야기하는 것이지, 아무런 의미가 없는 순수한 물체라고 말할 수 있다. 따라서 앨리스는 음식이거나 똥이고, 시뮬라크르이거나 부분적 대상이다. 들뢰즈가 이야기하는 『이상한 나라의 앨리스』의 첫번째 부분처럼 모든 문학텍스트의 서술은 사건의 서술이고, 그러한 사건의 서술은 그 무엇으로 재단될 수 없는 분열증적 요소들로 이루어져 있다.

그러나 『이상한 나라의 앨리스』의 두번째 부분(4~7장)은 "새로운 힘, 즉 앨리스에 의하여 가득 채워진 집이라는 주제"가 있다. "앨리스는 이 집에 토끼가 들어오는 것을 막으며, 도마뱀을 폭력적으로 그 집으로부터 몰아낸다."(같은 책, 382쪽) 들뢰즈는 이러한 "새로운 힘, 즉 앨리스에 의하여 가득 채워진 집이라는 주제"를 "어린이-페니스-똥이라는 분열증적 계열"이라고 지칭한다. 따라서 『안티 오이디푸스』에서 이야기하는 생산하는 흐름의 욕망처럼 아무런 의미를 지니지 못하면서 항상 새로운 의미의 생성을 내재하고 있는 사건은 다양한 분열증적 계열화를 통하여 "어린이"이거나 "페니스" 혹은 "똥"이라는 의미가 생성하게 된다. 의미란 무의미라고 부를 수도 있는 사건이라는 원인을 통하여 형성되는 표면효과라는 결과라고 할 수 있는 것이다. 이러한 의미생성의 계열화는 문학적 서술에서 분열증적으로 이루어진다.

의미생성의 계열화가 분열증적으로 이루어져 있다는 것은 "멈춤의 명사와 생성의 명사"(같은 책, 83쪽)라는 모든 사건의 서술이 지니고 있는 두 개의 차원, 즉 "사물들을 지시하는 작용과 의미를 표현하는 작용" 사이에 의미생성의 계열화가 있다는 것이다. 따라서 사건을 이야기하는 모든 문학적 서술은 루이스 캐럴의 텍스트들에 나오는 "스나크"라는 동물처럼 의미를 파악했다고 생각하는 순간에 의미는 사라져 버리고, 의미를 놓쳤다고 생각하는 순간에 의미는 바로 거기에 있는 역설의 서술이라고 할 수 있다. 루이스 캐럴의 『실비와 브루노』에 등장하는 "정원사의 노래"인 "그는 자신이 교황이었다고 입증한/하나의 논증을 보았다고 생각했다./그러나 다시 보았을 때 그는/그것이 글이 새겨져 있는 비누조각인 것을 알았다./그는 조용하게 말했다. '너무나도 소름끼치는/사실은 모든 희망을 소멸시킨다' 라고"(같은 책, 86쪽)처럼 모든 서술은 "…라고 생각했다. …그러나 …라는 것을 알았다"라는 분열증적인 계열로 이루어져 있다는 것이다.

이와 더불어 들뢰즈가 이야기하는 사건의 서술이 지니는 의미생성의 분열증적 계열화의 형식은 『안티 외디푸스』에서 이야기하는 욕망의 생산적 계열화와 마찬가지로 "연결(connection), 이접(disjunction) 그리고 연접(conjunction)의 계열들"(같은 책, 98~114쪽)로 이루어져 있다. 물론 연결과 이접·연접의 계열들은 상호 독립적으로 계열화되는 것이 아니라 상호 복합적으로 계열화되고, 또한 각각의 계열들 내부에 수많은 작은 계열들을 내포하고 있다. 따라서 들뢰즈가 "문학텍스트에서 가능한 계열적 방법을 탐구하고 수립한" 작가로 평가하고 있는 루이스 캐럴의 작품들 속에 나타나는 계열들의 특징은 "작은 내적 차이를 동반하는, 이상한 대상에 의해 규제되는 사건들의 두 계열" 이외에 "점점 커지는 내적 차이들을 동반하는 명제들 혹은 잡음이나 의성어/의태어에 의해 규제되는 사건들의 두 계열"이 있을 뿐 아니라 "두드러진 부조화를 이루는, 하나의 신조어에 의하여 규제되는 두 계열의 명제"가 있다는 것이다. 이처럼 "이상한 대상"이나 "명제들 혹은 잡음이나 의성어/의태어" 그리고 "하나의 신조어"와 같은 "하나의 유일한 계열에 뿌리를 두는" 즉 차이를 지닌 작은 계열들이 모여 더 큰 차이의 큰 계열을 이루는 것을 들뢰즈는 "연결의 종합"이라고 부른다.

들뢰즈가 이야기하는 이접의 계열은 『스나크 사냥』의 서문에서 캐럴이 "사람들이 나에게 이러한 물음을 제시했다. 너는 어떤 비참한 왕 아래에서 말하고 있는 것인가? 말하라, 아니면 죽으리라! 나는 이 왕이 윌리엄이었는지 리차드였는지 모른다. 그래서 나는 릴키암(Rilchiam)에게 답한다"(같은 책, 112쪽)라고 말하는 것처럼 '윌리엄'과 '리차드'라는 "지시 가능한 대상들"과 '릴키암'이라는 "의미를 나르는 대상들"의 이질적 계열들이 공존하면서 서로 발산하는 계열이다. 그리고 들뢰즈가 이야기하는 연접의 계열은 일종의 '공존의 종합'의 계열을 지칭하는데, 마치 스나크처럼 "구강성의 두 계열(음식물의 계열과 기호들의 계열), 또는 명제의 두 차원(지시적 차원과 표현적 차원)을 가로질러 순환"하는 계열이다. 연접의 계열에서 그 어느 것도 순환하는 이름 자체가 아니기 때문에 순환하는 이름 자체는 '다른 본성'을 지닌다. 따라서 연접의 계열은 '말-손가방'의 신조어처럼 끊임없이 시인과 소설가들이 만드는 새로운 유형의 신조어에 의해서 구성되는 계열이다. 『이상한 나라의 앨리스』의 두번째 부분을 구성하고 있는 서술의 계열들이 연결과 이접 그리고 연접의 계열들로 이루어져 있다는 것은 순수사건이라는 심연의 분열증적 요소가 다양한 표면효과를 통하여 의미가 생성되는 동시에, 그 의미는 다양한 계열들을 통하여 다른 의미로 변화 · 생성된다는 것을 암시한다.

『이상한 나라의 앨리스』를 구성하고 있는 세번째 부분(8~12장)은 두번째 부분과 마찬가지로 변화를 포함하면서도 "앨리스에 의해 가득 채워진 집"으로부터 나와 "평평한 표면의 정원"으로 이행하는 것으로 이루어진다(같은 책, 383쪽). 따라서 앨리스는 이 세번째 부분에서 고양이가 되거나 아버지가 되고 혹은 여왕이 되어 상징적 팰러스를 거세하기도 한다. 이것은 수많은 의미의 계열들이 "평평한 표면" 위에서 서로 가로지르기를 달성하여 고양이, 아버지 혹은 여왕으로 발산하거나 가지 치는 연속적 계열들이 만들어지는 의미생성의 구조라고 말할 수 있다. 이러한 의미생성의 구조 속에서 기존의 의미라고 부를 수 있는 모든 표면효과의 이미지들, 즉 "하얀 여왕, 상처 입은 어머니, 후퇴하는 아버지 그리고 심층과 상층을 가로지르는 붉은 여왕과 거세의 심급이 된 팰러스" 등은 역설적으로 하나의 사건이라는 무의미로 훨훨 날아가 버리고, 앨리스 자신에 의하여 "영광스럽고 중성적이며 비인칭적인 또 다른 표면으로 이동하는" 전복과 생성을 동시에 수행하는 또 다른 서술이 의도적으로 완성된다는 것이다. 루이스 캐럴의 『거울의 이면』이나 『실비와 브루노』는 『이상한 나라의 앨리스』가 지니고 있는 첫번째나 두번째 부분의 다시 시작 없이 세번째 부분을 더 전개시킴으로써 의미생성의 서술을 다시 시작한다. 따라서 들뢰즈가 『이상한 나라의 앨리스』에 의해 대표되고 있다고 보는 문학서술의 구조는 다른 구조로 이동할 수 없는 닫힌 구조가 아니라, 수많은 의미의 전복과 생성을 만드는 계열들이 얼기설기 모여 있는 열린 구조이다.

들뢰즈가 이야기하는 문학서술의 열린 구조는 기존의 정신분석학과 연관시켰을 때 더욱 두드러지게 나타난다. 기존의 프로이트나 라캉의 정신분석학과는 달리 『이상한 나라의 앨리스』는 "오이디푸스적 상황에 직면할 수 없는 불가능성, 아버지로부터 벗어나는 탈주와 어머니의 포기, 팰러스와 동일시되는 동시에 페니스를 결여한 존재로 드러나는 어린 소녀"(같은 책, 385쪽)를 보여준다. 따라서 들뢰즈가 보여주는 문학서술의 구조를 생산하는 시인이나 소설가들은 프로이트나 라캉의 정신분석적 대상이 되는 환자가 아니라 놀라운 징후학자들, 즉 '문명의 임상학자들' 이라고 말할 수 있는 정신과의사에 가깝다는 것이다. 프로이트는 단지 문명의 신경증환자가 만들어놓은 '가족소설' 을 통하여 신경증적으로 '오이디푸스 콤플렉스' 를 발견한 것일 뿐이다. 따라서 프로이트는 플라톤이 이데아/현실의 이분법으로 말미암아 이데아를 모방하는 예술가를 추방하고 이데아를 사유하는 철학자만을 필요로 했던 것과 마찬가지로, 무의식/의식의 이분법으로 말미암아 오이디푸스와 햄릿의 콤플렉스를 뛰어넘어 스스로 그러한 콤플렉스를 치유하는 "문명의 (분열증)환자인 동시에 의사인 예술가"를 추방하고 단지 신경증환자를 평가할 정신분석 비평가라는 의사만 필요로 했다고 할 수 있다. 이러한 측면에서 들뢰즈는 문명의 신경증환자인 가족소설과 예술작품의 소설서술을 다음과 같이 구분하고 있다.

> 신경증환자는 다만 그 소설의 항들과 역사를 효과화할 수 있을 뿐이다. 징후들은 이 효과화 자체이며, 소설은 다른 의미를 가지지 않는다. 이와 반대로 징후들로부터 순수사건의 효과화가 불가능한 부분(블랑쇼가 말한 가시적인 것을 비가시적인 것으로 고양시키는 것)을 추출해 내는 것, 즉 먹기, 똥 싸기, 사랑하기, 말하기, 죽기와 같은 일상적 능동들과 수동들을 그것들의 순수 직관적(noematic) 요소들과 상응하는 순수 대사건으로 끌고 가는 것, 징후들이 뛰어놀고 효과화들이 결정되는 물리적 표면으로부터 순수사건이 묘사하거나 뛰어노는 형이상학적 표면으로 이행하는 것 그리고 징후들의 원인으로부터 작품의 준원인으로 이행하는 것. 이것이 예술작품으로 소설이 지니고 있는 목적이며, 그것을 가족소설과 구분해 주는 것들이다. (같은 책, 386쪽)

"신경증환자"는 단지 물질의 표면효과라고 할 수 있는 이미지들에만 집착하는 편집증환자이기 때문에, 그러한 이미지들을 지시하는 "소설의 항〔기표〕들과 〔현실의〕 역사를 〔일 대 일로〕 효과화할 수 있을 뿐"이라고 들뢰즈는 말한다. 그러나 현실의 "징후들은 이 효과화 자체"이기 때문에 시뮬라크르의 사건이 지니고 있는 심층과 상층의 관계를 서술하는 소설은 이미지들로 드러나지 않아서 "징후들로부터 순수사건의 효과화가 불가능한 부분" 즉 표면효과의 이미지들이라는 "가시적인 것"을 순수사건이라는 심층의 "비가시적인 것으로 고양시키는 것"을 서술한다. 따라서 "먹기, 똥 싸기, 사랑하기, 말하기, 죽기" 등과 같은 동사들이 수행하는 징후의 치료(순수사건 혹은 형이상학적 표면)와 더불어 새로운 의미(물리적 표면효과)를 생성시키는 "징후들의 원인으로부터 작품의 준원인으로 이행하는 것"이 '소설의 목적'이라고 들뢰즈는 말한다. 그리고 이러한 루이스 캐럴의 "사건과 의미에 대한 역설의 서사"가 19세기 당시의 수많은 가족소설들로부터 『이상한 나라의 앨리스』를 진정한 소설로 구분해 주는 요소들이다.

3. 환각적 서술구조가 지니는 크로노스와 에이온의 시간

들뢰즈가 『의미의 논리』에서 말하는 사건의 심층과 표면의 상호작용, 즉 의미생성의 계열화와 구소를 생성하는 것이 바로 우리가 일상적 사건으로 부닥치는 "환각"(phantasm, 같은 책, 389~402쪽)이다. 따라서 환각은 표면으로 향하거나 심층으로 향하는 두 개의 발산적 계열 위에서 구성된다고 할 수 있는 데, 환각의 서술구조를 완성하기 위해선 네 개의 계열과 두 개의 운동이 필요하다. 이 두 개의 운동을 우리는 일차적인 운동과 상제적인 운동 혹은 사건이 의미생성을 일으키는 외재적 운동과 그것이 심층과 상호 작용하는 내재적 운동이라고 부를 수 있을 것이다. 환각의 '일차적 운동'은 사건의 물리적 표면효과에서 일어나는 "성적 표면 또는 성적 충동들로부터 이끌어지는 장소에서 작동하는 에로스의 운동"이라는 "성적인 기초계열들 사이"에서 일어나고, 이러한 연접과 이접의 공명을 나타내는 기초적 계열들의 운동이 또 가른 계열들의 작동을 일으키는 강제적 운동을 야기한다는 것이다. 그리고 이차적이라고 할 수 있는 "탈성화를 나타내는 강제적 운동은

두 극단" 즉 "시원적 심층과 형이상학적 표면 그리고 심층들의 비인칭적 파괴적 충동과 죽음본능 사이에서 작동한다"(같은 책, 389쪽). 따라서 강제적 운동의 위험은 성적인 표면효과와 그것의 파괴라는 양 극단의 혼합, 즉 표면들의 일반적인 와해를 대가로 요구하는 "바닥 없는 심층으로 모든 사물들을 추락시키는 것"이다.

그러나 들뢰즈가 말하는 강제적 운동의 가장 큰 성과는 "물리적 표면을 넘어서, 매우 넓은 형이상학적 표면을 구성한다는 점"(같은 책, 390쪽)이다. '사랑하기, 먹기, 말하기' 등의 사건을 서술하는 시인이나 소설가를 백일몽의 환자로 취급하는 프로이트와 라캉 그리고 지젝은 사건서술의 출발점이 되는 환각의 일차적 운동이나 강제적 운동이 지니는 양 극단의 혼합에 머물러서 성적 욕망이라는 사건의 서술을 오이디푸스나 결여로 한계짓는다. 하지만 환각이 지니는 "물리적 표면을 넘어서, 매우 넓은 형이상학적 표면을 구성한다는 점"을 예술적 서술의 성과를 간파하고 있는 들뢰즈는 『이상한 나라의 앨리스』가 펼치고 있는 형이상학적 표면, 즉 먹기와 생각하기 혹은 말하기와 똥 싸기 등의 다양한 (부정)동사들을 연결시키거나 변화시키는 동사의 서술에 초점을 맞추고 있다. 즉 들뢰즈가 말하는 사건과 의미에 대한 역설의 서사학은 근대적인 표면효과만의 오이디푸스나 심층의 극단에 있는 결여를 사유하거나 서술하는 것이 아니라, 근대적인 오이디푸스 되기나 결여되기의 과정뿐 아니라 근대적인 의미들과는 다른 의미생성들에 대한 사유나 서술이기 때문에 끊임없는 탈근대적 의미생성의 과정에 대한 서술로 나아갈 수 있다는 것이다.

따라서 들뢰즈의 사건과 의미에 대한 역설의 서사학은 근대 서사학이 구분하고 있는 내용과 형식의 이분법에서 탈피하여 내용의 형식과 표현의 형식을 지니는 내용/표현의 언어적 배치를 필요로 한다. 즉 물리적 표면과 심층의 상호작용이라는 내용을 포용하고 있는 사건과 의미가 지니고 있는 형이상학적 표면에 대한 언어적 배치가 환각의 작용이라는 것이다. 환각 속에서 사건의 의미생성을 계열화하는 모든 기초 계열들은 더 큰 계열에 의해 중성화되고, 이러한 환각에 대한 예술적 서술의 언어배치는 환각의 탈성화와 비인칭적 운동에 의하여 어떠한 지시작용이나 현시작용 혹은 기호작용의 단위들을 형성하지 않는다는 것이다. 이것이 바로 '모든 환각은' 그 표면효과라고 할 수 있는 "외적인 성적 작용을 다시 시작하지 않으면 영원히 탈성화의 내적 운동을 다시 시작할 수 없다"(같은 책, 393쪽)는 예술적 서술이 지니고 있는 형이상학적 표면의 역설이다. 따라서 예술적 서술이 지니는 동사적 구조의 배치는 사건이라는 물체가 지니는 능동이나 수동의 성질이 아니라 하나의 비물체적인 사건의 특성과 관련되어 있다. 사건의 서술이라는 언어석 배치가 지니고 있는 이러한 비물체적 사건의 특성은 우리에게 '과거-현재-미래' 라는 우리의 일직선적인 근대적 시간개념을 깨트려 버리고, 베르그송 혹은 불교적 시간관이라고 할 수 있는 시뮬라크르의 사건이라는 순간의 '크로노스' 시간과 언어적 배치로 형성되는 '에이온' 시간으로 세계를 재구성할 것을 요구한다.

그것(동사적 언어의 배치)은 표현된 것과 표현하는 것으로 구성되며, 하나에서 다른 하나로 나아가는 뒤틀림에 부합한다. 그것은 사건을 표현된 것으로 표상하며, 사건을 언어의 요소들 내에 실존하게 만들며, 역으로 이 요소들에게 하나의 표현적 가치, 즉 그들이 스스로 소유하지 못하는 표상하는 것들이라는 기능을 제공한다. 따라서 언어의 모든 배치는 객체적인 표상들, 즉 지시작용, 현시작용, 기호작용, 개체, 인칭, 개념, 세계, 자아, 신들 위에 정초된 제3의 결정

들이라는 코드와 더불어 새롭게 펼쳐질 것이다. (같은 책, 397쪽)

들뢰즈가 이야기하는 사건이나 의미에 대한 사유가 크로노스의 시간에 대한 사유라면, 그러한 사유를 예술로 승화시키는 소설이나 시의 언어적 배치가 지니고 있는 "표현된 것과 표현하는 것"(같은 곳)은 과거와 미래의 양 방향으로 발산하는 에이온의 시간적 특성을 지니고 있음을 의미한다. 크로노스의 관점에서 보면, 오직 현재라는 시간만이 실존한다. 현재라는 시간 속에서 과거와 미래는 항상 보다 큰 현재에 흡수당한다. 따라서 현재와 관련되어 있는 과거와 미래의 상대성은 현재라는 시간의 상대성을 낳는다. 들뢰즈는 『이상한 나라의 앨리스』의 서술분석을 통하여 이러한 사건이나 의미의 현재라는 시간의 상대성이 과거와 미래로 동시에 발산하는 에이온의 시간을 발견한다. 이것이 바로 언어적 배치가 지니는 "표현된 것"이라는 과거로 향하는 사건의 현재의 발산과 "표현하는 것"이라는 미래로 향하는 사건의 현재의 발산이 소설이라는 예술적 형식에서 이루어진다는 것이다. 따라서 『이상한 나라의 앨리스』를 구성하고 있는 언어적 배치는 "사건을 표현된 것으로 표상하며(과거), 사건을 언어의 요소들 내에 실존하게 만들며(현재), 역으로 이 요소들(언어의 요소들 내에 실존하는 물리적 사건)에게 하나의 표현적 가치, 즉 그들이 스스로 소유하지 못하는 표상하는 것들(미래라는 새로운 의미생성의 형이상학적 표면)이라는 기능을 제공한다"는 것이다. 소설이나 시의 언어적 배치 속에서 사건은 드디어 물리적인 "개체적 표상들" 위에 있는 새로운 의미라는 "제3의 결정들이라는 코드와 더불어" 궁극적으로 미래로 나아가는 것이다.

크로노스와 달리 에이온의 관점을 따르자면, 시간 속에 존재하는 것은 오직 과거와 미래일 뿐이다. 즉 현재를 무한히 미래와 과거로 분할하는 것이 시간이다. 그러나 크로노스의 시간에 내재하는 물리적 표면의 '생생한 현재'에 대립하는 심층의 미친 듯한 '생성의 현재'는 에이온의 시간이라고 할 수 있는 무한히 과거와 미래로 분할하는 시간과 무슨 차이가 있는가? 언어의 예술적 배치가 지니는 실존하는 현재를 전복시키는 것은 더 이상 미래와 과거가 아니라, 의미생성의 현재를 미래와 과거로 변질시키는 순간의 사건이다. 따라서 예술적 서술은 과거와 미래의 언어적 배치가 아니라 현재라는 순간의 사건과 의미에 대한 서술이다. 이러한 측면에서 순간을 표현하는 단순한 말과 시와 소설의 언어적 배치가 지니고 있는 본질적인 차이는 크로노스의 시간과 에이온의 시간 사이에 있는 것이 아니라, 사건이 서술되는 물리적 표면들의 "에이온과 크로노스의 집합"(같은 책, 283쪽)이라는 미친 듯한 미래의 생성에 있다고 할 것이다.

과학이나 철학의 언어와 달리, 예술적 언어서술의 역설은 전혀 다르게 존재하는 크로노스와 에이온의 시간을 결합한다. 그것은 사건의 서술을 통해서 이루어진다. 에이온의 시간이 크로노스의 현재라는 시간과 닮은 점이 전혀 없음에도 불구하고, 크로노스가 지니고 있는 두 개의 현재, 즉 심층의 바닥에 의한 전복의 현재와 형식들 내에서 일어나는 효과화의 현재 사이에 소설이나 시의 언어적 배치라는 새로운 세계가 존재하게 된다. 들뢰즈는 이것을 사건의 서술이 지니고 있는 "익명적이고 노마드적인 그리고 비인칭적이고 전개체적인 특이성"(같은 책, 195쪽) 혹은 "에이온의 현재"(같은 책, 287쪽)라고 부른다. 특이성이나 에이온의 현재가 지니고 있는 사건서술의 익명성, 노마드, 비인칭 그리고 전개체적인 중성의 특질은 미친 것 같은 미래의 생성이라는 재영토화의 특질이라고 할 것이다.

우리가 이러한 에이온의 현재를 인식하게 되는 것은 오직 "루이스 캐럴이나 황석영의 소설을 읽다" "윌리엄 워즈워스나 신경림 등의 시와 만나다" 혹은 "홍상수의 영화를 보다"라는 예술적 서술이라는 새로운 사건과 의미생성의 현재를 인식하는 순간이다. 즉 루이스 캐럴이 『이상한 나라의 앨리스』를 서술하는 과정에서 에이온과 크로노스가 결합된 제3의 현재가 존재하게 되는 것과 마찬가지로, 비평가나 독자들이 그의 작품을 읽을 때, 각각의 독자와 비평가들은 에이온과 크로노스가 결합된 제3의 현재를 인식하게 된다는 것이다. 따라서 시나 소설을 읽거나 혹은 영화를 보는 독자나 비평가들은 각각의 크로노스가 지니고 있는 두 개의 현재(심층의 바닥에 의한 전복의 현재와 형식들 내에서 일어나는 효과화의 현재) 사이에서 이루어지는 언어적 배치나 이미지의 배치가 만들어내는 각각의 차별적이고 전복적인 의미생성을 달성할 수 있는 에이온의 현재를 발견해야 할 것이다.

주

1) 질 들뢰즈 1999. 이 글은 이의 책을 근간으로 씌어졌으며, 몇몇 들뢰즈의 어휘들은 Deleuze 1990을 참조하였다.
2) 플라톤이나 근대철학자들의 '국가철학'에 대립할 수 있는 들뢰즈의 노마돌로지의 세계관은 정신분석학자이면서 정치운동가인 펠릭스 가타리와 만나서 둘의 공저로 발표한 『안티 오이디푸스』『천 개의 고원』『소수문학을 위하여: 카프카』 그리고 『철학이란 무엇인가?』라는 책들이 지니는 공통의 지적 토대라고 할 수 있다. 이에 관해서는 장시기 2001 참조.

질 들뢰즈의 대지와 영토의 관계로 사유하기

윌리엄 셰익스피어의 『리어 왕』과 제인 스마일리의 『천 에이커의 땅』

몸은 풍경을 반복한다. 몸은 상호형성의 원천이며 서로를 창조한다. 우리의 몸은 이 초록의 지구에서 이전에는 결코 경험하지 못한 변화들에 접하면서 대지의 순환하고 있는 몸, 무시무시한 민중의 이동, 재빠른 세기의 전환으로 각인되어 있다.

- Meridel Le Sueur, The Ancient People and the Newly Come(『천 에이커의 땅』의 서문)

1. 대지와 영토의 관계로 사유하기

근대의 형성과 더불어 영문학의 정전으로 자리 잡은 셰익스피어의 『리어왕』[1]은 아직까지도 영문학 전체에서 고전 속의 고전으로 그 위치가 확고부동하다. 그런데 1992년 미국 퓰리처상을 받고 영화까지 된 제인 스마일리(Jane Smiley)의 소설 『천 에이커의 땅』은 『리어왕』에서 전경화되어 있는 전제군주제 사회를 자본주의적 사회로 패러디할 뿐만 아니라 『리어왕』의 남성 중심주의적 가부장주의 시각을 전복시켜 '생태 여성주의' 시각(Legler 1998, p. 70)으로 인간과 자연을 제시하고 있다. 즉 『천 에이커의 땅』은 영토의 세습으로 드러나는 아버지와 세 딸의 관계에서 『리어왕』이 보여주고 있는 아버지의 시각이 아니다. 이와 반대로 스마일리는 딸들(첫째딸과 둘째딸)의 시각을 통하여 자연의 두 가지 속성인 대지와 영토의 성격을 제시할 뿐만 아니라, 여성의 몸으로 뚜렷하게 드러나는 대지와 영토의 관계를 불변적인 것이 아니고 변화과정 속에 있는 사회적 관계의 산물임을 제시한다.

이 과정에서 우리는 근대 영문학의 정전화가 빚은 셰익스피어의 『리어왕』이 지니고 있는 드라마적 서술의 신화적 성격을 해체하여 대지와 영토의 관계를 전제군주 기계라는 전제군주 시대의 특수한 역사적 단계에서 바라볼 수 있는 근거를 찾을 수 있고, 또한 『천 에이커의 땅』에서 자본주의라는 특수한 역사적 단계는 그것에 의하여 형성된 개개의 몸이 지니고 있는 상호관계, 즉 대지와 영토의 관계를 자본주의 기계의 작동으로 살펴볼 수 있을 것이다. 이러한 측면에서 우리는 셰익스피어의 『리어왕』과 스마일리의 『천 에이커의 땅』을 대조함으로써, 『리어왕』이 보편적 문학예술의 발현이 아니라 전제군주 시대의 해체적 징후를 보여준 르네상스 시대에 특별하게 구성되어 근대화의 기간에 문학적 정전으로 특화되었을 뿐 아니라, 『천 에이커의 땅』에서 드러나는 대지와 영토의 관계도 자본주의 시대라는 특수한 역사적 단계에서 일어나는 특수한 관계임을 살펴볼 수 있을 것이다. 이와 더불어 『리어왕』이 근대적으로 특화된 것처럼 『천 에이커의 땅』을 탈근대적으로 특화시킬 수 있는가를 살펴보고자 한다. 전제군주 시대와 자본주의 시대의 특수한 관계들은 전제군주 시대와 자본주의 시대를 관통하는 땅과 몸의 대지에 대한 영토화를 토대로 이루어진다. 따라서 두 텍스트를 비교분석하는 것은 지금까지 셰익스피어의 『리어왕』 연구에서 배제되었던 영토의 문제, 즉 몸과 자연이 지니고 있는 영토와 대지의 관계가 사회적 제도뿐 아니라 인간의 삶과 의식을 어떻게 영토화하고 탈영토화하는가를 살피는 기회가 될 수 있을 것이다(Buchanan 2001, p. 18).[2)]

이와 더불어 두 개의 텍스트가 다루고 있는 "아버지가 딸들에게 땅을 물려주다"라는 사건[3)]은 전제군주 시대나 자본주의 시대는 물론이고, 역사 이래로 세계 곳곳에서 일어나는 일반적 사건이다. 그러나 이러한 일반적 사건을 다루고 있는 전제군주의 시대의 서사와 자본주의 시대의 서사는 그 내용과 의미를 달리한다. 일반적으로 우리의 일상성 속에서 일어나는 하나의 사건은 아무런 의미도 없이 사라지거나 혹은 개별적 시각에 따라서 다양한 의미를 지닌 다양한 이야기들로 구성되어 있다. 그러한 이야기들로 구성되는 과정에서 대지는 그 이야기의 영토로 각인되고, 또한 그 이야기와 관계를 맺고 있는 우리의 몸은 이야기로 구성된 다양한 의미의 영토들로 각인된다. 따라서 우리는 사건으로 구성된 이야기와 그 이야기의 의미가 각인되어 있는 우리의 몸을 대지와 영토의 관계 속에서 사유함으로 말미암아 근대의 서사적 관점의 시선에 따라 주체와 대상(타자)으로 구분하는 비평적 주관주의의 오류뿐만 아니라 후기근대에서 새로운 타자의 등장과 더불어 발생하는 주체의 이동에 따른 개별주체들의 상대주의적 오류를 동시에 극복할 수 있지 않을까? 이런 측면에서 들뢰즈-가타리가 근대 자본주의의 극복을 전제로 한 새로운 사유방식의 시작을 "대지와 영토의 관계에 대한 사유"(Deleuze and Guattari 1991, p. 85)로 제시하는 이유는 서구근대의 형성과 더불어 시작하여 오늘날까지 이어지고 있는 주체/대상이나 정신/몸의 이분법적 사유가 항상 서구·백인·남성 중심의 인간 중심주의(humanism)로 환원되는 근대적 사유와 이것에 대한 하나의 대안으로 등장한 해체적 사유, 둘 다를 동시에 극복하기 위함이라고 할 것이다.

따라서 대지와 영토의 관계를 토대로 『리어왕』과 『천 에이커의 땅』에 등장하는 인물들의 몸에 각인되어 있는 영토들을 살펴보는 것은, 대지가 전제군주의 영토로부터 탈영토화하여 어떻게 자본주의의 영토로 재영토화되었는가를 살필 수 있을 뿐만 아니라 어떻게 전제군주의 영토 속에 있는 서열관계의 코드체계들이 자본주의의 영토 속에서 새로운 서열관계로 재코드화되어 있는가도 살필 수 있을 것이다. 이와 더불어 자연의 땅이 대지와 영토로 존재하는 것과 마찬가지로 우리의 몸도 대지와 영토로 구성되어 있음을 살펴보는 것은, 땅의 대지를 영토화한 사회체(socius)가 동시에 우리 몸의 대지를 영토화하고 있음을 살펴보기 위함이다. 사회체라는 거대한 기계는 전제군주제와 자본주의 사회를 재현하고 있는 『리어왕』과 『천 에이커의 땅』의 두 텍스트에 등장하는 인물들의 몸에 각인되어 나타날 뿐만 아니라 인물들 상호간에 일어나는 몸과 몸의 관계 속에서 작동하고 있다.

『리어왕』과 『천 에이커의 땅』에서 사회체라는 거대한 기계의 작동원칙은 가족주의를 토대로 하고 있다고 말할 수 있다. 그러나 두 텍스트가 다루고 있는 "아버지가 딸들에게 땅을 물려주다"라는 특이성의 사건은 전제군주제와 자본주의를 관통하고 있는 가족주의의 가부장제와 남성 중심주의(아들상속)의 틀에서 벗어나 있다. 이러한 특이성이 기계와 기계의 맞물림으로 작용하여 거대한 불협화음을 낳는다. 즉 특이성의 사건 또한 사회체라는 거대한 기계의 작동원칙에 따라 의미의 계열화를 이루어야 하기 때문에 기계와 기계의 맞물림으로 작용하는 거대한 불협화음은 우리의 몸에 각인되어 있는 영토들뿐 아니라 순간순간 그 영토들로부터 탈영토화하여 맞이하는 대지의 모습을 보여준다. 『리어왕』과 『천 에이커의 땅』에서 드러나는 이러한 관계를 살펴보고, 『리어왕』이 근대의 정전으로 자리 잡은 것과 마찬가지로 『천 에이커의 땅』이 탈근대의 정전으로 가능한가를 살펴서 전지구적인 탈근대의 비전을 확대하고자 함이 이 글의 목적이다.

2. 전제군주와 자본의 대지와 영토

세익스피어의 『리어왕』이 지니고 있는 사건 중심의 이야기와 달리,

스마일리의 『천 에이커의 땅』에서 대지와 영토에 대한 묘사는 상당히 중요한 역할을 담당하고 있다. 이것은 아마도 공연을 목적으로 하는 희곡의 형식적 한계와 더불어 『리어왕』에서 크게 드러나지 않는 대지와 영토의 관계를 스마일리가 『천 에이커의 땅』에서 본격적으로 다루고자 하는 작가적 의도라고 할 수 있다. 따라서 스마일리는 『리어왕』에 나타나는 영토분할의 사건과 마찬가지로 『천 에이커의 땅』에서 거대한 유산 상속세로부터 벗어나고자 1천 에이커의 땅을 주식회사로 만들어 양도하는 본격적인 사건을 다루기 이전에 "[아이오와주 제불론 카운티를] 시속 60마일로 달리면 당신은 캐보트 스트리트의 도로에서 T자형 교차로로 북쪽을 향해 이어지는 카운티의 686도로에 있는 우리의 농장을 순식간에 지나칠 수도 있다"(Smiley 1991, p. 3)라고 '1천 에이커의 땅'을 소개한다. 『리어왕』과는 달리 본격적인 사건을 다루기 이전에 서술되는 땅에 대한 서술은 소설을 읽는 독자로 하여금 우리가 살고 있는 세계와 우주를 '대지와 영토의 관계로 사유' 하도록 만든다.

> 언덕에서 바라보는 대지는 분명히 평평했고, 하늘은 더할 나위 없이 둥근 타원형이었다. 그래서 어린 시절 학교에 다니면서 콜럼부스에 관해 공부하면서 선생님이 고대문화들이 이러저러한 형태로 존재했었을 수도 있다고 말했음에도 불구하고, 나에게 대지와 하늘의 모습은 변함이 없는 것 같았다. 어떠한 지구본이나 지도도 제불론 카운티가 우주의 중심이 아니라는 것을 완전히 확신시키지 못했다. 분명히 그곳에서 바라본 대지는 평평했기 때문에, 제불론 카운티는 나머지의 땅을 완벽하게 만들어줄 뿐만 아니라 10피트의 두께로 덮여 있는 표층 아래로 뿌리를 전달하는 지점이었다. (같은 곳)

아직 사회의 구조 속으로 완전히 들어오지 않은 어린이가 일상적으로 바라보는 대지는 우주의 중심이다. 어린이가 바라보는 대지는 마치 자신의 몸처럼 콜럼부스로부터 시작되는 미국의 역사나, 그 이전에 있었을지도 모르는 다양한 문화들에도 불구하고 '우주의 중심' 이며 눈에 보이지 않는 나머지의 땅과 연결되어 있는 생명의 근원이다. 어린이가 일상적으로 바라보는 대지가 생명의 근원이라고 하는 것은 대지의 복잡한 존재들이 상호'관계들' 로 구성되어 끊임없는 생명성의 순환을 생산하기 때문이다. 이러한 대지의 구성적 관계들 속에서 콜럼부스로부터 시작되는 미국의 역사나 그 이전의 다양한 문화들은 대지와 맺어진 일시적 관계의 산물이지 대지를 명명하는 보편적 본성은 아니다.

이러한 대지에 대한 인식은 몸에 대해서도 마찬가지이다. 몸은 대지와 마찬가지로 관계들로 구성되는 생명의 근원이지 어떤 이름이나 성(性) 혹은 인종이나 계급으로 명명되는 것이 아니다. 따라서 땅이 대지와 영토로 구성되어 인식되듯이 몸도 마찬가지다. 즉 어린이의 대지에 대한 인식은 영토에 대한 인식과 더불어 사회화(자본주의화)되기 시작한다. 이처럼 『천 에이커의 땅』에서 주인공 지니가 소설의 주 무대인 제불론 카운티에서 바라본 대지에 대한 인식과 함께 시작되는 영토에 대한 인식을 스마일리는 다음과 같이 서술하고 있다.

> 자신이 소유하고 있는 에이커 수와 자본은 제불론 카운티에서 마치 이름이나 성(性)만큼이나 근본적인 사실들이었다. 해럴드 클라크와 나의 아버지는 우리의 부엌식탁에서 에릭슨 가족이 부채를 갚지 못하면 누가 그들의 땅을 소유해야 하는가에 대한 논쟁을 하곤 했다. 내가 루씨 에릭슨과 놀 때마다, 혹은 엄마와 동생 로즈 그리고 내가 정원 가꾸는 것을 도와주기 위하여 에릭슨씨 집으로 건너가거

나, 에릭슨 부인이 파이나 도넛을 만들어 우리 집으로 건너오거나 혹은 나의 아버지가 에릭슨씨에게 농기구를 빌려줄 때나, 그리고 우리 모두가 에릭슨씨 집에서 일요일 저녁식사를 할 때에도 나는 그것을 의식하고 있었다. 나는 에릭슨씨의 땅이 길을 건너 그의 집 쪽으로 있다는 해럴드 클라크의 견해가 지니는 정당성을 인식했었음에도 불구하고 그 땅이 우리의 땅이 되어야만 한다고 생각했다. 왜냐하면 디나 에릭슨의 침대방에는 내가 몹시도 탐을 냈던 창밖을 바라볼 수 있는 의자가 별실에 따로 있었기 때문이다. 그리고 카운티의 686도로와 캐보트 스트리트의 T자형 교차로로부터 펼쳐지는 평평한 대지의 거대한 원이 우리의 것이 되는 것이 적절하고 바람직하다고 나는 생각했다. 천 에이커의 땅. 그것을 우리가 소유해야만 하는 것은 너무도 당연한 일이었다. (같은 책, p. 4)

땅의 대지를 우주의 중심과 생명의 근원으로 바라보던 시선은 "이름이나 성"이라는 의식적 영토로 자신의 몸을 바라보는 순간부터 "에이커 수와 자본"으로 환산된 영토를 바라보기 시작한다. 그리고 이러한 땅과 몸의 영토를 바라보는 시선은 '아빠-엄마-나(동생)'라는 가족주의적 삼각형의 구조에 의하여 유지되고 강화된다. 따라서 어린이의 영토화된 시선에 의하여 의식적으로 형성된 욕망은 "내가 몹시도 탐을 냈던 창밖을 바라볼 수 있는 의자"라는 의식적 영토로 몸에 각인되어 대지의 시선이 바라보는 객관성(해럴드 클라크의 견해가 지니는 정당성)을 비합리적인 것으로 치부할 수 있는 이성적("적절하고 바람직하다고 나는 생각했다") 토대의 '우리'라는 가족주의를 각인시킨다. 그리고 이러한 가족주의의 영토는 다시 대지를 바라보던 시선과 겹쳐지면서 대지가 지니고 있는 우주의 중심과 생명의 근원으로 존재하는 관계들을 가족으로 대체한다. 그래서 우리는 영토화된 땅 위에 살고 있는 모든 존재들이 거의 "10피트의 두께로 덮여 있는 표층" 아래의 대지와 생명의 뿌리로 연결되어 있음에도 불구하고 단지 '표층'의 영토로만 바라볼 뿐이고, 의식화된 가족의 영토로 덮여 있는 몸만을 볼 뿐 그 내부에 갇혀 무한한 생명의 관계들을 욕망하는 무의식적 대지의 몸을 인식하지 못한다.

『리어왕』에서 전제군주 시대에 있었던 '리어왕'의 비극과 오늘날 『천 에이커의 땅』에서 일어난 '아버지'의 비극은 이런 영토화된 욕망과 관련이 있다. 『리어왕』에서 아버지 리어왕은 "이제 모든 어려운 국사를 이 늙은 어깨로부터 젊고 기운 있는 사람들에게 이양하고, 홀가분한 마음으로 죽음으로 여행을 떠날 채비를 할 작정"(윌리암 세익스피어 1995, 1막 1장)으로 영토를 분할할 계획을 세운다. 이와 마찬가지로 『천 에이커의 땅』에서 '아버지'는 "빌어먹을, 나는 너무 늙었어. 내가 어떤 가수의 노래를 듣고 싶으면, 이제 집에서 듣고 싶어. 여하튼간에 내일 내가 죽는다면, 너희들이 70~80만 달러의 유산상속세를 내야만 할 거야"(Smiley 1991, p. 19)라는 이유로 자신의 영토를 양도할 계획을 세운다. 비록 전제군주 시대와 자본주의 시대가 지니고 있는 영토의 성격이 다르다고 하더라도 각각의 영토로부터 탈영토화하고자 하는 근본적 이유는 '늙음'이라는 동일한 몸의 상태이다. 그리고 늙음이라는 몸의 상태는 어린이의 몸의 상태와 마찬가지로 땅과 몸에 중첩되어 있는 대지와 영토를 동시에 보고 인식하는 상태라고 할 것이다. 즉 리어왕이 이야기하는 "홀가분한 마음으로 죽음으로 여행을 떠날 채비"를 하는 것이나 "어떤 가수의 노래를 듣고 싶으면, 집에서 듣고 싶다"는 아버지의 소망은 자신들의 몸을 영토화된 시선이 아니라 순간적으로 탈영토화된 대지의 시선으로 바라보고자 하는 것이다. 그러나 이런 대지의 몸은 또한 영토(화된)의 몸과 연결되어 있다. 따라서 어린이의 대지를 바라보는 시선과 영토를 바라보는 시선이 서로 뒤엉켜 있듯이, 영토화되어 있는 몸과 땅을 연결시키고 있는 전제군주 시대의 '국사' 라는 권력의 행사와 자본주의 시대의 "70만~80만 달러의 유산상속세" 라는 자본은 리어왕과 아버지의 시선에 뒤엉켜 있다. 단지 어린이와 노인의 차이는 어린이의 시선이 대지에서 영토로 이동하는 것과는 달리 노인의 시선은 영토에서 대지로 이동한다는 것뿐이다.

영토를 규정하고 있는 '국사' 와 '자본' 에 코드화되어 있는 의미는 두 시대를 관통하고 있는 가족주의적 권력이다. 그리고 권력은 두 시대를 유지시키고 있는 기본 골격이기 때문에 집단 내부에 있는 사람들의 상호관계를 규정짓는 특징을 지니고 있다. 즉 리어왕과 아버지가 자신의 몸을 영토가 아니라 대지로 바라보는 것은, 땅과 몸의 영토가 아닌 땅과 몸의 대지와 연결되어 있기 때문에 순간적으로 그 이전의 영토가 지녔던 권력의 해체와 권력의 이동 혹은 권력관계의 변화를 의미한다. 따라서 이러한 권력과 관계를 맺고 있는 주변사람들이 바라보는 리어왕과 아버지의 몸은 리어왕과 아버지가 바라보는 대지의 몸이 아니라 기존의 시선으로 바라보았던 영토의 몸이다. 『리어왕』에서 켄트가 "왕권을 그전대로 보존하"(1막 1장)라는 충언이나 글로스터가 "일식과 월식이 지니고 있는 불길한 징조"에 대한 언급(1막 2장) 그리고 『천 에이커의 땅』에서 또 다른 농장주인 해럴드 클라크나 첫째딸 지니와 둘째딸 로즈의 남편들인 타이와 피트의 "그의 몸은 여전히 튼튼하고 건강하다"(Smiley 1991, p. 31)라는 시선은 땅의 영토와 몸의 영토가 권력관계를 통하여 얼마나 상호 밀접하게 연관되어 있는가를 잘 보여준다.

리어왕과 아버지 그리고 그들에게 집중되어 있는 전제군주와 자본의 권력은 그들의 몸과 땅을 거대한 영토로 만들기 때문에, 그러한 영토로부터 탈영토화하고자 하는 리어왕과 아버지는 광기로 표현될 수밖에 없다. 그러나 처음에 이러한 '광기'는 리어왕과 아버지의 실체가 아니다. 그들은 자신들의 몸을 대지로 바라보는 순간, 그들의 땅을 또한 대지로 인식하기 때문에 진정한 탈영토화의 해방감을 만끽한다. 따라서 리어왕과 아버지를 광기로 바라보도록 만드는 것은 켄트나 글로스터 혹은 해럴드 클라크나 타이와 피트로 작동되는 전제군주 시대와 자본주의 시대의 거대한 사회체이다. 즉 사회체를 규정하는 권력의 핵심인 리어왕과 아버지가 그 사회체를 파괴시킬 가능성을 지니고 있는 대지의 몸을 인식하는 순간, 가시적 세계에서 은폐되었던 거대한 사회체라는 기계는 우리의 가시적 세계로 들어와 리어왕과 아버지를 광기로 규정짓는 것이다. 그리고 이런 사회체의 규정은 그 사회체 내부에서 살고 있는 리어왕과 아버지를 실제적인 광기로 내몰고, 마침내 전제군주와 자본의 권력의 이동에 의하여 사회체의 새로운 핵심으로 등장한 두 딸들에 의하여 '광기로 규정'(같은 책, p. 82)되고 만다. 『리어왕』과 『천 에이커의 땅』에서 대지와 영토의 혼돈으로 말미암아 야기되는 광기의 표현은 '폭풍우의 광야'에서 극한의 형태로 제시된다.

> 배가 터지게 드르렁거려라! 불아, 내뱉어져라! 비야, 쏟아져라! 비도 바람도 천둥도 번개도 내 딸은 아니다. 너희들을 불효하다고 책하지는 않겠다. 너희들에는 영토도 주지 않았다. 너희들을 내 딸이라고 부르지도 않았다. 너희들은 내게 복종할 의무가 없어. 그러니 마음대로 무서운 짓을 하여라. 나는 너희들의 노예다. 이와 같이 가엾고 무력하고 쇠약하고 천대받는 노인이다. 그러나 나는 너희들을 비굴한 수하라고 부르겠다. 저 악독한 두 딸의 편을 들어서, 이런 늙은이의 백발 두상에다 하늘의 군대를 끌고 오려고 하다니! 아, 너무한다. (윌리암 세익스피어 1995, 3막 2장)

리어왕의 광기가 극한적으로 나타나는 이유는 몸과 땅에 대한 대지와 영토가 혼돈스럽게 뒤섞여 있기 때문이다. 비록 몸과 땅은 영토화할 수 있지만, 비와 바람 그리고 천둥과 번개는 근원적으로 대지로 존재한다. 그러나 리어왕은 비와 바람 그리고 천둥과 번개를 인간적 관계인 딸들과 혼돈하여 "비굴한 수하"라는 영토의 세계로 바라본다. 즉 『리어왕』에서 전제군주적 영토의 붕괴가 리어왕의 왕국의 분열과 글로스터 가족의 붕괴와 병립하여 이루어지듯이, 광기의 표상이 된 리어왕으로 하여금 전형적인 대지와 영토를 혼돈하여 바라보게끔 만드는 것은 "불효" "영토" "복종할 의무" "노예"와 같은 전형적인 가족주의적 영토의 언어들을 통해서 이루어진다.

따라서 이러한 광기의 극한은 독자(혹은 관중)들로 하여금 비와 바람 그리고 천둥과 번개가 "악독한 두 딸의 편을 들어… 하늘의 군대를 끌고 오려고 한다"를 전제군주인 리어왕이 자연의 대지를 영토화한 극한적 광기로 인식하게 하듯이, 불효, 영토, 복종할 의무 그리고 노예와 같은 언어들도 몸의 대지를 영토화한 극한적 광기의 표현들이란 사실 또한 인식하게 만든다.

리어왕이 보여주는 광기의 극한이 전제군주제의 몸과 땅이 지니고 있는 대지와 영토를 순수한 형태로 드러내 보여주고 있듯이, 『천 에이커의 땅』에서 아버지가 보여주는 광기는 자본주의의 몸과 땅이 지니고 있는 대지와 영토를 순수한 형태로 드러내 보여주고 있다. 리어왕이 영토를 이양한 이후에도 여전히 전제군주제 권력의 상징인 군대를 이끌고 다니면서 거너릴과 리건에게 마지막으로 구걸하다가 폭풍의 광야로 들어가듯이, 아버지는 영토를 소유하고 있는 자본의 권력을 아버지의 이름으로 지니와 로즈에게 "저년이 네가 한 것보다 더 나쁘게 나에게 한다"(Smiley 1991, p. 182)고 마지막으로 구걸하다가 마침내 스스로 광기에 빠져 다음과 같이 이야기하고 폭풍우 속으로 들어간다.

> "어떻게 너희가 너희 아버지를 이렇게 취급할 수가 있지? 내가 너〔지니〕를 더러운 년(bitch)이라고 부른 것도 다행인 줄 알어. 너는 도대체 내가 어떻게 되었으면 좋겠니? 이제, 이 건물을 짓지 못하게 하겠어! 땅도 다시 되찾아야겠어! 너희 더러운 창녀들(whores)을 이곳에서 내쫓아버리겠어. 너희는 너희 아버지를 이처럼 취급하는 것이 무엇을 의미하는지 분명히 알아야만 해. 나는 너희들을 저주해. 지니, 너는 결코 아이들을 낳지 못할 거야. 도저히 희망도 없어. 그리고 너〔로즈〕가 죽을 때, 네 아이들은 분명히 〔사람들의〕 웃음거리가 되게 하겠어!" (같은 책, p. 183)

전제군주 시대에서 작동하는 사회체를 그리고 있는 『리어왕』에서 자연과 몸의 대지와 영토가 그대로 드러나는 것은 리어의 가족과 글로스터 가족의 분열과 더불어 진행되듯이, 『천 에이커의 땅』이 드러내 보여주는 자본주의의 대지와 영토 또한 제불론 카운티의 최대 농장주인 래리 쿡 가족의 분열로 더욱 확연하게 드러난다. 어머니의 죽음 이후 지속적으로 그러하였듯이 가족이라는 영토로 뒤덮여 있던 표층의 관계, 즉 아버지와 딸이라는 가족의 권력관계는 사라지고 지니와 로즈의 시선에서 "이 정도의 취급조차 과분한 줄 알아"(같은 곳)야만 하는 래리 쿡이라는 노인과 '더러운 년' (bitch)도 과분하여 '더러운 창녀' (whore)로 래리에게 불려야만 하는 지니와 로즈라는 여성이 있을 뿐이다. 이러한 인간의 몸이 지니고 있는 대지와 영토가 그대로 드러나는 것은, 자연의 대지와 영토가 그대로 드러나는 폭풍우의 광야와 병치되어 나타난다. 『리어왕』에서 리어왕의 영토였던 잉글랜드의 땅이 자연이 지니고 있는 대지의 몸이 그대로 드러나면서 그 영토의 주인을 광기로 몰아 죽음으로 내어몰듯이, 래리의 영토였던 '1천 에이커의 땅' 은 폭풍우 속에서 래리를 광기로 몰아 죽음으로 내몰아버린다.

3. 사건의 서술에 대한 근대적 계열화와 탈근대적 계열화

전제군주 시대의 대지와 영토가 드러나면서 일어나는 전제군주적 사회체의 파멸은 전쟁으로 귀결되고, 자본주의 시대의 대지와 영토가 드러나면서 발생하는 자본주의적 사회체의 파멸은 법정으로 귀결된다. 전쟁이나 법정의 싸움은 영토를 토대로 한 권력과 자본을 얻기 위한 대립과 갈등이다. 따라서 『리어왕』과 『천 에이커의 땅』에서 벌어지는 전쟁이나 법성의 싸움은 '아버지의 이름' 으로 대행되는 가족간의 대립과 갈등이라는 점에서, 가족주의는 전제군주 시대와 자본주의를 관통하고 있는 권력의 내부적 코드라고 할 수 있다. 즉 자본주의의 도래와 더불어 전제군주제의 폭력적 군주는 사라졌지만, 자본을 토대로 한 가족주의는 가족과 소집단 단위의 폭력적 권력을 유지시키는 내부적인 인식적 코드로 작용하고 있다는 것이다.

그러나 전제군주적 사회체의 파멸을 이야기하는 셰익스피어의 드라마 서술방식과 자본주의적 사회체의 파멸을 이야기하는 스마일리의 소설 서술방식은 큰 차이가 있다. 『리어왕』에서 "아버지가 딸들에게 영토를 물려주다"라는 사건의 이야기 서술을 위한 계열화 방식은 도덕적 선과 악, 정신과 몸(물질)의 이분법적 대립이다. 즉 셰익스피어의 『리어왕』 서술방식에서 셋째딸 코딜리아가 대변하고 있는 도덕적 선과 두 언니 거너릴과 리건이 대변하고 있는 도덕적 악의 대립과 갈등은 "나의 애정은 말로써는 도저히 표현할 수 없을 만큼 무게가 큰 것"(1막 1장)이라는 표현처럼 기표라는 물질덩어리의 언어가 절대로 고고한 정신을 대변하지 못한다는 것 그리고 에드먼드와 거너릴과 리건으로 대변되는 도덕적 악의 결합은 전쟁이라는 물리적 폭력의 승리에도 불구하고 자체적으로 파멸한다는 근대적 법정신을 대변하고 있다. 따라서 『리어왕』에서 다루는 사건과 배경이 비록 전제군주 시대임에도 불구하고 그것이 근대 영문학의 정전으로 자리 잡은 이유는 그 서술방식이 근대의 인식론과 법정신의 근간을 이루고 있는 정신-몸(물질)의 이분법적 사고에 충실하기 때문이라고 조심스럽게 추측할 수도 있다.

이와 달리 『천 에이커의 땅』에서 스마일리는 "아버지가 딸들에게 땅을 물려주다"라는 사건을 생산적 관계를 욕망하는 인간과 자연의 몸을 근간으로 하는 대지와 영토의 관계로 이야기를 서술하고 있다. 여전히 자본주의적 사회체의 내적 코드로 작용하고 있는 도덕적(혹은 가족주의적) 선과 악 그리고 정신과 몸의 이분법적 사유는 인간과 자연의 몸을 영토화함으로써 생산적 관계를 욕망하는 몸의 고착상태를 파악할 수 없다. 즉 거대한 자연의 대지로 존재했던 '천 에이커의 땅'을 개간하여 자본의 영토로 탈바꿈하는 과정에서 발생하는 지니의 불임, 어머니의 부재로 인한 아버지의 지속적인 성적 폭력 때문에 딸을 보호하기 위하여 또 다른 폭력을 휘두르는 남편의 보호를 받아야만 하는 로즈의 아버지에 대한 분노 그리고 베트남전 파병의 거부로 오랜 동안 떠돌이 생활을 하다가 돌아온 제스의 유기농업에 대한 포부 등은 도덕적 가족주의의 선과 악 혹은 정신과 몸의 이분법적 사유로 판단할 수 없는 근대 자본주의의 또 다른 산물이다. 따라서 스마일리의 이야기 서술방식은 '아버지의 법'을 따르는 것이 아니라, 어머니의 부재를 대신하는 '자매애'를 주축으로 이루어진다.

내가 로즈를 그녀의 집에 내려주었을 때, 그녀는 나의 뺨에 키스를 했다. 사실 우리는 온 삶을 통하여 서로를 잘 알고 있었다. 그러나 우리는 결코 서로를 피곤하게 하지 않았다. 우리의 연대는 어떤 특별한 풍요로움을 지니고 있었는데, 나는 그것을 충분히 인식하고 있었다. 심지어 침묵 속에서도 나는 그것을 또한 인식할 수 있었다. 로즈는 분명히 어떠한 감상주의에도 빠지지 않을 것이다. (Smiley 1991, p. 62)

셋째딸 캐롤라인이 다섯 살 때 "내가 크면 나는 농부부인이 되지 않겠어···, 농부가 되겠어."(같은 책, p. 61)라고 말한 것에 대한 기억과, 지니와 로즈의 관계가 암시하는 "특별한 풍요로움을 지니고 있"는 '연대'는 그들이 '아버지의 법'을 따르는 자본주의적 권력관계에 들어가 변호사가 된 캐롤라인과 달리 "서로를 잘 알고" "서로를 피곤하게 하지 않"는 생산적 관계를 유지하고 있음을 암시한다. 캐롤라인이 『리어왕』의 전제군주적 권력을 도덕적 선과 악 그리고 정신/물질의 이분법을 토대로 한 근대 자본주의적 권력으로 대체하는 법을 다루는 변호사가 되었다는 것은 그녀가 '아버지의 법'을 따르는 권력관계에 진입하였음을 의미한다. 따라서 캐롤라인은 지니와 로즈가 주장하는 아버지의 폭력을 이해할 수도 없고, 이해하지도 못한다. 그러나 '아버지의 법'이 상징하는 권력관계를 따르지 않고 '풍요로움'을 상징하는 어머니의 부재를 대신하는 지니와 로즈의 '자매애'는 '1천 에이커'라는 영토의 이양과 더불어 그동안 자본을 토대로 한 아버지의 폭력과 가족주의적 영토가 그들의 몸이 요구하는 생산적 관계에 대한 욕망을 억압하고 있었음을 드러낸다.

지니와 로즈는 아버지에 대한 두려움과 공포를 동일하게 경험했음에도 불구하고, 지니는 아버지에 대한 무조건적인 복종으로 나아가고 로즈는 아버지에 대한 무조건적인 반항으로 일관한다. 그리고 이러한 정반대의 반응은 지니에게는 아버지에게 순응하고 복종하는 남편을 고르고, 로즈에겐 아버지와 똑같이 폭력적이고 가부장적 권위를 행사하는 남편을 고르도록 무의식적으로 작용한다. 표면적으로 프로이트의 오이디푸스 콤플렉스와 일렉트라 콤플렉스를 토대로 한 정신분석학은 지니와 로즈의 현실에 아주 잘 적용될 수 있을 것이다. 그러나 이러한 표면적 현상은 지니와 로즈의 생산적 관계에 대한 욕망을 억압한 결과이고, 가족주의적 가부장적 권위를 토대로 한 자본주의의 권력관계를 유지시키는 수단이다. 바로 이러한 이유 때문에 들뢰즈-가타리는 프로이트의 생산적 욕망이라는 '리비도의 발견'은 위대한 것이지만, 그것을 다시 오이디푸스 콤플렉스로 가두어놓은 그의 정신분석학은 '자본주의 이데올로기'라고 비판하고 있는 것이다. 프로이트의 정신분석과 달리, 그리고 들뢰즈-가타리의 『안티 오이디푸스』에서 시도한 "자본주의와 분열증 분석"에 나타난 욕망이론(Deleuze and Guattari 1984, pp. 1~21)에 따라서 『천 에이커의 땅』에서 지니와 로즈는 자본을 토대로 한 아버지의 권력이 사라진 이후에 그동안 억압되었던 생산적 관계에 대한 욕망을 경험한다.

지니와 제스의 관계는 지니에게 그동안 아버지에 의하여 억압되었던 생산적 관계에 대한 욕망이 서서히 드러나고 있음을 보여준다. 베트남전 파병에 대한 징집거부, 떠돌이생활을 하며 자본주의적 권력관계가 아닌 "내적 평화(inner peace)를 찾는 불교적 인식론의 습득"(Smiley 1991, pp. 53~56), 유기농법을 통한 자본주의적 영토의 불모성을 해체하여 대지의 모습을 회복하려는 노력(같은 책, p. 74), 그리고 스스로 '채식주의자'가 되려는 시도(같은 책, p. 127) 등을 지니고 있는 제스에 대한 지니의 욕망은 '천 에이커의 땅'을 대지로 바라보던 옛 시선을 되찾게 해줄 뿐 아니라 그녀의 몸이 요구하는 아이를 생산하고자 하는 임신에 대한 욕망을 다시 확인하도록 만든다. 그리고 이러한 생산적 관계에 대한 욕망의 부활은 아버지의 떠남과 더불어 그동안 잊어버렸던 "어머니〔의 흔적〕를 발견할 가능성"(같은 책, p. 225)으로 자리 잡는다.

그러나 어머니의 흔적을 찾으려는 노력 그리고 제스와 함께 살고자 하는 새로운 욕망이 혼합되어 있는 지니는 망각의 기억을 되찾는다. 아버지의 집에 있는 옛날 자신의 방을 청소한 이후에, 제스를 생각하며 침대에 누워 있는 지니는 다시 자신의 몸에 각인되어 있는 보이지 않는 영토 속으로 빨려 들어간다. 지니는 행복한 자신만의 상상 속에서 갑자기 옆에 누워 있던 제스는 사라지고 "아버지가 자신의 가슴을 빨고 있는 느낌을 지니면서 그의 백발이 섞여 있는 머리 한가운데 대머리가 된 부분을 바라보고 있는"(같은 책, p. 228) 자신을 발견한 것이다. "그것이 그녀가 소리를 지르며 침대에서 뛰어 내려오기 전에 할 수 있었던 유일한 기억이었다."(같은 곳)

> 나의 온몸은 경련을 일으켰고, 신음소리가 입에서 흘러나왔다. 때때로 내 머릿속에서 피가 방울방울 솟아오르고, 방의 노란색 벽지는 사방으로 움직이는 물체처럼 반짝거리는 것 같았다. 그 기억은 어머니의 물건들이 메이슨 시의 가난한 사람들에게 보내어지는 기억과 연관되어 있었다. 어머니의 옷들을 뒷좌석에 넣은 여러 차들 속에서 보이는 교회 아주머니들, 다정한 관심으로 나를 돌아보며 "간직하고 싶은 것이 있니?" 하고 묻는, 그래서 내가 "아니오" 하고 대답했던 메어리 리빙스턴 아줌마의 얼굴모습. 나는 정신이 몽롱해서 층계 아래로 떨어질 것같이 느꼈기에 거실 나무바닥에 주저앉았다. (같은 곳)

지니의 생산적 관계에 대한 욕망은 이미 망각된 기억을 되살리지만, 그 기억은 다시 생산적 관계에 대한 욕망을 가로막는다. 어머니의 죽음과 더불어 "어머니의 물건(흔적)들"이 사라지면서, 아버지를 중심으로 한 가부장적 권위체계의 어머니 역할을 자신이 대신 맡았던 것이다. 그래서 아버지의 성적 쾌락의 대상이었던 자신의 역할이 로즈에게로 이동하자, 지니는 기억의 망각을 통하여 정신적 어머니의 역할을 대행하면서 아버지의 성적 쾌락의 대상이 막내 캐롤라인으로 이동하는 것을 저지한 것이다. 자신도 모르는 사이에 '아버지-어머니-나'라는 가족주의적 권력구조에 깊숙이 들어가 있는 것을 발견한 지니는 어머니가 항상 아버지의 편을 들었고, 가끔 자식들의 편을 들으면 아버지로부터 폭력의 앙갚음을 받았다는 사실을 기억해 낸다. 이것은 어머니처럼 자신도 자신이 모르는 사이에 그동안 아버지의 편을 들면서 가족주의의 권력구조를 지속시키는 권력의 편에 있었음을 암시한다. 이러한 지니의 억압된 기억의 영토는 그 기억을 회복한 이후, 바로 "로즈, 로즈, 로즈"(같은 책, p. 229) 하고 애타게 로즈를 찾으면서 이제 자신의 "새로운 삶의 시작"(같은 곳)이라고 선언하면서도, 한동안 아버지의 성폭력의 억압으로부터 생산적 관계에 대한 욕망을 상실한 "로즈의 동료희생자가 되기보다는 그녀를 동정하는 지지자"(같은 책, p. 230)로 남아 있는 것을 선택한다는 점에서 그녀의 몸에 각인된 아버지라는 영토의 한정 없는 깊이를 감지할 수 있다.

그러나 가족주의 권력구조 속에서 몸에 각인된 성적 억압이라는 영토의 깊이는 아버지에 대한 끝없는 분노를 표출하는 로즈에게 한층 더하다. 이미 땅의 영토화로 인한 오염 때문에 유방암(어머니는 바로 이 병으로 죽었다) 수술로 한쪽 유방을 제거한 로즈는 아버지, 할아버지 그리고 증조할아버지라는 삼대에 걸친 '1천 에이커의 땅'에 대한 자본주의적 영토화의 치명적인 희생물이라는 점에서, 제스가 자신의 아버지(해럴드 클라크)를 떠난 이후 그녀를 선택한 것은 마치 분노와 분노의 결합인 것처럼 보인다. 지니가 기억에 대한 망각을 통하여 가족주의의 권력구조를 유지시키고 있듯이, 로즈는 그 기억이 각인시킨 분노를 통하여 1천 에이커의 영토에 대한 아버지의 자본주의적 권력을 자신의 자본주의적 권력으로 대체할 뿐이지 그 기억의 영토로부터 탈영토화하여 생산적 관계의 형성으로 나아가지 못한다. 이것은 가족이나 개인들의 관계 속에서 발생하는 미시적 파시즘이 사회나 국가 단위의 거시적 파시즘과 마찬가지로 억압자나 피억압자 모두에게 생산적 관계에 대한 욕망의 상실을 의미한다고 할 수 있다. 마치 『리어왕』의 글로스터처럼 아버지의 편을 들고 있는 해럴드 클라크가 농약을 다루다가 실수를 하여 실명한 것에 대하여 동정(care)을 표시하는 지니에게 로즈는 다음과 같이 이야기한다.

> 나약함은 나에게 아무런 의미가 없어. 나는 그들이 고통을 겪는 것에는 전혀 관심이 없어. 그들이 고통스러워한다면, 그들은 다시 자신들이 순수하다고 확신할 거야. 히틀러가 죽었을 때, 그가 두려워하고 고통스러워했다고 생각하지 않지? 그것에 대해서 동정을 해? 만일 그가 자신이 한 행동의 근거가 정당하고 올바르며, 그래서 그 유태인들 모두가 완전히 박멸되어 마땅하고, 적어도 그가 자신의 삶의 작업을 완전히 수행할 수 있을 만큼 오래 살아 있어야 한다고 생각하면서 죽었다면, 너는 그의 고통을 즐기거나 심지어 그 고통이 더 지속되기를 바라지 않았겠어? 그들에겐 후회의 한탄이 반드시 있어야만 해. 반드시 그가 파괴한 것들을 올바로 고쳐놓으려는 노력이 있어야만 해. 그렇지 않다면, 책들이 주는 교훈이 무슨 소용이 있

어. (같은 책, p. 234)

기억의 망각과 기억의 재생 그리고 그 기억으로부터 탈영토화하고자 하는 지니와 달리, 로즈의 전생애는 아버지의 성적 억압으로 각인되어 있고, 그것에 대한 복수심이 그녀의 삶을 지탱시키는 힘이다. 따라서 그녀에게 가부장적 폭력을 행사한 아버지(혹은 해럴드 클라크)는 사회나 국가적 폭력을 행사한 히틀러와 동일시된다. 그러나 이러한 로즈의 시선은 억압자의 입장에서 피억압자의 입장으로 그 시각이 전환되었을 뿐, 도덕적 선과 악 그리고 그것으로부터 확대된 정신과 몸의 이분법이라는 "책들이 주는 교훈"의 근대 법철학의 정신이 그대로 반영되어 있다. 마치 영토의 권력을 사이에 두고 대립과 갈등을 하는 전제군주시대의 전쟁과 마찬가지로, 둘 중의 하나가 파멸해야 하는 가족 사이의 근대적 전쟁이 로즈가 이야기하는 "책들이 주는 교훈"이다. 그러나 이러한 근대적 이분법으로 말미암아 형성된 로즈의 분노와 증오심은 그녀의 몸에 각인되어 있는 영토화의 흔적인 암세포를 더욱 활성화시켜 그녀의 삶마저도 죽음으로 몰고 가는 파멸의 길임이 자명하게 드러난다.

따라서 지니는 자신의 몸이 요구하는 생산적 관계에 대한 욕망을 방해하는 기억의 흔적 그리고 근대적 이분법으로 말미암아 증오와 복수심으로 치닫는 로즈와의 자매애로부터 탈영토화하여 독신의 삶으로 나아간다. 지니는 아버지와 캐롤라인이 연합하여 제기한 '토지반환 소송'의 법정에서 '토지반환 소송의 무효'라는 승소판결을 받은 직후, 단지 천 달러만을 지니고 제불론 카운티를 떠나 메이슨 시로 간다(같은 책, p. 330). 자신의 몸을 영토화하고 있는 허울로만 존재하는 가족뿐만 아니라 자신의 생산적 관계에 대한 욕망을 저해하는 자본의 영토로부터 떠나는 지니의 모습은 '일 대 일의 특성' 을 지닌 생산적 욕망의 단일한 성격, 즉 증오와 복수심이라는 파괴적 욕망과 창조나 새로운 관계의 형성을 특징으로 하는 생산적 욕망이 상호 공존할 수 없다는 들뢰즈-가타리의 욕망이론을 잘 뒷받침하고 있다. 따라서 우리는 『천 에이커의 땅』을 통하여 지니의 끊임없는 탈영토화의 생명성이라는 탈근대적 계열화 그리고 증오와 복수심에 고착되어 적과 더불어 자신의 몸이 지니고 있는 생명성을 갉아먹고 있는 로즈의 선과 악(정신과 물질)에 토대를 둔 근대적 이분법의 계열화를 정확히 파악할 수 있다.

4. 맺음말: 생산적 관계의 탈근대적 재배치

『리어왕』과 『천 에이커의 땅』에서 가족주의를 토대로 한 선과 악의 대립과 갈등은 전쟁과 법정이라는 형식을 달리하지만, 그 결과는 양쪽 모두의 파멸로 끝이 난다. 그러나 이러한 파멸 이후, 대지와 영토의 성격이 그대로 드러난 자연과 인간의 몸을 재배치하는 생산적 관계들에선 상호차이가 있음을 알 수 있다. 『리어왕』에서 그러한 새로운 생산적 관계들을 형성하는 인물들은 지식인인 켄트와 거너릴의 남편 앨버니 공작 그리고 글로스터의 아들(적자) 에드거이다. 그리고 『천 에이커의 땅』에서 새로운 생산적 관계들을 형성하는 인물들은 지니와 로즈의 두 딸인 팜(Pam)과 린다(Linda)이다.

셰익스피어가 『리어왕』을 발표한 르네상스시기에 텍스트의 결말이 제공하는 전제군주 '리어왕' 의 죽음과 그 가족인 세 딸의 죽음은 전제군주제의 소멸을 의미할 수 있고, 더더욱 19세기 이후 셰익스피어의 텍스트들이 근대 영문학의 정전으로 확고한 자리를 획득하면서 도덕적 선과 악의 이분법 속에서 도덕적 선을 대변하는 정신적 귀족과 지식인의 결합은 근대적 이성의 새로운 합리성을 취득했다고 할 수 있다. 그러나 글로스터의 아들 에드거가 지니고 있는 '아버지의 적자' 라는 상징성과 아버지와 딸들의 대립과 갈등의 상황에서 여성인물들을 배제한 결말은 전제군주를 대체한 자본주의의 권력관계 속에 남성 가부장적 권위를 유지시키는 가족주의의 코드들을 은밀하게 재코드화하는 역할을 하게 된다.

그리고 이러한 가족주의의 코드들은 오늘날의 자본을 토대로 한 권력관계의 구도 속에서 인간의 몸과 자연의 몸을 영토화하여 대지의 몸이 욕망하는 생산적 관계를 끊임없이 차단하고 있음을 알 수 있다. 이러한 점에서 스마일리의 『천 에이커의 땅』과 들뢰즈-가타리의 『철학이란 무엇인가?』가 제시하는 '대지와 영토의 관계' 를 통한 욕망과 몸에 대한 사유 그리고 '대지와 영토의 관계' 를 토대로 한 사건의 계열화는 근대적 자본주의의 가족주의적 코드들로부터 벗어날 수 있는 길을 제시하고 있다. 아마도 이것이 근대의 정전으로 자리 잡은 『리어왕』을 대신하여 『천 에이커의 땅』이 탈근대의 정전으로 자리 잡아야 하는 이유가 아닐까? 그래야만 우리는 『천 에이커의 땅』에서 자본으로 영토화되어 있는 '천 에이커의 땅' 의 몸과 가족이라는 이름으로 영토화되어 있는 지니와 로즈의 몸이 지닌 근원적 생명의 대지를 인식할 수 있을 것이다. 우리의 눈에는 보이지 않고 표피적으로는 인식할 수도 없는 인간과 자연의 몸속 깊숙하게 각인되어 있는 그 죽음의 영토들을 드러내어 새로운 대지의 생명으로 부활시키는 작업은 '대지와 영토의 관계들' 을 사유하면서 시작될 수 있을 것이다.

따라서 『천 에이커의 땅』에서 스마일리가 제시하는 근대 자본주의 속에 은밀하게 내재해 있는 가족주의 코드들로 인해 발생하는 아버지와 딸(로즈)의 비극은 자본주의 사회체에 의하여 규정되는 도덕적 선과 악 그리고 정신과 몸이라는 이분법인 남성적 이성의 합리성 때문이라고 할 것이다. 이러한 측면에서, 『천 에이커의 땅』에서 제시되는 지니와 로즈의 두 딸로 구성되는 가족의 재배치는 '아버지-어머니-나' 라는 가족주의적 권력구조의 삼각형 구도를 극복한다고 말할 수 있을 것이다. 이들의 관계 속에서 아버지의 부재를 통한 어머니의 아버지 권위의 대행 등과 같은 최소한의 권력관계 구도는 존재하지 않는다. 이들의 모습은 마치 근대 자본주의가 전제군주 사회로부터 탈영토화하여 만들어놓은 남성들만의 '친구들의 장' 을 여성들로 확대시킨 모습이다. 이들의 관계 속에 끊임없는 탈영토화의 궤적 속에 있는 제스의 결합은 탈근대적 가족의 모델로 참으로 적합하다고 하겠다.

주

1) Shakespeare 1952. 셰익스피어의 『리어왕』은 이 책을 참고하되, 내용에 대한 인용은 윌리암 세익스피어 1995를 사용하였음.
2) 이 글에서 부카난은 들뢰즈의 철학을 '선험적 경험주의' 라고 부르는 이유를 전통적인 경험주의와 칸트의 선험주의와 비교하여 설명하고 있다. 즉 전통적인 경험주의자들이 '경험' 이라고 부르는 것, 그리고 칸트가 '선험적 본성' 이라고 부르는 것을 들뢰즈는 '관계들' 이라고 부르기 때문에 그의 철학은 선험적 경험주의라고 설명될 수 있다는 것이다.
3) 하나의 사건은 어떤 또 다른 사건과 연결되어 어떤 이야기로 계열화되지 않았을 때, 아무런 의미도 지니지 않는다. 이러한 사건을 들뢰즈는 '시뮬라크르' 라고 부른다. 이에 관해서는 Deleuze 1990(pp. 253~79) 참조.

질 들뢰즈의 생태문화적 사유의 영토들과 문화연구

1. 1968년의 프랑스와 들뢰즈

오늘날 생태문화적으로 살고 생태문화적으로 사유한다는 것은 우리가 지금까지 생각하고 살아오던 방식과는 다른 방식의 삶과 사유를 요구한다. 그러나 한 인간과 마찬가지로 한 사회가 전통적인 삶과 사유의 방식을 바꾸는 것은 어떤 사건의 계기를 통하지 않으면 거의 불가능하다. 이런 측면에서 '생태정치학'을 주장하는 베레나 앤더매트 콘리(Verena Andermatt Conley)는 생태문화적으로 중요한 개인적이고 역사적인 계기가 바로 1968년의 프랑스라고 말한다(Conley 2001, p. 645). 프랑스에서 1968년은 마치 중세의 종말을 고했던 르네상스의 시작과 마찬가지로 서구적 근대의 종말을 고하는 새로운 탈근대의 시작이라고 할 수 있다. 따라서 1968년의 프랑스는 데카르트의 '코기토'로부터 시작하여 사르트르의 실존주의까지 지속되었던 인간주체의 무한한 자유를 신뢰하고 그러한 자유를 무기로 자신이 처한 상황에 맞서 싸우는 인간의 근대주의적 경향과 각 개인이 아무리 자유로워지려고 해도 자신을 지배하는 삶의 구조에 종속되어 있을 뿐만 아니라 삶의 의미를 만들어내는 힘은 그 구조에서 나온다고 보는 후기근대주의적 경향이 상호 대립하던 시대였다고 말할 수 있다. 오늘날 전지구의 삶을 결정하고 있는 근대적 사유와 후기근대적 사유의 공통성은 데카르트의 정신/몸의 이분법처럼 정신을 지닌 주체의 존재 유무를 사유의 중심에 놓는다는 것이다.

근대적 사유는 인간주체의 절대정신에 대한 믿음이 개인과 사회의 진보와 발전을 달성할 수 있다는 확신인데, 2차 세계대전 이후 프랑스 지식인들은 파시즘에 저항하여 프랑스의 자유와 진보를 위하여 싸웠던 레지스탕스들을 중심으로 한 저항적 주체가 새로운 지배적이고 폭력적인 주체로 전환하는 것을 목격하게 된다. 이러한 과정에서 많은 지식인들은 파시즘에 대항하여 싸운 저항적 주체가 여성과 유색인·자연생태계에 대한 지배와 폭력의 주체로 전환되는 과정을 목도하고, 인간주체의 절대정신에 대한 믿음이라는 근대적 사유를 회의하게 된다. 따라서 그들은 인간주체의 절대정신을 부정하고 자본주의와 같은 개별적인 구조적 관계가 사회적 의미를 생산한다는 구조주의적 사유에 도달한다. 그러나 근대적 사유의 대안으로 등장한 후기근대적 사유 또한 여성과 유색인과 자연생태계에 대한 자본주의의 구조적 폭력을 변환시킬 수 있는 인간주체에 대한 믿음이 부재하기 때문에, 근대적 사유와 마찬가지로 현실적 한계에 도달한 것은 마찬가지이다.

따라서 1968년에 정점에 도달했던 근대적 사유와 후기근대적 사유의 대립은 서구사회가 나아가는 방향에 대한 근본적인 의문을 던지는 계기가 되었고, 이러한 계기는 레비스트로스(Claude Levi-Strauss)와 같은 사상가들로 하여금 구조주의와 후기(혹은 탈)구조주의의 연결고리를 주체의 존재 유무나 구조가 아니라 존재의 보편적 "생명"(Eco)에서 찾도록 만들었다고 본다. 이들은 주체의 경험을 강조하는 현상학이나, 개인적 선입관을 철학이나 휴머니즘으로 부르는 실존주의 그리고 개인을 초월한 절대적인 구조결정론을 거부하면서 "생명"이라는 보편성을 사유의 중심에 놓는다(Conley 1997, pp. 40~55). 따라서 "생명"이라는 보편성에 대한 사유는 실존적 휴머니즘의 비평과 문명/자연의 이분법에서 서구적 근대의 커다란 역사적 배경이 되었던 인간주체를 사유의 중심에서 제거할 수 있는 토대를 마련하였고, 이러한 토대는 '근대 이전' 이나 '구조 이전' 이라는 낭만주의적 사고유형으로 돌아가지 않는 한 전지구적인 페미니즘이나 탈식민주의 혹은 생태주의와 같은 현실적인 탈근대적 운동의 경향들과 관련을 맺는 가능성을 열어주었다. 또한 "생명"이라는 보편성에 대한 사유는 근대적인 개인/사회의 이분법에서 벗어나 개인과 사회의 공통분모가 생명이고, 따라서 생명은 개인적인 가시적 생명뿐만 아니라 사회라는 비가시적 생명도 존재한다는 것을 파악하여 사유할 수 있게 만들었다.

문화인류학자였던 레비스트로스가 제기한 생명이라는 보편성에 대한 사유를 좀더 근원적으로 천착한 사람들이 질 들뢰즈와 펠릭스 가타리(Gilles Deleuze and Felix Guattari)이다. 이들은 근대주의의 연속인 실존주의적 잔재와 작별하면서 생명이라는 보편성에 근거하여 새로운 생태적 주체를 사유한다. 들뢰즈-가타리가 이야기하는 "기관들 없는 몸"은 근대의 인간적 주체가 아닌 비인간적인 주체인 동시에 가시적이며 비가시적인 생태적 주체라는 정신의 생태와 사회의 생태, 그리고 자연의 생태로 구성되어 있다. 즉 들뢰즈-가타리가 이야기하는 "기관들 없는 몸"의 생태적 주체가 지니는 정신(기관들로 가득 찬 몸 혹은 사유의 운동), 사회(시민권 혹은 문화생산) 그리고 자연(환경)의 상호관련성은 실존주의적 인간주체의 경제적 이익만 추구하는 사유로부터 벗어나고자 할 뿐만 아니라 문명/자연을 이분법으로 구분하고자 하는 전지구적인 자본주의적 경제원칙에 대항하여 비물질적 생산과 물질적 객관성을 다시 사유하고자 한다.

생명의 보편성을 통하여 비물질적 생산과 물질적 객관성을 다시 사유한다는 것은 단순히 물질에서 비물질로 이동하는 후기자본주의의 상품을 찬양하는 것이 아니다. 그것은 자본주의가 만든 시간과 공간의 압축과 거대한 매스미디어의 힘 속에서 잃어버린 생태적 주체의 사유를 위한 존재론적 사유의 영토들을 만드는 것이다. 따라서 들뢰즈-가타리가 이야기하는 정신생태학, 사회생태학 그리고 자연생태학이라고 부를 수 있는 생태적 주체의 존재론적 영토들은 개별적으로 존재하는 것이 아니라 '상호관계'에 의하여 규정된다고 할 수 있다. 들뢰즈-가타리의 사유방식을 추적하고 있는 이론가들이 그들의 이론을 하나같이 "선험적 경험주의"라고 부르는 이유는 칸트의 선험주의와 영국 경험주의에서 강조하는 "선험"과 "경험"의 자리에 들뢰즈-가타리가 "관계"를 설정하고 있기 때문이다(Buchanan 2001, pp. 17~29). 즉 정신(몸)과 사회과 자연이라는 물질적 객관성을 지니고 있는 개별적인 생태적 주체는 상호관계의 형성 속에서 비물질적 생산으로 나아간다는 것이다. 이러한 생산의 흐름을 들뢰즈-가타리는 탈영토화와 재영토화라고 부른다.

2. 탈영토화와 재영토화

들뢰즈-가타리의 생태학적 사유의 영토들에서 인간, 동물, 식물, 우주, 기계 들 사이에 존재하는 일련의 집합은 하나의 열려진 전체를 구성한다. 따라서 일련의 집합은 이원론적이기보다는 오히려 복잡하고 차별적인 하나의 전체이다. 그리고 그러한 집합들을 구성하고 있는 존재의 영토들은 개별주체들 사이의 운동과 주체들의 쌍방향을 향하여 나아가는 운동을 가능하게 만드는 물질적인 동시에 정신적인 공간이라고 할 수 있다. 이러한 정신, 사회, 자연생태학 사이의 관계는 계속 확장되기 때문에 그 관계의 흐름은 일방적인 것이 아니라, 마치 바흐틴(M. M. Bakhtin)의 '이질언어성'(heteroglosia)처럼 상호 반응하는 부분들에 끊임없이 새롭게 만들어지는 생성에 의해 이루어진다. 따라서 생태적 주체들은 어떤 하나의 극단으로 나아가는 것이 아니라 주체의 완전한 상실과 자율적인 주체의 복원 사이를 가로지른다. 이러한 가로지르기를 들뢰즈-가타리는 탈영토화와 재영토화로 명명하고 있다.

> 자율성을 확신하고 있고 외재적인 것과 맺는 우연적인 일련의 관계를 갖는 하나의 유기체가 자신의 지층 위에서 그것의 내재적 환경들을 더욱더 많이 가지면 가질수록, 그것은 더욱더 탈영토화하게 된다. 이것이 바로 발전의 정도가 항상 상대적인 미분적 속도, 관계 그리고 비율의 기능으로 이해되어야만 하는 이유이다. 탈영토화는 정도와 문턱 그리고 항상 상대적인 의미를 지니고, 또한 그 이면과 보완으로 재영토화를 지니는 아주 긍정적인 힘으로 인식되어야 한다. 하나의 유기체는 외재적인 것과의 관계 속에서 탈영토화하는 동시에 필연적으로 그것의 내재적 환경 위에서 재영토화한다. (Deleuze and Guattari 1987, pp. 53~54)

들뢰즈-가타리가 이야기하는 생태학적 사유의 출발점은 인간과 우주를 포함하는 모든 유기체는 관계들에 의하여 규정된다는 것이다. 관계가 없다면, 우리는 그것을 존재한다고 말할 수 없을 것이다. 그러나 "외재적인 것과 맺는 우연적인 일련의 관계"는 "하나의 유기체가" 지니고 있는 "내재적 환경들"에 의하여 유기체 스스로 탈영토화하는 요인이 된다. 따라서 들뢰즈-가타리가 이야기하는 모든 유기체의 '관계'라는 존재조건은 "내재적 환경들"을 변화시키는 정치적이면서도 정서적인 의미를 지닌다. 이러한 의미에서 들뢰즈-가타리는 탈영토화가 이루어지는 내재적 환경들에 따라 다른 의미를 지니는 "발전의 정도"(degrees of development)는 내재적 환경들을 분할하는 "미분적 속도, 관계 그리고 비율의 기능으로 이해되어야만" 한다고 강조한다. 따라서 모든 존재의 유기체가 필수적으로 지니고 있는 탈영토화는 항상 내재적 환경들을 변화시키는 정치적 발전의 "정도"와 또 다른 환경들을 창조하는 "문턱"을 넘나드는 상대적 의미의 탈영토화이다. 모든 유기체의 탈영토화가 상대적 탈영토화라고 말하는 것은 이미 탈영토화 속에 재영토화가 내재되어 있다는 것을 의미한다. 따라서 모든 유기체는 어떤 절대적 존재로 규정되는 것이 아니라 탈영토화와 재영토화의 과정, 즉 생성의 과정에 있는 존재이다.

이러한 생성의 과정에 있는 유기체를 우리는 생태적 주체라고 부를 수 있다. 그리고 이러한 생태적 주체의 탈영토화와 재영토화 과정을 추적하여 사유하는 방법을 우리는 "들뢰즈-가타리의 생태적 사유의 영토들"이라고 부를 수 있다. 생태적 주체들의 탈영토화와 재영토화의 과정은 들뢰즈-가타리가 사용하는 새로운 사유의 언어들 속에서 찾을 수 있는데, 르느 슈레르(Rene Scherer)는 이러한 용어들을 네 개로 요약하고 있다(Scherer 2001, pp. 466~72). 그것들은 "내재성"(immanence), "욕망"(desire), "글쓰기"(writing), "개념"(concept)인데, 이 네 개의 규약들은 생태문화를 지속시키는 생태적 주체들의 관계처럼 상호 밀접하게 연결되어 있어서 서로 떼려야 뗄 수 없는 생태문화적 사유를 위한 고유한 존재의 영토들을 지니고 있다. 생태문화적 사유를 위한 필수적인 요소들이라고 할 수 있는 네 개의 사유의 영토들이 상호 연결되는 관계는 탈영토화와 재영토화의 과정이라고 할 수 있으며, 이러한 과정은 근대적 사유의 핵심이라 할 수 있는 절대적 주체에 의해 규정되는 "질서정연한 우주"(cosmos)도 아니며, 또한 후기근대적 사유의 핵심이라 할 수 있는 절대적 주체의 부정으로 인한 "무질서한 혼돈"(chaos)도 아닌 유기체의 생성과정이라는 "혼돈의 우주"(chaosmos) 속에서 이루어진다.

1) 내재성

들뢰즈-가타리에게 "혼돈의 우주" 속에서 이루어지는 생성과정을 "사유한다는 것"은 "내재성을 사유하"는 것인 동시에 "내재성에 도달하거나 내재성을 달성하는 것, 즉 내재성의 장을 구성하는 것"이다. 따라서 인간이 사유하는 정신·사회·자연의 근원적인 생태적 주체의 활동이라고 할 수 있는 내재성에는 어떤 서열구조도 없고 단지 차이들만 존재한다. 즉 모든 존재는 우월하거나 열등한 것이 없기 때문에 단지 시뮬라크르라는 사건들로만 존재한다. 그러므로 내재성의 사유나 내재성에 도달하는 것, 혹은 내재성의 달성이나 확신은 모든 종류의 권력관계를 깨트리는 행위이며, 현존하는 사물의 서열관계나 권력의 질서를 맹목적으로 수용하는 것에 반대하는 저항과 혁명의 행위라고 할 수 있다.

> 들뢰즈[-가타리]의 철학은 동시대의 철학에서 쉽게 정의할 수 없는 독특한 위치를 점유하고 있다. 이러한 확신은 아마도 들뢰즈-가

> 타리가 지속적으로 내재성을 강조하고 있기 때문일 것이다. 내재성에 대한 강조는 지배, 존재의 영역에 대한 소유, 즉 [다른 철학적 방법론들에서] 가장 뚜렷하게 드러나는 의식, 주체 그리고 기표에 대하여 저항하고 있다. 내재성에 대한 확신은 하나의 단순한 인식이 아니다. 그것은 모든 종류의 경계들이나 신념, 제도 그리고 권력들을 깨트리는 행위이며, 현존하고 있는 것들의 암묵적인 수용에 대한 저항과 혁명의 행위이다. (같은 글, p. 467)

슈레르가 동시대의 다양한 철학적 사유방식에서 들뢰즈-가타리의 철학이 하나의 독특한 위치를 드러내는 특성으로 이야기하고 있는 "내재성"은 근대적 사유의 지속성을 드러내는 "의식, 주체 그리고 기표에 대하여 저항하"는 사유방식이다. 따라서 내재성을 사유하고 확신하는 것 자체가 이미 서구적 근대가 기획하여 만들어놓은 "지배의 구조"와 "존재의 영역에 대한 소유의 구조"에 저항적으로 사유하고 행동하는 것이라고 말할 수 있다. 그리고 내재성의 사유는 근대의 정신/몸의 이분법으로 말미암아 끊임없이 후기근대의 사유까지 이어지고 있는 의식/무의식, 주체/대상, 기표/기의라는 이분법 속에서 유지되고 있는 "의식, 주체 그리고 기표"에 저항하는 행위이기 때문에 일반적인 근대나 후기근대 철학자들이 제기하는 "단순한 인식"이 아니라 근대가 만들어놓은 "모든 종류의 경계들이나 신념, 제도 그리고 권력을 깨트리는 행위이며, 현존하고 있는 것들의 암묵적인 수용에 대한 저항과 혁명의 행위"라고 슈레르는 강조하고 있다.

저항과 혁명이라는 정치적인 있음의 행위인 동시에 시뮬라크르라는 존재론적 없음을 의미하는 것들 속에 내재하는 "순수 내재성"(the pure immanence)은 모든 유기체가 지니고 있는 생명과 동일한 것이다. 이러한 의미에서 들뢰즈-가타리의 사유방식을 슈레르는 "생명철학"(philosophy of life)이거나 "없음 속에 내재하는 내재성"(같은 곳)이라고 말하는 것이다. 따라서 내재성을 사유하는 들뢰즈-가타리의 생태문화적 사유의 영토들이라고 일컬어질 수 있는 생명철학은 끊임없이 억압과 폭력의 구조를 재생산하는 근대가 만들어놓은 "모든 종류의 경계들이나 신념, 제도 그리고 권력을 깨트리는" 동시에 "없음"이라는 후기근대적 사유의 토대와 "내재하는 내재성"으로 드러나는 생명의 "있음"이라는 근대적 사유의 토대를 모두 긍정하는 인식론적 지평에 도달한다. 이러한 측면에서 근대적 사유와 후기근대적 사유의 밑바탕에는 마치 순수 내재성처럼 이미 들뢰즈-가타리가 이야기하는 생태학적 사유의 영토들이 근원적으로 존재하고 있었던 것이다. 들뢰즈-가타리는 근대성과 후기근대성에 의하여 은폐되어 있는 그러한 생태문화적 사유의 영토들을 드러내어 보여주고 있는 것이다.

들뢰즈-가타리가 사유하는 "순수 내재성"은 "주체 이전"과 "비주체", "유기체 이전"과 "비유기체" 그리고 "개인 이전"과 "비개인"의 삶인 동시에 생명의 근원적 주체를 사유한다는 것을 의미하는데, 그것은 "대지 그 자체"(the earth in itself)를 의미하는 것이지 "대지 저 너머의 세계"(the world beyond the earth)가 존재한다는 것을 의미하지 않기 때문에 억압적이고 폭력적인 플라톤주의의 국가철학으로 다시 환원되는 위험성은 존재하지 않는다. 들뢰즈-가타리가 이야기하는 내재성이라는 대지의 표면은 수많은 긴장들이 서로 가로지르기를 하며 다양한 입자들에 의하여 점유되어 있다고 할 수 있다. 따라서 그들은 내재성이나 대지의 표면에 떠오르는 인상이나 사건 혹은 이미지 그 자체를 주체나 주체의 환원이라는 영역을 넘어서 "생명의 내재적 유동성"으로 사유한다. 모든 "생명의 내재적 유동성"은 근대성이나 후기근대성처럼 이미 만들어진 과거와 현재의 제도나 권력으로 존재하는 것이 아니라 탈근대적인 미래의 생성으로 인하여 근대적인 과거와 현재를 탈근대적으로 재구성하는 내재적 운동과 생명을 추동하는 욕망으로 충만해 있다고 하겠다.

2) 욕망

"내재적 생명의 유동성"이 지니는 흐름의 활동을 들뢰즈-가타리는 생태문화적 사유와 활동의 생태적 주체가 지닌 "욕망"이라고 부른다. 따라서 들뢰즈-가타리는 욕망을 하나의 생산, 즉 "개인과 개인, 개인과 집단, 집단과 집단 사이의 근원적인 관계맺음의 힘"으로 취급하고 있는 것이다. 이것은 들뢰즈-가타리가 근대적 사유방식에 의하여 프로이트가 "내재적 생명의 유동성"이라는 리비도를 발견했음에도 불구하고 다시 그것을 가족이나 국가의 아버지나 어머니로 고정시킨 프로이트의 오이디푸스라는 가족 내적 욕망과 후기근대적 사유에 의하여 라캉이 리비도를 다시 상징계라는 결여의 세계로 환원시킨 외재적 욕망을 근원적인 "내재적 생명의 유동성"이라는 내재성의 외부, 즉 동물, 친구, 거리 등의 쌍방향적 관계의 흐름으로 향하도록 해방시켰음을 의미한다. 따라서 들뢰즈-가타리의 "내재적 생명의 유동성"이라는 욕망에 대한 사유는 프로이트처럼 욕망을 생명충동과 죽음충동으로 이분화하는 것도 아니며 라캉처럼 욕망을 상징계와 구별되는 상상계와 실재계가 일치하는 허무주의적 일원론으로 바라보는 것도 아닌, 개별유기체의 개체적 죽음마저도 생명의 과정으로 수용하는 생성(becoming)의 의미를 지닌다.

들뢰즈[-가타리]의 욕망에 대한 일련의 사유들은 그[들]의 전작

> 품을 관통하여 흐르고 있다. 들뢰즈-가타리의 관점에서 보자면, 프로이트의 정신분석학은 욕망의 근원적인 운동으로부터 벗어나 있었다. 욕망이 드러나게 되면, 욕망은 스스로 욕망을 깨트리거나 거세하거나, 마침내 그것이 죽음에 종속하게 되어서야 비로소 흐름을 멈춘다. 따라서 욕망은 죽음 그 자체를 욕망이나 정신 내부의 충동으로 인식하는 것이 불가능하게 되어서야 비로소 스스로를 인식하게 된다. 들뢰즈[-가타리]는 죽음을 사유하여 그것을 그[들]의 철학에 통합시켰다. 그러나 그들이 만든 죽음과 철학의 통합은 금욕주의적 맥락에서 이루어진 것이 아니라 합의와 자유로운 결정 그리고 죽음을 수용하는 지점까지 치솟아오르는 생명에 대한 사랑으로 이루어진 것이다. (같은 글, p. 468)

프로이트와 라캉의 정신분석학과 달리, 들뢰즈-가타리가 바라보는 욕망은 오직 생성의 요소를 지니는 생산의 개념으로만 정의될 수 있다. 슈레르가 분석하고 있는 것처럼 들뢰즈-가타리가 바라보는 욕망은 "욕망은 스스로 욕망을 깨트리거나 거세하거나, 마침내 그것이 죽음에 종속하게 되어서야 비로소 흐름을 멈춘다." 따라서 프로이트나 라캉이 인식하는 오이디푸스와 결여의 욕망은 근대 자본주의와 후기근대 상업주의에 의하여 "깨트려지거나 거세되어, 마침내 죽음에 종속하게 된" 근대와 후기근대의 사회적 욕망이다. 이처럼 현실사회체 내부에서 인식 불가능한 욕망은 "죽음 그 자체를 욕망이나 정신 내부의 충동으로 인식하는 것이 불가능한", 즉 생선이나 야채의 죽음이 그것들을 먹은 인간의 생명으로 되살아나는 과정처럼 삶과 죽음이 존재의 유기체를 가로지르는 생성과정의 흐름으로 바라보아야만 비로소 철학적 사유의 대상이 되는 것이다. 이처럼 사유할 때, 프로이트와 라캉이 말하는 욕망의 오이디푸스와 결여는 욕망의 본질이 아니라 생성적 욕망의 흐름이 "깨트려지거나 거세되어, 마침내 죽음에 종속하게 된" 죽음의 한 모델이고, 그러한 오이디푸스, 결여 혹은 죽음의 종속으로부터 탈영토화하여 욕망 본연의 생산적 흐름으로 나아가는 것이 진정한 삶의 모델이라고 할 수 있다.

따라서 여성 되기, 어린이 되기, 동물 되기와 같은 생성(becoming)은 타자를 향해 나아가는 욕망의 생산이고, 그러한 생성을 지각할 수 없는 욕망의 흐름이 지니는 수많은 요소들을 생명의 내재성 위에 나열되어 있는 욕망의 집합 혹은 욕망의 배치(assemblage)라고 부를 수 있다. 즉 욕망과 생성과 배치는 동일한 실재를 다른 각도에서 바라본 내재성 위에 있는 수많은 이미지들에 대한 이름들이다. 들뢰즈-가타리가 욕망을 "욕망하는 기계"(desiring machine)라고 명명하는 것은 자본주의 기계가 욕망기계를 자본주의적으로 배치하여 자본주의적으로 생성시키기 때문이다. 그러나 진정한 기계는 자본주의 기계가 아니라 욕망기계이기 때문에, 자본주의 기계는 영원히 욕망기계를 자본주의적으로 배치하거나 생성시킬 수 없다. 욕망기계의 본질은 끊임없는 흐름이다. 따라서 자본주의 기계가 욕망기계를 망가뜨리거나 고장 나게 만드는 것이 아니라, 욕망기계 스스로 자신의 본질인 흐름을 단절시키는 자본주의 기계를 망가뜨리거나 고장 나게 만든다. 문학을 비롯한 음악과 미술이라는 예술의 영역에서 자본주의 기계가 작동하지 않는 이유가 여기에 있다. 예술을 통하여 내재성의 장에서 펼쳐지는 생성과 배치는 어떠한 대상이라도 극복하여 새로운 욕망의 흐름을 달성한다. 특히 생태문화적 사유와 생성적 흐름의 의미를 간직하고 있으며, 그 생성적 흐름에 의미를 부여하는 언표의 집단적 배치가 문학이라고 할 수 있다.

3) 글쓰기

욕망기계를 오이디푸스나 결여로 바라보지 않고 하나의 생성적 흐름으로 인식하게 될 때, 우리는 비로소 들뢰즈-가타리가 이야기하는 '글쓰기'가 모든 유기체가 지니는 생명의 평등성을 구현하는 내재성의 무한성 속에 내재하고 있는 어떤 것에 생명을 부여하는 방법이며, 현존하는 기표와 기의를 지닌 이미지의 덫으로부터 내재성의 생명을 해방시키는 탈주선을 추적하는 것이라는 사실을 깨닫게 된다. 따라서 사람들은 언제나 의미 없는 사건, 즉 시뮬라크르로 존재하는 어떤 것에 "우화(혹은 이야기)"를 지닌 생명을 부여하기 위하여 항상 "이야기 만들기"(fabulation)를 하고 있으며, 이러한 이야기 만들기의 특수한 행위들을 글쓰기의 수행이라고 말할 수 있을 것이다. 이러한 들뢰즈-가타리의 글쓰기 개념을 슈레르는 "휘발성의 기호들을 배치하는 것 속에서 사건이 지니고 있는 비물질성을 포획하여 표현하는 것"이라고 말하고 있다.

> 글쓰기는 휘발성의 기호들을 배치하는 것 속에서 사건의 비물질성을 포획하여 표현하는 것이다. 글쓰기만이 오직 군집적인 것, 즉 일상적 언어가 사물의 본질들인 것처럼 전달하는 대중적인 대상들과 총체의 사회구성체들로부터 벗어나는 단일성들을 포획하거나 달성한다. 오직 단일성이나 특이성들만이 중요성을 지닌다. 글 쓰는 사람은 문자 그대로 받아들여져야 한다. 그는 그 자신을 위임하는 선, 소위 들뢰즈-가타리가 말하는 "탈주선"을 따라 이루어지는 생성들의 비밀을 알고 있기 때문에 생명에 동의하는 기술을 알고 있다고 말할 수 있다. 즉 상상계로 도망침으로 말미암아 스스로 세계를 탈각하려고 하기 때문이 아니라, 견고한 실체의 세계를 뛰어넘어 변신

의 길에 스스로를 위임하는 방법을 알고 있기 때문에 그는 글을 쓴다. (같은 글, pp. 469~70)

슈레르가 말하는 것처럼, 들뢰즈-가타리가 말하는 글쓰기를 통하여 이루어지는 "사건의 비물질성"은 글쓰기 속에서 드러나는 "단일성과 특이성"을 일컫는다고 할 수 있다. 글쓰기에서는 모든 보편성과 영토성과 구분되는 "오직 단일성과 특이성들만이 중요성을 지닌다." 따라서 들뢰즈-가타리의 생태문화적 사유가 지니고 있는 현실 속에 존재하는 생태문화적 삶과 실천의 개념적 인물의 모델은 "글 쓰는 사람"이다. "글 쓰는 사람"만이 오직 군집적이고 집단적인 국가나 사회의 일상성으로부터 벗어나는, "탈주선을 따라 이루어지는 생성들의 비밀을 알고 있고" 문학텍스트들 속에서 발견되는 그러한 "생성들의 비밀"이 바로 "생명에 동의하는 기술"이다.

이러한 들뢰즈-가타리의 규정은 근대적 정신분석의 대표자인 프로이트가 글 쓰는 사람을 백일몽을 꾸는 몽상가로 규정하거나, 그를 이어 후기근대의 대표적인 정신분석가인 라캉이 글 쓰는 사람을 상상계를 넘나드는 사람으로 규정한 것을 뛰어넘어 예술가를 하나의 생성인으로 규정하여 세계를 생성시키는 매개사로 상승시키는 효과를 지닌다. 글을 쓰는 시인과 소설가는 "변신의 길에 스스로를 위임하여" 나무와 돌을 만나면 나무와 돌이 되고, 여성과 노동자를 만나면 여성과 노동자가 되는 소수자 되기의 생성인들이다.[1)]

따라서 탈주선을 끊임없이 추적하는 글쓰기는 생성과 분리될 수 없기 때문에 글쓰기의 유일한 목적은 생명성, 즉 욕망의 흐름을 달성하는 것이라고 할 수 있다. 이러한 측면에서 들뢰즈-가타리는 로렌스(D. H. Lawrence)나 밀러(Henry Miller)와 같은 영문학 작가들이 프로이트보다도 리비도의 발현인 "성(sexuality)에 대해 더 정확한 평가" (Deleuze and Guattari 1984, p. 292)를 보여준다고 강조한다. 즉 버지니아 울프(Virginia Woolf)나 샬롯 브론테(Charlotte Bronte)의 글쓰기는 "주체의 분해" "노마드적 단일성" 혹은 "욕망을 구성하는 입자나 분자들의 확산"과 같은 들뢰즈-가타리가 사용하는 개념들을 아주 잘 보여준다는 것이다. 따라서 내재성을 사유하는 철학자가 필연적으로 무정부주의자이거나 혁명가인 것과 마찬가지로 글 쓰는 사람은 정신이상이거나 분열증환자라고 할 수 있다.

이런 측면에서 들뢰즈-가타리는 문학텍스트들이 보여주는 여성 되기, 어린이 되기, 동물 되기 등의 생성들 속에서 비평가나 철학자는 "어떤 해석이나 의미를 추적하는 것이 아니라 예견하지 못했던 삶의 경험이나 추상적인 노마드적 탈주선에 대한 지침들을 발견하게 된다"고 이야기한다. 따라서 근대와 후기근대의 국가철학적 사유에서 벗어나 탈근대의 생태문화적 삶과 사유를 위하여 글을 쓰고자 하는 비평가나 철학자들은, 들뢰즈-가타리처럼 문학텍스트가 지니고 있는 생태문화적 사유의 비평이나 철학의 개념들을 구성하기 위하여 문학텍스트가 보여주는 생태문화적 삶의 경험이나 탈주선을 파악해야 한다. 이러한 생태문화적 사유의 삶과 경험 그리고 탈영토화와 재영토화의 과정을 보여주는 탈주선 속에서 이루어지는 가장 아름다우면서도 비평적이고 철학적인 글쓰기는 근대적이거나 후기근대적인 텍스트에 대한 이해나 분석이 아니라 생성과 탈주를 달성하는 "그 누구에게 동의하면서 글을 쓰거나 혹은 생성의 그 무엇을 위하여 글을 쓰는" 행위이다. 그러한 아름다운 생태학적 사유의 글쓰기를 위하여 비평가나 철학자는 끊임없이 탈영토화의 개념들을 창조해야 한다.

4) 개념

들뢰즈-가타리가 바라보는 철학이나 비평은 글쓰기 이론을 사유하거나 생성적 글쓰기에 동의하는 것이기 때문에 철학이나 비평의 특수성은 개념의 창조이다. 따라서 개념은 사색(반성)이나 일반화의 계열에 속하는 것이 아니라 사건이나 구성, 즉 창조의 계열에 속한다. 그리고 개념은 내재성 속에서 일어나는 시뮬라크르의 사건들에 윤곽을 부여하기 때문에, 개념의 창조란 배치(생명 혹은 생성)의 선을 추적하거나 욕망이 지니고 있는 생태문화적 상호생성의 생명을 쟁취하기 위한 전쟁의 무기이다. 따라서 철학자(혹은 비평가)란 현존하고 있는 선이나 계열을 판단하는 판관이 아니라, 그 선이나 계열을 끊임없이 지워나가는 청소부이다. 생태학적 사유의 근간을 이루는 탈영토화와 재영토화의 과정 그리고 가로지르기를 통한 일반적 계열화의 사유를 넘나들기는 비평가와 철학자가 지녀야 할 필수적인 요소들이다. 따라서 들뢰즈-가타리가 사용하는 생태학적 사유의 영토들을 지니고 있는 수많은 개념들은 "기관들 없는 몸"이라는 개념에서 상호 조응한다.

> 욕망의 비유기체적 생명을 표현하는 "기관들 없는 몸"은 앙토냉 아르토에게 빌려온 개념이다. 그리고 안면성(안면의 공포 효과)을 특징으로 하는 전제군주 기계에서 모습이 지니는 초월성을 분명하게 만드는 '블랙홀' 은 천문학에 근원을 두고 있는 개념이다. 그러나 '선분' , 즉 추상적 선분은 기하학에 그 원천을 두고 있는 개념이다. 각각의 경우에서 들뢰즈[-가타리]는 다음과 같은 점을 강조한다. 이러한 개념들은 은유가 아니다. 말하자면 이러한 개념들이 지니는 '이미지들' 은 결코 '…처럼' (as)으로 설명되는 것이 아니다. 그것들은 그것들이 있는 장소에서 의미하는 바를 정확하게 암시한다. 그

러나 그것들이 있는 장소는 본래의 영토와는 다른 영역이다. 그것들은 탈영토화를 수행해 온 개념들이다. (Scherer 2001, pp. 470~71)

슈레르가 정확하게 지적하고 있는 것처럼 들뢰즈-가타리가 아르토(Antonin Artaud)에게 빌려온 "기관들 없는 몸"이라는 글쓰기나 사유의 개념은 욕망의 비유기체적 생명이며, "안면성"과 같이 우주의 비유기체적 생명인 "블랙홀"이다. 따라서 우리는 "기관들 없는 몸"이라는 개념을 통하여 각각의 유기체가 지니고 있는 "욕망의 비유기체적 생명"뿐만 아니라 "우주의 비유기체적 생명"을 동시에 사유할 수 있다. 이것은 근대적 사유의 모델인 데카르트의 코기토가 근거하고 있는 정신/몸의 이분법에 의해 파생되는 개인/사회의 이분법과 인간(소우주)/자연(대우주)의 이분법을 파기하고 서로를 가로질러 서로를 생성시키는 생태문화적 공존을 위한 사유의 방식이다. 따라서 근대적 사유의 모델에서 각각의 서로 다른 분과학문들에 속했던 천문학에 근원을 둔 "블랙홀"의 개념과 기하학에 근원을 둔 "선분"의 개념은 "기관들 없는 몸"이라는 개념을 통하여 상호접점의 의미를 생산한다. 이것은 근대적인 문학의 해석과 이해에 중요한 역할을 했던 "은유"나 "환유"의 의미가 아니라, 천문학의 이미지와 기하학의 이미지가 만나서 전혀 다른 새로운 이미지들을 생성하여 이전의 영토로부터 탈영토화하여 생태문화적 사유의 영토들로 재영토화하는 과정에 스스로 기여하는 것이다.

이런 측면에서 "철학자[와 비평가]는 판관이기보다는 청소부가 되는 것이 더 좋다"라는 들뢰즈의 말은 국가의 모델에 토대를 둔 철학(여기에서 사유하는 것은 판단하고 규칙을 적용하고, 또한 다스리는 것이다)에 대항하여 "아르토, 니체, 카프카 그리고 로렌스라는 작가의 입장에서 기존의 영토에 도전하는 것"(같은 글, p. 471)이다. 즉 서로 다른 계열들의 개념들이 만나는 상호접점들을 보여줌으로써 들뢰즈-가타리는 비생성적이고 억압적인 근대와 후기근대의 국가철학적 사유에 대항하여 생태문화적 사유의 상호 생성적인 사랑과 생명, 창조의 공개적인 싸움을 배치하고 있다. 이러한 싸움에서 들뢰즈-가타리의 생태학적 사유가 필연적으로 승리하게 되는 이유를 슈레르는 국가철학적 사유와 달리 생태문화적 사유는 "판단으로 나아가는 것이 아니라 실존으로 들어가는 것"이기 때문이라고 말한다. 모든 존재의 유기체와 마찬가지로 인간의 실존은 곧 삶의 한 부분인 사유의 과정을 통하여 생명철학이라고 불리는 생태문화적 사유와 삶의 선분들을 따라 탈영토화와 재영토화의 생성적 과정을 수행하는 것이다.

3. 근대와 후기근대의 일상적 삶과 탈근대의 생태문화적 사유와 실천

탈영토화와 재영토화를 수행하는 생태문화적 사유와 삶의 투쟁은 궁극적으로 경쟁, 전쟁, 이익의 가치들에 의하여 전적으로 지배받는 근대와 후기근대의 자본주의 문화와 다른 생태적 문화를 구성하기 위한 기술적 수단들을 재조정하고 재배치하는 것을 의미한다. 이것은 근대와 후기근대의 철학자들이 주장하는 반(反)과학적이거나 반(反)기술적 입장과는 아무런 관련이 없다. 들뢰즈-가타리는 기술 이전의 세계로 복귀하는 것을 주장하는 것이 아니라 인간을 위하여 기술을 재조정해야 하는 당면한 필요성을 강조하는 것이다. 따라서 탈영토화와 재영토화의 과정이라는 삶의 실존적 순환들은 이 세계의 생태물리학적 기능에 대한 새로운 이해뿐만 아니라 삶의 가치라는 측면에서 일어나는 변화의 과정을 내포하고 있다. 정신/몸, 주체/객체라는 사유의 이분법을 토대로 만들어진 서구적 근대 자본주의의 국가철학에 의하여 이 세계가 당면한 생태학적 문제들은 인간을 위해 전화된 기술을 현명하게 사용함으로써 해결될 수 있는데, 여기에서 생태학이란 주거, 즉 정신적이고 물리적인 공간을 점유하고 하나의 영토를 지도 그리기 하는 기술(art)을 의미한다.

예를 들어 생태문화적 사유를 통해 기술들이 재조정된다면, 근대가 만든 시간과 공간의 도시화는 전혀 다르게 탈근대적인 생태문화적 시간과 공간의 도시로 굴절될 수 있다는 것이다. 즉 오늘날 도시에 살고 있는 인간을 위하여 도시에 만들어지는 작은 규모의 숲이나 습지의 재구성은 인간의 근대적 '습관' 이라고 믿어지는 경쟁, 전쟁, 이익의 가치에서 탈근대적 습관이라고 할 수 있는 상호생성이라는 생명의 가치들로 재구성해야만 가능하다. 이것은 인간의 습관을 지도로 그리는 서구적 근대의 정신적 "다이어그램"(diagram)을 국가철학적 사유에서 생태문화적 사유인 탈근대의 정신적 다이어그램으로 변경시키지 않는다면 기술들의 재조정이나 시간과 공간의 생태문화적 배치는 결코 이루어질 수 없다는 것을 의미한다. 마치 영화를 보기 위하여 영화관이라는 시간과 공간 속에 들어가서 스크린에 펼쳐지는 환상의 여행을 떠나는 것처럼 사유하기 시작한다는 것은 곧 변화를 의미하는 것이다.

들뢰즈-가타리의 생태문화적 사유의 영토들은 정신생태학·사회생태학·환경생태학으로 구성되어 있는데, 환경에 대한 인식은 단지 근대적 사유에서 발생하는 주거지의 타락에 대한 자각만이 아니라 탈근대의 생태문화적 사유를 통해 이루어지는 사회적 타락 혹은 소수집단에 대한 자각으로 시작된다. 들뢰즈-가타리의 생명철학에서 환경생태학보다 정신생태학이나 사회생태학이 더 중요한 위치를 차지하는 것은 바로 이런 이유 때문이다. 즉 정신생태학은 끊임없이 변화하는 생태체계들의 구성에 영향을 주는 요소들을 채집하여 다이어그램을 그리는 수천의 관계들을 내포하고 있기 때문에, 들뢰즈-가타리의 세 가지 생태문화적 사유의 영토에서 가장 중요한 것은 정신생태학이다. 인간은 시간과 공간을 구축하고, 이러한 구축은 일반적으로 세계변화에 영향을 끼치기 때문에, 정신생태학은 시민의 일상적 실천을 내포하는 사회생태학으로 확장된다. 따라서 환경생태학은 정신생태학에 의한 자연에 대한 좀더 폭넓은 사유, 즉 현존하는 낡은 양식의 사회적 갈등을 근본적으로 탈중심화시키는 목적을 지닌 일반화된 생태학을 약속하고 예시하는 패러다임으로 봉사할 뿐이다.

들뢰즈-가타리가 이야기하는 생태문화적 사유와 실천의 주체는 지속적으로 자신을 탈영토화하고 재영토화할 수 있다. 이러한 측면에서 언어는 대화의 용도로 사용되는 것이 아니라, 실존적 순환을 가져오는 도구이다. 언어를 대화의 용도로 파악하는 것은 명령과 의사전달을 주요한 임무로 삼고 있는 국가철학의 관점이다. 따라서 언어를 대화의 용도로 파악하고 있는 우리의 문화적 가치들은 매스미디어에 의해 강요되는 것이기 때문에, 자연생태학과 사회생태학을 증진시킬 수 없다. 이와 반대로 언어의 조직은 행동으로 연장되어야 하고, 또 윤리와 습관의 부분으로 인식되어야 한다. 영토의 구성은 항상 우연과 불확실성이 작용하지만, 주체는 언어를 통해서 이런 우연과 불확실성에 하나의 몸을 구성하도록 만드는 능동적 결정을 한다. 따라서 의미는 항상 실존적 영토의 정서적 창조에 부가적으로 생산되는 부차적인 요소라고 할 수 있다. 그러므로 들뢰즈-가타리의 정신생태학에서 "지금과 여기"(now and here)로부터 만들어지는 미래의 창출은 굉장한 중요성을 지닌다. 따라서 들뢰즈-가타리의 정신생태학은 미래에 우리가 향유할 자연과 문화를 구성하고, 또한 그 속에서 형성되는 다수성의 관계를 창출한다. 탈영토화와 재영토화를 통해 주체는 하나의 영토와 단절하고 사유의 생태문화적 양식이 가장 잘 공급될 수 있는 상상의 자본(wherewithal)을 지닌 새로운 가상의 세계를 만든다. 그들의 정신생태학에서 모든 것은 지속적으로 변화되는 집합체에 다름 아니다.

결과적으로 들뢰즈-가타리는 정신, 사회, 자연(혹은 환경)의 행동들을 분리하는 것은 잘못이라고 간주한다. 따라서 자연은 문화로부터 분리할 수 있는 것이 아니며, 문화 속에서 작동하고 있는 보편적인 것이다. 이러한 자연과 문화의 관계는 "가로지르기"라는 용어로 설명되고 있다. 마치 사방을 가로지르는 물처럼, 혹은 텔레비전 스크린이 변질된 이미지와 발화들을 모아서 시간과 공간에 침투시키고 있는 것처럼, 가난 때문에 아파하는 사람들을 자연생태학의 죽은 고기에 대한 사회적 등가물로 가로질러 사유하는 것이다. 생태계는 생성의 과정이기 때문에 생태학은 객관적이고 과학적인 규율이라기보다는 주관적 집합체(배치)들과 관련되어 있는 하나의 사유양식이다. 따라서 생태문화적 사유를 하는 사람은 과학이라는 근대의 국가철학에 너무 근접해 있는 정신분석가라기보다는 탈근대적 미래의 생성적 과정을 사유하는 예술가이다.

주

1) 이러한 생성을 들뢰즈-가타리는 "소수자문학"이라고 부른다. 힉스(D. Emily Hicks)는 이러한 소수문학의 특성을 "① 언어의 탈영토화 ② 정치적 즉발성과 연결되어 있는 개인, 즉 모든 것은 정치적이다 ③ 언표의 집단적 배치, 즉 모든 것은 집단적 가치를 지닌다"라는 세 가지로 구분하고 있다. 이에 관해서는 Hicks 2001(p. 1041) 참조.

질 들뢰즈의 로렌스 읽기

1. 들뢰즈가 부활시킨 로렌스

생성의 철학자, 탈근대의 철학자 혹은 노마돌로지(nomadology)의 철학자라고 불리고 있는 질 들뢰즈(Gilles Deleuze)는 특히 영미계통의 시인과 소설가들을 근대유럽에서 가장 수준 높은 작가들로 평가하고 있다.[1] 그는 펠릭스 가타리(Felix Guattari)와 더불어 쓴 『안티 오이디푸스』(*Anti-Oedipus*), 『천 개의 고원』(*A Thousand Plateaus*) 그리고 『철학이란 무엇인가?』(*What Is Philosophy?*)에서 국가철학에서 벗어난 노마돌로지를 설명하기 위하여, 혹은 근대적 이성의 계몽주의에서 벗어난 탈근대적 감각의 논리를 제공하기 위해서, 그리고 근대적 철학과 과학의 노예로 전락한 죽음의 미학이 아니라 예술 자체가 지니고 있는 생성의 미학을 제시하기 위하여 조이스(James Joyce)와 멜빌(Herman Melville), 하디(Thomas Hardy) 그리고 울프(Virginia Woolf)와 밀러(Henry Miller)에 이르기까지 영미계통의 다양한 작가들을 인용하고 있는 것으로 유명하다. 따라서 들뢰즈가 그의 철학적 저서들에서 영미계통의 시인과 소설가들을 인용하고 있는 방식은 근대적으로 영토화되어 있는 영미문학 비평계에서 이와 같은 작가들을 이해하고 분석하는 방식과 매우 다른 방식이다. 들뢰즈는 근대의 전통적인 사유방식과 다른 생성의 철학, 탈근대의 철학 그리고 노마돌로지의 철학을 사유하기 위하여 영미계통의 작가들을 거론하고 있다. 문학텍스트를 통하여 철학을 사유하는 『감각의 논리』(*The Logic of Sense*)와 『카프카: 소수자 문학을 위하여』(*Kafka: Toward a Minor Literature*)에서 다루고 있는 루이스 캐럴(Lewis Carroll)과 프란츠 카프카(Franz Kafka)를 제외하면, 들뢰즈가 가장 많이 인용하는 작가들 가운데 한 사람은 아마도 로렌스(D. H. Lawrence)일 것이다.

들뢰즈가 로렌스를 인용하는 부분은 크게 세 가지로 나눌 수 있다. 하나는 들뢰즈가 『안티 오이디푸스』의 전반부에서 프로이트의 정신분석학을 비판하고 그 유명한 "자본주의와 분열증"(Capitalism and Schizophrenia) 분석의 토대를 세우기 위하여 로렌스의 프로이트 비판이나 욕망의 긍정에 대한 비평적 글쓰기 작업을 인용하는 것이다. 따라서 들뢰즈의 로렌스 인용으로 말미암아 우리는 그동안 로렌스에 대한 문학비평적 작업에서 등한시되었던, 즉 들뢰즈의 탈근대철학의 핵심이 되고 있는 욕망의 긍정과 프로이트의 오이디푸스가 지니는 자본주의 이데올로기에 대한 비판의 측면을 로렌스의 비평적 글들에서 다시 확인할 수 있다. 들뢰즈를 통하여 우리는 서구의 핵심적 근대기간에 활동한 시인이나 소설가가 아닌, 근대의 극복이나 탈근대의 비평가이며 철학자인 로렌스를 재발견할 수 있다는 것이다. 근대 극복이나 탈근대의 비평가이며 철학자로 활동한 로렌스의 작업은 『정신분석과 무의식』 『무의식의 판타지』 『불사조: D. H. 로렌스의 유고서한집』 『고전적 미국문학연구』 등의 에세이들뿐 아니라 『침입자』나 『아론의 지팡

이』 등과 같은 소설작품들도 포함된다.[2)]

들뢰즈가 로렌스를 인용하는 또 다른 부분은 로렌스의 텍스트들이 지니는 '생성' (Becoming)의 측면, 즉 『천 개의 고원』의 중간부분에 있는 "지각할 수 없는 것 되기" (Becoming-Imperceptible)로 대표되는 여성 되기, 어린이 되기, 동물 되기 등의 본보기로 로렌스의 텍스트들을 인용하는 것이다(Deleuze and Guattari 1987, pp. 186~89, 197, 205). 들뢰즈가 사용하는 "생성"이라는 용어는 근대적인 문학비평의 용어들에서 사용되는 은유와 환유 혹은 상징이나 재현 등의 언어들을 탈근대적으로 대체하기 위한 철학적 수단의 개념이다(Deleuze and Guattari 1990, pp. 12~22). 들뢰즈에 의하면, 근대적 문학비평으로 표현되는 은유와 환유 혹은 상징이나 재현 등은 실제적으로 전혀 존재하지 않는 허구에 지나지 않는다. 은유와 환유는 서구적 근대문명의 은유나 환유이고, 상징이나 재현은 서구·백인·남성 중심주의의 상징이나 재현이다. 따라서 은유나 환유 속에 비서구적이거나 여성적이며 생태주의적인 탈근대적 문화는 존재하지 않고, 상징이나 재현 속에 유색인이나 여성 혹은 동물이나 식물의 생명성은 존재하지 않는다. 그럼에도 불구하고 문학비평가나 교수들이 이와 같은 언어들을 사용하는 것은 그들의 근대적 지식세계 속에 내재해 있는 근대 자본주의가 만든 정신분석학이나 오이디푸스의 이데올로기, 즉 서구·백인·남성 중심주의의 근대성에 그들 스스로 영토화되어 있기 때문이다. 이러한 이유로 들뢰즈는 로렌스의 시와 소설이 지니고 있는 텍스트성은 결코 은유나 환유 혹은 상징이나 재현을 표현하는 것이 아니라, "지각할 수 없는 것 되기"로 대표되는 여성 되기, 동물 되기 그리고 어린이 되기의 생성을 표현한다고 이야기한다.

들뢰즈가 로렌스를 인용하는 나머지 하나는 욕망을 긍정하는 "분열증 분석"의 지식인이나 지식인의 임무를 언급하는 『안티 오이디푸스』의 후반부(Deleuze and Guattari 1984, pp. 362, 366, 377)와 철학과 과학과 예술로 구성되어 있는 노마돌로지의 지식에서 근원적으로 노마돌로지일 수밖에 없는 예술과 예술가를 언급하는 『철학이란 무엇인가?』의 후반부(Deleuze and Guattari 1991, pp. 171, 203)에 나타난다. 들뢰즈는 지식을 국가철학적 지식과 노마돌로지의 지식으로 구분한다(같은 책, pp. 351~56). 국가철학적 지식은 플라톤처럼 근원적으로 노마돌로지일 수밖에 없는 예술을 배제하고 국가 중심적으로 전유된 개념으로 사유하는 철학과 기능으로 관찰하는 과학으로 세계를 이해하고, 분석하며 또한 비판한다. 그러나 노마돌로지의 예술은 새로운 지각과 정서로 이루어지는 "그 무엇 되기"(Becoming Something)의 생성을 통하여 새로운 개념과 기능을 끊임없이 노마돌로지의 철학자와 과학자에게 제공한다. 따라서 새로운 개념으로 사유하고자 하는 노마돌로지의 철학자는 예술을 통하여 끊임없이 새로운 개념을 창조해야만 하고, 새로운 기능으로 세계와 사물을 관찰하는 노마돌로지의 과학자는 예술을 통하여 끊임없이 새로운 기능을 발견해야만 한다. 따라서 들뢰즈는 로렌스가 자신의 시와 소설과 미술의 예술텍스트들을 통하여 끊임없이 기존의 국가철학적 영토로부터 탈영토화하는 노마돌로지의 예술가일 뿐만 아니라 그의 독자와 다른 지식인들을 위하여 자신의 예술텍스트들을 토대로 새로운 개념을 창조하고 새로운 기능을 발견하는 노마드 지식인의 전형이라고 이야기하는 것이다.

이와 같은 들뢰즈의 저서들에 나타난 로렌스의 인용은 들뢰즈가 이야기하는 생성의 철학이나 탈근대의 철학 그리고 노마돌로지의 요소가 로렌스의 텍스트들 속에 온전히 녹아 있다는 것을 의미한다. 그럼에도 불구하고 그동안의 로렌스 문학비평에서 들뢰즈가 이야기하는 욕망의 긍정이나 새로운 지각과 정서를 창조하는 탈근대적 생성의 요소들 그리고 근대의 국가철학이 아닌 노마돌로지의 지식이 두드러지게 드러나지 않았던 이유는 아마도 로렌스 비평가들이 은유와 환유 그리고 상징과 재현이라는 근대의 국가철학적 지식체계가 만든 철학적이고 과학적인 근대적 영토성의 개념과 기능의 언어에 함몰되어 있었기 때문일 것이다. 이처럼 로렌스를 통하여 자신도 모르게 근대적 이데올로기를 재생산하는 근대적 국가철학적 지식인들의 지식체계로 함몰되는 것으로부터 벗어나는 길은 무엇보다도 들뢰즈처럼 로렌스의 다양한 텍스트들을 은유나 환유 혹은 상징이나 재현으로부터 벗어나 생성의 "그 무엇 되기"로 독서를 하고, 그러한 독서를 통하여 비평가 스스로 '로렌스 되기'를 달성하는 길일 것이다. '로렌스 되기'는 로렌스의 텍스트를 근대적 지식의 개념과 기능으로 이해하고 분석하여 궁극적으로 리얼리즘이니 모더니즘의 비판적 관섬에 도달하는 근대적 문학비평의 방법론이 아니라 텍스트를 통한 로렌스의 지각과 정서를 취득하여 오늘날의 새로운 시간과 공간 속에 새로운 로렌스를 끊임없이 생성시켜야만 하는 일일 것이다. 이러한 작업의 일환으로 로렌스의 「용감한 거북이」에 나타난 욕망의 긍정과 생성의 시간을 들뢰즈의 탈근대적 생태문화의 관점에서 살펴보고자 한다.

2. 「용감한 거북이」에 나타나는 욕망의 긍정과 생성의 시간

다른 일반적인 시들과 다른 「용감한 거북이」(Tortoise Gallantry)[3]에 나타나는 가장 두드러진 특징은 사회적 성(gender)으로 구분된 "그"(he)와 "그녀"(she)라는 남성명사와 여성명사가 혼합되어 만드는 이미지들의 세계가 시를 가득 메우고 있다는 사실이다. 이것은 남성과 여성이라는 개념의 부재를 통하여 인간적인 사유의 불가능성, 즉 '지각할 수 없는 것 되기'를 야기한다. 시 속에는 전혀 인간적으로 사유할 수 없는 거북만이 있다. 이것은 사유의 부재를 통한 관습적인 철학적 사유를 파괴한다. 이러한 이미지의 세계에는 또한 관찰하는 행위와 관찰되고 있는 행위에 의하여 구분되는 주체와 객체의 이분법도 존재하지 않는다. 이것은 관찰을 통한 과학의 기능을 파괴한다. 「용감한 거북이」가 보여주는 이러한 철학적 사유와 과학적 기능의 불가능성은 서구적 근대에 의하여 고착된 남성/여성의 이분법을 파괴하는 동시에 다른 동물들과 마찬가지로 인간을 "생산하는 욕망"을 지닌 인간이라는 동물로 탈영토화하는 행위이다. 따라서 「용감한 거북이」에서 보여주고 있는 남성성과 여성성 그리고 인간과 동물의 혼합된 이미지는 "생산하는 욕망"의 이미지인 동시에 일상적으로 영토화되어 있는 남성/여성과 인간/동물의 이분법으로 만들어진 남성이나 인간 중심의 영토로부터 탈영토화하는 과정의 이미지라고 할 수 있다.

> 사랑의 구애를 하면서
> 그는 그녀를 쳐다보지 않는다, 그녀를 비웃지도 않고,
> 심지어 그녀를 킁킁거리지도 않는다, 그의 코는 여백이다.
> Making his advances
> He does not look at her, nor sniff at her,
> No, not even sniff at her, his nose is blank. (I, pp. 1~3)

앞의 구절들이 보여주는 것처럼, 시의 서두에는 이미 구애를 하는(혹은 구애를 받는) 그와 구애를 받는(혹은 구애를 하는) 그녀의 이미

지만 있을 뿐이다. 이러한 사랑의 이미지는 이미 우리가 알고 있는 시각(쳐다보다)과 청각(비웃다) 그리고 후각(킁킁거리다)의 인간적 감각들로부터 벗어나 있기 때문에 그것은 거북이의 감각이나 정서적 세계로 진입하는 것이다. 따라서 이러한 이미지들이 보여주는 세계가 "거북이의 세계가 아니다"라고 말하거나 혹은 "너의 거북이들은 실제의 거북이들이 아니야!"라고 말하는 것은 근대적 영토 속에 이성적으로 갇혀 있는 거북이와 인간의 개념적 영토로부터 탈영토화하지 못하고 이미 거북이 되기를 시도하는 로렌스나 혹은 로렌스의 거북이 되기를 감각적으로 거부하는 것이다. 이러한 이유 때문에 로렌스는 "그러한 동물은 존재하지 않는다고 이야기하는 말을 듣는 것 때문에 나는 피곤하다. …만일 내가 기린이고 나에 관하여 글을 쓰고 나를 안다고 말하는 일반적인 영국인들이 아주 훌륭하게 행동하는 개들이라면…, 말하자면 동물들은 다양한 것이다. …당신들은 나를 사랑하지 않는다. 나는 당신들이 본능적으로 혐오하는 동물이다"(Lawrence 1962, p. 1154. Deleuze and Guattari 1987, p. 244에서 재인용)라고 이야기한다.

로렌스의 사유 속에는 이미 인간/동물이라는 이분법이 존재하지 않는다. 인간은 수많은 다른 동물들과 마찬가지로 생산하는 욕망으로 표현되는 동물의 한 종일 뿐이다. 따라서 그의 「뱀」(Lawrence 1977, pp. 95~98)이라는 시에서 드러나는 "뱀 되기"나 「용감한 거북이」에 나타나는 "거북이 되기"는 고착된 근대적 인간의 영토로부터 탈영토화하여 새로운 관계 맺기를 통한 새로운 영토의 생성으로 이루어지는 생산하는 욕망의 발현이다. 「뱀」이라는 시에서 로렌스의 "뱀 되기"는 개체적으로 이루어지기 때문에 근대적 교육의 계몽주의적 이데올로기(기독교주의)와 남성 중심의 휴머니즘이 만든 이성의 영토로부터 탈영토화하는 과정으로 이루어져 있다. 그러나 「용감한 거북이」에서 드러나는 로렌스의 "거북이 되기"는 "우리"라는 동물적 무리를 구성하고자 하는 사랑의 욕망으로 이루어져 있기 때문에 무리를 구성하고자 하는 개체적 욕망에 대하여 더욱 구체적으로 접근하고 있다. 프로이트의 오이디푸스나 죽음의 욕망이 아닌 로렌스의 생명의 욕망은 9연으로 구성되어 있는 시의 한 중앙인 5연에서 가장 두드러지게 드러난다.

> 홀로 걷도록 태어난,
> 선구자,
> 지금 갑자기 미로의 갓길로 미혹되어,
> 이 섣부르고 괴로운 추구,
> 내부로부터 솟아난 무자비한 필연성.
> Born to walk alone,
> Fore-runner,
> Now suddenly distracted into this mazy side-track,
> This awkward, harrowing pursuit,
> This grim necessity from within. (V, pp. 21~25)

들뢰즈가 인간을 포함한 모든 존재를 "노마드"로 규정하는 것처럼 로렌스는 그와 그녀로 구분되는 사랑의 무리가 지니는 근원적 개체를 그도 아니고 그녀도 아니면서 동시에 그도 되고 그녀도 될 수 있는 "선구자"로 묘사한다. 따라서 선구자가 지니고 있는, 동물적 무리가 되고자 하는 생산하는 욕망은 그 무엇으로 규정할 수 없는 각각의 "홀로 걷도록 태어나고" 각각의 삶에서 "선구자"일 수밖에 없는 노마드가 지니고 있는 생성의 욕망이다. 생성의 욕망이 지니는 생산성과 흐름의 특성은 "지금 갑자기 미로의 갓길로 미혹되어" "이 섣부르고 괴로운 추구"를 해야만 한다. 이것이 비록 "선부르고 괴로운 추구"의 욕망이지만, 그것은 인간을 비롯한 모든 사물이 존재하고 지속하기 위한 "내부로부터 솟아난 무자비한 필연성"이다. 따라서 거북이 되기로 드러나는 동물 되기는 생존의 필연성인 동시에, 인간이라는 동물의 독자성을 더욱 인간적으로 생성되게 만드는 역설을 지닌다. 동물 되기를 통하여 비로소 인간은 인간이라는 독자적인 동물이 된다.

이러한 욕망의 필연성을 프로이트나 라캉처럼 "좋다/나쁘다" 혹은 "있다/없다"로 구분하는 것은 잘못이다. 그러한 구분은 분석이나 비판의 단순한 오류를 벗어나서 텍스트를 읽는 독자나 비평가로 하여금 인간이라는 동물의 독자성을 획득하거나 인간이라는 독자적인 동물의 생성을 방해하거나 저해하는 지배 이데올로기의 구실을 한다. 즉 프로이트나 라캉처럼 "좋다/나쁘다"거나 "있다/없다"로 욕망의 필연성을 구분하는 것은 탈영토화하고자 하는 새제석 욕망을 억압과 폭력의 영토로 영토화하고자 하는 지배장치의 도구 역할을 하는 것이다. 이와는 달리 로렌스의 욕망은 들뢰즈가 이야기하는 "흐름의 욕망"이거나 "생산하는 욕망"이다. 이것은 욕망이 지니고 있는 흐름의 특성과 생산성의 필연성을 의미한다. 따라서 흐르지 않거나 생산하지 않는 욕망은 노마드적 존재의 죽음을 의미한다. 흐르고 생산하는 욕망은 모든 존재하는 것의 운명이다. 그러한 욕망은 들뢰즈와 니체가 이야기하는 철학의 "운명애"(Amor Fati), 즉 모든 존재하는 것을 사유해야만 하는 운명에 대한 사랑이다(Deleuze and Guattari 1991, p. 159). 따라서 욕망은 "좋다/나쁘다"거나 "있다/없다"의 이분법이 아니라 좋기도 하고 나쁘기도 하며 있는 듯하다가도 없는 듯한 무차별적인 섬뜩함으로 존재한다.

그의 운명은 무자비하고 섬뜩한 용감성,

조용한 소외의 영원으로부터 끌려나와
부분적 존재의 부분성으로 운명 지어진,
통증, 그리고 존재의 결여,
결핍,
자기노출, 고통스런 굴욕, 그녀에게 그 자신을 부가하고 싶은 욕구.
Grim, gruesome gallantry, to which he is doomed.
Dragged out of an eternity of silent isolation
And doomed to partiality, partial being,
Ache, and want of being,
Want,
Self-exposure, hard humiliation, need to add himself on to her. (IV, pp. 15~20)

이러한 "좋다/나쁘다"라는 가치판단이 배제된 "무자비하고 섬뜩한 용감성"의 욕망은 존재로 하여금 "홀로 건도록 태어난" "조용한 소외의 영원으로부터 끌려나와" 흐름의 욕망이 일시적으로 중단되는 관계를 통하여 "부분적 존재의 부분성"을 생산하여 그것으로 존재하도록 만든다. 이러한 "부분적 존재의 부분성"이 들뢰즈가 말하는 노마드, 즉 탈근대적 주체(혹은 독신기계)이다(Deleuze and Guattari 1984, p. 16). 철학자가 아닌 시인 로렌스는 욕망을 지닌 어느 하나가 다른 하나를 만나면서 만들어지는 노마드, 즉 탈근대적 주체가 지니는 "부분적 존재의 부분성"을 "통증 그리고 존재의 결여·결핍·자기노출, 고통스런 굴욕"이라고 말한다. 이것은 궁극적으로 부분적 대상인 "그녀에게 그 자신을 부가하고 싶은 욕구"라고 말한다. "그녀"라는 존재에 자신을 "부가하고 싶은" 이러한 욕구가 일시적인 감각적 생산물로 드러나는 "그녀 되기"(becoming her)의 생성을 만든다.

로렌스의 거북이 되기가 동물 되기인 것처럼 그의 "그녀 되기"는 또한 여성 되기이다. 따라서 로렌스의 그녀 되기가 만드는 생성의 시간은 시각이나 청각 혹은 후각으로 만들어진 사회적 이성의 개념이나 기능은 정지하고 오직 몸과 몸이 만나면서 이루어지는 감각만이 살아서 숨을 쉬는 시간이다. 감각이 살아 있다는 것은 국가철학으로 구성된 근대적 이성이 노마드의 몸에 각인시킨 영토의 기관들로부터 벗어나 기관들 없는 몸이 된다는 것을 의미하며, 또한 기관들 없는 몸이 된다는 것은 재영토화의 새로운 시각이나 청각 혹은 후각을 습득하는 것을 의미한다. 따라서 거북 되기가 만드는 동물 되기가 탈영토화의 시간이라면, 그녀 되기를 통하여 형성되는 여성 되기는 재영토화의 시간이라고 말할 수 있다. 탈영토화의 시간과 재영토화의 시간을 구분하는 것은 단지 생성의 과정을 파악하기 위한 인식적 개념의 수단이지 실제로 존재하는 시간은 아니다. 따라서 들뢰즈는 흐름이나 생산의 욕망은 탈영토화와 재영토화의 과정이라고 이야기한다. 로렌스는 들뢰즈가 이야기하는 탈영토화와 재영토화의 과정을 감각의 생성으로 이야기한다.

그는 단지 연약한 피부의 주름들만을 감지한다
그녀가 볼품없는 걸음걸이 속에서 발버둥치는 동안
그녀 아래서 작동하는 피부의 주름들,
그녀가 그 속에서 움직이는 진흙투성이의 헛간 아래서
호들갑을 떠는 피부의 주름들.
Only he senses the vulnerable folds of skin
That work beneath her while she sprawls along
In her ungainly pace,

Her folds of skin that work and row

Beneath the earth-soiled hovel in which she moves. (II, pp. 4~8) `

새롭게 생성된 감각은 기존의 시각과 청각과 후각이 아니다. 새롭게 생성되는 감각은 몸의 살들이 만드는 "연약한 피부의 주름들"이다. 따라서 시각과 청각과 후각의 사회적 이성이 작동하는 철학적 개념의 논리나 과학적 기능의 논리는 "그녀가 볼품없는 걸음걸이 속에서 발버둥치는 동안"이라는 생성의 시간 속에서 만들어지는 감각의 논리에 의하여 무차별적으로 파괴되고 오직 새로운 감각들만이 생성된다. 이러한 생성의 시간은 "그녀 아래서 작동하는 피부의 주름들"이 지니고 있는 시간이고, 이러한 시간의 생성은 "그녀가 그 속에서 움직이는 진흙투성이의 헛간 아래서/호들갑을 떠는 〔또 다른〕 피부의 주름들"이다. "동안"으로 표현되고 있는 이러한 지속의 시간은 3연의 마지막(14행)에 있는 "한 파충류의 경이로운 일관성으로 이루어진 나이도 잊은 듯한 침묵뿐"(Only agelessly silent, with a reptile's awful persist-ency)이라는 표현처럼 정지되어 있는 듯하면서 흐르는 시간이고, 또한 "파충류의 경이로운 일관성"을 통하여 달성되는 여성 되기의 시간이기도 하다.

"그녀 되기" 혹은 "거북이 되기"라는 생성의 시간은 개념의 논리와 기능의 논리에 익숙해져 있는 우리에게 모든 개념과 모든 논리를 버리도록 강요하는 "무시무시한 충격"(the awful concussion)이다(VII, p. 30). 그러나 그것은 지속(duration)의 시간이기 때문에 끊임없이 새롭게 생성되는 감각들이 겹겹이 쌓인다. 이러한 겹겹이 쌓여 있는 감각들이 바로 "주름들"이다. 따라서 들뢰즈와 더불어 로렌스가 사용하는

"주름들"은 겹겹이 쌓여가는 감각들을 표현하는 동시에 지속적인 흐름의 순수한 생성적 시간들을 표현한다. 모든 존재가 지니고 있는 시간은 지속적이고 순수한 생성의 시간이기 때문에 개념적으로 사유하고자 하는 들뢰즈는 그러한 시간을 "탈영토화와 재영토화의 과정"이라고 명명하는 것이다. 이러한 과정은 근대적 문학비평의 은유나 환유 혹은 상징으로 구성되는 것이 아니라, 순전히 텍스트를 통한 로렌스 되기나 거북 되기 혹은 여성 되기로 이루어지는 감각들의 생성으로 획득될 수 있을 뿐이다. 따라서 그 과정은 좋음이나 나쁨이라는 이분법을 초월하고 있음이나 없음의 이분법을 넘어선다. 탈영토화와 재영토화의 과정은 흐름의 특성과 생산성을 지니고 있는 노마드적 욕망의 필연성일 뿐이다.

그리고 여전히 지속하고, 따르고, 추종하면서 계속해야 할 더 무시무시한 필요성,
원시의 영원한 시간들을 찾아서, 신과 같은 단일성이나 유일성을 찾아서 몰고 가는, 어떤 신비하고 빨갛게 달아오른 철의 끝에서,
자신으로부터 벗어나 그녀의 길로 도망가는,
어쩔 수 없이 그녀와 충돌할 수밖에 없는.
And the still more awful need to persist, to follow, follow, continue,
Driven, after aeons of pristine, for-god-like singleness and oneness,
At the end of some mysterious, red-hot iron,
Driven away from himself into her tracks,
Forced to crash against her. (VII, pp. 31~35)

감각들이 겹겹이 쌓이는 주름들로 이루어지는 노마드적 욕망의 "여전히 지속하고, 따르고, 추종하면서 계속해야 할 더 무시무시한 필요성"은 궁극적으로 "원시의 영원한 시간들", 즉 언어적 표현으로 단지 "신과 같은 단일성이나 유일성을 찾아서 몰고 가는" "자신으로부터 벗어나 그녀의 길로 도망가는" 탈영토화와 재영토화의 과정이기 때문에 "어쩔 수 없이 그녀와 충돌할 수밖에 없는" 필연성이다. 이러한 충돌은 그와 그녀가 함께 이룩하는 인간이라는 동물의 무리이기 때문에 무리의 또 다른 구성물인 그녀의 "거북이 되기"를 수반한다(어쩌면 그녀의 거북이 되기가 그의 거북이 되기를 수반했는지도 모른다). 그녀의 거북이 되기는 그의 거북이 되기와 마찬가지로 여성 되기를 통한 고통스럽고 무시무시한 탈영토화와 재영토화의 과정이다. 따라서 개념이나 기능으로 존재했던 그의 길이 사라졌듯이, 개념이나 기능으로 존재했던 그녀의 길도 사라지고 파충류의 "거북이 되기"가 수반하는 남성과 여성의 이분법을 초월하여 순간적으로 남성도 되고 여성도 되는 감각의 탈주만이 있을 뿐이다. 이러한 탈주는 지속의 시간으로 형성되는 "원시의 영원한 시간들"이거나 "신과 같은 단일성이나 유일성"이기 때문에 새로운 개념의 창조와 새로운 기능의 발견을 수반한다.

그러나 새로운 개념의 창조와 새로운 기능의 발견은 철학자와 과학자의 몫이지 예술가인 시인의 몫이 아니다. 시인은 오직 동물 되기, 여성 되기, 어린이 되기로 드러나는 소수자 되기를 통하여 획득되는 새로운 감각의 세계만을 보여줄 뿐이다. 따라서 시인이 보여주는 새로운 감각의 세계를 철학자나 과학자가 지니고 있는 은유나 환유 혹은 상징으로 재단하는 것은 예술가가 제공하는 미래의 세계를 과거의 철학이나 과학의 세계로 환원시키는 역할을 한다. 따라서 들뢰즈는 과거, 현재, 미래라는 일직선으로 이루어져 있는 시간관은 단지 국가철학의 환상일 뿐이고, 생성의 시간은 오직 현재라는 탈영토화의 힘으로 들끓고 있는 크로노스(Chronos)의 시간과 그것이 그 무엇으로 생성되어 과거와 미래로 흩어지는 에이온(Aion)의 시간으로 구성되어 있다고 말한다(Deleuze and Guattari 1990, p. 397)[4] 로렌스가 말하는 "원시의 영원한 시간들"(aeons of pristine)은 들뢰즈가 이야기하는 크로노스의 시간과 에이온의 시간이 결합되어 있는 영원한 탈영토화와 재영토화의 과정에 있는 지속의 시간을 의미한다고 할 수 있다. 따라서 새로운 감각의 세계가 만드는 새로운 개념의 창조와 새로운 기능의 발견이라는 철학적이고 과학적인 재영토화는 감각의 논리로 획득한 거북이 되기나 여성 되기의 철학적이거나 과학적인 "지식 없음"에서 비롯된다.

그녀가 영속적으로, 그리고 천천히 탈주할 때,
혹은 창문에서 어둠 속으로 날아가는 새처럼 쾅하고 그가 그녀로부터 벗어날 때,
그녀는 알까?
모든 지식 없음을?
Does she know
As she moves eternally slowly away?
Or is he driven against her with a bang, like a bird flying in the dark against a window,
All knowledgeless? (VI, pp. 26~29)

그와 마찬가지로 "그녀가 영속적으로, 그리고 천천히 탈주할 때" 그는 "그녀 되기"를 통하여 "거북이 되기"를 달성하였고, 그녀도 또한 "그 되기"를 통한 "거북이 되기"를 달성하였다. 즉 그 안에 그녀의 감

각이 주름들로 포개어져 살아 있고, 그녀 안에 그의 감각이 또한 주름들로 포개어져 살아 있다. 따라서 "창문에서 어둠 속으로 날아가는 새처럼 쾅하고 그가 그녀로부터 벗어날 때"처럼 하나의 지속으로 이루어진 생성의 시간이 지난 이후에 그는 그녀를 포함한 우리이고, 그녀 또한 그를 포함한 우리이다. 그러나 새로운 우리는 "그"라는 우리와 "그녀"라는 우리의 두 개로 구성된 우리이기 때문에, 새로운 "우리"는 새로운 전체가 아니라 또 다른 "부분성, 부분적 존재"이다. 그리고 이러한 "부분성, 부분적 존재"는 "모든 지식 없음"을 토대로 새로운 지식을 구성해야 한다. 따라서 들뢰즈는 예술가의 임무가 형상의 창조를 통하여 지각 불가능한 무한의 세계를 형상의 세계로 끌어들이는 것이라면, 철학자의 임무는 형상을 사유할 수 있는 개념을 창조하는 것이고 과학자의 임무는 유한세계 속에서 형상이 지니는 기능의 발견이라고 말한다(Deleuze and Guattari 1991, p. 216). "모든 지식 없음"은 새로운 개념의 창조와 기능의 발견을 통한 새로운 지식의 탄생을 예고한다고 할 수 있다. 따라서 철학자와 과학자가 아닌 예술가 로렌스는 또 다른 형상의 창조를 다음과 같이 이야기한다.

> 완강하고, 용감하며, 성급하고, 구부러진 다리를 지닌 파충류,
> 어린 신사,
> 유감스러운 탈주의 곤궁,
> 우리는 또 다른 길을 찾아야만 한다.
> Stiff, gallant, irascible, crook-legged reptile,
> Little gentleman,
> Sorry plight,
> We ought to look the other way. (VIII, pp. 36~39)

로렌스는 들뢰즈와 마찬가지로 예술가의 생성적 요소를 동물 되기와 여성 되기에 덧붙여서 어린이 되기와 소수자 되기로 이야기한다. 그가 이야기하는 "완강하고, 용감하며, 성급"한 감각의 특질은 들뢰즈가 어린이 되기에서 이야기하는 어린이의 감각적 특질이며, "구부러진 다리를 지닌"은 소수자 되기의 소수자적 특질이다. 따라서 동물 되기의 파충류는 소수자적 특질을 지닌 "어린 신사"이며, 여성 되기를 통하여 그녀와 더불어 달성한 "탈주"는 새로운 철학적 개념과 과학적 기능에 의하여 재영토화되기 때문에 "유감스러운 탈주의 곤궁"이다. 끊임없이 노마드일 수밖에 없는 시인은 "우리는 또 다른 길을 찾아야만 한다"고 소리친다. "또 다른 길"은 생산하는 욕망과 생성의 시간 속으로 다시 침잠하는 것이다. 생산하는 욕망과 생성의 시간은 탈영토화와 재영토화의 과정으로 이루어진 생명이고 세계이다. 따라서 시인은 시의 마지막 연에서 "지금까지 당신과 더불어 온, 그 길을 남겨두고,/우리는 끝까지 계속 가야만 할 것이다"(Save that, having come with you so far,/We will go on to the end)라고 이야기한다 (XI, pp. 40~41). 그것이 예술가의 임무이고 미래로 나아가는 생성의 길이다.

3. 로렌스 되기의 탈근대성

로렌스의 친구이자 시인이며 소설가였던 앨딩턴(Richard Aldington)은 로렌스를 "거의 무의식적으로 글을 쓰는 위대한 예술가"라고 평가하면서 "그는 세계를 곧장 이미지들로 인식한다"(Aldington 1970, pp. 272~73)라고 이야기한다. 「뱀」과 「죽음의 배」뿐만 아니라 「용감한 거북이」는 "세계를 곧장 이미지들로 인식하"는 로렌스를 아주 잘 보여주고 있다. 이러한 로렌스를 그동안의 영미문학 비평은 리얼리즘이나 모더니즘의 잣대로 평가하였다. 로렌스가 보여주는 이미지들을 은유나 환유, 상징 등과 같은 근대적 문학비평의 개념들로 사유하는 것은, 로렌스가 그렇게 경멸하고 저항했던 서구적 근대의 테두리 속에 머무르는 것이다. 리얼리즘이나 모더니즘은 서구적 근대를 사유하는 철학적 개념들이고, 은유나 환유·상징은 텍스트 속에서 언어의 기표들(signifiers)이 담당하는 기능소들(functives)이다. 따라서 의식적이든지 무의식적이든지 간에 로렌스나 로렌스의 텍스트들을 은유나 환유, 상징 들로 판단하거나 리얼리즘이나 모더니즘의 개념들로 사유하는 것은 예술이나 예술가를 철학이나 과학 혹은 철학자나 과학자로 환원시키는 근대적 환원주의에 종속되는 것이다.

근대적 환원주의로부터 벗어나고자 하는 탈근대의 철학자인 들뢰즈는 로렌스의 텍스트들을 분석하거나 판단하는 것이 아니라, 로렌스 되기를 통하여 생성을 사유한다. 로렌스의 「용감한 거북이」는 들뢰즈가 이야기하는 생성이 바로 거북이 되기와 여성 되기 그리고 어린이 되기라는 사실을 입증한다. 그러나 이러한 사실은 근대성으로 구성된 철학으로 사유하거나 과학으로 관찰할 수 있는 것이 아니라, 탈근대적인 감각과 정서로 느낄 수 있을 뿐이다. 따라서 들뢰즈가 로렌스를 통하여 제기하는 탈근대의 소수자 되기는 오직 로렌스의 독자들 스스로가 로렌스 되기를 달성할 때만 가능하다. 로렌스 되기는 곧 들뢰즈가 이야기하는 동물 되기, 여성 되기, 어린이 되기로 드러나는 소수자 되기이다. 그러나 본론에서 살펴본 것처럼 비평가나 독자들의 로렌스 되기를 방해하는 것은 근대적으로 확립된 은유와 환유 그리고 상징과 재현이라는 과학적 기능소들로 로렌스의 텍스트를 읽고 분석하는 것이며, 또한 리얼리즘이나 모더니즘이라는 근대의 철학적 개념들로 로렌스를 재단하는 것이다. 따라서 로렌스의 독자나 비평가들은 하루라도 빨리 근대적 과학비평의 언어적 기능소들과 철학비평의 개념들로부터 탈영토화해야만 한다.

들뢰즈의 탈근대적 노마돌로지의 권유로 이루어진 로렌스 되기는 독자와 비평가들의 동물 되기와 여성되기를 생산한다. 이러한「용감한 거북이」의 읽기는 욕망의 억압이나 과거·현재·미래로 구성된 변증법적 시간이 아니라, 노마드와 일상적 사건에 내재하는 생산하는 욕망과 생성의 시간을 발견하도록 만든다. "생산하는 욕망"과 "생성의 시간"은 "내재성"(immanence)이나 "기관들 없는 몸"(the body without organs) 등과 더불어 들뢰즈의 탈근대적 노마돌로지를 구성하는 철학적 개념들이다. 따라서 오늘날의 독자나 비평가들이 들뢰즈의 철학적 개념들로 로렌스의 텍스트들을 읽고 비평하는 것은 근대적 은유나 환유 혹은 상징이나 재현으로부터 벗어나 동물 되기나 여성 되기의 또 다른 언어적 기능소들(functives)을 발견하는 데 도움을 줄 것이다. 아마도「용감한 거북이」를 비롯한 로렌스의 텍스트들에서 드러나는 동물 되기나 여성 되기로 달성되는 새로운 감각적이고 정서적인 언어가 담당하는 언어적 기능소들의 현실적 기능들은 다수자(지배)/소수자(피지배), 인간/동물, 남성/여성의 이분법적 구분이 없는 탈식민주의, 생태주의, 여성주의로 구성된 탈근대적 세계의 노마드와 노마돌로지의 지속적인 생성일 것이다.

주

1) 들뢰즈는 서구적 근대를 구성한 영국, 독일, 프랑스를 다음과 같이 이야기한다. "독일인은 토대를 닦고(Germans lay foundations), 프랑스인은 집을 지으며(the French

build the house), 영국인은 거주한다(the English inhabit)." 이것은 근대적 의미에서 독일인이 지니고 철학적 특성, 프랑스인이 지니고 있는 과학적 특성 그리고 영국인이 지니고 있는 예술적 특성을 강조하는 것이라고 할 수 있다. 들뢰즈는 사유를 원칙으로 하는 철학의 역할은 개념을 창조하는 것이고, 관찰을 원칙으로 하는 과학은 기능의 발견이고, 감각을 생성시키는 예술은 이미지의 형상을 창조하는 것이라고 이야기한다. 이에 관해서는 Deleuze and Guattari 1991(pp. 104~106, 201~18) 참조.

2) 근대극복이나 탈근대의 비평가와 철학자의 역할을 담당한 로렌스의 모습은 장시기 2001b 참조.

3) Lawrence 1977, pp. 99~100. 이 시에 대한 인용은 연(Stanza)과 행(Line)만 밝히고 있음.

4) 이에 관해서는 장시기 2002(263~76쪽) 참조.

2

동아시아와 한반도의 탈근대 문화

동아시아의 근대형성과 전지구적 탈근대 문화
윌리엄 셰익스피어의 『리어왕』과 제인 스마일리의 『천 에이커의 땅』

만해 한용운의 불교적 노마돌로지에 나타난 근대성과 탈근대성

노마드 지식인, 송두율 교수와 탈근대의 한반도

질 한반도의 통일과 동아시아의 탈근대성

21세기의 노마드 시인, 김지하의 "유목"과 "은둔"

동아시아의 근대형성과 전지구적 탈근대 문화

루쉰(魯迅)과 나쓰메 소세키(夏目漱石) 문학의 노마돌로지

1. 동아시아 근대형성의 차이와 유사성

최근 전지구적으로 확산되고 있는 근대성이나 탈근대성에 대한 논의는 서양 중심의 근대와 탈근대에 대한 논의가 그 중심을 이루고 있다. 이런 측면에서 히야마 히사오(檜山久雄)가 『동양적 근대의 창출』을 통하여 중국과 일본의 근대화 과정에서 뚜렷한 족적을 남긴 루쉰(魯迅)과 나쓰메 소세키(夏目漱石)를 "동아시아의 근대형성"이라는 측면에서 비교하는 것은 의미가 크다고 하겠다. 히야마 히사오는 루쉰과 나쓰메 소세키의 문학이 공통으로 지니고 있는 "분열증"과 "광인"(狂人) 그리고 "비인정"(非人情)과 "자연"(自然)을 서구적 근대에 대항하는 동양적 근대의 창출이라는 측면에서 바라보고 있다. 따라서 루쉰과 나쓰메 소세키가 19세기 말과 20세기 초에 서양적 근대에 대항하는 "동양적 근대의 창출"을 위해 시도했던 문학적 노력은 오늘날 근대와 탈근대에 대한 논의가 서구 중심으로 나아가지 않고 전지구적인 시야를 갖게 하는 통로 역할을 할 수 있다고 본다. 물론 히야마 히사오

가 이야기하는 "동양적 근대의 창출"은 실패한 근대이며, 현재 근대극복이라는 것이 "서양적 근대의 극복을 의미"한다는 사실은 분명하다(히야마 히사오 2000, 19쪽). 그럼에도 불구하고 오늘날 실패한 근대로 남아 있는 "동양적 근대의 창출"을 동양적 전통의 복원이라는 측면에서 다시 되새김질하는 이유는 루쉰과 나쓰메 소세키의 노력이 단지 동아시아에 한정되는 것이 아니라 전지구적인 근대극복과 긴밀하게 연관되어 있다는 점에서 서양의 탈근대성 논의의 장을 확대시킬 수 있다고 보기 때문이다. 오늘날, 이미 전세계적으로 펼쳐지고 있는 서양적 근대의 폐해는 비서구라는 우리와 같은 서구의 주변부들뿐만 아니라 영·미계통이나 프랑스·독일과 같은 서구의 핵심에서도 아주 뚜렷하게 탈식민주의, 페미니즘 그리고 생태주의의 형태로 서구적 근대의 인식론적 취약점이 드러나고 있다는 점에서 서구적 근대에 대한 극복의 탈근대성을 찾는 작업은 서구뿐만 아니라 비서구인인 우리에게도 서구적 근대라는 현실극복을 위한 하나의 출구가 될 것으로 보인다.

그런데 문제는 동아시아의 (실패한) 근대가 단지 하나가 아니라는 사실이다. 히야마 히사오가 이야기하듯이 "동양의 근대화는 서양근대의 충격을 기다려서야 비로소 작동하기 시작했다. 설사 그 전사(前史) 속에 근대가 이미 싹트고 있었다고 해도 본격적으로 움직이기 위해서는 서양근대의 조력(助力)이 필요했다. 다른 힘의 강제 없이 내재적으로 발전해 온 서양근대와는 이 점에서 현저히 달랐고 어려움 또한 여기에 놓여 있었다. 뿐만 아니라 서양근대의 조력은 중국이나 인도의 경우에서 보듯 흔히 침략의 모습을 취했던 까닭에 문제는 더욱 복잡했다."(같은 책, 30쪽) 이러한 복잡성은 동아시아의 근대 형성이 "위로부터의 혁명에 성공한 일본이 당당하게 세계제국의 일원으로 떠오른 반면 중국은 반식민지로, 조선은 식민지로 전락하"[1]는 서로 다른 근대의 경험을 하도록 만들었으며, 그러한 서로 다른 근대의 경험은 지금까지도 서로 다른 후기근대의 경험과 탈근대에 대한 고민을 하도록 강요하고 있다.

이러한 차이에도 불구하고 히야마 히사오가 청일전쟁과 러일전쟁의 승리와 더불어 근대 제국주의의 길로 나아가는 일본에서 "자신의 문학을 빌려 독자적인 근대를 창출하려 애쓴 거의 유일한 문학자"(히야마 히사오 2000, 22쪽)인 나쓰메 소세키와 반식민지의 중국에서 "부국강병론과 서구추수에 반대"한 "20세기 〔동양〕문화의 선구자"(같은 책, 40쪽)로 평가하고 있는 루쉰의 공통점을 "둘이면서 하나"라고 평가하는 이유는 "두 사람 모두 '뒤쳐진 동양'에서 출발하여 안이한 서양모방을 거부하고 독자적인 근대의 창출을 목표로 삼았기"(같은 책, 107쪽) 때문이다. 그러나 히야마 히사오는 루쉰과 나쓰메 소세키의 공통점인 "동양적 근대의 창출"에 대하여 루쉰의 "노예사관"과 "아Q의 혁명론" 그리고 나쓰메 소세키의 "비인정"과 "자연"의 모습 이외에 더 구체적으로 언급하지 못한다. 그리고 이러한 루쉰과 나쓰메 소세키의 실패한 "동양적 근대의 창출"이 후기근대의 오늘날 탈근대라는 서구적 근대의 극복과 어떤 연관성을 지니는지에 대한 언급도 없다.

루쉰과 나쓰메 소세키에 대한 히야마 히사오의 글이 지니고 있는 한계에도 불구하고 오늘날 근대와 탈근대에 대한 논의에서 그의 탐구가 지닌 의미는 지대하다고 하겠다. 즉 동아시아의 근대형성 속에서 서로 다른 근대의 경험을 하게 했던 요인이 동아시아 근대경험의 차이라면, 그러한 근대경험을 극복하고자 했던 루쉰과 나쓰메 소세키의 문학적 대응들 속에 공통성이 자리 잡고 있다는 히야마 히사오의 판단은 그의 책 『동양적 근대의 창출』에서 전혀 언급이 없는 우리(조선)의 근대경험에 대한 또 다른 접근과 오늘날 우리가 사유해야 할 서구적 근대의 극복에 대한 단초를 마련해 주고 있다는 점이다. 그리고 더 나아가 이러한 고민이 전지구적인 탈근대의 고민들과 어떻게 맞물리는지에 대한 다양한 선긋기는 단지 과거에 대한 재평가뿐 아니라 근대의 "주어지지 않은 역사"를 "실현할 수" 있는 미래의 "조건"에 대한 고민과도 연관될 것이다. 따라서 동양적 근대경험의 차이와 동일성 그리고 그 차이와 동일성이 오늘날 전지구적인 탈근대성과 맺는 연관관계를 탐구하고자 하는 것이 이 글의 목적이다.

2. 동아시아 근대 형성과정의 지리철학

"서양근대의 충격"을 기다려서야 비로소 "동양적 근대"가 싹트기 시작했다는 동일한 요소를 지니고 있음에도 불구하고, 일본은 세계제국의 일원으로 부상하고, 중국과 조선은 반식민지나 식민지로 전락한 이유는 무엇일까? 루쉰이 "중국에 와서는 변발을 보고자 하고 일본에 가서는 왜나막신을 보고자 하며 조선에 가서는 갓을 보려고 하는 자들은, 그들의 이국취향을 만족시킬 수 없다는 이유로 아시아의 서구화에 반대하는데 이들이야말로 증오해 마땅하다"(魯迅 1987, 113쪽)라고 말하는 것처럼 19세기 말과 20세기 초 서구화의 의미는 중국, 조선, 일본에서 하나의 혁명적 사건으로 받아들여졌음에 틀림없다. 그러나 동아시아 3국 중에서 가장 먼저 서구화된 일본의 근대경험을 겪은 나쓰메 소세키는 "〔근대〕 서양문명 따위는 얼핏 보기엔 좋은 것 같아도, 결국은 틀려먹은 것이다"(히야마 히사오 2000, 77쪽)라고 말한다. 따라서 동아시아 3국에서 서구화의 의미는 혁명적 사건으로 받아들여짐과 동시에 "결국은 틀려먹은 것"이라는 이중적 의미가 내포되어 있다. 그리고 서구화가 지니고 있는 이런 이중적 의미는 "서양을 모델로 한 문명개화는 뒤집어보면 동양으로부터의 탈각과정에 지나지 않는다. 이처럼 동양을 뒤에 제쳐둠으로써 자기를 상실해 버린"(같은 책, 79쪽) 동아시아 3국이 "그 자신의 본래의 입각지를 찾아 동양으로 회귀한 것은 어쩌면 자연스런 결과"(같은 책, 80쪽)라고 히야마 히사오가 판단하는 것처럼 "탈각해야 할 동양"과 "회귀해야 할 동양"이라는 동양적 근대의 이중적 의미와 연관되어 있다. 이러한 차별성과 이중성은 동아시아 3국의 지리적인 측면들과 무관하지 않다.

동아시아 3국의 지리철학적[2] 관점에서 살펴보면, 동아시아 3국의 서구화가 지니고 있는 차별성과 그 와중에 형성된 동양이라는 개념이 지니고 있는 이중성은 세계제국의 일원, 반식민지 그리고 식민지로 전락한 동아시아 3국의 근대화와 서로 맞물려 있음을 볼 수 있다. 근대화의 과정에서 일본이 근대화에서 1세기 혹은 그 이상이나 앞선 서구의 제국주의 국가들과 어깨를 나란히(?) 하고 나아갔다는 것은 실로 놀라운 일이다. 근대성에 대한 가능한 객관적 판단을 위하여 일본의 제국주의화 과정에서 식민지로 전락한 우리의 감정적 적개심을 잠시 제쳐놓고 일본의 근대화과정을 살펴보면, 일본이 서구 제국주의 국가들과 어깨를 나란히 하면서 2차세계대전의 일원이 되고, 그 이후 패전국임에도 불구하고 세계 경제대국으로 부상한 것은 근대화는 곧 서구화라는 등식에서 유일한 예외가 되는 사건임에 틀림없다.

이런 측면에서 가라타니 고진은 동아시아의 근대화과정에서 파시즘과 천황제의 구조를 동시에 달성한 일본근대의 생성을 중국과 조선에 비하여 일본이 생성적 욕망인 "의식의 코소오(古層)가 억압되지 않았다"는 동아시아 3국의 지리철학적 관점에서 찾고 있다. 즉 근대 이전의 동아시아에서 중심으로 작용한 중국으로부터 탈영토화하여 서구 중심의 근대화로 재영토화하는 근대적 탈주의 선을 따르는 것이 중국이나 조선보다 일본이 더 수월했다는 것이다(가라타니 고진 1998, 271~92쪽). 동아시아의 근대화과정 속에서 당시의 중국이나 조선에 비하여 일본이 중국 중심의 유교적 통치체제에 억압되지 않은 "생성적 욕망의 코소오"를 지니고 있었다는 것은 동아시아 3국의 지리철학적 측면에서 상당한 설득력을 지니고 있다. 즉 가라타니 고진이 이야기하는 "억압되지 않은 욕망의 코소오"와 그것을 토대로 서구와 어깨를 나란히 하는 일본근대의 억압적 국가체제의 형성은 히야마 히사오가 이야기하는 "회귀해야 할 동양"이나 "탈각해야 할 동양"과 서로 맞물려 있다고 할 것이다. 가라타니 고진이 이야기하는 "억압되지 않은 욕망의 코소오"와 서양적 근대의 충격으로 인하여 형성된 일본근대의 파시즘과 천황체제를 분리하여 사고하면, 일본근대의 파시즘과 천황체제는 히야마 히사오가 이야기하는 "탈각해야 할 동양"과 일치될 것이요, "억압되지 않은 욕망의 코소오"는 히야마 히사오가 루쉰과 나쓰메 소세키 문학에서 동시에 볼 수 있었던 "회귀해야 할 동양"과 일치할 것이다. 그러나 가라타니 고진은 히야마 히사오와는 달리 동아시아 3국이 지니고 있는 두 개의 동양에 대한 인식이 희박하다.

근대 이전의 동아시아에서 공통으로 지니고 있었던 사유의 전통은 통치이자 지배철학인 유가(儒家)적 전통과 통치나 지배에서 벗어나 자유나 욕망의 해방을 추구하고자 하는 도가(道家)적 전통이라는 이중적 코드의 작용이라고 할 수 있다. 그리고 인도에서 발생하여 중국대륙과 한반도 그리고 일본열도에 전래되는 과정에서 유가적 전통과 도가적 전통이 혼재하게 되었던 불가(佛家)적 전통에서 볼 수 있는 바와 같이 두 개의 코드는 끊임없는 상호작용을 통하여 이어져 왔다. 그러나 가라타니 고진이 중국대륙-한반도-일본열도로 이어지는 지리적 영토화와 탈영토화의 선으로 보았던 동아시아 3국이 지녔던 근대 이전의 의식의 영토는 공자(孔子)와 맹자(孟子)를 토대로 하는 유가사상(儒家思想)의 동양이고, 그러한 의식의 영토로부터 탈영토화하여 "억압되지 않은 의식의 코소오"를 달성하고자 하는 도가나 불가의 지식은 철저하게 배제되어 있는 동양이다. 근대 이전의 중국과 조선은 확실한 유가적 통치철학에 근거를 둔 지배 통치체제를 지니고 있었지만, 일본은 16세기의 임진왜란을 통하여 조선의 성리학이 수입되어 그 이전에 일본열도로 들어간 도가나 불가의 전통적 지식들과 혼재되어 있었다고 볼 수 있다. 따라서 일본이 근대화의 틀을 마련할 수 있었던 메이지유신 이전까지 유가·도가·불가의 세 가지 전통적 사유가 혼재하고 있는 군웅할거(群雄割據)의 시대가 근대 이전의 일본이었다고 보는 것이 더 확실하지 않을까? 근대 이전의 중국과 조선에서 유가적 통치체제가 확고하게 자리 잡음에 따라 도가적 전통의 노장사상이나 불가적 전통의 지식은 불온시되어 금서(禁書)의 목록에 올랐을 뿐만 아니라, 수많은 분서갱유(焚書坑儒)의 대상이 되기도 하였다. 따라서 일본근대의 파시즘과 천황체제를 반성하고 비판하면서도 가라타니 고진이 보지 못하고 히야마 히사오가 루쉰과 나쓰메 소세키를 통하여 희미하게나마 파악한 것은, 근대 이전까지 중국과 조선의 억압체제로 작용한 유가적 전통의 "탈각해야 할 동양"과 "회귀해야 할 동양"이라는 도가적이고 불가적인 지식의 전통에 대한 뚜렷한 "선 가르기"라고 할 것이다. 히야마 히사오가 일본 젊은이들에게 주는 충고는 오늘날 두 개의 동양에서 동아시아 3국이 어느 것을 사유의 초점에 두어야 하는가에 대한 길을 제시한다.

오늘날 주로 젊은이들 사이에서는 아시아에서의 인민(민중)적 연

> 대를 모색하는 기운이 일고 있다. 하지만 일찍이 아시아를 병탄(倂呑)하려 했던 것이 꼭 '파시즘 중독환자' 만의 책임이 아니라, 일본 **근대의 실상** 그것이 아시아를 배반하고 연대(連帶)와는 거리가 먼 병탄지향의 구조를 지니고 있었던 한, 바로 이러한 일본근대의 구조 자체를 직접 문제삼는 작업을 생략하고서는 아시아와의 참된 연대는 참으로 기약하기 어려울 것이다. (히야마 히사오 2000, 20쪽. 강조는 인용자)

아시아나 전지구적인 민중적 연대를 모색하는 것은 오늘날 반드시 풀어야 할 숙제임에는 분명하다. 그러나 "일찍이 아시아를 병탄하려 했던 것이 꼭 '파시즘 중독환자' 만의 책임이 아니라, 일본근대의 실상 그것이 아시아를 배반하고 연대와는 거리가 먼 병탄지향의 구조를 지니고 있었"다는 히야마 히사오의 판단은 일본의 근대가 도가나 불가의 전통에 맥락이 닿는 "회귀해야 할 동양"의 달성이 아니라, 근대 이전의 중국과 조선에서 억압과 지배의 수단으로 작용했던 유가의 "탈각해야 할 동양"에 닿아 있다는 자각일 것이다. 따라서 히야마 히사오가 제시하는 "일본근대의 구조 자체를 직접 문제삼는 작업"은 두 개의 동양에 대한 인식과 더불어 후기근대라는 서구근대의 종말을 예고하는 탈근대성의 징후가 보이고 있는 오늘날, "탈각해야 할 근대적 서구"와 "회귀해야 할 탈근대적 서구"에 대한 인식의 작업과 동일한 것이라고 할 수 있다.

히야마 히사오의 『동양적 근대의 창출』과 마찬가지로 탈각해야 할 서구와 회귀해야 할 서구에 대하여 들뢰즈-가타리는 "국가철학"(state philosophy) "노마돌로지"(Nomadology)로 구분하여 지칭하고 있다.[2] 들뢰즈-가타리에게 서구의 근대는 데카르트의 의식의 "코기토"에 의해 플라톤의 국가철학이 부활한 시대이다. 들뢰즈-가타리가 이야기하는 국가철학은 국가의 지배장치를 강제하기 위한 두 개의 신화적 머리를 지니고 있는데, 그것은 "마법사-왕의 머리"와 "법학자-사제의 머리"라는 것이다(Deleuze and Guattari 1987, pp. 351~423). 서양의 중세에서 가장 강력하게 작용한 "마법사-왕의 머리"라는 종교적 국가철학은 근대 자본주의와 더불어 프로테스탄티즘의 형태로 변형되어 무의식적 욕망의 지식으로 작용하고, 겉으로는 "법학자-사제의 머리"를 따르는 데카르트—칸트—헤겔—하이데거로 이어지는 법과 신플라톤주의적인 국가철학이 주요 기제로 작동하였다고 말할 수 있다. 따라서 근대 법철학의 대표라고 할 수 있는 헤겔의 법철학은 법과 도덕이라는 유교의 법철학과 상호 소통될 수 있을 뿐만 아니라, 서구근대 정신분석학의 대가로 취급되고 있는 프로이트의 리비도적 욕망의 오이디푸스적 부정이나 승화는 유교의 욕망에 대한 가족주의적 억압이나 승화와 일치하는 점이 있다. 따라서 근대 이전의 중국이나 조선의 유교적 통치철학과는 달리 아직 뚜렷한 국가철학이 형성되지 않은 사상적 유목민의 상황에 있었던 일본이 천황체제라는 "마법사-왕의 머리"와 결합한 "법학자-사제의 머리"라는 유교의 국가철학에 토대를 둔 파시즘과 천황체제가 "서양근대의 충격"에 맞서서 서양과 어깨를 나란히 하며 근대를 생성시킬 수 있는 철학적 기제의 역할을 하였다고 할 것이다.

그러나 일본과 달리, 중국과 조선은 유교의 국가철학이 전(前)근대의 확고한 통치나 지배의식의 형태로 자리 잡고 있어서 인간해방을 근간으로 하는 서양근대의 충격은 유교의 국가철학으로부터 탈영토화하는 자양분의 역할을 하게 된다. 즉 서양근대의 충격이 유교와 결합한 일본과 달리, 중국과 조선에서 서양근대의 충격은 본말이 전도되어 들뢰즈-가타리가 이야기하는 노마돌로지적 특성을 지닌 도가적인 노·장사상이나 불교의 경전에 대한 해석과 더 많이 결합하였다는 것이다.

따라서 일본과 달리, 중국과 조선의 근대화는 서구의 국가들과 같은 강력한 국가의 건설이 아니라 이미 존재하고 있는 강력한 유교적 통치 국가로부터 탈영토화하여 인간해방이라는 새로운 민중적 연대를 기반으로 한 세계 평등주의 국가를 형성하는 길이었다. 따라서 루쉰이 당시 중국의 부국강병론과 서구추수에 반대하면서 이야기하는 새로운 문화주의는 탈근대의 시점에 있는 오늘날에도 여전히 유효하다고 하겠다.

> 유럽이나 아메리카의 강국이 모두 물질적인 힘에 의해 세계에 찬연하게 빛나고 있는 것은 바로 그 근저에 인간이 자리 잡고 있기 때문이다. 따라서 물질은 현상의 말단에 지나지 않는다. 본원을 깊이 통찰하기는 쉽지 않지만 화려한 꽃은 누구의 눈에나 확실하게 보이게 마련이다. 이 때문에 하늘과 땅 사이에 살아남아 열국과 경쟁해 나아가는 데 있어 무엇보다 중요한 것이 인간의 확립이다. 인간이 확립된 후에야 비로소 모든 일이 그 실마리를 찾을 수 있다. 그리고 그 방법으로서는 무엇보다 개성을 존중하고 정신을 발양하는 것이 필요하다.[4)]

『동양적 근대의 창출』에서 히야마 히사오도 강조하고 있는 것처럼, 루쉰이 서양에서 물밀듯이 들어오고 있는 "물질"을 "현상의 말단"으로 보는 것은 그의 부국강병론에 대한 반대와 일치하는 시각이라고 할 수 있고, "무엇보다 중요한 것이 인간의 확립"으로 설정하는 것은 동양적 전통에 토대를 둔 "개성을 존중하고 정신을 발양하는 것"이기 때문에 그의 서구추수에 대한 반대와 연결되어 있는 시각이라고 할 수 있다. 루쉰이 "물질"을 "현상의 말단"으로 바라보는 것은 서구의 정신/물질이라는 정신 중심주의의 이분법을 동양식으로 받아들인 것이라고 할 수 있지만, 그가 말하는 "인간의 확립"에서 인간이 19세기 이후 서구 근대국가 철학에서 문학적 인식의 핵심이 되고 있는 자유인본주의(liberal humanism)의 "인간"이 아닌 것은 확실하다. 서구근대의 인본주의에서 인간은 인간/자연, 남성/여성, 정신/물질의 이분법에서 인간·남성·정신 중심주의의 협소한 인간이해에 토대를 둔 인간이다. 따라서 루쉰이 중국의 전근대에서 탈영토화하여 근대를 확립하는 길은 서구의 획일주의적이고 집단적인 인간주의가 아니라 "무엇보다 〔개개인의〕 개성을 존중하고 정신을 발양하는" 도가나 불가적인 인간이다.

히야마 히사오가 루쉰과 나쓰메 소세키의 비교적 관점에서 희미하게나마 발견하고 있는 것은, 바로 강력한 유교적 질서로부터 탈영토화하려는 루쉰의 도가나 불가적 관점이라는 노마돌로지가 강력한 근대국가를 달성한 일본의 근대화과정 속에서 "독립적이고 자유로운 개인과 개인을 연결하는 끈"을 고민함과 동시에 일본근대의 "주어지지 않은 역사"를 고민하는 나쓰메 소세키의 문학에서 동일하게 존재한다는 것이다. 강력한 유가적 근대국가를 달성한 일본에서 유가철학이나 서구근대의 국가철학이 아닌 동양적 노마돌로지의 도가나 불가의 지식이 나쓰메 소세키의 문학에서 현실의 이면에 잠재되어 있나는 것은 도가나 불가가 동아시아 3국에서 "회귀해야 할 동양"의 역할을 하는 공통성이라고 할 것이다. 또한 나쓰메 소세키의 도가와 불가적 전통의 동양적 노마돌로지는 그의 문학 속에서 일본근대의 현실을 뒤집는 "머릿속에서 구상"되어 "조건이 갖추어진다면 언제라도 그것을 실현할 수 있"는 궁극적 사유가 되었다는 점은, 어느 정도 서구적 근대를 달성하여 서구나 일본과 더불어 탈근대를 함께 고민해야 하는 우리의 현실에 시사하는 바가 크다고 하겠다. 즉 동아시아 3국이 시도한 "동양적 근대의 창출"이 "실패한 근대"로 끝나고 서구의 근대가 전지구적 폐해를 양산하고 있는 오늘날, 서구적 근대를 극복하는 탈근대의 모델을 나쓰메 소세키나 루쉰의 문학에서 찾는 것은 들뢰즈-가타리가 오늘날 서구의 한계를 극복하는 새로운 사유를 통한 "새로운 땅과 새로운 민족"을 찾는 일과 합치할 수도 있다는 것이다.

3. 루쉰문학의 노마돌로지

나쓰메 소세키의 문학론을 흔히 "여유 있는 문학(소설)"으로 정의하는 데 반하여, 루쉰의 문학론은 그 무엇으로 쉽게 단정할 수가 없다. 이러한 이유는 루쉰의 문학론이 근대화과정의 중국적 상황에 따라 끊임없이 변화하였다는 것을 의미하는 것이지, 그의 일관된 문학론이 존재하지 않았다는 것을 의미하지는 않는다. 루쉰은 엄청난 변화와 연속된 사건의 중국 근대화과정 속에서 변함없이 일관된 자신의 문학적 척도를 지니고 있었다고 말할 수 있다. 루쉰이 중국 근대화의 변화과정 속에서 그 무엇으로 쉽게 단정할 수 없으면서도 지속적으로 유지하고 있었던 변화(혹은 탈주)의 핵심을 우리는 그의 「타오 위안칭(陶元慶)군의 회화전람회에 부쳐」라는 글에서 다음과 같은 실마리를 찾을 수 있다.

> 그[타오 위안칭]가 새로운 형식과 새로운 색을 사용하고 있기 때문이다. 그렇다고 또 'yes'나 'no'라고 말할 수도 없는 것은 그가 결국은 중국인이기 때문이다. 그러니까 미터자로 재는 것도 잘못이지만, 그렇다고 해서 한대(漢代)의 여치척이나 청대(淸代)의 영조척

(營造尺)을 사용하고 있는 것도 아닌데 그것은 그가 이미 현대인이기 때문이다. 생각건대 오늘날 세계의 사업에 참가하고자 하는 중국인의 심중에 있는 척도로 잴 수 있어야만 비로소 그의 예술은 이해될 수 있을 것이다. (같은 글, 66쪽)

루쉰이 타오 위안칭의 회화를 "새로운 형식과 새로운 색(내용)"으로 평가하는 것은 당대의 예술에 대한 그의 평가와 맞물려 있다. 루쉰은 중국 근대화과정 속에서 기존에 있는 것의 부정이나 긍정도 아닌 또 다른 예술의 척도를 원한 것이었고, 그 척도는 "오늘날 세계의 사업에 참가하고자 하는 중국인의 심정"이라고 할 것이다. 중국근대의 인간해방으로 서구를 받아들이면서 서구의 물질문명 숭배로부터 자신을 떼어놓는 서구와 근대에 대한 일관된 루쉰의 시각은 이러한 "세계의 사업에 참가하고자 하는 중국인의 심정"에서 시작하는 것이라고 할 수 있다. 이러한 그의 척도는 서구를 바라보는 당대의 영토화된 근대의 시각으로부터 벗어나 있다. 그가 생각하는 당대의 중국이 따라야 할 서구의 모델적 인물들은 서구근대의 물질문명을 이끌어가고 있거나 근대의 정전(正典)적 사유의 인물들이 아니라, 근대의 '궤도 이탈자들' 이라 불리는 루소·슈티르너·니체·톨스토이·입센 등과 같은 인물들이다. 따라서 그의 노마돌로지적 탈영토화의 대상은 서구라기보다는 당대의 중국, 즉 루소·슈티르너·니체·톨스토이·입센 등과 같은 궤도 이탈자나 미치광이가 나오지 못하게 만드는 중국의 "완전히 정체된 생활"이라고 할 것이다. 루쉰이 유가의 경전들로 이루어진 과거시험을 포기하고 중국의 인간해방을 꿈꾸는 실낱같은 희망으로 신학문을 배우기 위해 간 일본유학에서 다시 "공자님과 그 제자들"을 만난 참담함이 얼마나 강렬했는지 정말로 이해할 만하다.

어느 날의 일이었다. 학감 오우쿠보(大久保) 선생이 전체를 모아 놓고 말하기를, 자네들은 모두 공자의 제자들이니 오늘은 오챠노미즈에 있는 공자묘에 배례(拜禮)하러 가자, 하였다. 나는 크게 놀랐다. 공자님과 그 제자들한테 실망한 탓으로 일본에 왔는데 다시 공자를 섬겨야 한단 말인가 하는 생각이 들어 잠시 기이한 느낌이 들었던 일을 기억하고 있다. 그리고 그런 느낌에 젖은 것은 결코 나 혼자만이 아니라고 생각한다. (「현대 중국에 있어서의 공자님」, 『魯迅文集 VI』, 131쪽)

중국의 "완전히 정체된 생활"로부터 탈영토화하기 위하여 일본에 간 루쉰이 다시 "공자묘에 배례"를 한다는 것은 근대일본의 파시즘이나 제국주의처럼 또 다른 폭력이나 권력을 세우는 일이다. 즉 중국적 상황을 배제하고 무조건 서구나 일본의 근대화를 따르는 것은 단지 공자를 플라톤이나 데카르트로 대체하는 것일 뿐이라는 사실을 루쉰은 정확하게 인식하고 있는 듯하다. 따라서 공자생존 당시 "권신(權臣)으로부터 경멸당하기도 하였고 농민들로부터 조롱당했으며 더욱이 폭민에 포위되어"(같은 곳) 있었던 상황뿐만 아니라 역사적으로 "공자님은 중국에 있어서는 권력자들에 의해서 떠받들어졌고 그 권력자나 권력자가 되고자 하는 계획을 가진 사람들의 성인이었지 일반민중과는 매우 인연이 먼 존재"(같은 책, 132쪽)라는 공자의 국가철학적 토대를 루쉰은 정확하게 간파하였다고 할 것이다. 루쉰이 일본에서 "공자묘에 배례"하러 간 사건은 단순한 "실망"이나 "기이한 느낌"을 넘어서서 서구 근대성이나 일본의 근대화가 또 다른 국가철학의 한 방편이라는 사실에 대한 통찰을 제공한 사건이라고 할 것이다.

그러나 노마돌로지에 대한 명확한 인식이 없는 루쉰에게 근대화의 과정 속에 존재하는 서구의 물질주의적 지식이나 그에 대응하는 기존의 동양적 지식 대부분을 죄악으로 인식할 수밖에 없었다. 「지식은 죄악」이라는 우화에서 루쉰은 '지식은 죄악' 이라는 꿈을 꾸고 난 이후에 "이 문제를 푸는 데 만약 지식을 사용한다면 다시 죄를 저지르는 것이 되겠기에 감정을 사용하는 편이 낫겠다"(「지식은 죄악」, 『魯迅文集 III』, 56쪽) 라는 서구의 근대적 지식뿐 아니라 공자의 유교적 지식이 만든 이성의 무의식적 죄악에 대하여 질타하고 있다. 최근 푸코나 데리다에 의해 비판받고 있는 근대이성의 지식에 대한 많은 탈근대론자들의 감정이나 정서의 지식적 대안을 루쉰에게서 찾을 수 있는 점이 바로 이것이다. 따라서 루쉰의 노마돌로지적 탈영토화는 유교의 국가철학적 토대를 찾아내어 그것으로부터 탈영토화하는 것, 즉 "공자님은 대단한 치국(治國)의 방법을 고인해 냈지만 그러나 그것은 모두 민중을 다스리기 위한 것, 즉 권력자들을 위한 고안이었지 민중 자체를 위해 궁리한 일은 전혀 없었다"(「현대중국에 있어서의 공자님」, 134쪽)라는 전제군주적 지식의 영토를 찾아내어 그것으로부터 탈영토화하는 것이라고 할 수 있다. 따라서 그의 탈영토화는 국가철학인 유교나 근대 제국주의 지식으로부터 벗어나는 노마돌로지적 지식을 획득하는 일이다.

국가철학인 유교적 전통과 서구근대성에 대한 루쉰의 노마돌로지적 탈영토화의 지식은 중국의 역사와 당대의 혁명에 대한 시각에서 찾아볼 수 있다. 루쉰이 바라보는 중국의 역사와 당대의 혁명은 서로 밀접하게 연관되어 있는데, 그러한 연관성은 루쉰이 지지하는 인간관에 있다고 할 것이다. 노자의 『도덕경』 3장의 첫 구절인 "현자를 숭상하지 마라"(不尙賢)처럼 『들풀』(野草)에 나와 있는 「현인과 바보와 노예」라는 우화에서 루쉰이 지지하는 것은 현인도 아니고 노예도 아니다. "노예는 어디까지나 현인에게 봉사하는 비굴한 심부름꾼에 지나지 않는다. 이러한 현인과 노예의 관계를 타파하는 자로서 루쉰이 제시한 것은 바보라는 제3의 인물이었다."(『들풀』에 등장하는 「현인과 바보(愚者)와 노예(종)」라는 우화, 『魯迅文集 II』, 166쪽) 『아Q정전』에 등장하는 '아Q' 나 「광인일기」에 등장하는 '광인' 은 현인/노예라는 이분법만 존재했던 중국의 역사에서 앞으로의 역사를 어떻게 써야 할 것인지에 대한 "오늘날 세계의 사업에 참가하고자 하는 중국인의 심정"을 그대로 보여주고 있다. 따라서 서구근대의 역사관을 이끌어온 헤겔의 '주인과 하인' 의 역사관과 비교하여 루쉰의 '노예사관' (「燈下漫筆」, 『魯迅文集 III』, 110쪽)은 동양의 노마돌로지적 전통의 부활이 탈근대적 사유와 하나의 선으로 연결되기에 충분한 바탕을 이루고 있다.

> 중국의 역사는 노예가 되고 싶어도 될 수 없는 시대와 잠시 안전하게 노예가 될 수 있는 시대의 순환에 지나지 않는다. 그런 까닭에 중국인은 지금껏 한번도 인간으로서의 가치를 자력(自力)으로 쟁취한 적이 없다. 이른바 역사의 일치일란(一治一亂)이란 안전하게 노예가 될 수 있었던 '치' (治)의 시대와 노예마저 제대로 될 수 없었던 '난' (亂)의 시대를 일컫는 것과 다르지 않다. 이러한 순환이 바로 중국의 역사인 셈이다. (같은 글, 157쪽)

"노예가 되고 싶어도 될 수 없는 시대"와 "안전하게 노예가 될 수 있는 시대"는 "문명의 역사 이래로 억압과 폭력의 역사 아닌 것이 없다"라는 탈근대의 역사에 대한 인식과 유사하다. 따라서 루쉰이 보는 중국의 근대화는 "안전하게 노예가 될 수 있었던 치의 시대"에서 "노예마저 제대로 될 수 없었던 난의 시대"로 접어드는 과정이라고 할 수 있다. 그런데 문제는 중국의 역사에서 끊임없이 지속되었던 "일치일란"의 순환 속에서 공자와 맹자를 토대로 하는 유교적 지식은 항상 치(治)의 논리로 지속적인 국가철학의 위치를 점하였다는 것이다. 루쉰은 누구보다도 이 사실을 명확하게 인식하고 있었기 때문에 헤겔과 같은 주인/하인의 이분법인 현인/노예의 관점에서 역사를 바라보는 것이 아니라, 서구적 근대의 '궤도 이탈자' 인 니체처럼 바보나 미치광이와 같은 분열증적 역사인식에 도달하고 있는 것이다(「현인과 바보(愚者)와 노예(종)」, 52~53쪽).

루쉰의 분열증적 역사인식은 중국 근대화의 과정 속에서 필연적으로 부닥치는 혁명에 대한 시각에서도 분명하게 드러난다. '신해혁명'의 과정을 그리고 있는 『아Q정전』에서 바보나 미치광이로 등장하고 있는 '아Q' 의 희생은 루쉰이 끝없는 자기혁명과 사회혁명을 동일시하는 탈영도회, 즉 무위자연(無爲自然)으로 놀아가고자 하는 마음을 읽을 수 있다. 신해혁명이 청조타도에는 성공했지만 중국근대화에는 전혀 성과가 없다는 사실을 루쉰은 "4천 년의 전통을 미련 없이 버리지 않았다는 것"에서 찾는다. "나에게 만주족과 한족의 구별을 깨닫게 한 것은 책이 아니라 변발이었다"(「病後雜談의 나머지: '가슴이 후련하다' 에 대하여」, 『魯迅文集 VI』, 85쪽)라고 말하는 루쉰은 "[신해]혁명 이전에 나는 노예였지만 혁명 이후에도 얼마 안 되어 다시 노예에게 속아 그들의 노예로 바뀐 듯한 기분이 든다"(「생각나는 대로」, 『魯迅文集 III』, 134쪽)라고 말하고 있다. 따라서 그의 혁명에 대한 인식은 서구 근대의 혁명에 대한 인식과 현격한 차이가 있다.

희랍신화에 나오는 프로메테우스는 때때로 혁명가에 비유된다. 불을 훔쳐다 인간에게 주었기 때문에 제우스신의 노여움을 사서 엄

> 벌에 처해졌지만 뉘우치지 않았다. 그 박애와 인고의 정신이 닮아 있다고 한다. 하지만 내가 외국에서 불을 훔친 것은 그 목적이 자기의 고기를 삶기 위해서다. 만약 그것으로 맛이 좋아지면 씹는 사람은 그만큼 이로운 것이며, 나로서도 육체의 낭비로 끝나지는 않기 때문이다. (「경역(硬譯)과 문학의 계급성」, 『魯迅文集 IV』, 245쪽)

신으로부터 불을 훔쳐다 인간에게 준 프로메테우스는 그가 지니고 있는 '박애와 인고의 정신'으로 말미암아 서구근대의 두 갈래인 자본주의적 혁명과 사회주의적 혁명의 모델이다. 그런데 이 '박애와 인고의 정신'이 지니고 있는 서구근대의 계몽주의적 사고는 루쉰이 그렇게 탈영토화하고자 열망하고 있는 유가의 전통적인 지식관과 일치한다. 따라서 루쉰은 "내가 외국에서 불을 훔친 것은 그 목적이 자기의 고기를 삶기 위해서"라고 말하는 것처럼, 전통적인 중국의 유교적 사회로부터 탈영토화하는 것과 마찬가지로 서구근대의 계몽주의로부터 탈영토화하는 것이었다. 루쉰은 이러한 "자기의 고기를 삶기 위"한 개인적 탈영토화의 수단과 "그것으로 맛이 좋아지면 씹는 사람은 그만큼 이로운 것"이라는 사회적 탈영토화 수단의 일치를 문학에서 찾았기 때문에 서구문명을 공부하기 위해 일본에 가서 초기에 의학을 공부하다가 문학으로 바꾼 것이라고 할 수 있다. 이처럼 문학은 근원적으로 노마돌로지라는 인식을 루쉰은 지속적으로 간직하면서 중국의 혁명과정을 맞이하는 것이다. 따라서 히야마 히사오는 "루쉰문학의 저 독특한 문학성[노마돌로지]이 도리어 젊은 프롤레타리아 문학파의 수입이론과 충돌하여 맹렬한 반발을 일으켰던 것"으로 평가한다. 히야마 히사오가 이야기하는 "루쉰문학의 저 독특한 혁명적 문학성"(히야마 히사오 2000, 223쪽)이 바로 동양의 전통적 노마돌로지인 도가와 불가의 전통과 맥이 닿아 있다는 것은 쉽게 짐작할 수 있다. 따라서 "아Q가 혁명에 나서지 않는 한 중국의 참된 혁명은 없다고 한 점에서 루쉰과 마오쩌뚱이 일치된 견해를 보이고 있다"(같은 책, 57쪽)고 하사오는 평가하는 것이다.

4. 나쓰메 소세키 문학의 노마돌로지

중국 근대화과정에서 반식민지로 전락한 중국의 국가적 상황이 루쉰의 문학이나 문학론의 노마돌로지적 흐름을 동·서양에 걸쳐 이중적인 '궤도이탈'로 만드는 반면, 일본 근대화의 과정에서 서구열강과 나란히 제국주의 국가로 치달은 일본의 국가적 상황은 나쓰메 소세키로 하여금 동양의 노마돌로지적 전통인 "회귀해야 할 동양", 즉 도가나 불가적 인식론으로 쉽게 다가가게 만들고 있다. 그리고 루쉰에게 그의 문학적 노마돌로지를 펼치는 장애물로 항상 내셔널리즘이 작용했던 것과 마찬가지로, 나쓰메 소세키의 노마돌로지적 문학의 가장 큰 장애물도 또한 내셔널리즘이라고 할 수 있다(같은 책, 104~105쪽). 그러나 루쉰의 장애물은 서구에 대해 저항적이고 복고적인 내셔널리즘인 데 반해, 나쓰메 소세키의 장애물은 지배적이고 폭력적인 파시즘적 천황제의 내셔널리즘이다. 따라서 나쓰메 소세키가 일본 근대화과정에서 강력하게 대두되고 있는 파시즘으로부터 벗어나기 위하여 선택한 길은 들뢰즈-가타리가 비판하는 '대학교수'라는, 국가철학의 직접적인 이데올로기 대리인이 아니라 자유로운 창작가의 길이었다. 즉 "'야금야금 나를 침식해 오는' 일상세계가 일본의 현실인 한, 나쓰메 소세키는 그것에 항거하여 자기를 지키고 그곳을 기점으로 하여 인간의 자유를 추구할 수밖에 없었다"(같은 책, 44쪽). 따라서 「창작가의 태도」라는 글에서 "주어지지 않은 역사는 얼마든지 머릿속에서 구상할 수 있으며, 조건이 갖추어진다면 언제라도 그것을 실현할 수가 있을 것"(같은 책, 44~45쪽)이라고 주장하는 나쓰메 소세키는 서구화에 대응하여 유교적 천황제의 근대국가를 달성한 일본에서 "주어지지 않은 역사"를 자신의 문학에 끊임없이 펼쳐내고 있다. 나쓰메 소세키가 이야기하는 근대의 "주어지지 않은 역사"가 바로 루쉰과 같은 도가나 불가의 인식론에 토대를 두고 있는 노마돌로지의 세계라고 할 수 있다.

"길을 길이라고 부르는 것은 생산적인 길이 아니고, 사물에 이름을 명명하면 그 사물의 생성적 본질이 아니다"(道可道 非常道, 名可名 非常名)라는 도가의 기본적 인식과 마찬가지로 나쓰메 소세키는 "생각건대 희망이란 본래 있는 것이라 할 수도 없고 없는 것이라 할 수도 없다. 그것은 땅 위의 길과도 같은 것이다. 본시 땅 위에는 길이란 게 없다. 사람이 많으면 그것이 길이 되는 것이다"(「고향」, 45쪽)라는 인식에서, 반서양적 소설로서 '여유 있는 문학'의 이론을 펼친다. 그의 '여유 있는 문학' 론은 당시 일본의 서구 추수적인 자연주의파로부터 맹렬한 비난을 받는다. 그러나 나쓰메 소세키가 바라보는 동양은 서구근대 자연주의 문학이 이야기하는 인위적인 자연이나 염세주의가 아니다. "재미있는 세상이라고 말하는 자는 어린애거나 바보다. 괴로운 세상이라고 말하는 것은 세상을 과대평가하는 자나 할 소리다. 세상살이란 일부러 자살을 할 만큼 가치 있는 것이 아니다"(『단편』, 75쪽)라고 말하는 나쓰메 소세키는 무위자연(無爲自然)의 삶을 통한 무위이화(無爲而化)의 생성을 예술적 경지로 승화시키고 있다. 따라서 『단편』(斷片)에서 '참된 염세적 문학'을 뛰어넘는 나쓰메 소세키의 '형이상'(形而上)은 근대의 서구 형이상학이나 근대가 부활시킨 플라톤주의와는 거리가 멀다.

우리는 자유를 원해 자유를 얻었다. 자유를 얻은 결과, 부자유를 느끼곤 곤혹스러워한다. 그러니까 서양문명 따위는 얼핏 보기엔 좋은 것 같아도, 결국은 틀려먹은 것이다. 이에 반하여 동양에서는 예부터 마음의 수양을 해왔다. 그쪽은 옳은 것이다. 보게나, 개성발전의 결과 모두가 신경쇠약을 일으켜 수습곤란에 빠졌을 때, "왕자지민(王者之民)은 탕탕(蕩蕩)하도다" 하는 시구의 가치를 비로소 발견할 것이니까. 무위이화(無爲而化)한다는 말을 얕볼 수 없다는 것을 깨달을 테니까. 그러나 깨달아도 그땐 이미 별 수 없다. 알코올중독에 걸리고 나서, 아아 술을 마시지 않았더라면 좋았을 걸 하고 생각하는 거나 다름없다. (나쓰메 소세키 1997, 499쪽)

일본이 취득한 근대의 '자유'는 서구의 근대와 마찬가지로 "밤낮 나 자신의 의식으로 충만해 있"는 자의식이기 때문에 "한시도 편안할 때가 없"는 자유이다. 이러한 자유를 나쓰메 소세키는 『나는 고양이로소이다』에서 고양이의 입을 빌려 "초열지옥"(焦熱地獄)으로 표현하고 있다. 따라서 "얼핏 보기엔 좋은 것 같아도, 결국은 틀려먹은 것"이 서양의 근대이고, 서양의 근대에 의해서 형성된 독자적인 일본의 유교적 근대라고 할 수 있다. 이러한 측면에서 나쓰메 소세키가 "예부터 마음의 수양을 해"온 동양은 "나를 잊지 말라고 가르치"는 요즘과 달리 "옛사람은 나를 잊으라고 가르치셨다"의 도가적이고 불가적인 동양이다(같은 책, 483쪽). 따라서 오늘날 전지구적으로 당면하고 있는 "개성발전의 결과 모두가 신경쇠약을 일으켜 수습곤란에 빠"지는 상황을 나쓰메 소세키는 일본근대 초기에 이미 깨달아 "왕자지민(王者之民)은 탕탕(蕩蕩)하도다"의 "무위이화"가 지니고 있는 생성(becoming)의 에너지를 찾고 있는 것이다. 나쓰메 소세키가 "알코올중독에 걸리고 나서,

아아 술을 마시지 않았더라면 좋았을 걸" 하고 오늘날의 전지구적 탈근대의 상황을 예언하는 것은 오늘날 더더욱 가슴에 와닿는다. 즉 나쓰메 소세키가 제시하는 것처럼 일본의 근대가 서구의 근대를 좇아 제국주의로 치닫지 않고 중국과 조선의 독자적 근대와 상호 보완적으로 발전했다면, 동아시아 3국이 서구적 근대로부터 벗어나 상호 보완적인 독자적 근대를 형성하거나 오늘날 필요한 전지구적 탈근대의 인식은 좀더 빨랐을 수도 있었을 것이다.

그러나 서구적 근대의 위험을 경고한 작가가 나쓰메 소세키만은 아니다. 루쉰이 중국 근대화의 궤도이탈자의 모델을 니체나 입센에서 찾은 것처럼, 그리고 나쓰메 소세키가 고양이가 되어 서구근대와 그 아류인 일본의 유교적 근대를 비판하는 것은 마치 서구근대의 탈주자인 로렌스(D. H. Lawrence)가 뱀이 되어 근대 교육이데올로기와 기독교적 인정주의(christian humanism)를 폭로하고(「뱀」), 카프카가 벌레가 되어 근대 가족주의의 오이디푸스 삼각구조를 폭로하는(「변신」) 것과 같은 노마돌로지적 탈주의 선이라고 할 것이다. 들뢰즈-가타리가 로렌스나 카프카의 문학을 서구 노마돌로지의 관점에서 파악하는 것은, 나쓰메 소세키처럼 서구근대의 주어지지 않은 역사의 가능성을 로렌스나 카프카가 끊임없이 탐구하고 있기 때문이다. 그러나 "주어진 문명개화의 현실을 거부하고 주어지지 않은 역사의 가능성을 창조"하려고 노력하는 나쓰메 소세키의 문학은 동양의 전통적인 노마돌로지였던 도가나 불가의 덕택으로 우리에게 더욱 호소력을 지닌다.

일본 근대파시즘에서 탈영토화하기 위하여 나쓰메 소세키는 그의 문학이론과 실천들 속에서 크게 두 가지에 초점을 맞추는 듯하다. 첫째는 "자연의 명령에 따라 살아가고자 하는 사람들을 배척하는" 근대 서구나 일본의 근대적 '국가철학'으로부터 탈영토화하여 '자연'으로 돌아가는 것이고, 또 다른 하나는 노마돌로지의 문학을 펼쳐야 하는 예술가의 비인정주의(非人情主義)이다. 나쓰메 소세키가 바라보는 동양적 자연은 인간/자연의 이분법으로 규정된 자연이 아니라 인간을 포함하고 있는 자연, 즉 유교나 서구근대의 데카르트 혹은 데카르트에 의해 부활된 플라톤의 인간본위(人間本位)의 자연이 아니라 도가나 불가에서 이야기하는 무위(無爲)의 자연이다. 즉 나쓰메 소세키가 『마음』에서 "도학(道學)의 여습(餘習)"이나 아니면 "일종의 부끄러움"(나쓰메 소세키 2000, 146쪽)으로 표현한 메이지시대의 선생의 윤리는 흔히 '도'(道)라고 표현되고 있는 자연을 지칭하고 있는 것이다. 이러한 자연은 당대의 청년상을 그리고 있는 『산시로』(三四郞), 『문』(門)과 더불어 나쓰메 소세키의 삼부작으로 일컬어지고 있는 『그후』에 다음과 같이 묘사되고 있다.

> 다이스케는 백합꽃을 바라보면서 방안 가득한 강한 향기 속에 남김없이 자기를 내던졌다. 그는 이 향기의 자극 속에서 미치요의 과거를 분명하게 떠올렸다. 과거의 일이라고 떨쳐버릴 수 없는 지난날의 그림자가 연기처럼 휩싸고 있었다. 한참 후 그는 마음속으로 중얼기렸다. "오늘에야 비로소 자연의 옛날로 돌아가는구나." 이렇게 말할 수 있었을 때, 그는 참으로 오랜만에 온몸으로 편안함을 느꼈다. 왜 좀더 빨리 돌아가지 못했을까 하고 후회했다. 처음부터 왜 자연에 저항했을까 하는 생각을 했다. 그는 빗속에서, 백합 속에서 그리고 되살아난 과거 속에서 진실하고 끊임없는 평화스런 생명을 발견했다. 그 생명의 어디에도 욕심은 없었다. 이해(利害)도 없었다. 자기를 압박하는 도덕 역시 없었다. 구름 같은 자유와 물 같은 자연이 있을 뿐이었다. 그리하여 모든 것이 행복했다. 그리고 모든 것이

아름다웠다. (같은 책, 437~38쪽. 강조는 인용자)

일본 "국가사회를 위해 일했던 (메이지) 유신기의 청년들이 지녔던 사명감 따위"는 전혀 없고 "왜 일하지 않느냐고? 그건 내 잘못이 아니야. 결국은 세상 탓이지. 좀더 심하게 표현하면 일본과 서양의 관계가 좋지 않기 때문에 일을 하지 않는 거야"라고 다이스케가 말하는 것처럼, 서구 20세기의 허무주의(nihilism)에 도달한 청년이 다이스케이다. 그리고 소설에서 3년 전의 그는 사랑하는 미치요에게 다가가는 대신 그녀를 친구인 히라오카에게 양보하였다. 사랑이라는 '자연의 명령'을 배반한 그가 다시 사랑이라는 '자연의 명령'에 순응한 이후에 "오늘에야 비로소 자연의 옛날로 돌아가는구나"라는 다이스케의 느낌은 서구의 자연주의 문학의 한계를 극복하는 것일 뿐만 아니라, 일본의 인위적인 근대와 남성 중심적인 지식이나 우정을 극복하는 "무위자연"을 통한 "무위이화"라고 할 것이다. 이러한 무위자연을 통한 무위이화가 서구의 근대극복을 의미하는 탈근대와 맥이 닿아 있다는 것은, 나쓰메 소세키가 루쉰과 마찬가지로 동양적 노마돌로지인 도가나 불가의 지식에 정통하기 때문이라고 할 것이다. 따라서 "욕심"과 "이해"(利害) 그리고 "자기를 압박하는 도덕 역시 없"는 "구름 같은 자유와 물 같은 자연"은 나쓰메 소세키 문학의 주요한 핵심이다.

"구름 같은 자유와 물 같은 자연"은 나쓰메 소세키 문학의 두번째 노마돌로지적 특징인 예술가의 '비인정주의'의 핵심을 이루고 있다. 나쓰메 소세키는 서구근대의 예술적 모델이 되어 영국 지식인들에 의해 감히 "인도와도 바꾸지 않겠다"고 강조되고 있는 세익스피어를 "순인정적"(純人情的)으로 평가하고 "밤낮으로 빵에 급급하여 떠들썩하게 보내는 우리네 인간은 속인정적(俗人情的)"이라고 이야기한다. 그런데 문제는 자의식(self-consciousness)이라는 신경쇠약이 20세기 사람들이 공유하고 있는 병이라고 판단하고 있는 나쓰메 소세키는 셰익스피어와 같은 "순인정주의"는 "속인정적"인 우리네 인간을 치유할 수 있는 노마돌로지의 지식이 아니라고 간주하는 것이다. 어쩌면 햄릿과 같은 인간형은 빵에 급급한 우리네 "속인정적" 삶을 더욱 극단으로 몰고 가서 "사느냐 죽느냐 그것이 문제로다" 식의 "순인정적" 신경쇠약에 빠지게 만든다는 것이다.

그러나 나쓰메 소세키는 서구적 근대나 유교적 통치체제가 펼쳐놓은 순인정주의의 극에 도달해서 발견하는 것이 무위위화(無爲爲化)라는 '비인정주의'라고 판단하고 있다. 즉 "속인정"이나 "순인정"을 자연의 일부로 간주하고 있는 나쓰메 소세키는 자연의 아름다움을 재생시키는 예술가가 자연으로부터 빠져나와 고양이나 돌 혹은 나무나 바람이 되는 "비인정"으로 들어서야 비로소 "삼경월하입무아"(三更月下入無我, 한밤중 달빛 아래에서 나를 잊는다)란 노마돌로지의 예술적 경지에 노닐할 수 있다는 것을 분명하게 인식하고 있다(나쓰메 소세키 1997, 483쪽). 따라서 노자(老子)의 『도덕경』(道德經)이 보여주는 노마돌로지적 세계를 장자가 『우화』(寓話)의 형식으로 서술한 것과 마찬가지로, 나쓰메 소세키는 의식적으로 "무위위화"나 "비인정주의"의 노마돌로지적 예술의 세계를 『풀베개』〔草枕〕에서 근대적 우화의 형식으로 형상화하고 있다. 『풀베개』에서 비인정의 세계에 있는 화공이 그리고자 하는 나미상은 속인정의 세계에 살고 있는 사람이다. 그러나 화공은 셰익스피어가 『햄릿』과 같은 작품에서 보여주는 "여성을 동정하고 자신도 연민을 느끼"는 "순인정"의 상황에서 나미상을 그리지 못한다. 이러한 상황을 히야마 히사오는 다음과 같이 이야기하고 있다.

> 화공이 마음속에 그리던 그림을 완성한 것은 나미상의 표정에서 '애련'을 보았을 때이다. '애련'이란 "신도 알지 못하는 정(情)으로 신에게 가장 가까운 인간의 정"이라고 화공은 말한다. 다른 한편, 평소 여자의 얼굴에 충만해 있는 것은 "사람을 업신여기는 듯한 비웃음과 이길 것이다, 이기고 말 것이다라는 두 마디의 말"뿐이다. 그런데 만주로 좌천되어 떠나는 전남편을 기차의 창으로 본 순간, 망연하게 배웅하는 나미상의 표정에 '애련'이 가득 어리는 것을 화공은 본다. (하야미 히사오 2000, 84~85쪽)

나쓰메 소세키의 예술을 대변하고 있는 화공이 그림을 그리는 순간은 "나미상의 표정에서 애련을" 본 순간이다. "신도 알지 못하는 정으로 신에게 가장 가까운 인간의 정"이라고 이야기하는 "애련"은 나쓰메 소세키가 이야기하는 비인정임에 틀림없고, 속인정의 와중에서 살고 있는 나미상이 순간적으로 보여준 비인정의 세계인 애련이 화공의 비인정이라는 예술의 세계와 만난 것이다. 히야마 히사오는 "'애련'을 자신의 것으로 삼았을 때 나미상은 비로소 '사람을 업신여기는 듯한 비웃음'과 '이길 것이다, 이기고 말 것이다라는 두 마디의 말'을, 즉 20세기의 속인정(개인으로서의 자아)을 넘어선다"(같은 책, 85쪽)고 이야기한다. 따라서 하사오가 이야기하는 "개아(個我)를 넘어서는" "일종의 동양적인 정"인 나쓰메 소세키의 "비인정주의"는 동양의 전통적인 노마돌로지인 도가의 무아(無我)나 불가의 공(空)의 세계와 맞닿아 있는 탈근대의 윤리라고 할 것이다. 그리고 이러한 나쓰메 소세키 문학의 노마돌로지가 오늘날 전지구적인 탈근대의 시·공간 속에서 들뢰즈-가타리가 "회귀해야 할 서양"으로 서술하고 있는 고대희랍 도시들의 노마돌로지, 즉 개인과 사회 그리고 국가의 지속적인 "비인간(nonhuman) 되기"와 맞닿아 있는 것은 전지구적인 탈근대의 가슴 벅찬 희망이라고 할 것이다.

5. 동아시아의 실패한 근대와 전지구적 탈근대의 노마돌로지

동아시아의 서로 다른 근대경험을 통하여 루쉰과 나쓰메 소세키가 추구한 "동양적 근대의 창출"은 실패한 근대이다. 루쉰이 추구했던 "하늘과 땅 사이에 살아남아 열국과 경쟁해 나아가는" 개방적인 중국은 존재하지도 않았고, 서구 제국주의 국가들에 대응하여 형성된 또 다른 근대 제국주의 국가가 아닌 "주어지지 않은 (일본의 근대) 역사" 또한 존재하지 않았다. 루쉰이나 나쓰메 소세키의 희망과는 달리 "동양저 근대의 창출"은 이루이지지 않았으며, 오늘날의 근대극복이 서구의 근대극복을 의미하는 것처럼 전지구적인 근대는 서구의 근대성에 의해 규정되고 있다. 그러나 중국이나 일본의 실패한 근대를 창출하려고 노력한 루쉰과 나쓰메 소세키가 다시 우리 앞에 등장하게 된 것은, 서구의 근대극복 이론가들이 서구근대성이라고 규정한 억압과 폭력의 인식론을 루쉰과 나쓰메 소세키가 이미 간파하였을 뿐만 아니라 그러한 억압과 폭력의 인정주의(humanism)로부터 탈영토화할 수 있는 노마돌로지의 세계를 자신들의 문학에 펼쳐 보이고 있다는 점 때문일 것이다.

비록 루쉰과 나쓰메 소세키의 희망이 실패한 근대로 끝났지만 서구의 근대를 전지구적으로 공유하고 있는 오늘날, 그들의 문학은 중국과 일본을 넘어서서 전지구적인 인류의 희망일 수도 있다. 서구 근대화과정에서 스피노자, 흄, 니체, 베르그송에 의해 지속되어 오다가 들뢰즈-

가타리에 의해 재생된 서구의 노마돌로지적 지식의 전통이 루쉰과 나쓰메 소세키의 문학을 통하여 동양의 노마돌로지적 지식의 전통과 만날 수 있다는 것이다. 이제야 비로소 동아시아 3국의 근대경험 속에서 동양적 근대라는 "주어지지 않은 역사"가 전지구적 탈근대의 달성이라는 가능한 역사가 될 수 있는 모델을 찾을 수 있다는 것이다. 들뢰즈-가타리가 문학은 근본적으로 노마돌로지이기 때문에 서구의 근대가 규정한 철학/예술의 분리가 아니라 노마돌로지적 지식의 형성이라는 입장에서 철학과 예술의 합일을 강조하는 것처럼, 우리에게는 이미 철학과 예술의 합일을 강조하는 도가와 불가적 전통의 노마돌로지적 지식이 존재하고 있다. 동아시아의 근대 초기에 서구적 근대의 반항아였던 루쉰과 나쓰메 소세키는 의학과 교수의 길을 포기하고 문학의 길을 선택하여 그러한 도가나 불가적 전통의 노마돌로지적 세계를 펼쳐 보이고 있는 것이다.

결론적으로 문제는 우리에게 있다. 중국이나 일본과 마찬가지로 "동양적 근대의 창출"이라는 점에서 우리는 "실패한 근대"를 함께 공유하면서도, 중국이나 일본과는 또 다른 근대의 길을 걸어왔다. 우리의 그 기나긴 근대경험을 여기에서 조목조목 언급하는 것은 불가능하겠지만, 일본 제국주의 식민지경험을 통하여 일본과 같은 서구의 아류제국주의 국가로 나아간 남한의 경험과 중국과 같이 폐쇄적인 반(反)서구 사회주의 국가로 나아간 북한의 경험은, 중국이나 일본과 마찬가지로 동아시아의 "실패한 근대"를 공유하면서도 그것이 중국이나 일본의 개별적인 경험으로 치부될 수 없는 공통의 요소를 지니고 있는 부분일 수도 있다. 독자적 근대를 창출하고자 했던 루쉰과 나쓰메 소세키의 공통분모가 도가나 불가의 노마돌로지적 요소에 있다는 점은, 우리가 남한과 북한의 개별적인 근대경험에 함몰되지 않고 서로의 실패한 근대라는 근대의 영토로부터 탈영토화할 수 있는 상호 보완적인 노마돌로지의 필요성을 더욱 절실하게 만든다. 그리고 중국이나 일본과 마찬가지로 하나의 혁명으로 다가왔던 서구근대의 충격이 우리의 노마돌로지적 전통과 결합하여 어떠한 문학과 사상을 일구어냈는가를 살피는 작업 또한 우리가 "실패한 근대"에서 더 이상 허우적거리지 않고 전지구적 탈근대의 노마돌로지적 단초를 구성하는 지름길이라고 할 것이다. 즉 동아시아의 실패한 근대에서 형성된 남한과 북한의 근대적 영토로부터 탈영토화하여 탈근대적 노마돌로지를 형성하는 것은 "실패한 근대"의 산물인 분단구조를 극복하는 전제조건이 될 수 있을 것이다. 그것은 아마도 루쉰과 나쓰메 소세키가 그렇게 염원하던 동아시아 3국의 상호보완은 물론, 전지구적 탈근대를 통한 진정한 세계주의를 한반도에서 달성할 수 있는 가능성일 것이다.

주

1) 고미숙 2002, 48쪽. 이 글에서 고미숙은 히야마 히사오의『동양적 근대의 창출』에 대응하여, 그리고 강유위, 나쓰메 소세키, 신채호를 '서양적 근대'에 대응하여 '동양적 근대'를 창출하려고 노력한 인물로 제시한다. 그러나 고미숙의 글은 신채호를 다루는 소제목에서 "신채호-계몽의 파토스, 그 정점에서의 사유"를 언급하는 것처럼 서양적 근대의 선상에서 '동양적 근대'를 고민하는 것이지, 히야마 히사오처럼 동양적 근대를 '실패한 근대'로 바라보는 전지구적 시각을 유지하고 있지는 못하다. 근대적 계몽의 파토스나 민족적 주체의 형성이 아닌 탈근대의 노마돌로지적 입장에서 신채호를 바라보았을 때, 그의 아나키즘을 포함한 사상적 변천과정을 좀더 세밀하게 관찰할 수 있다는 것이 필자의 입장이다.

2) 최근의 서구이론들 속에서 탈근대의 지리철학이나 지리적 사유를 제시한 사람은 들뢰즈와 가타리이다. 그들은 고대 희랍철학이 지니고 있는 '지식에 대한 사랑'(philo+sophy)은 지리적으로 고대동양이 이룩한 서열구조의 문명이 만든 '성자들의 세계'로부터 탈영토화하여 '친구들의 세계'를 달성하였기 때문에 가능하였으며, 그러한 친구들의 세계로 이루어진 지식은 고대동양의 국가철학(state philosophy)이 아니라 노마돌로지

(nomadology)였다는 것이다. 들뢰즈와 가타리가 이야기하는 국가철학으로부터 탈영토화하는 노마돌로지의 형성은 유럽 르네상스시대에 다시 한번 이루어진다. 즉 근대의 영국, 프랑스, 독일은 중세로마의 가톨릭세계로부터 탈영토화하였기 때문에 르네상스의 혼돈으로부터 근대 자본주의 세계를 창출할 수 있었다는 것이다. 이에 관해서는 Deleuze and Guattari 1991(pp. 85~113); 질 들뢰즈, 펠릭스 가타리 1995(125~66쪽) 참조.

3) 들뢰즈-가타리가 구분하고 있는 '국가철학'과 '노마돌로지'는 그들의 탈근대적 이론화 작업인『안티 오이디푸스』『천 개의 고원』『카프카: 소수문학을 위하여』 그리고『철학이란 무엇인가?』에서 일관되게 유지하고 있는, 후기근대에 드러나고는 지식적 유형의 '선가르기'이다. 그들이 보는 최초의 노마돌로지는 고대그리스의 철학인데, 고대동양의 국가철학적 문명으로부터 탈영토화하여 형성된 그리스의 노마돌로지는 소크라테스를 전유화(appropriation)한 플라톤에 의하여 국가철학이 되었고, 유럽에서 르네상스기에 형성된 새로운 노마돌로지는 데카르트의 코기토에 의하여 다시 국가철학이 되었다. 따라서 서구의 근대에서 끊임없이 노마돌로지의 지식을 펼친 스피노자, 니체, 베르그송 등은 서구 근대철학의 이단자들로 낙인찍혔다는 것이다. 들뢰즈-가타리는 서구 근대철학의 이단자들이 사용한 "기관들 없는 몸" "노마드" "리좀" "기계" 등과 같은 용어들을 재생하여 노마돌로지의 지식을 펼치고 있다. 그리고 들뢰즈-가타리는 문학과 예술이 근원적으로 노마돌로지라고 이야기한다. 이에 관해서는 장시기 2001 참조.

4) 히야마 히사오가 언급하고 있는 루쉰의「文化偏向論」은 모두 6권으로 구성되어 있는『魯迅文集』에 포함되어 있지 않다(히야마 히사오 2000, 40쪽에서 재인용).

만해 한용운의 불교적 노마돌로지에 나타난 근대성과 탈근대성

1. 만해 한용운의 신비화와 '실패한 근대'

만해(卍海) 한용운의 삶과 사상 그리고 문학에 대한 근대적 평가는 항상 이중적인 잣대로 재단되어 왔다. 하나는 만해 한용운을 「님의 침묵」이라는 뛰어난 시를 쓴 천재시인이며, 일제시대의 한국불교를 대표하고 개혁하고자 했던 위대한 불교지도자이고, 3·1운동을 주도한 불세출의 독립운동가였다는 신비적이고 추상적인 인물로 칭송하는 것이다. 그러나 이와 더불어 그에 대한 또 다른 평가는 「님의 침묵」 이외에 다른 뛰어난 시가 없다는 문학적 평가절하와 말년의 결혼과 더불어 파계승이라는 낙인 그리고 대중성이 없는 불교의 좁은 테두리 속에 갇혀서 독불장군 식으로 무모한 독립운동을 하여 다른 독립운동가들처럼 집단적인 민족적 각성이나 독립정신의 고취에 기여하지 못했다는 것이다. 이러한 이중적인 잣대의 근간에는 유교적인 도(道)/덕(德)의 이분법이 도사리고 있다. 즉 정신/물질이라는 서구적 근대의 이분법에 의하여 되살아난 플라톤의 이데아/현실의 이분법처럼 만해 한용운은

'이데아' 적인 '도' 에 가까운 인물이지만 현실적인 '덕' 을 갖추지 않았기 때문에 천재시인이며, 위대한 불교지도자이고, 불세출의 독립운동가였음에도 불구하고 그는 현실성이 전혀 없는 비현실적인 인물이라는 것이다. 이러한 평가는 오늘날의 문학비평을 비롯한 인문학적 지식의 전분야에 걸쳐 한국사회의 주류를 담당하고 있는 '근대성'(modernity)의 전형이라고 할 것이다.[1)]

그러나 전지구적으로 불어닥친 '후기근대' (the post-modern)[2)]의 상황에서 탈근대성에 대한 논의들은 한결같이 근대성을 서구·백인·남성 중심주의로 규정하고 있다. 물론 이러한 논의는 미국을 중심으로 하는 서구의 근대성과 탈근대성에 대한 논의라고 치부할 수도 있다. 그러나 우리의 근대화과정에서 만들어진 정치·사회·문화의 영역들이 지향하고 있는 제도와 가치 그리고 삶의 양식들은 서구·백인·남성 중심주의의 틀로 구성되어 있다. 따라서 미국을 중심으로 하는 서구의 근대성과 탈근대성에 대한 논의를 단지 서구에만 한정된 것이라고 단순하게 치부할 수가 없다. 만해 한용운에 대한 평가에서 보이는 것처럼[3)] 우리는 이미 근대화과정 속에 너무 깊숙이 침윤되어 서구·백인·남성 중심주의의 제도와 가치 그리고 삶의 양식들을 마치 우리의 독자적인 내면의식 속에서 발현된 것처럼 너무나도 익숙하게 받아들이고 있다. 서구인들이 비판하는 서구·백인·남성 중심주의의 근대성이 우리의 삶과 의식을 구성하는 우리의 것이 된 것이다. 따라서 비서구·비인간·여성에 대한 억압과 폭력을 통하여 성장하는 서구·백인·남성 중심주의의 근대성으로부터 벗어나 서구와 비서구, 인간과 비인간, 남성과 여성을 동일한 생명체의 입장에서 인식(사유)하고 공존하는 삶을 유지하고자 하는 탈근대성의 추구는 서구에만 한정되어 있는 것이 아니라 전지구적인 공통의 과제라고 할 것이다.

그러나 문제는 미국을 중심으로 한 서구의 지식인들이 서구·백인·남성 중심주의의 근대성으로부터 벗어나는 탈근대성의 모델을 서구가 아닌 동양의 지식체계에서 찾고자 하는 것이다. 이미 오랜 전통의 동양을 잃어버리고 전지구적인 서구적 근대성에 편입되어 있는 '후기근대'의 역사적 상황에서 우리에게도 낯선 동양의 지식체계는 마치 만해 한용운에 대한 평가처럼 신비한 이미지로 다가온다. 그러나 탈신비화(demystification)가 탈근대적 전략의 하나이듯이, 신비화의 수단은 항상 이데아/현실의 이분법처럼 신비화의 대상을 억압하고 지배하고자 하는 수단이었다. 칸트의 숭고미가 예술을 지배하고자 하는 근대철학적 논리학의 일종이고, 여성의 몸에 대한 신비화가 여성을 남성적 욕망의 대상으로 지배하고자 하는 수단이었듯이, 만해 한용운과 같은 동양적 인물에 대한 도-덕의 이분법적 신비화는 탈근대적 모델이 아니라 근대적 사유의 연장선상에 있다. 에드워드 사이드(E. Said)의 『오리엔탈리즘』이 지적하고 있는 것처럼, 서구의 근대화과정이 만든 동양의 신비화는 서구·백인·남성 중심주의의 서구적 근대성이 아프리카와 아메리카를 비롯한 비서구적 특성을 식민화하고자 하는 근대적 지배전략의 하나일 수도 있다.[4] 따라서 근대성으로부터 벗어나는 탈근대성의 모델을 서구가 아닌 동양의 지식체계에서 찾고자 하는 지적 작업이 성공하기 위해선 만해 한용운의 문학과 삶 그리고 그의 사상이 보여주는 불교사상과 같은 동양의 지식체계를 도-덕의 이분법에 근거한 신비화의 이중적인 이미지들로부터 벗겨내서 세속적 삶의 옷으로 갈아입혀야만 한다.

근대화의 과정에서 근대성으로 판단할 수 없는 어떤 지식인과 지식체계에 대하여 신비화의 색칠을 하는 작업은 단지 동양에만 한정되어 있는 것이 아니다. 서구의 근대화과정에서 근대성의 계몽적 전략에 의하여 신비화의 옷을 입은 지식인들은 시인과 소설가들을 비롯한 수많은 예술가들과 더불어 스피노자(B. Spinoza)와 니체(F. W. Nietzsche), 베르그송(H. Bergson)과 같은 철학자들이다. 따라서 탈근대성의 논의를 주도하고 있는 들뢰즈(G. Deleuze)는 스피노자와 니체와 베르그송을 계승하여 그들의 지식체계에 입혀진 신비화의 옷을 벗기는 지적 작업을 지속적으로 시도하였다. 데카르트(R. Descartes), 칸트(I. Kant), 헤겔(G. W. F. Hegel), 후설(E. Husserl), 하이데거(M. Heidegger)로 이어지는 서구적 근대의 주류 철학자들과 비교하여 스피노자와 니체와 베르그송은 서구적 근대의 비주류 철학자들로 낙인찍혀 있었으며, 특히 서양의 동양적인 철학자들로 알려져 있었다. 들뢰즈는 가타리(Felix Guattari)와 공저로 쓴 『천 개의 고원』에서 그동안 자신이 쓴 『차이와 반복』(*Difference and Repeatition*), 『의미의 논리』(*The Logic of Sense*)뿐만 아니라 『스피노자와 철학』(*Spinoza and philosophy*), 『니체와 철학』(*Nietzsche and Philosophy*), 『베르그송주의』(*Bergsonism*) 그리고 『시네마 1』(*Cinema 1*), 『시네마 2』(*Cinema 2*)를 통하여 스피노자와 니체, 베르그송 같은 서구적 근대의 비주류 철학자들을 탈근대성의 논의를 위한 "개념적 인물"의 모델로 제시하는 지적인 작업 전체를 일컬어 "노마돌로지"라고 부른다(Deleuze and Guattari 1987). 이들과 달리 근대의 주류 철학자들의 지식체계는 플라톤과 아리스토텔레스를 계승하여 신플라톤주의와 신아리스토텔레스주의로 구성된 '국가철학' 이다.

들뢰즈의 노마돌로지는 서구적 근대의 '국가철학'(state philosophy)에서 벗어나는 탈근대적 지식체계를 일컫는 말이다. 또한 들뢰즈가 이야기하는 노마돌로지는 고대그리스의 플라톤주의와 아리스토텔레스주의의 국가철학에 의하여 신비화된 스토아학파의 지식체계를 탈신비화시키는 지적 작업을 일컫는 말이기도 하다. 고대그리스의 스토아학파에 대한 신비화는 근대의 스피노자·니체·베르그송에 대한 신비화와 마찬가지로 현실을 초월하는 금욕주의자들이라고 숭상하는 것과 동시에, 견유학파라고 멸시하는 이중분절의 체계를 갖는다. 우리는 이러한 노마돌로지에 대한 국가철학적 신비화가 지니는 이중분절의 체계를 근대성의 사유체계가 지니는 예술가들, 특히 뛰어난 시인과 소설가들에 대한 인식에서 찾을 수 있다. 흔히 근대의 서구 중심적인 국가철학적 비평체계에 물든 비평가나 문학교수들은 뛰어난 시인과 소설가들을 '천재'나 현실 초월적인 존재처럼 신비화시키는 동시에, 그의 삶이나 문학텍스트들에서 드러난 기이한 행동들을 멸시하거나 조롱의 대상으로 만든다. 들뢰즈의 노마돌로지에 의하면, 이것은 고대 이래로 지속적으로 이어진 노마드 지식인과 노마돌로지에 대한 국가철학의 신비화작업의 일환인 동시에 배타적인 시식석 지배전략의 일환이라고 할 것이다.

서구의 근대 국가철학에 의해 구성된 서구·백인·남성 중심주의의 근대성을 그대로 물려받은 우리의 비평문학도 예외는 아니다. 고은의 『만해평전』이 그러하다. 고은은 심지어 "그〔만해 한용운〕는 사랑을 가진 일이 없다. 그는 대중을 이용했으며 그런 대중을 극단적으로 모멸했다. 우리에게 있어서 가장 필요한 것이 위대한 민족적 덕망의 초상이라고 말할 경우 한용운이 애석하게도 여기에 부응하는 바가 없는 사실이 밝혀진다"(고은 2000, 246쪽)고 말하는 동시에 "그에게는 애국심이나 문학이나 사업을 늘 최남선 극복에 목적을 둔 사실이 한용운의 비밀로서 감추어지고 있었다"(같은 책, 257쪽)고 말한다. 이러한 한용운에 대한 고은의 멸시는 "그는 입산과 하산의 되풀이로 살아온 기인(奇人)이었다"(같은 책, 336쪽)라는 신비화와 동시에 이루어지는 작업이다. 그러나 들뢰즈의 노마돌로지와 마찬가지로 히야마 히사오(檜山久雄)는 『동양적 근대의 창출』에서 중국과 일본의 근대화의 아버지라고 일컬어지고 있는 루쉰과 나쓰메 소세키의 문학을 신비화시키지도 않고 또한 멸시하지도 않는다(히야마 히사오 2000). 그는 루쉰과 나쓰메 소세키가 추구한 "동양적 근대의 창출"을 "실패한 근대"라고 규정하는 동시에, 중국과 일본을 비롯한 동아시아의 근대화과정에서 드러난 동양을 하나의 동양으로 간주하는 것이 아니라 "회귀해야 할 동양"과 "탈각해야 할 동양"이라는 두 개의 동양이라고 이야기한다.

히야마 히사오가 이야기하는 두 개의 동양은 들뢰즈가 이야기하는 두 개의 유럽과 유사하다. 전지구적 탈근대의 상황 속에서 들뢰즈가 이야기하는 근대의 국가철학으로 결합된 플라톤주의와 아리스토텔레스주의는 "탈각해야 할 유럽"이고, 스피노자와 니체와 베르그송에 의하여 계승된 스토아학파의 노마돌로지는 "회귀해야 할 유럽"이다. 이와 마찬가지로 히야마 히사오는 "동양적 근대의 창출"이라는 입장에서 근대 이전의 중국과 조선에서 유지되었고 근대화과정에서 일본에 의하여 추구된 유가철학은 루쉰과 나쓰메 소세키에 의하여 "탈각해야 할 동양"으로 인식되었고, 루쉰과 나쓰메 소세키의 문학에서 두드러지는 도가철학과 불가철학의 세계를 "회귀해야 할 동양"으로 인식한다. 히야마 히사오가 이야기하는 "탈각해야 할 동양"은 유가철학을 근본으로 하는 근대 이전의 동아시아 국가철학이고, "회귀해야 할 동양"은 국가철학으로부터 탈주하고자 하는 도가철학과 불가철학을 토대로 한 노마돌로지이다(장시기 2002b, 265~89쪽). 그러나 히야마 히사오의 말처럼 루쉰과 나쓰메 소세키가 추구한 "회귀해야 할 동양"을 근본으로 하는 "동양적 근대의 창출"은 실패했다. 오늘날의 근대는 서구·백인·남성중심주의를 토대로 하는 서구적 근대이다. 이러한 "동양적 근대의 창출"이 실패한 원인의 하나는 유교적 가족주의와 국가주의를 토대로 만들어진 일본의 근대 제국주의 국가의 등장으로 인한 동아시아 여러 나라들의 국가주의적 팽창과 서구적 근대 국가철학의 침입 때문이라고 할 것이다.

만해 한용운은 죽을 때까지 일본 제국주의에 저항했고, 그의 문학과 사상 그리고 삶의 역정은 유교적 가족주의와 국가주의를 거부하는 도가적이고 불교적인 사상체계를 보여주고 있다. 이것은 만해 한용운이 루쉰과 나쓰메 소세키가 추구한 "회귀해야 할 동양"을 근본으로 하는 "동양적 근대의 창출"을 그의 문학과 사상, 삶의 역정 속에서 일관되게 유지하였다는 것을 의미한다. 그러나 중국이나 일본과 마찬가지로 한반도에서도 만해 한용운이 추구한 "동양적 근대의 창출"은 오늘날의 우리가 향유하거나 음미할 수 없는 "실패한 근대"이다. 우리의 "실패한 근대"를 인식하지 못하고 서구·백인·남성 중심주의로 무장한 서구적 근대성의 지식으로 만해 한용운의 문학과 사상, 삶의 역정을 판단하는 것은 아직 지속되고 있는 서구·백인·남성 중심주의 정치·경제·사회·문화의 제도와 가치를 유지하고자 하는 노력에 봉사하는 것이다. 서구적 근대성이 지속시킨 국가철학과 달리, 만해 한용운이나 루쉰 혹은 나쓰메 소세키가 문학과 삶을 통하여 추구한 "회귀해야 할 동양"은 들뢰즈에 의하여 전지구적인 탈근대의 보편성으로 받아들여지고 있는 노마돌로지이다. 따라서 노마돌로지의 지식체계로 만해 한용운의 문학과 사상 그리고 그의 삶의 역정을 살펴보는 것은 만해 한용운을 우리의 "실패한 근대"의 울타리 속에 하나의 "신비한 인물"로 가두어두는 것이 아니라, 전지구적으로 요구되고 있는 탈근대적인 개념적 인물[5]로 그를 부활시키는 작업이다. 따라서 만해 한용운의 노마돌로지를 살피는 작업은 이데아/현실의 플라톤적인 이분법과 마찬가지로, 유교적인 도/덕의 이분법에 의하여 신비화의 울타리에 갇혀 있는 불교적인 지식과 도가적인 지식의 노마돌로지를 밝히는 작업이 선행되어야만 한다.

2. 만해 한용운의 노마돌로지

히야마 히사오는 루쉰과 나쓰메 소세키의 문학이 공통으로 지니고 있는 "분열증"과 "광인"(狂人) 그리고 "비인정"(非人情)과 "자연"(自然)을 서구적 근대에 대항하는 "동양적 근대의 창출"이라는 측면에서 바라보고 있다. 히야마 히사오가 이야기하는 분열증과 광인, 비인정과 자연은 들뢰즈가 『안티 오이디푸스』와 『천 개의 고원』에서 지속적으로 이야기하는 "노마드"(nomad)의 근원적인 특성이다. 노마드는 근대의 국가인(國家人)과 대별되는 탈근대적 인간이다. 근대의 국가인은 국가주의와 가족주의의 위계질서를 대표하는 아버지에 대한 편집증적인 집착을 지니며, 주인(국가 혹은 아버지)-노예(국민 혹은 아들)의 관계에서 주인의 입장으로 계몽을 하거나 노예의 입장으로 계몽을 당하는 관계에 있다. 이러한 근대적 계몽의 내용은 국가와 가족의 위계질서를 강조하는 인정주의(humanism)와 문명(civilization)의 진화와 발전이다. 따라서 서구적 근대의 국가인과 대별되는 탈근대적 노마드는 국가주의와 가족주의의 위계질서를 대표하는 아버지에 대한 편집증에서 벗어난 고아의 분열증적 특성을 보이며, 주인-노예의 관계에서 벗어난 광인의 특질을 보여준다. 그리고 고아의 분열증과 광인의 특질은 인정주의와 문명의 진화와 발전이라는 근대적 계몽의 내용에서 벗어나 노마드의 삶과 관계의 특질을 보여주는 비인정과 자연을 노마돌로지의 구성요소들로 보여준다. 만해 한용운의 『님의 침묵』에서 "분열증"과 "광인"은 시를 서술하는 시적 화자인 "나"의 특질이며, "비인정"과 "자연"은 시적 화자인 "나"가 "님"이라고 부르며 사랑을 추구하는 대상의 특질이다. 그 대표적인 시가 「나룻배와 행인」이다.

나는 나룻배
당신은 행인.

당신은 흙발로 나를 짓밟습니다.
나는 당신을 안고 물을 건너갑니다.
나는 당신을 안으면 깊으나 옅으나 급한 여울이나 건너갑니다.

만일 당신이 아니 오시면 나는 바람을 쐬고 눈비를 맞으며 밤에서
낮까지 당신을 기다리고 있습니다.
당신은 물만 건너면 나를 돌아보지도 않고 가십니다그려.
그러나 당신이 언제든지 오실 줄만은 알아요.
나는 당신을 기다리면서 날마다 날마다 낡아갑니다.

나는 나룻배
당신은 행인.[6)]

"나는 나룻배"라고 이야기하는 "나"는 서구적 근대의 주체가 아니라 "나의 정조는 '자유정조'(自由貞操)입니다"(「자유정조」의 마지막 행)라고 말하는 고아의 분열증적인 주체이다. 이러한 분열증적인 주체는 "당신은 흙발로 나를 짓밟습니다"를 쾌락으로 받아들이기 때문에 근대적인

마조히스트(masochist)로 오인될 수도 있다. 그러나 "나는 당신을 안고 물을 건너갑니다./나는 당신을 안으면 깊으나 옅으나 급한 여울이나 건너갑니다"라는 시행들처럼 고아의 분열증적 주체는 피학적인 수동성과 더불어 생성적인 능동성을 함께 지니고 있다. 이와 함께 고아의 분열증적 주체인 "나"와 "당신"의 관계, 즉 "나룻배"와 "행인"의 관계는 "당신은 물만 건너면 나를 돌아보지도 않고 가십니다그려./그러나 당신이 언제든지 오실 줄만은 알아요"처럼 사회적이고 정치적인 주인(국가)-노예(국민)의 관계에서 벗어나 있기 때문에 주인과 노예의 입장에서 고아의 분열증적 주체는 "광인"의 특질을 지닌다. 그것은 "나는 나룻배"라고 부르는 "나는 당신을 기다리면서 날마다 날마다 낡아갑니다"의 "당신"은 강을 건너는 순간순간 사회적이고 정치적인 관계의 주인일 수도 있고 노예일 수도 있기 때문이다.

나룻배와 행인의 관계에서 분열증적이고 광인의 기질을 가진 "나"의 행위는 강을 "건너"는 생성적 행위이다. 따라서 『님의 침묵』에서 시적 화자인 "나"는 오늘날의 탈근대적인 노마드로 드러나며, 노마드가 추구하는 "님"은 오늘날의 탈근대성을 대표하는 노마돌로지의 생성적인 구성요소들로 드러난다. 『님의 침묵』이 보여주는 노마드와 노마돌로지의 특질은 근대적인 텍스트의 분석에서도 드러난다. 그러나 서구·백인·남성 중심주의라는 근대성의 맥락에서 노마드는 항상 비서구·유색인·여성이라는 소수자적 특질을 지니고 있기 때문에 근대적 보편성이라는 문학사적 맥락에서 정전으로부터 배제하거나 탈락시키기 위한 수단으로 사용되었다. 이와 마찬가지로 근대성의 맥락에서 발견되는 노마돌로지 또한 근대적인 문학사에 편입시키기 위한 내용이 아니라 순전히 배제시키기 위한 근대적인 내용의 품격미달로 판단될 뿐이다. 고은의 『한용운평전』은 이러한 서구적 근대성을 지속시키는 동시대의 근대적인 기획인 동시에 만해 한용운이 동시대에 활약했던 식민지 지식인들의 고질병을 고스란히 답습하고 있다. 고은은 『님의 침묵』이 지니고 있는 노마드와 노마돌로지를 근대적인 맥락에서 다음과 같이 이야기한다.

> 『님의 침묵』은 경어체의 여성어로 만들어졌다. 이 경어체는 작시의 기교로 이해한다면 시의 실태(實態)를 방지하는 완충의 힘을 가진다. 말하자면 경어체의 사설은 아무리 타작을 만들어도 타작은 모면할 수 있는 비밀이 있다.
>
> 그는 최남선의 재능, 최남선의 끈덕진 불교, 최남선의 공공연한 권위에 대한 도전으로서의 『님의 침묵』을 이루었다. 그것이 그 당시의 청소년들이 들고 다니지 않으면 안 되는 애독서물(愛讀書物)이 되었음에도 불구하고 끝내 최남선의 문학석 위치를 넘어서지는 못했다. (고은 2000, 314~15쪽)

『님의 침묵』에 일관되게 흐르고 있는 "경어체의 여성어"는 근대적 국가인이 지니는 지배적인 남성어의 특질과 구별되는 탈근대적 노마드의 존재론적 특질이다. 그럼에도 불구하고 고은은 "경어체의 여성어"를 시적 화자의 존재론적 특질로 받아들이는 것이 아니라, 단지 "작시의 기교"로 이해한다. 따라서 그는 "경어체의 사설은 아무리 타작을 만들어도 타작은 모면할 수 있는 비밀"로 "경어체의 여성어"를 받아들인다. 물론 그가 말하는 "타작"은 근대적 의미의 타작이다. 그가 이야기하는 "수작"은 근대적인 서구·백인·남성 중심주의의 보편성을 지닌 문학만을 일컫는다. 그런 의미에서 고은의 문학은 서구적 근대성으로 만들어진 식민지성을 벗어나지 못한다. 그러나 『님의 침묵』뿐만 아니라 김소월, 주요한, 박영희, 황석우, 서정주 등등의 시들이 보여주는 한국 근대 초기시의 주요한 특질들 중의 하나는 "경어체의 여성어"로 구성된 남성시인들에 의하여 씌어진 여성주의의 문학이다. 이것은 중국과 일본의 근대 초기에 루쉰과 나쓰메 소세키의 문학이 보여주는 것처럼 서구·백인·남성 중심주의의 문학이 만연해 있는 서구적 근대성 속에서 식민지적인 "비서구·유색인"의 남성이 보여주는 동양적 근대성의 발현, 즉 서구적 근대성 속에서 실패할 수밖에 없었던 노마드적 여성성의 발현이라고 할 것이다.

『님의 침묵』에 드러난 노마드적 여성성의 발현은 만해 한용운의 노마돌로지가 서구적 근대성에 저항하는 여성주의와 일치하는 하나의 접점을 형성하도록 만든다. 그러나 이러한 여성주의마저도 고은은 "최남선의 재능, 최남선의 끈덕진 불교, 최남선의 권위에 대한 도전"으로 받아들인다. 노마드는 도전하거나 대결하려는 자가 아니라 탈주하여 새로운 생성물을 획득하거나 생성시키는 자이다. 지배적이고 폭력적인 서구적 근대의 영토로부터 탈주하고 탈영토화하고자 하는 것을 도전이라고 생각하는 것은 국가철학적 지식인, 즉 노마드가 아닌 국가인의 시각이다. 이와 더불어 한국 근대화의 과정에서 최남선의 『백팔번뇌』는 읽혀지지 않는 시집이다. 읽혀지지 않는 시집과 비교하여 "애독서물"의 『님의 침묵』을 "끝내 최남선의 문학적 위치를 넘어서지는 못했다"라고 판단하는 것은 최남선의 "님"이 번뇌의 님인 것과는 달리 한용운의 "님"이 근대적인 서구·백인·남성 중심주의의 주체적 자아가 결코 이해하거나 인식할 수 없는 생성적(혹은 깨달음의) 님이기 때문이다. 불교를 노마돌로지로 받아들이지 않고 유교의 국가철학이나 서구·백인·남성 중심주의의 근대성으로 받아들일 때, "백팔번뇌"는 노마드적 극복이나 해탈의 대상이 아니라 초월주의에 귀의할 수밖에 없는 기독교적 원죄의식으로 받아들인다. 『백팔번뇌』에서 보여주는 최남선의 "님"은 서구적 근대성에 의하여 기독교적으로 포획된 원죄의식을 지닌 번뇌의 님이다. 그러나 한용운의 "님"은 백팔번뇌로부터 벗어나 새로운 생명을 생성시키고, 또한 스스로 탈주하는 님이다. 분명한 것은 불교의 "번뇌"는 사회적이고 정치적인 관계에서 만들어진 영토의 허상이기 때문에 탈영토화의 대상이지, 우리가 벗어날 수 없는 기독교적 원죄의식이 아니다.

이러한 불교적 노마돌로지가 지니는 깨달음의 접점이 바로 동시대의 애매모호한 여성주의와 한용운의 여성주의가 서로 구별되는 변별점이기도 하다. 한국 근대문학 비평에서 가장 빛을 발하는 김현은 일찍이 서구·백인·남성 중심주의의 근대적인 문학사 기술에 반대하여 독자적인 문학사 서술을 주장하면서 "문화형태가 딴 사회에 기치는 영향이란… 전체적이며 진면직인 면모를 띨 수는 없다. 어느 사회이든, 그 사회는 딴 사회와 구별되는 상상력의 편향, 집단적 무의식을 가지고 있기 때문이다"(김현 1969, 54~55쪽)라고 말한다. 이것은 히야마 히사오가 루쉰과 나쓰메 소세키를 연구하면서 비록 실패하였지만 서양적 근대와 다른 동양적 근대를 탐구하는 인식론적 원칙이기도 하다. 이런 측면에서 동양적 근대의 여성주의는 서양적 근대와 구별되는 중국과 조선, 일본이 창출하고자 노력했지만 서구적 근대성의 폭력 앞에서 어쩔 수 없이 실패할 수밖에 없었던 동양적 근대성의 특징이다. 그러나 서구적 근대와 어깨를 나란히 하면서 발전한 일본 제국주의적 근대에 소극적으로 저항한 나쓰메 소세키의 여성주의적 특징과 유사한 "모든 사태를 여성 특유의 탄식으로 바꿔버리는 한국적 패배주의는"(같은 책, 65쪽) 한용운의 『님의 침묵』에 의해서 노마돌로지의 생성적 여성주의로 변모한다.

> 그(한용운)는 한국 신문학사에서 한국사회의 구조를 가장 명료하게 파악한 최초의 시인이다. 그가 파악한 한국사회의 구조는 자기만의 사랑이며, 슬픔의 제스처이며, 탄식의 포즈이다. 그러나 그는 그 제스처를 개성의 강렬한 조명으로 극복한다. 그를 통해서 한국사회의 고질이던 탄식의 포즈는 역사와 사회에 대한 강인한 긍정의 태도로 뒤바뀐다. 물론 그 긍정은 소극적인 것이 아니라 적극적인 것이다. 소월의 나약하고 부정적인 여성주의에서 그 한 극을 보여준 한국의 여성주의는 한용운이 이별의 긍정화를 보여줌으로써 긍정적인 여성주의로 변모한다. (같은 책, 67쪽)

김현은 만해 한용운을 "한국 신문학사에서 한국사회의 구조를 가장 명료하게 파악한 최초의 시인"이라고 평가한다. 그가 당시의 "한국사회의 구조를 가장 명료하게 파악한" 구체적 내용은 무엇일까? 그것은 나쓰메 소세키가 서구적 근대를 받아들여 폭력적인 제국주의로 나아가는 일본사회를 보며 느끼는 감정이나 "탈각해야 할 동양"의 사태에 머물러 있음으로 인하여 반식민지 상태에 돌입한 중국을 보면서 루쉰이 느끼는 감정, 즉 "서양을 모델로 한 문명개화는 뒤집어보면 동양〔유교의 국가철학〕으로부터의 탈각과정에 지나지 않는다. 이처럼 동양〔불교와 도가의 노마돌로지〕을 뒤에 제쳐둠으로써 자기를 상실해 버린"(히야마 히사오 2000, 79쪽) 당시의 동아시아가 지니고 있는 "동양적 근대의 창출"이라는 보편성일 것이다. 그러나 당시의 한국사회 식민지적 상황은 이러한 동양적 근대의 창출과 너무나도 거리가 먼 상태였다. 이러한 상황은 만해 한용운으로 하여금 루쉰과 나쓰메 소세키가 이룩하지 못한 더욱 강인한 시대인식으로 이끈다. 그것이 바로 김현이 이야기하는 한용운의 "긍정적인 여성주의"이다.

김현이 이야기하는 한용운의 "긍정적인 여성주의"는 김소월, 주요한, 황석우, 박영희 등이 보여주는 여성주의가 서구·백인·남성 중심주의의 근대성을 어쩔 수 없이 용인하는 식민지적이고 패배적인 탄식적 여성주의인 데 반하여, 서구의 근대성과 다른 근대성을 창출하고자 하는 생성적 여성주의이다. 그러나 도대체 무슨 이유 때문에 만해 한용운을 통하여 "한국사회의 고질이던 탄식의 포즈는 역사와 사회에 대한 강인한 긍정의 태도로 뒤바뀌"는가? 그것은 최남선의 "탈각해야 할 동양"으로 포획되어 있는 유교의 국가철학적 불교가 아니라, 루쉰과 나쓰메 소세키가 보여주었던 회귀해야 할 동양이라는 도가적 노마돌로지의 불교가 만해 한용운의 불교였기 때문이다. 한용운의 "님"이 보여주고 있는 도가철학을 대표하는 "비인정"과 "자연"이 생성적 여성주의와 노마돌로지의 공통요소라고 할 수 있는 생성적 관계를 내포하는 것도 이러한 이유 때문이다. 따라서 『님의 침묵』에 등상하는 "님"은 서구 근대성의 휴머니즘과 문명의 관점에서 근대적으로 결코 정의할 수가 없는 용어이다. 만해 한용운의 『님의 침묵』 서두에 있는 「군말」이라는 시는 "님"에 대하여 다음과 같이 말하고 있다.

> '님' 만 님이 아니라 기룬 것은 다 님이다. 중생이 석가의 님이라면 철학은 칸트의 님이다. 장미화(薔薇花)의 님이 봄비라면 마시니의 님은 이태리다. 님은 내가 사랑할 뿐 아니라 나를 사랑하나니라.
>
> 연애가 자유라면 님도 자유일 것이다. 그러나 너희는 이름 좋은 자유에 알뜰한 구속을 받지 않느냐. 너에게도 님이 있느냐. 있다면 님이 아니라 너의 그림자니라.
>
> 나는 해 저문 벌판에서 돌아가는 길을 잃고 헤매는 어린 양이 기루어서 이 시를 쓴다. (만해 한용운 1997, 17쪽)

노마드의 시적 화자가 이야기하는 "님"은 일상적으로 혹은 근대적으로 규정된 "'님'만 님이 아니라" 각각의 노마드가 생성하기 위하여 스스로 "기룬(그리운) 것은 다 님이다." "그리운 것"은 각각의 노마드가 처한 시간과 공간 그리고 관계의 특질에 따라서 다르다. 따라서 님은 "중생"이라는 노마드적 인간의 무리, "철학"이라는 추상기계, "봄비"라는 무생물 그리고 "이태리"라는 사회체(socius)를 모두 포함한다. 즉 한용운의 "님"이라는 노마돌로지가 지니고 있는 근원적 특성은 근대적으로 규정된 인간(남성)을 포함한 인간의 무리, 추상기계, 무생물, 사회체 등을 포함하는 비인간적 세계 전체에서 개별적 관계를 맺을 수 있는 모든 존재를 일컫는 말이다. 이러한 비인간적 세계를 내포하고 있는 노마돌로지는 오직 "자연"이라는 관계의 생성성으로만 파악할 수 있다. 한용운은 인간이 지니고 있는 이러한 관계의 생성성을 "님은 내가 사랑할 뿐 아니라 나를 사랑하나니라"라는 '사랑하다'라는 시간적인 동사적 관계로 표현한다. 이러한 시간적인 동사적 관계는 오직 명사적 관계만을 강조하는 서구적 근대성이 지니는 문명의 시각이 아니라, 자연적 관계의 생성적인 지속성을 강조하는 탈근대적인 노마드의 생성적 관계를 내포하는 특질이다.

서구적 근대성이 지니는 서구·백인·남성 중심주의의 인간을 강조하는 문명의 관계는 흔히 근대적 공간으로 규정된 명사적 관계만을 내포한다. 공간적으로 규정된 명사적 관계는 "연애가 자유라면 님도 자유일 것이다"라는 자연적인 상호생성의 관계를 파악하지 못하고 서구·백인(인간)·남성 중심주의적인 일방적인 명사적 사랑에 의해 만들어진 "이름 좋은 자유에〔의〕 알뜰한 구속을 받"는다. 그 구속은 국가주의와 가족주의이다. 오늘날 탈근대성으로 받아들여지고 있는 만해 한용운의 이러한 인식은 "〔근대〕 서양문명 따위는 얼핏 보기엔 좋은 것 같아도 결국은 틀려먹은 것"(히야마 히사오 2000, 77쪽)이라는 나쓰메 소세키의 서구근대성에 대한 인식과 일맥상통한다. 따라서 만해 한용운은 서구적 근대에 의하여 만들어진 근대적 공간의 "이름 좋은 자유의 알뜰한 구속"에 대하여 "너에게도 님이 있느냐. 있다면 님이 아니라 너의 그림자니라"라고 일갈을 보탠다. 이것은 비록 "님"이라는 동일한 언어를 공유하고 있지만 서구적 (혹은 식민지적) 근대의 "님"은 탈근대(동양적 근대)적 노마돌로지의 "님"처럼 상호생성의 "님"이 아니라 "님"이라고 호칭하는 근대적 주체인 "나"(너)의 "그림자"라는 자체의 독립성과 개별성을 전혀 지니지 못하는 허구적 님일 뿐이라고 말하는 것이다. 따라서 한용운의 "님"은 "해 저문 벌판에서 돌아가는 길을 잃고 헤매는 어린 양"이다.

그러면 도대체 "님은 갔지마는 나는 님을 보내지 아니 하였습니다"(「님의 침묵」)의 "님"과 "해 지문 빌판에서 돌아가는 길을 잃고 헤매는 어린 양"이라는 "님"은 누구인가? 만해 한용운이 생성시키고자 하지만 서구적 근대성의 만연에 의하여 생성되지 못하는 그 "님"은 「가지 마셔요」라는 시에서 아주 뚜렷하게 드러난다. 1연의 첫 행에서 "그것은 어머니의 가슴에 머리를 숙이고 아기자기한 사랑을 받으려고 삐죽거리는 입술로 표정하는 어여쁜 아기를 싸안으려는 사랑의 날개가 아니라, 적의 깃발입니다"라고 말하면서 "악마의 눈빛"과 "칼의 웃음"에 현혹되어 있는 "님"에게 다음과 같이 이야기한다.

대지의 음악은 무궁화 그늘에 잠들었습니다.

광명의 꿈은 검은 바다에서 자맥질합니다.

무서운 침묵은 만상(萬像)의 속살거림에 서슬이 푸른 교훈을 나리고 있읍니다.

> 아아 님이여, 새 생명의 꽃에 취하려는 나의 님이여, 걸음을 돌리셔요, 거기를 가지 마셔요, 나는 싫어요.
>
> 거룩한 천사의 세례를 받은 순결한 청춘을 뚝 다서 그 속에 자기의 생명을 넣어 그것을 사랑의 제단(祭壇)에 제물로 드리는 어여쁜 처녀가 어데 있어요.
>
> 달금하고 맑은 향기를 꿀벌에게 주고 다른 꿀벌에게 주지 않는 이상한 백합꽃이 어데 있어요.
>
> 자신의 전체를 죽음의 청산에 장사지내고 흐르는 빛으로 밤을 두 조각에 베는 반딧불이 어데 있어요.
>
> 아아 님이여, 정에 순사(殉死)하려는 나의 님이여. 걸음을 돌리셔요. 거기를 가지 마셔요, 나는 싫어요. (「가지 마셔요」 2연 후반부)

한용운의 불교가 지니는 "회귀해야 할 동양"의 노마돌로지에서 드러나는 "님"은 우리가 암묵적으로 받아들이고 있는 근대적으로 고착되어 있는 님이 아니다. 그 "님"은 유교적 국가철학의 지배를 받았던 조선의 "해 저문 벌판에서 돌아가는 길을 잃고 헤매는 어린 양"들 각각, 즉 "동양적 근대"를 창출하고자 하는 개별적인 존재들 각각이다. 따라서 서구적인 일본 제국주의의 근대화가 제공하는 "새 생명의 꽃에 취하려는 나의 님"에게 한용운은 "걸음을 돌리셔요, 거기를 가지 마셔요, 나는 싫어요"라고 분명히 말한다. 왜냐하면 그것은 진정한 "동양적 근대"를 창출하는 "새 생명의 꽃"이 아니기 때문이다. 그것은 마치 조선의 국가철학적 영토로부터 탈영토화하여 "거룩한 천사의 세례를 받은 순결한 청춘을 뚝 다서 그 속에 자기 생명을 넣어" 서구적 (혹은 일본의 제국주의적) 근대의 거짓 생명성이라는 "사랑의 제단에 제물로 드리는", 즉 조선의 유교적 국가철학을 서구적 근대의 국가철학으로 변형시키는 서구적 근대성의 편향이다. 이러한 편향은 "달금하고 맑은 향기를" 모든 "꿀벌"에게 주는 "백합꽃"이나 자신도 빛나고 밤도 빛나는 "반딧불"이라는 자연의 법칙에 어긋나는 "(인)정"이라는 서구적 근대성의 휴머니즘이다. 따라서 한용운은 서구적 근대성에 매몰되어[7] "(인)정에 순사하려는 나의 님이여, 걸음을 돌리셔요, 거기를 가지 마셔요, 나는 싫어요"라고 울부짖는다. 그가 추구하는 '동양적 근대'의 나라는 '서구적 근대'에 의하여 만들어지는 나라와는 다른 나라이다.

그 나라에는 허공이 없습니다.

그 나라에는 그림자 없는 사람들이 전쟁을 하고 있습니다.

그 나라에는 우주만상의 모든 생명의 쇳대를 가지고 척도를 초월한 삼엄한 궤율(軌律)로 진행하는 위대한 시간이 정지되었습니다.

아아 님이여, 죽음을 방향(芳香)이라고 하는 나의 님이여, 걸음을 돌리셔요, 거기를 가지 마셔요, 나는 싫어요. (「가지 마셔요」 3연 전문)

루쉰이나 나쓰메 소세키처럼 만해 한용운이 추구하는 우리의 근대성은 끝없는 생성의 "허공"을 지니고 있는 "나라"이지 오늘날의 대부분의 근대국가들처럼 "그림자 없는 사람들이 전쟁을 하고 있"는 나라가 아니다. 이러한 나라는 루쉰과 나쓰메 소세키뿐만 아니라 신채호나 백범 김구와 같은 우리의 근대적 선각자들이 추구한 "아름다운 나라"와 일맥상통하는 점이 있다. 이러한 "아름다운 나라"의 원칙을 만해는 "우주만상의 모든 생명의 쇳대를 가지고 (인간적) 척도를 초월한 삼엄한 궤율(軌律)로 진행하는 위대한 시간"이 흐르는 것으로 이야기한다. 만해가 이야기하는 "삼엄한 궤율로 진행하는 위대한 시간"은 불교의 '각'(覺)과 '불각'(不覺)이 상호 수승하는 생성의 시간이고, 들뢰즈의 노마돌로지로 이야기하면 끊임없이 "탈영토화와 재영토화의 과정"이 진행되는 시간이다. 이러한 전지구적으로 확산되고 있는 탈근대적 노마돌로지가 이야기하는 "탈영토화와 재영토화의 과정"의 시간관(혹은 불교의 연기론)은 만해가 추구한 "이별의 미학"에서 더욱 구체적으로 드러난다.

> 이별은 미의 창조입니다.
>
> 이별의 미는 아침의 바탕(質) 없는 황금과 밤의 올(糸) 없는 검은 비단과 죽음 없는 영원의 생명과 시들지 않는 하늘의 푸른 꽃에도 없습니다.
>
> 님이여, 이별이 아니면 나는 눈물에서 죽었다가 웃음에서 다시 살아날 수가 없습니다. 오오 이별이여.
>
> 미는 이별의 창조입니다. (「이별은 미의 창조」 전문)

김현은 만해 한용운의 여성주의를 당시대의 "탄식적 여성주의"와 구별하여 "생성적 여성주의"로 부르는 이유를 만해가 서구적 근대성이 명명하는 "사랑=죽음보다는 사랑=이별을 택"(김현 1969, 67쪽)했기 때문이라고 이야기한다. 이것은 서구적 근대성의 국가철학이나 유교의 국가철학이 지배와 피지배의 관계를 주축으로 하는 영토화를 추구하는 데 반하여, 노마돌로지가 탈영토화를 추구하는 것과 일맥상통한다. 만해가 이야기하는 "님"이 동사적 관계를 일컫는 것처럼 그가 "아름다움"이라고 이야기하는 "이별"은 동적(動的)인 것이다. 그러나 서구적 근대성이 규정하는 "님"이 고착된 명사를 지시하는 것처럼, 서구적 근대의 미학이 이야기하는 "아름다움"은 숭고함과 같은 초월적이거나 절대적인 정적(靜的)인 것이다. 따라서 서구적 근대의 미학은 아름다움을 추구하는 '사랑=죽음' 이라는 절대적 영토화를 추구한다. 이러한 서구적 근대성과는 다른 '동양적 근대' 혹은 오늘날의 전지구적 탈근대를 추구하는 만해 한용운은 동적인 "이별은 미의 창조입니다"라고 말하면서, "이별의 미는 '아침의 바탕 없는 황금' 과 밤의 '올 없는 검은 비단' 과 죽음 없는 영원의 '시들지 않는 하늘의 푸른 꽃'"과 같은 고정된 영토의 절대적이거나 초월적인 존재에는 없다고 이야기한다. 만해 한용운이 이야기하는 "이별의 미"는 "눈물에서 죽었다가 웃음에서 다시 살아나"는 탈영토화와 재영토화의 과정, 즉 영토의 번뇌로부터 벗어나는 "각과 불각의 과정"이다. 이것은 곧 들뢰즈의 노마돌로지가 이야기하는 탈영토화의 미학이다. 따라서 만해는 "미는 이별의 창조입니다"라고 말한다.

3. 전지구적 탈근대성의 발현을 위하여

오늘날 전지구적으로 횡행하고 있는 근대성은 서구적 근대이다. 따라서 전지구적인 선진적인 정치·경제·사회·문화의 제도와 가치는 모두 서구·백인·남성 중심주의의 제도와 가치로 이루어져 있다. 이러한 서구적 근대의 문명이 만든 제도와 가치는 비서구·유색인·여성의 제도와 가치를 신비화한다. 이것은 서구적 근대에 의하여 만들어진 예술이나 예술가에 대한 신비화와 일치한다. 이러한 서구적 근대성을 추구하는 우리의 근대화 과정에서 최고의 시인이면서 불세출의 독립운동가이고, 실패한 동양적 근대의 개혁적 선승이었던 만해 한용운 또한 이런 신비화의 색깔로 덮여 있다. 이런 신비화의 색깔로 덮여 있는 만해 한용운의 문학과 삶 그리고 그의 불교사상을 탈신비화하여 서구적 근대성으로부터 벗어나고자 하는 우리의 탈근대적인 삶과 인식론의 토대를 만드는 작업은 전지구적인 탈근대의 노마돌로지가 추구하는 탈신비화의 작업과 동일하다. 이미 살펴본 바와 같이 비록 실패하였지만 이러한 작업은 이미 "동양적 근대"를 창출하고자 했던 루쉰과 나쓰메 소세키의 문학적 업적이기도 하다.

하나의 유럽(서양)은 서구적 근대성에 의하여 만들어진 허구적 인식론의 체계이다. 고대그리스로부터 출발한 유럽은 끊임없이 플라톤과 아리스토텔레스의 국가철학과 스토아학파의 노마돌로지가 끊임없이 대립과 갈등을 일으킨 역사이다. 이와 마찬가지로 하나의 동양(동아시아) 또한 서구의 근대성에 의하여 만들어진 허구적 인식론의 체계이다. 고대중국으로부터 출발한 동아시아는 끊임없이 공자와 맹자가 이끄는 유가적인 국가철학과 노자와 장자가 이끄는 도가적인 노마돌로지가 끊임없이 대립과 갈등을 일으킨 역사이다. 이 과정에서 인도에서 출발한 불교의 노마돌로지는 도가적인 노마돌로지와 결합하여 중국과 한국 그리고 일본에 노마돌로지의 지식으로 확고하게 정착하였다고 하겠다. 따라서 서구적 근대에 의한 동양의 신비화는 서구적 근대의 국가철학과 유교적 국가철학이 결합하여 도가적이고 불교적인 세계를 지배하고 억압하고자 하는 수단에 불과하다. 이러한 역사를 우리는 유교의 국가철학에 의한 원효와 사명대사, 서산대사에 대한 신비화의 작업에서 목격할 수 있다.

『님의 침묵』이 "각과 불각의 과정", 즉 "탈영토화(각)의 미학"을 이야기하는 것처럼 만해의 삶은 끊임없는 탈영토화와 재영토화의 과정 속에 있었다. 그것은 신비적인 삶이 아니라 근대 초기에 있었던 중국의 루쉰과 일본의 나쓰메 소세키 그리고 서구의 근대화과정에서 비주류 철학자들로 비난받았던 스피노자, 니체, 베르그송처럼 서구적 근대에 의하여 실패할 수밖에 없었던 동양적 근대나 탈근대적 노마돌로지를 창출하고자 한 노력이었다. 이러한 만해의 삶과 문학 그리고 유교의 국가철학에 의하여 변질된 근대 초기의 조선불교를 개혁하고자 했던 그의 불교사상을 우리의 삶과 지식의 인식론적 체계 속으로 끌어들이는 작업은 전지구적인 탈근대의 탈식민주의, 페미니즘, 생태주의가 들뢰즈의 노마돌로지를 그들의 이론과 실천에 끌어들이려는 작업과 마찬가지로 서구·백인·남성 중심주의의 서구적 근대로부터 벗어나 전지구적 탈근대성으로 나아가는 길일 것이다. 일제 식민지와 남북분단으로 얼룩진 우리의 근대화과정 속에 비록 실패한 근대일망정 만해 한용운이 우뚝 솟아 있다는 것은 전지구적 탈근대로 나아가는 길목에 있는 우리의 희망이자 행복일 것이다.

주

1) 이러한 평가의 전형이 고은의 『한용운평전』이다. 이에 대해서는 고은 2000 참조.
2) 프레드릭 제임슨(Fredric Jameson)은 18~19세기를 "초기근대"(the early modern or the formation of modern), 20세기 초반을 "본격근대"(the high modern), 2차 세계대전 이후의 20세기 후반을 "후기근대"(the last- or post-modern)라고 명명하고 있다. 따라서 후기근대의 문화나 인식론적인 현상은 근대적인 것을 지속하고자 하는 근대성과 근대성으로부터 벗어나고자 하는 탈근대성이 혼재하고 있는 시대이다. 이에 대해선 Jameson 1991(pp. 1~54) 참조.
3) 송욱 1974. 이 책에서 송욱 교수는 만해의 문학을 "헤아릴 수 없는 깊이"를 지녔다고 평가하면서 『님의 침묵』이 나온 지 반세기가 지났음에도 불구하고 교정본과 해설서가 하나도 없음을 한탄한다.
4) Said 1978. 이 책에서 에드워드 사이드는 '오리엔탈리즘'을 세 가지로 구분한다. 하나는 단테의 『신곡』처럼 서구의 역사에 등장하는 지식인과 텍스트들이 동양을 규정하는 담론체계이고, 다른 하나는 그러한 담론체계를 교육받은 서양사람들이 동양을 규정하는 담론체계이며, 마지막 하나는 근대화의 과정에서 동양인들이 서양의 지식인이나 텍스트 혹은 서양사람들에 의하여 규정되는 동양에 관한 담론체계에 따라서 스스로 자신들을 규정하는 담론체계이다.

5) 필자는 이미 들뢰즈의 노마돌로지에 나타난 "기관들 없는 몸"과 원효의 사상에 나타난 "깨달음의 몸"을 비교하여 원효를 탈근대의 개념적 인물로 제시한 바가 있다. 이에 대해선 장시기 2000; 2001a(289~319쪽) 참조.

6) 만해 한용운 1997, 34쪽. 앞으로 이 책에 대한 인용은 시의 제목과 쪽만을 밝히겠음.

7) 이러한 서구적 근대성에 매몰되어 서구적 근대성을 일본 제국주의식으로 받아들여 "민족개조론"을 주창한 사람이 최남선이다. 그는 조선의 유교적 국가철학의 영향을 받아 국가철학화된 당시의 불교를 본래의 불교가 지니고 있는 노마돌로지의 특성으로 개혁하고자 했던 만해 한용운의 "불교유신론"을 서구적 근대성의 추인으로 오인하여 민족 전체를 개조하고자 하는 서구적 근대성이 지니는 계몽주의적 오류를 범했다.

노마드 지식인, 송두율 교수와 탈근대의 한반도

통일에는 '베트남식' 이거나 '독일식' 밖에 없다는 '역사적 경험' 에만 의존하려는 안이한 태도로는 '남이냐 북이냐' 라는 양자택일의 논리로부터 해방되어 '남과 북' 이라는 변증법적 이해의 세계 속으로 우리의 사고를 전진시키지 못할 것이다.
-송두율 교수의 『역사는 끝났는가』 중에서

1. 경계인의 역사적 의미

송두율 교수에 대한 일반적인 명칭은 경계인이다. 그 또한 자신을 경계인이라고 부른다. 그의 삶이 근대적으로 구획된 국가적 경계를 자유롭게 넘나들었듯이, 경계인이라는 그에 대한 명명은 정치적인 용어가 아니라 문화적인 용어이다. 따라서 그를 경계인이라고 부르는 것은 의식적이든 무의식적이든 정치적·경제적인 근대적 판단의 기준을 넘어서서 탈근대적인 문화적 판단을 요구하는 행위이다. 그러나 그가 경계인이라는 것은, 그것이 명명되는 근대적 시간과 장소에 따라 다소 의미의 차이를 지닌다. 독일에서 그가 경계인이라고 불리고 있는 이유는 독일과 미국에서 서구철학을 연구하고 강의했음에도 불구하고 완전한 서구인도 아니고, 이와 반대로 완전한 비서구인도 아니라는 하나의 표현이다. 그러나 우리가 살고 있는 문화지리학적 공간에서 이것은 일반적인 표현이 아니다. 송두율 교수와는 반대로 국내에서 지적 활동을 하고 있는 서양인 교수를 우리는 경계인이라고 부르지 않는다. 경계인이라는 표현은 오직 근대적 서구의 시·공간 속에서만 가능하다. 그것은 오늘날의 삶과 인간을 평가하고 규정하는 평가의 잣대가 전적으로 서구적 근대로 구성되어 있기 때문이다.

송두율 교수와 마찬가지로 미국이나 유럽으로 유학을 갔었거나 연수를 다녀온 사람들은 서구인들이 경계인이라고 부르든지 아니든지 간에 어느 정도 경계인의 삶과 인식을 경험했을 것이다. 서구세계에 살면서 서구에 동화될 수 없는 삶과 인식이 바로 경계인의 삶과 인식이다. 그러나 서구인들이 서구에 살고 있는 비서구인들을 모두 경계인이라고 부르지는 않는다. 서구인들에 의하여 경계인이라고 불리는 것은, 그가 그들의 삶과 세계에 그만큼 더 깊숙하게 침투하여 그들의 삶과 사회를 지배하고 있는 서구·백인·남성 중심주의의 근대성에 나름의 흠집을 내거나 위협으로 존재하기 때문이다. 따라서 팔레스타인 출신이면서 미국에서 활동한 에드워드 사이드(E. Said)나 흑인여성이면서 노벨문학상을 수상한 토니 모리슨(T. Morrison) 혹은 인도여성이면서 미국에서 탈식민지적 페미니즘의 비평활동을 하고 있는 가야트리 스피박(G. C. Spivak)과 같은 사람들을 서구인들은 한결같이 경계인이라고 부르고, 그들도 스스로 서구의 근대성에 나름의 흠집을 내거나 위협을 가하기 위하여 자신들을 경계인이라고 부른다.

인종·성별·이데올로기의 구분이 없는 지구촌이라고 명명하는 오늘날에 미국에서 생활하고 활동하면 미국인이고, 독일에서 생활하고 활동하면 독일인이며, 남아프리카공화국에서 생활하고 활동하면 남아프리카인이지 종족과 피부색이 다르다고 경계인이라고 명명하는 것은 근대적 구조가 지속시키고 있는 인종적 차별인 동시에 정치적 억압이다. 따라서 오늘날의 서구인들이 어느 누구를 경계인이라고 부르는 것은 비록 명칭은 서로 다르다고 할지라도 고대그리스와 중세유럽이 그들 중심의 삶이나 사회적 구조와 다른 사람들을 이방인이라고 부르는 것과 같다. 이러한 측면에서 오늘날의 서구적 근대는 고대그리스의 시민 중심주의와 중세유럽의 기독교 중심주의가 서구·백인·남성 중심주의의 근대적 합리성으로 확대되었음을 의미한다.

그러나 반평생이라고 할 수 있는 35년 동안의 경계인 생활을 마감하고 독일에서 귀국하여 국내에서 학문활동을 하고자 하는 송두율 교수를 우리는 서구인들과 마찬가지로 경계인이라고 부른다. 우리가 그를 경계인이라고 부르는 것은 서구에서 경계인이라고 부르는 것과 상호 유사성과 차이성 둘 다를 지니고 있다. 두 명명법이 지니고 있는 유사성은 우리의 삶과 사회적 구조가 이미 서구적 근대가 지니고 있는 서구·백인·남성 중심주의의 근대성에 깊이 함몰되어 있다는 것을 의미한다. 우리는 이미 서구적 근대성으로 무장한 역사와 철학 그리고 문학의 교육과정과 정치적이고 사회적인 삶을 지배하는 사회제도에 의하여 서구인들보다 더 서구인처럼 행동하고 생활한다. 따라서 우리가 송두율 교수를 경계인이라고 명명하는 것은 우리의 삶과 사회를 지배하고 있는 우리의 근대성이 얼마나 서구적 근대성으로 이루어져 있는가를 역사적으로 반증하고 있는 것이다.

그러나 문제는 지리적으로 우리가 살고 있는 땅은 서구 유럽이나 미국이 아니고 종족적으로 볼 때도 우리는 서구의 백인이 아니기 때문에, 우리가 송두율 교수를 경계인이라고 부르는 구체적 내용은 상호차이를 지닌다. 즉 서구에서 송두율 교수를 경계인이라고 부르는 것은 근대성의 중심부라는 서양과 근대성의 주변부라는 동양의 이분법에 토대를 두고 있지만, 우리가 그를 경계인이라고 부르는 것은 우리 나름으로 명명하는 근대성의 중심부라는 남한과 근대성의 주변부라는 북한의 이분법에 토대를 두고 있다. 이것은 우리 나름의 명명법이기 때문에 한반도에서 이루어지고 있는 근대성의 이분법적 명명법은 남한과 북한이 서로 다르다. 따라서 문제는 남한과 북한이 모두 전지구적으로 확대·재생산되고 있는 서구적 근대성의 주변부임에도 불구하고 남한과 북한은 서로 경계를 만들면서 각자가 서로 자신을 한반도에서 형성된 근대의 중심이라고 부르고, 그 대상을 서로서로 주변이라고 명명하는 개별적인 근대의 명명법이다.

이와 같은 서로 다른 근대의 명명법 속에서 송두율 교수는 상당 기간 동안 자신의 삶과 학문의 터전으로 독일을 선택했고, 또한 북한을 선택했으며, 지금은 다시 삶과 학문의 영원한 터전으로 남한을 선택하고 있다. 오늘날의 남한에 있는 대부분의 지식인들도 송두율 교수처럼 다양한 삶과 학문의 터전을 선택했다. 그의 선택이 지니고 있는 남다른 특징은 그가 잠시 동안 북한을 선택했다는 차이일 것이다. 학문, 특히 인문학적 지식은 개인의 삶이나 그가 속해 있는 사회의 구조와 별개의 것이 아니다. 따라서 학문을 추구하는 학자는 새로운 지식을 취득하기 위하여 끊임없는 개인적이고 사회적인 모험의 선택을 감수해야만 한다. 송두율 교수는 그가 추구하는 학문의 지속과 갱신을 위하여 지금까지 수없는 모험을 감수했고, 지금도 그 모험을 감수하고 있다. 그의 학문적 모험 속에서 서구와 남한 그리고 북한의 서로 다른 근대성이 도사리고 있을 뿐만 아니라 서구와 남한·북한의 근대성을 극복하는 길이 마련되어 있다.

2. 서구의 포스트모던 분위기

송두율 교수가 오늘날의 한반도 상황이나 전세계의 문화적 지리를 바라보는 관점에는 전세계 지식인들의 새로운 화두가 되고 있는 "포스트모던의 분위기"가 자리 잡고 있다. 인구에 회자되고 있는 "포스트모던의 분위기"는 근대라는 정치적이고 경제적인 틀에서 벗어나고자 하는 문화적 분석틀이다. 송두율 교수가 사용하고 있는 이러한 문화적 분석틀의 핵심에는 송두율 교수도 인용하고 있는 가라타니 고진(송두율 2002, 209쪽)의 "근대의 풍경은 외부인에 의해서 발견된다"라는 근대의 바깥에서 근대의 안을 바라보는 시각, 즉 탈근대의 전망으로 근대를 바라보고자 하는 간절한 학문적 소망이 담겨 있다. 이러한 소망 때문에 송두율 교수는 스스로 경계인이라고 자칭하는 것이다. 따라서 서구나 한반도라는 지리적 공간을 넘어서 지식을 탐구하는 학자로서 그를 경계인이라고 부르는 것은, 그가 근대의 학문과 탈근대의 학문의 경계에 있다는 것을 의미한다. 이러한 측면에서 송두율 교수는 「전환기를 보는 시각」이라는 글에서 "포스트모던의 분위기"를 다음과 같이 말하고 있다.

> 서구에서는 소위 '포스트모던'(Postmodern)의 분위기 속에서 이성에 대한 비판이 상대주의나 허무주의로 나아가는 경향도 있지만 뿌리 깊은 합리주의의 전통은 이와 균형을 유지하고 있고, 정치문화에 있어서도 대개는 보수, 혁신과 중도가 어떠한 식으로든 연합하고 있으며 기존의 혁신세력 속에는 생태계를 적극적으로 인식하는 새로운 영역이 자리 잡고 있다는 특징을 드러낸다. (송두율 1995, 25쪽)

송두율 교수의 말에서 가장 두드러지는 특징은, 포스트모던이나 포스트모더니즘을 이야기하는 서구의 대부분의 지식인들과는 달리 그는 서구의 "포스트모던의 분위기"를 적극적으로 긍정하지도 않고 적극적으로 부정하지도 않는다는 것이다. 이러한 경계인의 균형감각을 지니고자 노력하면서 그가 이야기하는 포스트모던의 분위기는 크게 세 가지로 구분된다. 하나는 "〔서구적 근대가 만든 서구·백인·남성 중심주의의〕 이성에 대한 비판이 상대주의나 허무주의로 나아가는 경향"이고, 다른 하나는 "〔서구적 근대의 서구·백인·남성 중심주의의 이성에 대한 믿음을 토대로 한〕 뿌리 깊은 합리주의의 경향"이며, 나머지 하나는 서구적 근대의 이성의 합리성이나 그 비판을 통한 상대주의나 허무주의를 벗어나서 "생태계를 적극적으로 인식하는 새로운 영역"이다. 송두율 교수가 이야기하는 세 가지의 "포스트모던의 분위기"는 "포스트모던"이라는 용어 속에 이미 내재하고 있다.

포스트모던이라는 용어가 만들어진 영어권 문화에서 'post' 라는 단어는 세 가지 의미로 사용된다. 하나는 '포스트' 라는 단어가 post-office나 New York Post라는 단어에서 사용되는 것처럼 핵심(core)이나 중심(center)이라는 의미로 사용된다는 것이다. 이러한 측면에서 포스트모던은 "핵심적 근대"이거나 "본격적인 근대"를 의미한다. 송두율 교수는 포스트모던의 분위기 속에서 핵심적 근대이거나 본격적인 근대를 나타내는 흐름을 "뿌리 깊은 합리주의의 경향"이라고 말한다. 이러한 핵심적 근대이거나 본격적인 근대는 서구사회에서 18~19세기 초반에 형성되어 19~20세기 초반에 영국·프랑스·독일을 비롯한 개별 국가들의 정치적이고 사회적인 제도들로 확립되었다. 그러나 근대의 대학들을 중심으로 한 서구적 근대성의 핵심은 서구·백인·남성 중심주의를 토대로 한 서구 국가주의의 식민주의를 통한 전지구적 팽창이라는 비판을 받는다. 이러한 비판의 결과는 1차 세계대전과 2차 세계대전이 지니고 있는 서구 식민지주의를 기반으로 한 국가주의의 대립과 충돌로 드러났다.

'포스트'라는 단어의 또 다른 의미는 post-doctor나 post-date라는 단어에서 사용되는 것처럼 이후(after)나 말기(late)라는 의미를 지니고 있다는 것이다. 이러한 측면에서 '포스트모던'은 '후기근대'나 '말기근대'를 나타내기도 한다. 송두율 교수는 영·미계통의 영향을 받은 포스트모던의 분위기 속에서 후기근대이거나 말기근대를 나타내는 문화적 흐름을 "[핵심적 근대가 지니고 있는 서구·백인·남성 중심주의의] 이성에 대한 비판이 상대주의나 허무주의로 나아가는 경향"이라고 말한다. 2차 세계대전 이후에 근대적 헤게모니가 서구국가들에서 미국으로 넘어간 이래로 후기근대나 말기근대의 경향은 미국사회와 미국 지식인들이 담당했고, '포스트모던'이나 '포스트모더니즘'이라는 말조차도 미국의 이데올로기적 전략가들인 후쿠야마나 헌팅턴에 의하여 전지구적으로 확산되었다. 문제는 이러한 후기근대나 말기근대의 문화적 흐름이 서구 근대화의 과정에서 개혁적이고 진보적인 역할을 담당했지만, 1968년 프랑스혁명의 실패와 동유럽 사회주의 몰락 이후의 마르크스주의자나 사회주의자들을 매료시키고 있다는 것이다.

그러나 서구사회에 몸담고 있지만 서구사회에 동화될 수 없었던 송두율 교수는 미국과 서구국가들의 근대적으로 확립된 정치적이고 사회적인 제도들을 토대로 하는 무비판적 "상대주의나 허무주의로 나아가는 경향"이 근대적 제도들을 확립하는 과정이거나 아직 확립하지도 못한 한국을 비롯한 수많은 제3세계 국가들에게 얼마나 억압적이고 폭력적인가를 분명하게 인식하고 있다. 따라서 그는 "포스트모던의 분위기" 속에 있는 후기근대나 말기근대의 문화적 흐름에 비판적이다. 그는 "후쿠야마가 자유주의라는 이름 밑에 역사의 종언을 이야기하고 있고 보드리야르가 허무주의라는 이름 밑에 역사를 장송 보내고 있지만, 제3세계는 역사를 단순히 과학과 기술의 범주로 환원시키려는 기도를 단호히 거부하고 있고 이러한 과학과 기술이 동반하는 사회적 모순의 치유를 단순하게 보상시키려는 영혼의 철학에 회의적이다"(같은 책, 38~39쪽)라고 분명하게 말한다.

'포스트'가 지니고 있는 마지막 의미는 posterior나 post-war라는 단어에서 사용되는 것처럼 이탈(de- or escape)이나 벗어난(beyond or trans-)이라는 의미로 사용된다. 이러한 측면에서 포스트모던은 '탈근대'나 '근대 초월'의 시대를 나타내기도 한다. 이것은 마치 서구의 르네상스 시대가 정치적이고 사회적인 제도는 중세시대에 포함되지만 그 문화적 흐름이나 삶의 양상은 '탈중세'이거나 '중세 초월'의 시대로 드러나는 것처럼, 오늘날이 비록 정치적·사회적 제도에서는 서구·백인·남성 중심주의의 근대가 유지되고 있지만 그 문화적 흐름이나 삶의 양상은 서구 백인/비서구 유색인이나 남성/여성의 이분법을 탈식민주의와 여성주의로 극복하고자 하는 '탈근대'이거나 '근대 초월'의 시대로 드러난다는 것이다. 송두율 교수는 이러한 탈근대나 근대 초월의 문화적 흐름을 인간/비인간의 이분법을 생태주의로 극복하고자 하는 "생태계를 적극적으로 인식하는 새로운 경향"이라고 표현하고 있다. 서구에서 이러한 경향은 주로 부르주아와 프롤레타리아의 이분법 속에서 프롤레타리아 중심의 "기존의 혁신세력"이 국가적 제도를 토대로 이루어진 서구·백인·남성 중심주의의 근대성에 환멸을 느끼고 생태주의를 토대로 여성주의와 제3세계 출신의 탈식민주의와 결합하려는 새로운 시도이다.

그러나 문제는 생태주의를 토대로 여성주의와 탈식민주의를 포용하고자 하는 '탈근대'나 '근대 초월'의 경향이 서구의 포스트모던의 분위기 속에서 결코 주류를 형성하지 못한다는 것이다. 그 이유는 이미 확고하게 확립되어 있는 근대의 사회적·정치적·경제적인 제도들이 서구·백인·남성 중심주의의 근대성으로 작동하기 때문이다. 에드워드 사이드나 가야트리 스피박과 마찬가지로 송두율 교수가 서구인들에 의하여 경계인으로 불리고 있는 것이 바로 그 증거라고 말할 수 있다. 의식적으로 인간과 비인간의 경계를 무너뜨리고자 하는 생태주의적 사고를 지향하고 그러한 문화를 만들고자 노력하면서, 현실적으로 서구·백인·남성 중심주의의 근대적 국가의 형태로 존재하고 있는 남성과 여성의 경계나 서구와 비서구의 경계를 무너뜨리지 못하는 것이 오늘날 서구의 지식인들이 지니고 있는 한계라고 말할 수 있을 것이다. 이러한 서구의 역사적 상황을 분명하게 인식하고 있는 송두율 교수는 탈근대나 근대 초월의 경향을 성공적으로 이룩할 수 있는 역사적 모델을 한반도의 상황에서 찾고 있다.

3. 남과 북으로 구성된 두 개의 근대와 탈근대의 가능성

탈근대적 측면에서 바라보았을 때, 서구의 근대성과는 달리 우리의 근대성은 남과 북이라는 두 개의 근대로 이루어져 있다. 한반도에 살고 있는 대부분의 사람들은 두 개의 근대 중에서 어느 하나를 선택하거나 선택하도록 강요받아 왔다. 송두율 교수도 대부분의 한반도에 살고 있는 사람들과 마찬가지로, 두 개의 근대 중에서 어느 하나를 선택하거나 선택하도록 강요받아 왔다. 아마도 그와 대부분의 사람들이 지니고 있는 차이는, 송두율 교수가 자신의 학문적 열정을 통하여 대부분의 사람들보다 자율적 선택의 측면이 더욱 강하게 드러났다는 사실이다. 그래서 그는 남한의 식민지적 근대화과정에서 자라나다가 서구의 근대적 지식을 선택하고, 북한의 자생적 근대를 선택했다가, 다시 전지구적 탈근대의 지식에 접근하면서 남한(혹은 한반도)의 탈근대적 미래에 안착하고자 하는 것이다. 그가 떠나던 당시의 식민지적·종속적 근대화과정에 들어가려던 남한과 오늘날의 남한은 다르다. 이것은 오늘날 전지구적인 "포스트모던의 분위기" 속에서 한반도가 지니고 있는 두 개의 근대가 서구의 후기근대성이나 핵심근대성과 같은 맥락에 있다는 사실에서 드러난다.

70~80년대의 반파쇼투쟁과 민주화운동을 겪은 오늘날의 남한이 지니고 있는 근대성은 20세기 초반에 일본을 통한 서구의 영향으로 만들어진 식민지적 근대나 60~70년대의 군사독재를 통한 종속적 근대를 넘어서서 서구사회와 같은 후기근대성과 탈근대성이 함께 공존하고 있다. 따라서 송두율 교수는 오늘날의 남한사회가 지니고 있는 탈근대성의 징후를 90년대 이후에 등장한 포스트모더니즘 논쟁에서 찾는 것이 아니라 "1970년대 '민중' 논의 속에 이미 등장한 '탈현대(근대)' 에 관한 담론"(송두율 2002, 210쪽)이라고 말한다. 그가 말하는 오늘날의 남한사회가 지니고 있는 역동성은 서구적 근대가 들어오던 초기부터 형성된 "반근대를 통하여 근대에 도달할 수 있다"는 '동도서기' (東道西器)나 '동학사상' 이 지니고 있는 서구의 근대성에 대한 반근대적인 저항의 특성이다. 근대적 의미에서 남한사회의 이러한 저항이 성공한 것은 70~80년대 이후의 민주화투쟁으로 이룩한 오늘날의 개혁적 상황이다. 따라서 오늘날의 남한사회는 핵심적 근대를 훌쩍 뛰어넘어 서구사회보다 더 후기근대의 상대주의와 허무주의가 팽배할 뿐만 아니라, 탈근대의 징후라고 할 수 있는 탈식민주의와 여성주의와 생태주의의 운동이 활발하게 일어나고 있다. 이것은 근대의 실패가 곧 탈근대의 성공을 암시하는 문화적 징후일 수 있다. 이러한 징후는 역설적이게도 서구가 아닌 서구보다 더 근대적인 북한의 근대가 남한의 대립항으로

존재했기 때문에 가능한 것이었다. 송두율 교수는 북한의 근대성을 다음과 같이 말한다.

> 피히테가 말한 '나'는 근대계몽의 산물인 '자아'라는 이성의 원칙을 담고 있는 데 비해, 북이 말하는 '자주'의 중심은 '집단적 자아', 즉 민족과 그의 역사에 있다. 독일의 역사학자 코젤렉이 독일에서 역사라는 개념을 일종의 '집단적 단수'로 이해하기 시작한 것이 18세기 중엽의 민족국가 형성과 직접적으로 연관되었다고 주장한 것을 염두에 둘 때, 근대 민족국가 형성에 실패하고 일제의 식민지로 전락한 쓰라린 경험을 뒤로 한 채 통일된 자주국가 형성을 열망해 온 북이 주장하는 자주성은 '집단적 단수'를 전제로 하지 않고는 상상하기 힘든 개념이다. (같은 책, 133쪽)

중국과 마찬가지로 북한이 지니고 있는 일본 제국주의와 미국 패권수의에 대항하여 만들어진 자생적 근대나 저항적 근대는 서구의 핵심적 근대성이 지니는 인식론과 너무나도 유사하다. 우리는 서구의 근대성을 수입하면서 북한의 주체사상을 비판하지만, 오늘날 남한이 근대적 모델로 받아들이고 있는 19세기와 20세기 초에 제노석으로 확립된 영국·프랑스·독일의 국가주의는 바로 서구·백인·남성 중심주의의 근대적 주체사상일 따름이다. 롤랑 바르트, 레비스트로스, 레이몬드 윌리엄스, 푸코를 비롯하여 데리다 등의 포스트모던 시대의 사상가들이 한결같이 주장하는 것은 서구의 근대적 주체사상에 대한 비판이다. 서구의 근대적 주체사상이 서구·백인·남성·부르주아 중심의 주체사상인 데 반하여 북한의 주체사상은 조선·한민족·남성·노동자 중심의 주체사상이라는 차이가 있을 뿐이다. 이러한 서구적 근대성의 영향과 그러한 근대성을 토대로 한 제국주의 침략에 저항하기 위하여 형성된 각 나라의 주체사상은 지금도 미국과 아랍(혹은 이라크)의 대립으로 드러나고 있으며, 전지구적인 근대적 구도가 지속되는 한 각각의 나라가 지니고 있는 주체사상들간의 대립은 끝나지 않을 것이다. 이것은 서구적 근대가 만들어놓은 "적에 대항하면서 적을 닮아간다"는 역설이기도 하다. 따라서 송두율 교수는 북한의 핵심근대성과 남한의 후기근대성을 극복하는 탈근대성을 다음과 같이 말하고 있다.

> 오늘 '남이냐 북이냐' 하는 양자택일의 강박적 상황 속에서 '남과 북' 이라는 총체성과 함께 이것이 내포하고 있는 과정을 이해하려는 노력에 있어서 문화의 역할은 실로 지대하다. 정치가 '배제중항' (排除中項: A와 A가 아닌 것 사이에 중간은 없다)의 원칙에 서서 남북의 골을 더 깊게 파면 팔수록 문화의 통합적 기능은 더욱더 높아진다. …격동하는 전환기를 맞고 있는 한반도의 운명을 주위 강대국에게 맡길 수 없고, 민족통일이 매판적 독점자본의 행동반경이 압록강까지 확장된다는 이해타산이 아닌 한 민족의 정체성과 민중의 건강한 삶을 드러내는 문화야말로 '배제하고 통합하는 제3' 의 역할을 할 수 있다. (송두율 1995, 83~84쪽)

송두율 교수의 지적처럼 "'남이냐 북이냐' 하는 양자택일의 강박적 상황"은 오늘날에도 여전히 유지되고 있는 남과 북의 근대적 제도의 산물이다. 따라서 "'남과 북' 이라는 총체성과 함께 이것이 내포하는 과정을 이해하려는 노력"은 근대적으로 확립된 정치적·경제적인 측면에서 가능한 것이 아니라, 일정한 거리를 두고 "삶이나 세계를 바라보는 방식"이라고 할 수 있는 "문화의 역할"이다. 정치나 경제를 포함한 문화의 측면에서 우리는 이미 서구와 마찬가지로 냉전 이데올로기가 무너진 지 오래이다. 따라서 구소련이나 중국, 베트남이나 동유럽 국가들과의 무역교역량이나 정치적 상호유대는 날로 증가하고 있다. 그럼에도 불구하고 아직도 존재하고 있는 남과 북의 대립은 근대적으로 교육받고 계몽당한 서구적 근대의 정치적 제도와 경제적 제도가 근대적 기득권을 주장하고 있기 때문이다. 송두율 교수의 말처럼 70~80년대의 군사독재정권에 의해 자라난 정치세력은 여전히 "한반도의 운명을 주위 강대국에게 맡"기려고 하고, 그들의 비호에 의하여 자라난 매판적 독점자본은 "민족통일이 매판적 독점자본의 행동반경이 압록강까지 확장된다는 이해타산"으로 바라본다.

북한이 지니고 있는 조선·한민족·남성·노동자 중심의 핵심근대성과 남한이 지니고 있는 서구적 근대성이 만든 정치적이고 경제적인 제도로 유지되는 후기근대성의 상대주의와 허무주의를 극복하는 길을 송두율 교수는 "한 민족의 정체성과 민중의 건강한 삶을 드러내는 문화"가 지니는 "'배제하고 통합하는 제3'의 역할"이라고 말한다. 역설적이게도 이러한 문화가 지니는 "배제하고 통합하는 제3의 역할"은 이미 김대중 대통령과 김정일 국방위원장이 합의한 '6·15남북공동선언'의 기초가 되고 있다. 이것은 "『조선말대사전』(평양, 사회과학출판사, 1992)"에서 북한의 자주성을 "온갖 예속을 반대하며 남에게 의존하지 않고 모든 문제를 자체의 실정에 맞게 독자적으로 규정하고 자체의 힘으로 처리하는 것 또는 그러한 원칙. 정치에서 자주는 민족적 독립의 필수적 요구이며, 자주독립 국가의 제일 생명이다"라는 "해석에 대해 김대중 대통령은 오늘날의 '자주'는 주변나라들과도 사이좋게 지내는 것을 의미한다고 김위원장에게 이야기했다고 한다"(송두율 2002, 132쪽)에서 드러난다. 따라서 북한의 "자주"라는 핵심근대성과 남한의 "주변나라들과 사이좋게 지내는" 상대주의적 후기근대성의 적절한 조화를 꿈꾸던 송두율 교수가 '6·15남북공동선언' 이후의 통일시대에서 새로운 꿈과 희망을 발견한 것은 무리가 아니다. 그는 서구뿐만 아니라 전세계가 요구하고 있는 탈근대적 공간을 한반도에서 찾고 있다.

> 김대통령이 주변국들과 좋은 관계를 유지하는 것이 오늘날의 자주성의 의미라고 주장한 배경에는 '주체-객체' 또는 '자아-비아' 라는 인식론적 전제보다는 '체계-환경' 이라는 구조·기능적인 분석틀이 작용하고 있다. 마치 생물체가 진화과정에서 끊임없이 환경에 조응하고 적응하면서 자신을 변화시키는 것처럼, 민족주체도 '환경' 없이는 존재할 수 없고, 또 하나의 '단자' (單子)가 아니라 복잡한 내부구조를 지닌 유기적인 '체계' (System)일 수밖에 없다고 생각하고 있다. 또 '환경' 은 보통 이러한 '체계' 보다 복잡해서 체계가 투쟁보다는 적응을 통해서 생존할 수밖에 없다는 점에서도 '주체-객체' 가 전제로 하는 자주성을 위한 투쟁의 필연성과도 거리가 멀다. 따라서 이러한 '체계-환경' 의 관계를 사회학적으로 정교화하고 이론화한 독일 사회학자 니클라스 루만(Nicklas Luhmann)은 중심이 존재하지 않는 세계사회라는 미래를 그리고 있다. (같은 책, 134~35쪽)

"주체-객체" 또는 "자아-비자아"라는 핵심근대성의 인식론적 전제는 "체계-환경"이라는 끊임없는 변화의 틀이 없을 때, 그것은 마치 19세기와 20세기 초반의 서구적 "주체"와 "자아"가 비서구적 타자에게 폭력과 억압을 행사한 것처럼 폭력적이고 억압적인 주체나 자아가 된다. 그리고 "체계-환경"의 적응을 통한 생존은 끊임없는 주체의 재형성 없이는 종속의 심화와 식민화의 수렁에 빠지게 된다. 이러한 이유 때문에 독일 사회학자 니클라스 루만이 이야기하는 "중심이 존재하지 않는 세계사회라는 미래"의 모델은 한반도에 이미 존재하고 있다. 그러나 이러한 모델을 현실화하기 위해선 북한의 핵심근대성과 남한의 후기근대성이 서로 배제하고 투쟁하는 것이 아니라 상호 인정하고 화합하는 것이 필수적이다. 이러한 남쪽과 북쪽의 상호 인정과 화합을 바탕으로 한 통일의 길은 베트남식 통일과 독일식 통일만을 목격한 전 세계인들에게 서구/비서구, 남성/여성, 인간/비인간의 구분을 통한 상호배제를 벗어난 탈근대의 미래를 꿈꾸도록 만들 것이다. 송두율 교수는 이러한 미래를 위하여 서양과 동양, 남쪽과 북쪽의 어느 한쪽을 선택하는 근대인으로 남는 것을 거부하고 스스로 경계인이라는 탈근대적 미래의 삶을 살고 있다.

4. 근대의 완성과 탈근대인의 미래

핵심근대이든지 후기근대이든지 소수자에 대한 다수자의 폭력을 근간으로 하는 근대성은 민족국가(nation state)의 정치적이고 경제적인 제도를 통하여 작동한다. 따라서 우리의 근대화과정은 국가와 민족이라는 이름으로 행해진 다수자의 근대적 폭력에 대한 소수자의 저항과 투쟁의 역사이다. 그러나 그러한 근대화과정으로 달성된 북쪽의 핵심 근대국가나 남쪽의 후기 근대국가는 반쪽짜리 민족국가이기 때문에, 통일이 되지 않는 한 그것은 불완전한 근대로 남을 수밖에 없다. 그리고 서구의 근대성에 의해 형성된 근대적 관점의 통일은 베트남과 같은 핵심적 근대의 통일국가나 독일과 같은 후기근대의 통일밖에 존재하지 않기 때문에 근대적 국가주의로 작동하는 소수자들에 대한 폭력과 억압은 지속될 수밖에 없다. 이러한 근대적 국가주의를 극복하기 위하여 통일된 독일이나 통일된 베트남도 소수자나 국가적 차별을 벗어나고자 하는 탈근대적 제도의 유럽연합이나 동아시아 블록에 적극적으로 동참하고 있다.

송두율 교수는 역정에 가득 찬 자신의 삶과 지식을 통하여 한반도뿐만 아니라 전 지구적인 탈근대적 삶과 문화 그리고 사회제도를 형성하고 확립하는 길을 안내하고 있다. 그가 확실하게 밝혀낸 사실은 남북의 통일 없이 한반도는 전지구적으로 형성되고 있는 탈근대의 문화에 도달할 수 없다는 것이다. 그리고 전지구적인 포스트모던의 분위기 속에서 남북의 통일이 베트남식 통일이거나 독일식 통일이라면, 그것은 다수자(서구·백인·남성)의 소수자(비서구·비인간·여성)에 대한 제도적 폭력을 제거하고자 하는 탈근대의 미래로 나아가는 것이 아니라, 다시 대결과 폭력·증오를 낳는 근대로 회귀하는 것이다. 따라서 근대적 경계인을 자처하는 탈근대인인 송두율 교수는 대결과 폭력·증오가 난무하고 있는 이 땅으로 들어오는 고난을 감수한 것이다. 그의 학문과 사상은 우리 한반도뿐만 아니라 인류의 미래이고, 그의 고난에 찬 삶의 경험은 탈근대인이 갖추어야 할 소중한 문화의 덕목이다. 그의 학문과 사상 그리고 그의 삶과 경험을 토대로 동양과 서양의 경계가 없고 남쪽과 북쪽의 경계가 없는 탈근대의 미래로 나아가야만 한다. 그것은 우리 한반도가 만드는 근대의 완성인 동시에 전지구적 탈근대의 도래라고 할 것이다.

송두율 교수처럼 남한의 서구적 근대에서 북한의 핵심적 근대로, 북한의 핵심적 근대에서 남한의 후기근대로 삶을 이동한 사람들은 우리의 근대사에서 너무나도 자주 마주치는 전형적 인물들이다. 이러한 근대의 전형적 인물들은 우리 근대문화의 가장 본질적인 것을 드러내는 문학작품들 속에서 가장 두드러지게 드러난다. 황석영의 『오래된 정원』에 등장하는 송영태, 정도상의 『푸른 방』에 등장하는 채명효 그리고 조정래의 『한강』에 등장하는 배상집이 바로 그들이다. 이 인물들의 삶은 서구적 근대의 확산과정에서 한반도의 서로 다른 두 개의 근대성이 "두 체제의 역설적인 상호의존의 (근대적) 현실"(『한겨레신문』 최재봉 칼럼 "'문제적 개인' 송두율," 2003. 11. 4)을 보여줄 뿐만 아니라 근대의 구조 속에서 통일은 불가능하다는 사실을 암시한다. 그러나 송두율 교수는 소설 속에 등장하는 "문제적 개인"들과는 달리 탈근대적인 미래를 제시한다. 따라서 송두율 교수는 근대의 "문제적 개인"이 아니라 한반도의 통일된 미래와 인류의 미래를 제시하는 탈근대인이다. 이러한 탈근대적 미래로 나아가는 길은 이미 시작되었다고 송두율 교수는 말한다.

대결은 더 큰 대결을 낳고, 폭력은 더 큰 폭력을 낳고, 증오는 더 큰 증오를 낳는다. 이러한 악순환의 고리를 끊기 위해서 남북이 이러저러한 형태의 대화를 했고, 이 대화를 통해서 서로 관점을 바꾸어볼 수 있는 기회도 만들어왔다고 나는 생각한다. '6·15남북공동선언'은 이러한 과정 중에 탄생한 정말로 소중한 결실이다. 전망이 보이지 않는 이 시대를 밝혀주고, 또 위험이 수없이 노사린 이 한반도를 보호해 줄 수 있는 것은 현재로서는 '6·15남북공동선언'의 정신이고, 이의 실현을 위해 모두 정진하는 길뿐이라고 나는 생각한다. 드디어 남과 북이 함께 경의선과 동해선을 잇기 위해 지뢰와 철조망을 제거하고 반세기 만에 '비무장지대'를 열었다. 통일을 위한 역사적 장정은 이미 시작됐다. (송두율 2002, 183쪽)

한반도의 통일과 동아시아의 탈근대성

1. 6·15남북공동선언의 탈근대성

프레드릭 제임슨(Fredric Jameson)은 오늘날의 세계를 이끌고 있는 서구의 근대 자본주의 형성을 세 단계로 구분한다. 하나는 18~19세기의 근대형성기(the early modern)이고, 다른 하나는 19~20세기 전반의 핵심적 근대(the core modern)이고, 나머지 하나는 2차 세계대전이 끝난 20세기 중반부터 오늘날까지의 후기근대(the late or post-modern)이다. 영국이 청교도혁명과 명예혁명으로 아일랜드와 웨일즈 그리고 스코틀랜드의 합방으로 대영제국(UK)을 만들고, 프랑스가 프랑스혁명을 통하여 프랑스공화국을 만들어 가장 뚜렷하게 드러나는 근대형성기는 식민주의적 팽창을 토대로 한 강력한 국민국가의 건설이었고, 핵심적 근대는 국민국가가 제국주의로 발전하여 제1차 세계대전과 제2차 세계대전으로 종말을 고한 강력한 제국주의 국가의 시대였다. 이 과정에서 서구의 국민국가를 지탱시키는 힘은 국가적 자본의 부를 축적하는 힘의 토대라고 할 수 있는 자본가와, 국가적 생산력의 부를 축적하는 힘의 토대라고 할 수 있는 노동자로 구분된다. 따라서 강력한 국민국가를 모델로 이루어진 서구 근대성의 핵심은 자본가의 국가이데올로기와 노동자의 국가이데올로기가 대립하고 갈등하는 정치성이다. 이러한 핵심적 근대의 정치성으로 유지되던 국민국가가 휘청거리기 시작한 후기근대는 자본가의 연합국가라고 표방하는 미국과 노동자의 국가연방을 표방하는 (구)소련에 의하여 유지되었다. 1989년 소련의 멸망이 경제적으로 야기된 것처럼 후기근대를 지탱시킨 이데올로기는 핵심적 근대의 지배적이거나 저항적인 정치이데올로기가 아니라 구성원들의 경제적 이익이라는 경제이데올로기였다.

서구 근대성의 핵심인 국가주의에 의해서만 작동하는 정치이데올로기와 경제이데올로기를 극복하고자 하는 탈근대에 대한 논의는 역설적이게도 1968년 프랑스의 6월혁명의 실패로 이루어진다. 자본주의의 발전으로 인한 국민국가를 토대로 한 개인이나 사회, 국가의 경계가 무너지면서 "총체적인 삶의 방식"이라고 일컬어지는 문화는 서구적 근대를 이끌어온 국가 중심의 정치이데올로기와 경제이데올로기의 허구성과 기만성을 그대로 드러낸다. 프랑스에서 파쇼적인 나치독일에 저항했던 레지스탕스는 다시 여성과 유색인을 억압하는 국가권력의 파쇼적 기관이 되었고, 독일과 이탈리아·일본의 식민주의적 제국주의에 저항했던 미국과 (구)소련은 경제적 독점을 기반으로 한 새로운 신식민주의적 제국주의 국가로 전환한 후기근대는 여전히 국가주의의 근대성이 유지되고 있는 말기근대의 시대라는 것이다. 따라서 서로 다른 삶의 방식을 서로 포용해야만 한다는 탈근대적 문화에 대한 인식은 동독과 서독으로 분할된 독일을 통일시켜야 한다는 노력으로 발전했고, 근대화과정의 국가주의에 의해 만들어진 서유럽과 동유럽의 분할을 유럽연합(EU)으로 전환시켜야 한다는 노력으로 이어졌다. 이러한 서구사회의 초기근대, 핵심근대, 후기근대 그리고 탈근대의 과정은 근대화과정의 산물이라고 할 수 있는 한반도의 분단과 통일의 노력 속에 그대로 드러나 있다.

한반도에서 일제 식민지의 초기근대가 만든 한반도의 분단으로 형성된 대한민국과 조선민주주의인민공화국은 1972년의 7·4남북공동성명, 1991년의 남북기본합의서, 2000년의 6·15남북공동선언이라는 통일의 노력의 성과물을 가지고 있다. 그러나 이러한 남과 북의 합의서가 지니고 있는 문화적 차이는 한반도의 통일을 핵심근대의 정치적 측면으로 바라보느냐 혹은 후기근대의 경제적 측면으로 바라보느냐, 아니면 탈근대의 문화적 방식으로 바라보느냐의 차이라고 말할 수 있다.[1] 아직도 맹위를 떨치고 있는 서구적 근대성의 측면에서 가장 근대적이었던 7·4남북공동성명은 남과 북으로 분단된 한반도의 통일에 대한 "자주의 원칙, 평화통일의 원칙 그리고 민족대단결의 원칙"으로 유명하고, 후기근대적 특성을 지닌 남북기본합의서는 "남북한의 화해 및 불가침, 교류협력에 대한 기본합의"로 유명하다. 그러나 7·4남북공동성명에서 "평화통일의 원칙"을 토대로 이야기하는 "자주(성)"와 "민족대단결"은 근대가 만든 정치적 의식에 따라서 서구적인 부르주아정권의 대한민국 중심의 자주와 민족대단결일 수도 있고, 아니면 저항적인 프롤레타리아정권의 조선민주주의인민공화국 중심의 자주와 민족대단결일 수도 있다. 마치 제2차 세계대전이 궁극적으로 제국주의 전쟁임에도 불구하고 전쟁의 승패에 따라 이후의 세계가 승전국인 미국의 부르주아정권과 소련의 프롤레타리아정권 중심의 자주적이고 대단결의 세계가 형성된 것처럼, 7·4남북공동성명이 내포하고 있는 자주성과 민족대단결은 남과 북의 정치적이고 군사적인 권력관계에 따라 항상 의미의 변형을 지니게 된다.

냉전이데올로기가 팽배하던 시기에 오직 대립과 갈등을 토대로 형성될 수밖에 없었던 국가 중심의 자주성과 민족대단결의 원칙이 깨어진 것은 근대적 세계의 한 축을 이루고 있었던 소련이 1989년에 스스로 무너진 이후이다. 소련이 붕괴된 이후에 미국 중심의 단일한 세계화 체제 속에서 이루어진 1991년의 남북기본합의서는 7·4남북공동성명이 주장하는 평화통일의 원칙을 "남과 북의 화해 및 불가침"으로 변형시키면서 "교류협력에 대한 기본합의"라는 경제이데올로기의 측면을 부각시킨다. 그러나 자주와 민족대단결이 정치적 힘에 의하여 결정되듯이 근대적 의미의 "교류협력" 또한 정치적 권력관계를 내포하고 있는 남과 북의 경제적 힘에 의하여 결정될 수 있을 뿐이다. 교류협력의 기본이라고 할 수 있는 이익창출의 측면에서 경제적인 강자의 이익과 경제적인 약자의 이익은 서로 다르다. 남과 북의 서로 다른 이익의 창출 속에서 교류협력은 항상 경제적인 강자에 의하여 좌지우지될 수 있을 뿐이다. 따라서 7·4남북공동성명의 자주와 민족대단결이 평화통일의 원칙을 지지할 수 없듯이, 남북기본합의서의 "교류협력에 대한 기본합의"가 "남과 북의 화해 및 불가침"을 보장하지 못한다. 즉 7·4남북공동성명과 마찬가지로 남북기본합의서는 한반도의 근대적 불행이라고 할 수 있는 남북분단을 극복하고자 하는 평화통일을 위한 의지의 반영이 아니라, 단지 근대화과정이 만든 핵심근대의 대립과 갈등을 경제적으로 은폐시키는 후기근대의 한 단면을 보여줄 뿐이다.

그러나 21세기의 벽두에 이루어진 6·15남북공동선언은 한반도의 근대화가 만든 일제 식민지와 미국과 (구)소련의 제국주의에 의한 남북분단을 근본적으로 극복하고자 한다. 근대성의 주류가 아닌 비주류의 비서구국가에서 남한의 서구적이면서 종속적인 근대와 북조선의 저항적이면서 주체적인 근대가 별개로 작동하여 만들어진 분단의 근대를 극복한다는 것은 근대성의 두 측면[2)]인 정치적 측면과 경제적 측면을 포용하면서 탈근대성이라고 할 수 있는 문화의 측면으로 나아가고자 한다는 것을 의미한다. 6·15남북공동선언은 "남과 북은 나라의 통일문제를 그 주인인 우리 민족끼리 서로 힘을 합쳐 자주적으로 해결해 나가기로 하였다"는 7·4남북공동성명의 정치적 "자주성"과 "남과 북은 경제협력을 통하여 민족경제를 균형적으로 발전시키고 사회, 문화, 체육, 보건, 환경 등 제반 분야의 협력과 교류를 활성화하여 서로의 신뢰를 다져나가기로 하였다"는 남북기본합의서의 경제적 "교류협력에 대한 기본합의"를 보장하면서 "남과 북은 나라의 통일을 위한 남측의 연합제 안과 북측의 낮은 단계의 연방제 안이 서로 공통성이 있다고 인정하고 앞으로 이 방향에서 통일을 지향시켜 나가기로 하였다"는 근대적으로 형성된 남과 북의 삶의 방식을 상호 보장하는 원칙에 합의하는 동시에 "연합제"와 "낮은 단계의 연방제"라는 탈근대의 국가를 지향한다.

중요한 것은 한반도의 통일에서 남측이 주장하는 국가의 "연합제"의 방안이나 북측이 주장하는 "낮은 단계의 연방제"의 방안이 모두 근대적 의미의 국가가 아니라 탈근대적 의미의 국가라는 사실이다. 근대적 의미의 "국민국가"는 마치 신의 피조물이라는 인간관을 통하여 인간과 신을 동일시하는 기독교주의나 왕을 아버지로 섬기는 전제주의 왕조처럼 국가를 구성하는 개인들과 개인들을 대표하는 국가의 완전한 동일시를 통한 국가주의의 이데올로기가 작동하는 것을 의미한다. 그러나 "연합제" 국가가 내포하는 "1민족, 2국가, 2제도, 2정부"를 기본으로 한 "두 지역국가가 국방 및 외교권을 각자 보유"하는 것이나 "낮은 단계의 연방제" 국가가 내포하는 "1민족, 1국가, 2제도, 2정부"를 토대로 한 "연방국가가 두 지역의 정부를 조정"하는 것은 모두 근대적 의미의 주체(subject) 개념에 내포되어 있는 개인과 국가의 동일시를 전제로 하지 않는다. 남과 북이 모두 개인을 대표하는 하나의 민족에 동의하고, 또한 개인들의 삶의 방식을 형성하는 제도와 정부의 이중성을 인정한다는 것은 근대적인 의미에서 도저히 이해할 수 없는 새로운 삶의 방식이다. 따라서 남측이 주장하는 연합제의 두 국가나 북측이 주장하는 낮은 단계의 연방제가 내포하는 하나의 국가는 그리 중요하지 않다. 중요한 것은 남과 북이 서로 다른 이데올로기를 통하여 만들어진 서로 다른 삶의 방식을 인정한다는 것이다. 남과 북이 서로 다른 근대적 의미의 정치적 측면과 경제적 측면의 차이를 인정하고, 탈근대적 의미의 상호 생성적 문화를 창출하고자 한다는 것이다.

근대적 의미의 정치와 경제는 문화에 내포되어 있고, 탈근대적 문화를 통하여 탈근대적 정치와 경제로 확산될 수 있다. 조지 오웰(G. Orwell)이 『동물농장』에서 (오늘날의 인간이라는 동물은) "정치에서 벗어나는 길이 없다. 모든 문제들은 정치적인 문제들이다"라고 말하는 "정치"라는 언어는 서구적 근대의 국민국가가 규정하는 협의의 정치가 아니라 탈근대적인 지구촌 문화의 광의의 정치, 즉 오늘날의 모든 인간의 "삶의 방식"이 내포하고 있는 정치적 관계를 의미한다. 근대적 의미에서 "내가 숨을 쉬며 살고 있다"는 것은 대한민국 국민으로 살고 있다는 것을 의미하기 때문에, 이라크 국민의 삶을 파괴하고 있는 이라크 침략전쟁에 대한 정치적 책임이 있다는 것을 의미한다. 내가 일상적으로 먹는 커피나 음료수는 그 회사가 노동착취의 회사냐 아니냐에 따라서 나는 노동착취를 강화하거나 폐지하는 정치적 행위에 참여하는 것이 된다. 따라서 내가 이라크 국민에 대한 정치적 책임에서 벗어나기 위해선, 미국의 이라크 침략에 저항하거나 미국의 이라크 침략을 지지하는 한국군 파병에 반대해야만 한다. 아니면, 미국의 멕시코 침략전쟁에 반대한 소로우(H. D. Thoreau)처럼 일체의 세금내기를 거부하고 감옥에 가거나 국적을 포기하고 이민을 가는 것이 진정한 정치적 저항의 행위이다. 그리고 내가 자본가나 제국주의의 경제적 노동착취에 동조하느냐 아니냐, 여성에 대한 남성의 정신적·물리적 폭력에 동조하느냐 아니냐, 혹은 비서구성에 대한 서구성의 정신적·물리적인 폭력에 동조하느냐 아니냐에 대한 정치적 판단은 일상적인 의식주의 문화나 삶을 영위하는 모든 관계 속에서 드러난다.

모든 문화의 삶의 방식이 정치적이거나 경제적인 의미를 내포하고 있으면서 또한 근대적 의미의 정치나 경제를 뛰어넘는다는 측면에서, 우리는 동시대의 한반도와 세계를 바라보는 시각을 근대적 정치경제학(political economy)의 관점에서 탈근대적 정치경제문화학(political & economic culturalogy)의 관점으로 변형시킬 필요가 있다. 근대적 정치경제학은 권력관계인 정치적 측면이나 상업적 이익이라는 경제의 측면에서 개인과 집단의 삶의 방식인 문화를 판단한다. 그러나 탈근대적 정치경제문화학은 개별적·집단적인 삶의 방식의 차이를 지니고 있는 문화의 측면에서 정치적 관계와 경제적 이익을 판단한다. 따라서 근대적 정치경제학을 탈근대적 정치경제문화학으로 변형시키자는 것은 6·15남북공동선언이 지향하고 있는 연방제나 연합제의 시각에서 근대적으로 형성된 남과 북을 인문학적으로 사유하고 사회과학적으로 관찰하여 새롭게 탈근대적으로 생성시키자는 것이다. 6·15남북공동선언이 내포하고 있는 "낮은 단계의 연방제"나 "연합제"의 통일방안은 이러한 정치경제문화학의 세계를 지향하고 있다.

한반도뿐만 아니라 동아시아와 세계의 근대적 질서를 탈근대적 질서로 전환하는 역사적 계기를 만든 6·15남북공동선언이 이루어졌음에도 불구하고 아직도 6·15남북공동선언을 몸소 실천하고자 하는 송두율 교수를 정치적 혹은 경제적 시각으로 판단하려는 상황에서, 근대적 의미의 정치와 경제를 포용하면서 탈근대적 의미의 문화적 정치와 경제를 생성시키기 위하여 탈근대적 정치경제문화학으로 남과 북의 한반도, 동아시아, 세계를 새롭게 인식하여야 한다. 이러한 탈근대적 정치경제문화학의 인식은 한반도의 가장 근대적인 상황에서 이루어진 7·4남북공동성명이 지니는 근대적인 정치의 인식이나 (구)소련의 몰락과 더불어 전지구적으로 불어닥친 후기근대의 상황에서 만들어진 남북기본합의서가 지니는 후기근대의 경제적 인식에서 벗어나 비서구적 국가들이 당면한 서구적 근대와 주체적 근대를 결합하여 서구적 근대의 종속과 저항이라는 근대성을 극복하고 전지구적 모든 국가들과 더불어 탈근대로 나아가는 미래에 대한 전망을 제시할 수 있다. 이러한 전망은 6·15남북공동선언과 송두율 교수가 주장하는 탈근대적 한반도의 정치경제문화학의 인식이라고 할 수 있는 "낮은 단계의 연방제"나 "연합제"의 통일에 한층 다가가는 길이기도 할 것이다.

2. 한반도와 동아시아의 근대성과 탈근대성

근대성과 탈근대성이 공존하고 있는 후기근대라는 오늘날의 한반도와 동아시아의 국제관계는 19세기 말과 20세기 초의 한반도와 동아시아의 국제관계와 아주 흡사하다. 이러한 한반도와 동아시아의 "초기근대"의 시대와 전지구적 "탈근대"라고 일컬어지고 있는 오늘날의 유사성은 한반도와 동아시아도 서구유럽과 마찬가지로 한 세기 동안 서구적 근대가 관철되고 마침내 탈근대적 상황을 동시에 맞이하고 있다는 것을 의미한다. 그러나 근대를 주도했던 서구유럽의 탈근대적 상황은

18~19세기의 초기근대나 19세기말과 20세기 초반의 핵심근대와 유사하지 않다. 서구유럽의 초기근대와 핵심근대가 근대 국민국가의 형성과 국가 중심주의를 토대로 한 제국주의의 대립과 전쟁의 기간이었다면, 그들의 탈근대는 유럽연합(EU)이라는 전혀 다른 삶의 방식을 선택하고 있다. 근대를 주도한 서구유럽의 탈근대가 그들의 근대를 주도한 국민국가의 삶의 방식과 다른 삶의 방식을 선택하고 있음에도 불구하고, 서구의 근대화를 모델로 근대화과정을 겪은 한반도와 동아시아의 탈근대가 근대의 형성기였던 초기근대와 유사성을 보여주고 있는 것은 서구의 근대성과 동아시아의 근대성이 서로 동일하지 않다는 것을 의미한다.

근대성과 탈근대성이 혼재하고 있는 서구의 후기근대적 상황과 동아시아의 후기근대적 상황은 아주 다르다. 서구의 후기근대에서 유럽연합이라는 초국가적 지역연합이 탄생했음에도 불구하고 영국과 프랑스·독일 같은 근대의 선진국들은 평화적인 국가체제를 유지하지만, 유고슬라비아나 체코와 같은 근대의 후진국들은 국가 내부의 갈등과 대립이 지속되고 있다. 그러나 동아시아의 후기근대는 근대의 선진국인 일본과 근대의 후진국이었던 중국이 근대적으로 형성된 국가형태가 동일하게 유지되고 있다. 이러한 차이의 의미는 일본과 중국이 전지구적 인식론적 전환이라고 할 수 있는 후기근대의 "포스트모던"(post-modern)을 일본이 "포스타모단으로 그대로 음역해서 사용하는 데 비해" 중국이 "후현대로 번역해 사용하고 있다"(송두율 2002, 208쪽)는 점에서 찾을 수 있다. 일본이 "포스타모단으로 그대로 음역해서 사용하는" 것은 일본의 근대가 국가적으로 서구의 근대와 동일한 서구화에 성공했다는 것을 의미하며, 중국이 "후현대(后現代)로 번역해 사용하고 있"는 것은 중국의 근대가 서구의 근대에 대항하여 주체적 근대를 달성하였음에도 불구하고 그것을 극복하고자 하는 탈근대를 지향하는 국가적 의지가 박약하다는 것을 의미한다. 이러한 측면에서 우리가 논의하는 탈근대는 일본의 서구적 근대와 중국의 주체적 근대를 포용하면서 서구적 근대와 동일한 국가주의의 국가 중심적인 근대성을 극복하고자 하는 문화적 욕망을 드러낸다고 할 수 있다. 이러한 욕망을 송두율 교수는 다음과 같이 말하고 있다.

> 일본에 의한 식민지배의 역사 덕택에 오늘의 남한과 대만이 있다는 논리를 펴는 독일의 후진국 연구가 멘첼(U. Menzel), 이와 비슷한 '식민지근대화론'을 펴는 사람들이 도쿄에도, 서울에도 있다. 이러한 이론의 정반대쪽에 서 있는 이론이 조선의 자생적인 근대화의 길을 일제가 철저하게 가로막았다는 '식민지수탈론'이다. 전자의 이론은 '지구화' 외에는 어떠한 대안도 있을 수 없다는 주장으로, 후자는 제국주의의 최후단계로서의 '지구화' 압력에 대한 저항이라는 현재적 모습으로 각각 자신을 드러내고 있다. 분단된 한반도의 남북에는 극단적으로 맞서는 이 두 가지 세계 파악방식이 아직 긴장 속에서 공존하고 있다. 이렇게 볼 때 남북이 서로 경쟁적으로 각자 구축해 온 '현대'가 '제3의 공간'으로서 '민족통일'을 함께 구성한다면, 이는 분명히 '적당한' 타협을 넘어서서 '중용'과 '중도'의 지혜를 여는 문명사적 사변이라고 할 수 있다. (같은 책, 215~16쪽)

송두율 교수가 "문명사적 사변"이라고 말하는 "'중용'과 '중도'의 지혜"는 이미 서구적 근대와 다른 동양적 근대를 창출하고자 하였던 중국의 루쉰, 일본의 나쓰메 소세키 그리고 조선의 만해 한용운이 공통으로 추구하였던 도가적이거나 불가적인 노마돌로지의 인식론이었다. "식민지근대화론"과 "식민지수탈론"으로 대표되는 한반도와 동아시아의 근대적 인식은 모두 민족(국가)을 토대로 한 국가철학적 사고의 관점이기 때문에 핵심근대의 "국제화"와 마찬가지로 후기근대의 "세계화"에 대한 식민적 종속과 서구 중심의 "국제화"와 미국 중심의 "세계화"에 대한 주체적 저항의 두 축은 끊임없이 대립과 갈등을 해야만 한다. 송두율 교수의 말처럼 전지구적 후기근대의 상황 속에서 "극단적으로 맞서는 이 두 가지 〔근대적〕 세계 파악방식은 아직 긴장 속에서 공존하고 있다." 따라서 6·15남북공동선언이 지구촌시대라는 "제3의 공간"으로 창출하는 연합제와 연방제의 통일방안은 지구촌화가 지니고 있는 "세계성"과 "주체적 저항"이라는 "자주성"을 내포하고 있는 동시에, 제3의 공간이 의미하는 자율적이며 생성적인 탈근대적 국가의 면모를 지녀야만 한다. 이러한 탈근대적 국가의 면모는 이미 19세기 말과 20세기 초반에 서구적 근대와 다른 동양적 근대를 창출하고자 했던 동아시아 3국의 "개화"(開化)에 대한 인식론적 체계 속에서 살아 움직이고 있었다.

신플라톤주의에 의하여 형성된 서구의 국가철학적 인식론으로부터 벗어나고자 하는 프랑스의 철학자 질 들뢰즈가 제시하는 노마돌로지의 인식론은 근대적인 국가철학의 인식론을 포용하면서 그것을 넘어서는 탈근대 철학의 인식론이다. 서구적 근대의 국가철학이 개인을 하나의 인식적 주체로 환원시키면서 개인을 "가족인"(家族人)이나 "국가인"(國家人)으로 상정하는 데 반하여, 노마돌로지는 개인을 하나의 생명을 지니고 독자적으로 전체의 구성에 참여하는 개체로 인식하기 때문에 가족인이 아닌 유목민이거나 국가인이 아닌 경계인, 즉 도시유목민인 노마드로 상정한다. 이러한 근대적 구조에서 탈근대적 구조로 나아가는 인식적 전환은 개인이 속해 있는 가족과 국가를 절대적이거나 초월적인 개인의 집합으로 인식하는 것이 아니라, 일시적인 시간과 공간 속에서 잠정적으로 무리를 형성하였다가 다시 흩어질 수 있는 일시적인 동맹관계나 결연관계의 무리로 인식한다는 것이다. 가족(사회)과 국가는 개인의 집합이 아니라, 이러저러한 노마드적 동맹관계나 결연관계의 관계적 선분들이다. 이러한 탈근대적 노마돌로지의 인식에서 개인은 항상 사회적 개인이고 욕망은 항상 사회적 욕망이다. 부분과 집합의 변증법처럼 개인과 사회의 이분법이나 의식과 무의식의 이분법은 존재하지 않는다. 고아나 경계인으로 존재하는 노마드는 역사적인 시간과 지리적인 공간 속에서 노마드적 동맹관계의 선분으로 구성된 무리의 영토화를 구성했다가, 다시 탈영토화와 재영토화를 지속적으로 반복하면서 또 다른 무리와 영토를 지속적으로 재구성한다. 사회와 국가는 그러한 노마드의 무리를 대표하는 잠정적인 영토일 뿐이다.

19세기 말과 20세기 초반의 청나라와 조선이 당면한 현실은 오늘날의 서구국가들이 당면한 근대 국가철학으로부터 탈영토화하여 여성주의나 생태주의의 삶으로 재영토화하는 문제들처럼, 유교의 지배적인 국가철학으로부터 탈영토화하여 새로운 노마드적 동맹관계의 선분으로 재영토화하는 것이었다. 그러나 불행히도 일본은 청나라와 조선처럼 강력한 유교의 국가철학적 지배와 억압을 경험하지 않았기 때문에 강력한 근대 국민국가로 영토화하고자 하는 욕망이 조선이나 청나라의 탈영토화하고자 하는 힘보다 더욱 치열했다. 이러한 동아시아의 지리적 차이가 일본을 강력한 서구적 근대의 제국주의 국가로 만들었으며, 조선을 식민지 국가로, 그리고 중국을 반식민지 국가로 전락하도록 만들었다. 오늘날의 근대 국가철학을 형성한 중국과 북조선에서 사라진 유교의 국가철학이 일본과 남한에서 다시 부활하는 것은, 일본과 남한이 국가인을 토대로 가족인으로 발전한 서구의 국가철학을 통하여 가족인에서 출발하여 국가인으로 확장하는 유교의 국가철학을 부활시키고 있기 때문이다. 따라서 탈근대적인 노마돌로지의 인식론이나 6·15남북공동선언이 추구하는 연방제나 연합제 통일방안을 방해하는 적은 노마드의 무리인 가족이나 국가가 아니라, 근대적이거나 전근대적으로 작동하는 가족주의와 국가주의이다. 문제는 근대 이전의 가족주의와 국가주의가 팽배한 동아시아의 근대적 재편이 동아시아의 노마드적 자율성에 의하여 만들어진 것이 아니라 영국과 미국을 비롯한 서구의 근대에 의한 직접적이고 간접적인 영향에 의하여 재편되었다는 것이다. 따라서 한반도의 남과 북 그리고 일본식 근대와 중국식 근대로 대표되는 동아시아의 근대성은 서구의 국가들처럼 하나가 아니라 두 개이다.

앞에서 서술한 바와 같이 『동양적 근대의 창출』이라는 글에서 히야마 히사오는 루쉰과 나쓰메 소세키를 비교하면서 19세기 말과 20세기 초에 당면한 "동양적 근대의 창출"이 "탈각해야 할 동양"으로부터 탈영토화하여 "회귀해야 할 동양"으로 재영토화하는 것이라고 말한다. 탈각해야 할 동양은 유교의 국가철학적 삶의 방식이고, 회귀해야 할 동양은 도가적이고 불가적인 노마드적 삶의 방식에 대한 지식과 실천이다. 루쉰과 나쓰메 소세키는 동아시아의 근대화와 히야마 히사오가 이야기하는 "회귀해야 할 동양"을 동일시하였던 것이다. 이런 측면에서 루쉰이 "중국에 와서는 변발을 보고자 하고 일본에 가서는 왜나막신을 보고자 하며 조선에 가서는 갓을 보려고 하는 자들은, 그들의 이국적 취향을 만족시킬 수 없다는 이유로 아시아의 서구화에 반대하는데 이들이야말로 증오해 마땅하다"라고 말한 것이나 "서양문명 따위는 얼핏 보기엔 좋은 것 같아도, 결국은 틀려먹은 것이다"라는 나쓰메 소세키의 말은 동아시아의 근대화가 지니는 근대적 서구화와 근대적 주체화의 이중성을 보여준다. 즉 동아시아의 입장에서 "근대적"이라는 말은 유교적 국가철학으로부터 탈영토화하는 노마드적 주체의 주체적인 개인과 국가를 형성하는 것인 데 반하여, "서구화"는 다시 유교적 국가철학과 유사한 신플라톤주의로 구성된 근대적 국가철학의 국가로 재영토화하는 것을 의미한다.

노마드적 주체는 노마드적 관계를 토대로 한 연방제나 연합제의 국가나 사회를 구성해야 하는데, 일본의 근대화와 서구화의 일치로 인하여 노마드적 주체와 가족적 (혹은 권위적) 국가라는 기형적 근대화가 이루어졌다는 것이다. 이러한 일본의 기형적 근대화는 중국으로 하여금 근대화와 주체화를 동일시하는 또 다른 형태의 국가주의가 작동하는 기형적 근대화를 달성하도록 만들었다. 이러한 동아시아의 기형적 근대화는 서구적 근대성이 지배하는 오늘날, 한반도를 포함한 모든 동아시아인들이 유럽처럼 상호 왕래하는 다양한 삶의 방식을 경험하는 경계인이나 노마드가 아닌, 오직 미국을 비롯한 서구의 가족이나 국가에 대립하거나 아니면 그들과 상호 유사한 형태의 가족인이나 국가인으로 만들고 있다.

19세기 말과 20세기 초반의 서구화와 근대화 혹은 주체화와 종속화에 대한 내적 필요성이 일치하지 않기 때문에 히야마 히사오가 "실패한 근대"라고 말하는 한반도의 남과 북을 포함한 동아시아의 기형적 근대화는 중국과 조선·일본에 서구적(종속적) 근대화의 국가와 저항적(주체적) 근대화의 국가라는 이중적인 국가체제를 만들었다. 중국식 근대화와 일본식 근대화라고 부를 수 있는 이 두 가지 국가체제는 서구·백인·남성 중심주의가 작동하는 서구의 근대적 국가와 동일한 제국주의적 근대의 국민국가라는 의미에서 내부적으로 국민·종족·남성 중심주의의 폭력성을 내포하면서 외부적으로 주체적이든지 종속적이든지 간에 개별 국민국가 중심주의의 호전성을 지니게 된다. 이러한 동아시아 근대성의 내적 모순은 항상 민족모순과 계급모순의 이중성으로 작동하였으며, 1980년대의 우리 사회운동진영에서 활발하게 논의되었던 민족해방(NL) 계열이나 민중민주주의(PD) 계열도 이러한 동아시아의 "실패한 근대"라는 이중성 속에서 이해할 필요가 있을 것이다. 탈근대적 경계인이라고 할 수 있는 송두율 교수가 "남도 아니고 북도 아니면서 남과 북을 모두 포용하는" 한반도인을 주장하는 것처럼 민족해방 계열도 아니고 민중민주주의 계열도 아니면서 민족해방과 민중민주주의를 모두 포용하는 탈근대적 노마드인이 될 필요가 있다.

3. 연방제와 연합제 통일방안의 탈근대성

서술한 바와 같이 "근대적 상상의 공동체"라고 일컬어지고 있는, 국가인이나 가족인을 토대로 한 서구의 근대적 국민국가 체제가 무너지기 시작한 것은 제2차 세계대전 이후이다. 일반적으로 서구의 국가들 속에서 후기근대라고 일컬어지고 있는 2차 세계대전 이후의 승전국이었던 영국이나 프랑스는 물론이고, 패전국이었던 독일이나 일본도 근대형성기나 핵심적 근대의 자율적이고 절대적인 제국주의적 국가체제를 유지할 수 없었다. 2차 세계대전 이후의 세계를 주도한 것은 근대적 국민국가가 전혀 다른 연방제 국가의 미국(United States of America)과 연합제 국가의 (구)소련(Union of Soviet Socialist Republics)이었다. 문제는 연방제국가인 미국이나 연합제국가인 (구)소련이 모두 연합제나 연방제의 노마드적 국가체제를 유지하고 발전시킨 것이 아니라, 냉전이데올로기를 토대로 부활한 근대적 국가주의의 제국주의 국가로 환원되었다는 것이다. 흔히 사회과학에서 신제국주의나 신식민주의라고 일컬어지고 있는 미국과 구소련의 제국주의 국가는 "근대적 상상의 공동체"라고 불리는 국민국가의 토대를 부르주아계급과 프롤레타리아계급에 설정하고 있다는 차이는 있을지언정, 서구의 근대 국민국가 체제가 지니고 있었던 서구·백인·남성 중심주의를 앵글로색슨·백인·남성 중심주의나 러시안·백인·남성 중심주의의 후기근대적 제국주의 국가라는 점에서는 차이가 없다.

미국이나 구소련의 자유주의적 혹은 사회주의적인 국가주의가 "근대적 상상의 공동체"라는 종족국가주의처럼 이데올로기의 허구적 구성물이었다는 사실은 냉전이데올로기가 깨어지면서 만천하에 여실히 드러났다. (구)소련의 국가연합이 아니라 제국주의적 국가주의의 이데올로기가 무너진 이후로 미국의 제국주의적 국가주의는 그 명맥을 유지하기 위하여 전혀 국가적 위협이 없는 이슬람국가들이나 북조선 등을 적대적 국가로 상정하여 "미국의 편은 선, 반미의 편은 악"이라는 중세의 기독교주의에서나 가능한 비합리적 언사를 서슴지 않는 것은, (구)소련과 마찬가지로 미국 국가주의의 종말을 예언한다고 할 것이다. 구소련의 국가주의가 사멸한 이후로 느슨한 형태이지만 본래의 소비에트국가연합이 유지되고 있는 것처럼, 미국의 제국주의적 국가주의가 사멸한 이후에 멕시코와 캐나다를 포함한 아메리카 본래의 느슨한 국가연합이 탄생할 가능성이 가장 크다. 이러한 느슨한 형태의 국가연합은 "근대적 상상의 공동체"인 국가가 주도적으로 수행하였던 서구적 근대성이 지니고 있는 서구·백인·남성 중심주의로부터 탈영토화하여 탈식민주의, 여성주의, 생태주의를 제도적으로 보장하는 소수자 중심의 국가장치가 될 가능성이 크다.

우리는 6·15남북공동선언을 주도한 김대중 전 대통령이 그러했던 것처럼 국가의 자율성을 최대한 보장하면서 연방국가들간의 사회·교육·문화적 교류를 활성화하고 있는 영연방 국가제도에 초점을 맞출 필요가 있다. 제2차 세계대전 이후에 영국이 영연방국가의 하나였던 미국과 이데올로기적 연합을 달성하여 미국과 마찬가지로 앵글로색슨·백인·남성 중심주의의 근대적 인식론의 체계를 유지하고 있지만, (구)소련이나 오늘날의 미국처럼 강력한 국가주의가 발동할 수 없는 상황에서 영연방 국가제도는 영국이나 영연방국가들을 상호 대립과 갈등 없이 탈식민주의와 여성주의, 생태주의가 작동하는 탈근대의 국가로 나아가는 유일한 국가장치라고 할 수 있다. 이런 측면에서 6·15남북공동선언을 주도한 김대중 전 대통령이 연합제와 연방제 통일방안의 모델을 영연방 국가체제로 삼았다는 것은 충분히 노벨평화상을 받을 만한 가치가 있고, 우리 한반도의 근대가 만든 분단을 극복하여 연방제나 연합제의 통일이 되는 미래에 그가 지니고 있었던 정치·경제·문화학적 가치는 더욱 빛이 발할 것이라고 생각한다. 따라서 문제는 한반도뿐만 아니라 중국이나 일본이 공통으로 추구하였던 실패한 동양적 근대 혹은 세계적 관점의 탈근대를 어떻게 달성하느냐의 문제이다. 이러한 문제해결의 단초는 "노벨평화상"을 수상한 김대중 전 대통령에 대한 서구국가들의 평가를 서술한 탈근대적 노마드(경계인) 지식인인 송두율 교수의 다음과 같은 단상에서 찾을 수 있다.

〔김대중 대통령에 대한 노벨평화상의〕 심사평을 자세히 들여다보면 논리전개에 무리가 있다는 것이 곧 느껴진다. 남북의 화해와 한반도 평화정착을 위한 그의 노력을 인권과 민주화를 위한 그것에 비해 부차적으로 다루는 듯한 인상을 주면서도, 결국 전자가 더 결정적인 이유인 것처럼 브란트의 '동방정책'과 함께 '햇볕정책'의 의의

> 를 강조하고 있기 때문이다. 아마도 이러한 수사학적 곡예는 남북화해와 평화의 또 다른 주인공인 김정일 국방위원장에게 노벨평화상을 주지 않기 위한 고민의 산물인 듯하다. 사실 김대중 대통령에게만 노벨평화상을 주는 것에 의아해하는 사람도 많고, 오히려 남북 지도자가 함께 상을 받았다면 한반도의 평화정착도 더욱 힘을 얻었을 것이라며 아쉬움을 토로하는 사람도 많다. 북이 아직도 미국의 '테러국가' 명단에 들어 있기 때문에 김정일 위원장에게 상을 주는 것이 세계여론의 거부반응을 불러올 것을 우려해서 그렇게 결정했을 것이라는 추측도 있다. (송두율 2002, 13~14)

송두율 교수가 이야기하는 "김대중 대통령에 대한 노벨평화상의 심사평"이 지니는 "논리전개"의 "무리"는 한반도에서 탈근대적 미래를 찾고자 하는 새로운 형태의 "인권과 민주화"를 서구적 근대성이 토대로 하는 인권과 민주화와 동일시하면서 중국이나 북한과 같은 서구가 아닌 비서구국가들의 또 다른 "주체적 근대화"를 평가절하하고자 하는 서구 중심주의의 근대성이 여전히 작동하고 있음을 보여준다. 노벨평화상의 심사평은 근대적 국가주의의 국가체제가 아닌 연합(혹은 연방) 체세의 유럽연합이 탄생했음에도 불구하고 브란트의 "동방정책"이 지니는 후기근대의 경제적 관점에서 여전히 미국의 영향하에 있는 김대중정부의 "'햇볕정책'의 의의를 강조"할 뿐이다. 브란트의 "동방정책"으로 김대중의 "햇볕정책"을 평가하는 것은 근대성이 지니고 있는 두 가지 측면, 즉 서구적 근대의 주류적 근대성과 비주류적 근대성이나 비서구적 근대의 근대적 서구성과 근대적 주체성에서 오직 주류적 근대성과 근대적 서구성만을 근대성으로 인정하려는 서구국가들의 근대적 오만이다. 송두율 교수가 지적하는 것처럼 "김대중 대통령에게만 노벨평화상을 주는 것에 의아해하는 사람도 많고, 오히려 남북 지도자가 함께 상을 받았다면 한반도의 평화정착도 더욱 힘을 얻었을 것이라며 아쉬움을 토로하는 사람도 많"지만, 서구유럽과 더불어 서구·백인·남성 중심주의의 근대성을 연장시키고 있는 미국이 전지구적 후기근대의 헤게모니를 장악하고 있는 상황에서 서구 지식인들이 타자의 주체성을 인정하고 교류하고자 하는 탈근대의 노마드적 사유나 노마돌로지의 실천으로 나아가는 수는 적을 수밖에 없다.

그러나 근대성이 서구국가들과 비서구국가들에서 서로 유사성과 차이가 공존하듯이, 후기근대의 경제적 현상도 서구국가들과 비서구국가들 사이에서 유사성과 차이가 공존한다. 동아시아의 서구적 근대를 주도했다는 측면에서 일본도 새로운 동아시아 연방이나 연합을 통한 경제적 선점을 필요로 하고, 주체적 근대의 국가로 확실하게 자리 잡은 중국 또한 경제성장을 통한 지속적인 국가체제의 안정을 위하여 동아시아 연합이나 연방을 통한 경제적 선점을 필요로 한다. 그러나 주체적 근대를 달성한 중국과 서구적 근대를 달성한 일본이 아직까지도 근대적 국가주의에서 벗어나지 못하는 유럽연합처럼 절대로 지니지 못하고 있는 것은 탈근대적 문화의 생산성이다. 중국이나 일본은 동아시아 연합이나 연방이 만들어진다고 하더라도, 그것을 탈근대적인 탈식민주의적이고 페미니즘적이며 생태주의적인 문화로 생성시킬 수 있는 특별한 문화적 가능성이 존재하지 않는다. 아직도 근대 국가주의를 토대로 한 전지구적 근대주의와 후기근대주의가 대립하고 있는 중국과 일본의 국가 중심주의의 상황에서 그들의 문화 속에 자율적으로 중심인과 주변인, 남성과 여성, 인간과 비인간의 상호 생성적 관계를 통한 상호생성의 문화적 탈근대성이 비집고 들어갈 수 있는 가능성의 힘은 희박하다.

이러한 불가능성을 가능성으로 변화시킬 수 있는 힘이 한반도의 연합제나 연방제 통일방안에 있다. 남과 북의 분단된 반쪽짜리 국민국가가 아닌 한반도 전체의 연합국가나 연방국가의 관점에서 남한과 북조선은 중국과 일본처럼 온전한 형태의 "주체적 근대"도 아니고 온전한 형태의 "서구적 근대"도 아니면서, 중국과 같은 북조선의 개별적인 주체적 근대를 남한이 포용하고 일본과 같은 남한의 개별적인 서구적 근대를 북조선이 포용하는 상호 생성적인 탈근대적 문화를 생성시킬 수 있는 가능성을 지닌다. 따라서 유럽연합과 마찬가지의 동아시아 연합이나 연방의 작은 축소판이라고 할 수 있는 남과 북의 연합제나 연방제 통일방안은 근대적인 정치나 후기근대의 경제가 아닌 탈근대의 문화 연합이나 연방의 형식으로 동아시아 연합이나 연방으로 확산될 수 있을 뿐만 아니라, 오직 한반도만이 지니고 있는 탈근대적 문화의 세계성을 동아시아와 세계로 확산시킬 수 있는 기회를 제공한다.

근대적 국가주의나 근대적 국가체제를 은폐시키면서 경제적 이익을 챙기는 후기근대주의는 근대를 관통하고 있는 서구·백인·남성 중심주의와 그것의 변형들이다. 따라서 근대 국가주의나 후기근대의 경제주의는 결코 쌍방향적이고 상호 생성적인 온전한 형태의 연방이나 연합의 국가체제를 만들 수 없다. 과거의 소비에트국가연합이나 오늘날의 아메리카국가연방 혹은 유럽국가연합처럼 국가 중심의 정치(이데올로기)나 경제주의는 탈근대적 가능성을 지닌 연합이나 연방마저도 국가주의의 시녀로 만든다. 서구의 근대화과정에서 목격하듯이 정치적 관점의 핵심근대성은 문화를 고급문화와 대중문화로 구분하여 지배문화와 저항문화로 축소시켰으며, 경제적 관점의 후기근대성은 문화를 오직 현실의 경제적 이익만을 창출하는 상품으로만 평가한다. 그러나 문화는 권력관계만이 작동하는 협의의 정치를 상호 생성적 동맹관계나 결연관계가 작동하는 광의의 정치로 전환시키고, 현실적인 상업적 이익의 경제를 장기적인 미래의 이익을 창출하는 미학적인 즐거움의 생산으로 확대시킨다. 6·15남북공동선언의 연방제나 연합제 통일방안의 합의는 7·4남북공동성명이 지니는 "평화통일의 원칙"을 남과 북의 생생적 정치로 전환시키는 것인 동시에, 1991년의 남북기본합의서가 지니는 "교류협력에 대한 기본합의"를 남한의 국민(민중)이 북조선의 민중(국민)이 되고 북조선의 민중(국민)이 남한의 국민(민중)이 되는 상호이익의 미학적 즐거움을 생산하는 경제관계로 생성시킨다.

4. 탈근대적 문화의 경계적 특질

송두율 교수는 김대중 대통령과 김정일 국방위원장이 합의한 6·15남북공동선언의 연합제와 낮은 단위의 연방제 통일방안에 대한 합의가 "인간과 인간, 인간과 자연의 화해를 생각하고, 이러한 사고의 지평을 전지구적 차원까지 넓힐 수 있는, 통일된 조국을 그려보는 정치적 상상력"(같은 책, 26쪽)을 가능하게 만들었다고 말한다. 이러한 "정치적 상상력"은 개인과 사회의 이분법을 토대로 한 자본주의와 사회주의, 서양과 동양, 서구화와 주체화, 남과 북, 남성과 여성, 인간과 동물이라는 선택적 이분법에서 둘 중의 하나를 선택해야만 하는 근대적 의미의 정치적 상상력이 아니라 자본주의이면서 사회주의이고, 서양이면서 동양이고, 남이면서 북이고, 남성이면서 여성이고, 인간이면서 동물인 상호 생성적인 탈근대적 의미의 정치적 상상력이다. 이러한 탈근대적 의미의 "정치적 상상력"은 우리의 삶의 방식을 구성하는 문화의 근본적인 요소이고, 지난 근대화과정에서 국가주의의 정치나 경제가 아무리 억압하려 해도 억압할 수 없는 삶의 방식의 근본적인 특질이다.

인간이 살아가는 삶의 방식은 강력한 개인적 주체에 의해서 달성되는 것이 아니라 관계의 형식에 의해서 이루어지는 것이다. 그리고 인간관계의 가장 근본적인 형식은 친구관계나 연인관계이다. 상호 생성적인 친구관계나 연인관계의 삶의 방식이 지니는 상호 생성적인 동맹이나 결연의 관계 이전의 개체적 인간은 경계인, 즉 새로운 삶과 사랑의 방식을 찾는 끊임없이 근대적 경계를 방랑하고 여행하는 노마드이다. 경계인이나 노마드가 둘 이상 무리를 지어 만드는 부부관계, 부자관계, 사제관계, 형제관계, 국민관계를 포함한 모든 가족적이고 사회적이고 국가적인 관계는 친구관계나 연인관계가 이러저러한 형식으로 고착된 것을 의미하는 것이지, 현실 초월적이거나 절대적인 인간의 본원적인 관계를 의미하는 것은 아니다. 유교의 국가철학처럼 근대의 국가주의는 고착된 국가를 토대로 한 지배와 피지배의 관계를 지속시키기 위하여 "두사부일체"라는 엄청난 폭력주의와 억압주의를 강요한다. 따라서 가족이나 사회 혹은 국가에 의한 부부관계, 부자관계, 사제관계 혹은 형제관계나 국민관계가 개인이나 사회의 관계를 억압하거나 파괴하는 관계적 폭력으로 작동하는 것에서 벗어나기 위하여, 우리는 항상 새로운 친구관계나 연인관계를 맺을 수 있는 경계인의 위치에 머물러 있어야만 한다. 이러한 경계인의 위치는 모든 학문적 지식이나 사상을 국가 중심의 정치나 경제로 판단하거나 재단하는 근대적 상황에서 더욱 절실히 요구되는 요건이다. 따라서 탈근대의 노마드 지식인, 송두율 교수는 서구적 근대화로 인한 남남갈등, 남북갈등, 동북아 갈등을 해결하는 가장 근본적인 단초를, 근대적으로 구획된 국가주의나 가족주의의 틀 속에서 벗어나 우리 스스로가 가족인이나 국가인이 아니라 끊임없이 새로운 삶을 찾아나서는 노마드나 경계인이라는 인식을 하루라도 빨리 달성하는 것이라고 말한다.

『논어』(論語)의 「술이편」(述而篇)에는 사각형의 한 모서리의 문제를 풀 수 있는 능력을 키우면 나머지 세 모서리의 문제도 자연히 풀 수 있다는 뜻에서 계발(啓發)이라는 성어가 있습니다. 마찬가지로 이번 재판의 결과가 남남갈등, 남북갈등 나아가 동북아갈등이라는 다른 세 모서리의 문제를 깨우치는 '계발'의 계기가 되었으면 하고 저는 바랍니다. 지난 반세기 넘게 정말로 유치한 상호비방 방송이 휴전선에서 멈춘 것처럼, 저는 '국가보안법'도 이번 재판을 끝으로 역사 속으로 사라지리라 믿습니다. 이번 항소심의 결론에 국내외에서 특별한 이목을 집중시키고 있는 것도 같은 뜻이라고 생각합니다. 역사는 저의 무죄와 함께 '국가보안법'의 마지막 시간을 반드시 그리고 분명하게 기록하리라고 믿습니다. (송두율 교수의 2심재판 "최후진술문" 중에서)

송두율 교수는 우리가 살고 "사각형"의 공간을 구성하는 네 개의 모서리 중에서 근대적인 "나"라는 하나의 모서리를 뺀 "나머지 세 모서리"를 "남남갈등, 남북갈등 나아가 동북아갈등"이라고 말한다. 오늘날의 "남남갈등"은 지난 1970년대나 80년대의 박정희나 전두환 정권이 지배했던 서구화를 통한 핵심적 근대에 도달한 대한민국을 우리나라라고 믿는 핵심 근대인의 사람들과 고통스러운 민주화투쟁을 통하여 1990년대 이후의 민주화된 대한민국을 우리나라라고 믿는 후기근대인의 사람들이 만드는 대립과 갈등이다. 그리고 오늘날의 "남북갈등"은 우리의 근대화과정에서 서구적 근대에 저항하는 주체화를 통한 비서구국가의 핵심적 근대국가를 달성한 한반도의 북쪽에 있는 북조선의 주체적 근대국가와 서구화를 통한 비서구국가의 후기적 근대국가를 달성한 한반도의 남쪽에 있는 남한의 서구적 근대국가의 대립과 갈등이다. 또한 오늘날의 "동북아갈등"은 동아시아의 근대화과정에서 서구(미국)에 대항하는 주체적 근대를 이룩한 중국의 근대국가와 근대화과정에서 서구적 근대를 추종하며 종속적 근대를 이룩한 일본이 서로 동아시아의 헤게모니를 장악하고자 하는 중국과 일본이라는 서로 다른 비서구적 근대국가들의 대립과 갈등이다. 이러한 세 개의 대립과 갈등이 진행되고 있는 근대성의 작동이라는 상호유사성의 측면에서 비서구적 핵심 근대인인 "나"는 한반도에서 1970~80년대에 이루어진 핵심근대의 대한민국과 북조선의 핵심근대 그리고 동아시아 중국의 핵심근대의 국민과 유사한 "나"이고, 또 다른 비서구적 후기근대인인 "나"는 90년대 이후의 제도적 민주주의를 달성한 후기근대의 대한민국과 한반도 남한의 후기근대 그리고 동아시아 일본의 후기근대의 국민과 유사한 "나"이다.

이러한 근대인의 모순은 송두율 교수가 이야기하는 세 개의 모서리, 즉 서구적 근대성이 작동되고 있는 정치적 혹은 경제적인 남남갈등, 남북갈등, 동북아갈등에서 도저히 해결될 수 없는 문제이다. 따라서 송두율 교수는 "다른 세 모서리의 문제를 깨우치는 계발의 계기"를 "지난 반세기 넘게 정말로 유치한 상호비방 방송이 휴전선에서 멈춘 것처럼" 너와 나의 친구관계나 연인관계를 방해하고 대립과 갈등을 부추기는 "'국가보안법'도 이번 재판을 끝으로 역사 속으로 사라지"는 것이라고 말한다. 독일인의 국적을 지닌 송두율 교수가 한반도의 북쪽을 선택하면 조선민주주의 인민공화국의 인민이 되는 것이고, 한반도의 남쪽을 선택하면 대한민국의 국민이 되는 것이다. 송두율 교수와 마찬가지로 우리도 핵심적 근대인을 거쳐 후기근대인으로 변화했다.

그러나 송두율 교수는 핵심적 근대인이나 후기근대인의 어느 하나에 머물러 있는 것이 아니라, 이것도 아니고 저것도 아니면서 이것이면서 저것인 탈근대인의 경계인으로 거듭났다. 따라서 "다른 세 모서리의 문제를 깨우치는 계발의 계기"는 우리를 핵심 근대인이나 후기근대인으로 고착시키는 국가보안법의 폐지와 더불어 핵심근대와 후기근대를 거부하면서 동시에 그 둘을 자유자재로 넘나드는 경계인이나 노마드가 되는 것이다.

5. 21세기와 한반도의 통일

이런 측면에서 21세기에 당면한 우리의 민족적 과제는 크게 두 가지로 요약할 수 있다. 하나는 서구·백인·남성 중심주의의 핵심근대나 후기근대의 학문과 사상에서 벗어나 탈근대의 다문화주의적 공존과 생태주의적 학문과 사상을 통한 동아시아 지역문화와 인류의 공영에 이바지하는 것이고, 다른 하나는 근대화과정의 민족적 숙원인 남북통일을 달성하여 대립과 갈등 그리고 폭력과 전쟁으로 얼룩진 근대 제국주의의 종속이나 저항의 사슬에서 우리 한반도를 벗어나게 하는 것이다. 송두율 교수가 이야기하는 것처럼 21세기에 당면한 이 두 가지의 민족적 과제를 가로막는 것이 "국가보안법"이다. 국가보안법은 오직 대결과 갈등 그리고 폭력과 억압을 조장하는 악법이지 대화와 타협, 상생과 평화를 통한 미래의 번영을 약속하는 법이 아니다. 하루라도 빨리 국가보안법을 폐지하여 학문과 사상의 자유를 통한 인류공영에 이바지하는 것과 남북통일을 달성하여 평화로운 한반도를 만드는 것이 21세기에 살고 있는 우리 모든 경계인이나 노마드 지식인들의 임무라고 할 것이다.

일제 식민지시대의 "조선통감부 보안법"과 미군정치하의 "치안유지법"을 "태생적 모태"로 하고 있는 국가보안법은 오직 서구적 근대라는 친일과 친미를 통한 사대주의와 주체적 근대라는 아류 제국주의의 국가를 조장할 뿐이다. 그리고 부패하고 타락한 이승만 자유당정권 말기의 "4차 개정", 박정희 쿠데타정권의 "5차 개정", 5·18광주민주화항쟁을 아비규환의 학살로 평정하고 권력을 부둥켜안은 전두환 군사독재정권의 "6차 개정" 그리고 민정·민주·공화 3당야합으로 이루어진 노태우정권의 "7차 개정"에서 보는 바와 같이, 오늘날의 국가보안법은 부패와 타락을 조장하고 독재와 폭력을 부추기는 친부패·친타락·친독재·친폭력의 악법이며, 반국가·반민족·반통일의 악법 중의 악법이다. 국가보안법이 폐지되지 않는 한 일제 식민지시대와 미군정치하의 제국주의 망령들이나 박정희나 전두환과 같은 독재주의의 귀신들은 우리의 후기근대 국민국가 주위를 끊임없이 맴돌 것이며, 국가보안법이 폐지되지 않는 한 부패와 타락 그리고 군사독재의 두려움과 공포의 사슬은 영원히 끊어지지 않을 것이다.

박정희정권하의 국가보안법으로 투옥되고 강제추방당한 윤이상 선생의 고향에서 열리는 "2004 동영국제음악제"를 보기 위하여 전세계의 음악인들이 대한민국을 찾고 있다. 그의 음악은 동양과 서양을 화합하는 곡조이고 남과 북을 하나로 연결하는 선율이며 너와 나를 친구관계나 연인관계로 생성시키는 노래이다. 국가보안법이 사라지고 남남갈등, 남북갈등, 동북아갈등 그리고 동서갈등이 없는 자유로운 통일의 한반도 하늘 위로 그의 음악이 퍼져나가도록 해야 한다. 전두환 군사정권하의 국가보안법으로 투옥되고 망명생활을 했던 황석영씨와 국가보안법으로 기소되었던 조정래씨는 대한민국을 대표하는 소설가들로 전세계의 독자들이 그의 소설을 읽고 눈물을 흘린다. 국가보안법으로 투옥되고 수배생활을 했던 수많은 과거의 민주투사들이 국회의원이 되고, 교수가 되고, 법관이 되어 화합과 상생의 국가를 만들기 위하여 노력하고 있다. 그럼에도 불구하고 국가보안법은 37년 만에 조국의 품에 안겨 노년의 학문적 열정을 같은 민족의 학자들과 대화하고 토론하고자 하는 송두율 교수를 감옥에 가두고, 한반도 근대화 과정을 연구하는 강정구 교수를 마녀재판하고, 통일의 열망으로 남과 북을 화합하고자 했던 "통일연대"의 민경우씨를 법정에 세웠으며, 아직도 수많은 국가보안법 수배자들이 가족과 친구, 연인과 헤어져 어둠 속을 헤매게 만들고 있다.

21세기의 대한민국은 일제 식민지의 초기근대 식민지국가도 아니고, 국민도 존재하지 않았던 미군정치하의 신탁이냐 반탁이냐를 논하는 무법천지도 아니며, 독재와 파쇼로 이루어진 억압과 폭력의 핵심근대의 국민국가도 아니다. 지난 2002 월드컵경기와 노무현 대통령 탄핵국면의 촛불문화제에서 경험한 바와 같이, 21세기의 대한민국은 성숙한 국민의 민주주의 인식을 토대로 한 정치·경제·사회·문화·교육의 각 분야가 스스로 더욱 민주화되고 상호 조화와 상생의 미래를 이룩하려는 의지와 자정의 힘을 갖추고 있는 세계의 모델이 되고 있는 나라이다. 탈근대적인 6·15남북공동선언을 통한 아름다운 미래로 나아가는 길을 가로막고 국가와 민족을 근대적인 대립과 갈등의 과거로 내모는 것이 국가보안법이다. 중세의 신학처럼 서구적 근대화의 고착화로 만들어진 국가보안법은 비서구적 근대나 탈근대의 모든 학문과 사상을 범죄시하여 탈근대적 노마드 지식인과 새로운 삶의 관계를 추구하는 경계인들이 아름다운 미래를 꿈꾸지 못하도록 가로막는다. 하루라도 빨리 국가보안법을 폐지하여 과거의 식민지와 독재의 사슬로부터 벗어나 자유로운 학문과 사상의 토론을 통한 아름다운 미래의 인류공영에 이바지하고 남과 북이 서로 상생하고 조화를 이루는 남북통일을 달성하여 동북아뿐만 아니라 세계의 모범이 되는 나라가 되어야만 한다. 이러한 사고를 가능하게 만든 송두율 교수는 탈근대의 노마드 지식인일 뿐만 아니라 6·15남북공동선언의 진정한 실천을 통하여 평화의 미래를 앞당기는 탈근대의 미래인이다.

주

1) 정치, 경제 그리고 문화의 차이는 근대(the modern), 후기근대(the post-modern), 탈근대(the trans- or beyond-modern)의 차이라고 말할 수도 있다. 흔히 정치적 이데올로기의 주체에 대한 절대성과 초월성을 확신하는 근대는 초국적 자본주의의 전지구적 확산으로 인하여 지배적 주체와 저항적 주체를 모두 부정하고 오직 경제적 가치만을 긍정하는 후기근대로 이동하였다는 것이 미국 중심으로 확산되는 포스트모더니즘의 현상적 이데올로기이다. 그러나 탈식민주의, 페미니즘, 생태주의를 근간으로 한 탈근대이론은 절대적 주체의 긍정과 부정을 넘어서서 구성적이거나 생성적 주체, 즉 탈영토화와 재영토화의 과정으로 보는 사물을 바라본다.

2) 서구의 국가들에서 근대성은 개인과 국가의 동일시로 이루어진 주체의 확대 재생산이다. 그러나 서구가 아닌 비서구 국가에서 근대성은 서구적 근대와 주체적 근대가 별개로 작동하여 상호모순을 일으키면서 전개된다. 근대화과정에서 서구적 근대와 주체적 근대가 극단적인 대립의 형식으로 이루어진 곳이 한반도라고 할 수 있다. 이에 대해선 장시기 2002b 참조.

21세기의 노마드 시인, 김지하의 "유목"과 "은둔"

1. 노마드 시인의 탄생

20세기는 제국주의와 식민주의의 시대이다. 제국주의와 식민주의는 20세기뿐만 아니라 21세기의 국가와 국가, 집단과 집단의 관계뿐만 아니라 개인과 개인을 연결하는 종족이나 성(gender) 혹은 인간의 우주적인 삶의 사유체계 속에도 스며들어 있다. 즉 서구와 비서구의 식민지 종주국과 식민지인의 지배와 피지배라는 제국주의적이거나 식민주의적인 관계는 오늘날의 미국과 대한민국의 관계, 도시와 농촌의 관계, 서구적 지식체계와 비서구적 지식체계의 관계, 남성과 여성의 관계, 의사와 환자의 관계, 선생과 학생의 관계, 아버지와 아들의 관계, 인간과 자연의 관계 속에 내재해 있다. 따라서 21세기의 지구가 20세기의 제국주의와 식민주의로부터 단절하여 다양한 종족과 종족, 개인과 개인, 남성과 여성, 인간과 동물의 공존을 모색하는 길은 소위 "문명의 시대"라고 일컬어지고 있는 20세기의 제국주의와 식민주의가 말살시킨 지구 전체가 지니고 있는 "다양한 존재"가 서로서로 공존하는

"다양성의 뿌리"를 다시 사유하고 실천하여, 사라져버린 "다양성의 문화"가 다시 피어나도록 노래하는 것이다.

20세기의 제국주의와 식민주의도 과학과 종교의 탈을 쓴 서구의 시와 소설을 비롯한 예술에서 출발하였듯이, "다양성의 뿌리"를 사유하고 실천하여 "다양성의 문화"를 노래하는 21세기의 새로운 삶 또한 예술의 몫이다. 따라서 21세기의 예술은 과학과 종교의 탈을 벗어야 하며 제국주의와 식민주의의 이데올로기와도 단절해야만 한다. 과학과 종교는 변화와 생성의 과정을 노래하는 예술을 불온시하면서 이 세상을 물신화와 신비화의 이중적 잣대로 평가하여 상호 의존하면서 집단과 개인을 지배한다.

과학과 종교의 지배는 제국주의와 식민주의라는 국가와 개인의 이데올로기를 통하여 폭력과 전쟁을 끊임없이 확산시켜 마침내 존재 자체를 위협하고 있다. 따라서 시와 소설을 포함한 예술이 과학과 종교의 이데올로기적인 탈을 벗어버리고 다양성의 문화를 생성시키는 방법은 핵심근대의 "이것이냐 저것이냐"(either… or~)라는 과학적 획일주의의 선택적 이분법에서 벗어나는 것일 뿐만 아니라 후기근대의 "이것도 아니고 저것도 아니다"(neither… nor~)라는 종교적 신비주의의 이중부정으로부터도 벗어나는 것을 의미한다.

문학예술이 과학적 획일주의의 선택적 이분법과 종교적 신비주의의 이중부정으로부터 벗어나는 길은 20세기의 제국주의와 식민주의의 이데올로기가 만든 인간과 국가에 대한 개념을 다시 사유하는 것이다. 이미 40년 전에 아프리카의 시인이며 극작가이고 비평가였던 에이메 세제르가 제국주의와 식민주의 담론의 핵심은 서구 부르주아의 "인간"과 "국가"라는 "가치관"이라고 말한 것처럼(에이메 세제르 2004, 97쪽) 근대과학을 지배하고 있는 "국민국가"(nation state)의 개념이나 인간 중심의 휴머니즘에 뿌리박혀 있는 인간이라는 개념은 선과 악이라는 과학적 획일주의의 이분법과 절대적 존재라는 종교적 신비주의의 색깔로 덧칠되어 있다. 그러나 "노마드"의 관점에서 인간은 결코 만물의 영장이 아니다. 인간은 다른 동물이나 식물처럼 자연 속에 존재하는 하나의 종(種)에 대한 명칭이고, (국민)국가는 과거 전제군주의 왕조나 유일신을 떠받드는 종교처럼 지배체제의 구조일 뿐이다. 따라서 21세기에 살고 있는 개개인의 일상적 삶과 관계까지도 지배하고 있는 20세기의 제국주의와 식민주의로부터 벗어나는 길은 인간과 국가를 다른 동물이나 식물의 삶이나 관계들과 유사한 방식으로 사유하고 행동하는 것으로부터 출발한다.

과학이나 종교의 제국주의나 식민주의의 국가철학적 인식에서 벗어난 인간이나 국가는 다른 동물이나 식물의 삶이나 관계처럼 "노마드"나 "노마드의 무리"일 뿐이다. 노마드의 관점에서 20세기의 인간과 국가는 주인과 노예라는 이분법 속에서 식민지인과 피식민지인 혹은 지배국가와 피지배국가로 존재하도록 강요되어 지배와 저항이라는 이항대립의 선택만이 있었을 뿐이다. 이러한 이항대립에서 벗어나고자 하는 20세기 시인들의 노력은 매우 다양했다. 그러나 20세기가 지니고 있는 서구적 의미의 자본주의 경제체제와 의회민주주의 정치체제에 대한 근대적응과 근대완성이 내포하고 있는 서구적 이성과 합리성의 한계는 국가(민족)나 국가(혹은 가족)적 인간의 시적 상상력에서 벗어나 노마드나 노마드의 무리라는 우주 생태학적 상상력에 다가가지 못했다고 할 수 있다. 이러한 한계는 근대의 일상적 삶이 지니는 내부적 모순을 속속들이 파헤쳐 보여주고 있는 고진하의 『프란체스코의 새들』에서도 그대로 드러난다. 김수영과 같은 핵심적 근대가 아닌 1990년대의 후기근대적 삶에서 고진하는 「고압의 시간」이나 「껍질만으로 눈

부시다, 후투티」에서 근대문화가 지니는 "폐유가 빚어낸 무늬"나 "인공의 눈알" 혹은 "박제"의 "방부제 따위를 가득 채운, 잘 길들여진 행복"을 인식하고 "과연 나도 박제를 즐길 수 있을 것인가, 껍질만으로도 눈부신"(고진하 1993, 14~17쪽)이라고 한탄하면서도 근대적 국가나 인간의 이항대립에서 벗어나지 못한다.

지난 20세기의 근대가 아닌 21세기의 탈근대적 의미에서 이은봉 교수는 김수영의 시가 지니고 있는 "근대적응과 근대완성"이라는 근대적 국가와 인간의 "합리적이고 이성적인 범주 안에 자리해 있"는 '유토피아'적 상상력과 비교하여 김지하의 "시정신의 목표를 근대극복, 나아가 근대 밖의 세계에 새로운 피안의 세계를 건설하려는" "민족형식의 이월가치를 재창조하는 동시에 민중적 정서와 열망을 담아내려고"(이은봉 2004, 296쪽) 했다고 정의한다. 이은봉 교수가 이야기하는 김지하의 "민족형식의 이월가치"는 "노마느의 무리"라는 탈근대적 유목의 가치이고, "민중적 정서와 열망"은 생성의 욕망을 억압하는 국가적이거나 가족적인 인간의 정서와 열망이 아니라 끊임없이 노마드의 무리 속에서 생성적 관계를 추구하는 "노마드"의 "정서와 열망"이라고 할 것이다. 따라서 이은봉 교수는 "근대적응 및 근대완성과 관련하여 김수영이 탐구해 온" "죽음"이라는 "시정신"(근대의 미학)을 넘어서기 위한 "김지하의 생명의식"(같은 글, 297쪽)을 "어머니의 자궁에서 미끄러지면서부터 고아의식이라는 근원적 결핍감을 지닐 수밖에 없는" 노마드의 "현존적 자아"가 "신성(神聖)의 황홀이나 시의 백열(白熱)을 가능케 하는 원동력"이 되는 "사랑의 체험"이 바로 "그 자체로 생명의 체험일 수밖에 없다"(같은 글, 298쪽)고 이야기한다. 21세기의 노마드 시인 김지하가 노래하는 "유목"과 "은둔"은 바로 생명과 사랑인 셈이다. 이런 측면에서 지난 20세기와 다른 김지하 시인이 보여주는 노마드와 노마드의 무리가 유목과 은둔을 통하여 생성시키는 생명과 사랑을 추적하는 것이 이 글의 목적이다.

2. 노마드적 몸의 욕망과 생명

역설적이게도 노마드의 생명에 대한 인식은 김수영을 비롯한 근대의 걸출한 시인들이 보여주었던 "죽음의 미학"에 나타나는 "죽음"을 근대적 국가나 인간에서 바라보는 것이 아니라 탈근대적인 노마드나 노마드의 무리라는 시각에서 바라보아, 결과적으로 근대적 죽음의 미학을 탈근대적인 "생명의 미학"으로 감싸 안는 것이다. 이것은 역사의 과정이라는 측면에서 서구적 근대를 전지구적 탈근대라는 더 큰 시간의 과정 속에 포함시켜 죽음의 미학마저도 생명의 미학이 작동하는 거대한 과정 속에 포함시키는 것이다. 이런 측면에서 김지하는 탈근대적 노마드의 "생명"과 대립되는 가치를 "죽음"이 아닌 "죽임"으로 본다(같은 글, 297쪽). 즉 "죽음"은 우주생태학적으로 존재하는 노마드의 생명이 지니는 삶의 요소처럼 생명성의 한 부분요소이고, 생명과 대립되는 "죽임"이라는 가치와 대립되는 것은 "살림"이 된다. 바로 이러한 시각에서 김지하는 삶과 죽음을 하나의 순환하는 과정, 즉 생로병사(生老病死)를 하나의 생명성으로 인식하고, 끊임없이 죽임의 영토로부터 탈영토화하여 살림의 영토로 재영토화하는 과정으로 "유목"과 "은둔"을 사유하고 실천한다. 그러한 사유와 실천은 시집의 맨 처음에 등장하는 「몸」과 「죽음」이라는 시들에서 구체적으로 드러난다.

몸이 무너지면서

몸을 알았지

아니
사실은
마음이 무너지면서
그 날카로운 아픔으로
몸을 알았지

그러매 사실은
몸이 곧 마음

아는가

아랫도리 회음에
님

청청히 살아계시는 그것. (김지하 2004, 10~11쪽)

"예전엔/잘 몰랐지"로 시작하는 「몸」이라는 시는 "몸이 무너지면서" 알게 된 "몸"의 생명성과 "사실은/마음이 무너지면서/그 날카로운 아픔으로" 알게 된 "몸"의 생성적 욕망이다. 20세기의 근대를 압도했던 정신/몸의 이분법이 아니라 "그러매 사실은/몸이 곧 마음"이라는 21세기의 노마드적 깨달음은 "의지가/온갖 욕망을/압도하던 시대는 갔다"(같은 책, 「죽음」, 1~3쪽)라는 20세기적인 식민주의와 제국주의의 이성과 합리성이 지니는 부조리에 대한 깨달음이요, 그럼에도 불구하고

「2004년 여름 서울」에서 "여기/살아 있어/꿈꾸는 자는/아무도 없다"(같은 책, 1~4)라는 "버릴 수도 잡을 수도 없는/현실이란 이름의/권력"(같은 책, 11~13쪽)이 지니는 20세기의 근대적 제국주의와 식민주의의 지속에 대한 한탄이기도 하다. 이러한 "몸이 곧 마음"이라는 20세기적 근대에서 탈영토화 한 21세기의 탈근대적 노마드의 깨달음과 한탄은 "아는가//아랫도리 회음에 님//청청히 살아계시는 그것"이라는 욕망의 인식과 상통한다. 그러나 그 욕망은 "그때/밤거리에서/붉은 웃음을 웃던/여인에게 쏠리는 마음을/취중에도 혹독하게 매질했던/그때는 갔다"(같은 책, 「죽음」, 4~9쪽)의 "그때"의 20세기나 젊음의 억압받는 욕망이 아니라 "어찌하랴/지금/쏠리는 마음은 날로 더하고/달관은커녕/매질조차 그 조짐조차 떠나 없으니"(같은 책, 10~14쪽)라고 말하는 "지금" 21세기의 "달관"이라는 말조차도 사라져 버린 진정한 달관의 삶에서 우러나는 욕망이다. 따라서 김지하가 이야기하는 욕망의 주체인 동시에 대상이 되는 "아랫도리 회음에" 있는 "님"은 핵심 근대의 김수영의 "님"과 다르면서도 또한 일제 식민지치하에서 만들어진 서구의 식민지적 근대에 대항하여 동양적 근대를 창출하고자 했던 만해 한용운의 "님"과 동일한 일면이 있다(장시기 2003, 267~89쪽).

「몸」이라는 시에서 이야기하는 "마음"을 포용하고 있는 "몸"은 프로이트(S. Freud)나 라캉(J. J. Lacan)의 정신분석학에서 드러나는 서구적인 핵심근대나 후기근대의 몸이나 욕망에 대한 부정이 아니라 들뢰즈나 가타리의 탈근대적인 노마돌로지의 몸이나 욕망에 대한 긍정(Deleuze and Guattari 1977, pp. 1~8)이고, 전통적으로 동양의 유가적인 가족주의나 국가주의의 몸이나 욕망에 대한 억압이 아니라 불가적이거나 도가적인 인식론의 틀 속에 있는 "인간의 본질적인 조건"(이은봉 2004, 298쪽)에 대한 긍정으로 몸과 욕망을 바라보는 것이다. 김지하는

"죽음이 선풍기 근처에 와/빼꼼이 날 쳐다보고 있다"(김지하 2004, 「선풍기 근처에」, 28~29쪽)라는 "예순넷"의 나이에 "다만 밥을 지어주고/함께 뜸뜨러 여의도로 갈 것"으로 예정되어 있는 "아내를/기다리"면서 몸을 인식하고 욕망을 긍정하고 "인간의 본질적인 조건"에 순응하는 것이다. 그러나 "그렇다, 죽음//그 밖엔 아무것도 없다"라는 김지하의 순응은 "술도 담배도 몽상도 없이/아내만을 기다린다"는 몸의 욕망과 생명에 더욱 깊이 침윤하고 있다는 점에서 근대적인 죽음의 미학이 아니라, 탈근대적인 생명의 미학이다. 서술한 바와 같이 근대적인 "죽음의 미학"이 "죽음"을 두려움과 공포의 대상으로 신비화시켜 삶을 죽음의 노예로 전락시켰던 반면에 탈근대적인 "생명의 미학"은 "죽음"을 구체적인 삶과 병행하는 과정으로 끌어들여 삶과 죽음이 함께 생명을 구성하도록 만든다. 즉 "생로병사"라는 하나의 과정이 바로 생명이라는 것이다. 몸은 이러한 욕망과 생명의 원천이다.

사람의
몸은
40개조의 세포로
이루어진다

세포 안에서는
매초마다
수억 차례의 화학반응이
일어난다 일어난다 일어난다

몸은 정신을 창조했다

몸이 곧 뇌수. (같은 책, 「꽃」, 1~11쪽)

김지하가 지난 20세기의 투옥과 감금의 고통을 통하여 새롭게 21세기의 노마드가 되어 깨달은 몸은 결코 근대적으로 인식하였던 과학적 연구대상의 고정된 물질의 하나가 아니다. 근대적인 과학의 부정은 역설적이게도 근대적 과학의 산물이다. "사람의 몸은/40개조의 세포로/이루어진다." "40개조의 세포"는 또한 각각의 몸을 지닌다. 몸은 지금도 수없이 구성되고 있는 현재진행형의 동사이다. 김지하는 이러한 현재진행형의 동사적 작용을 하는 몸을 "세포 안에서는/매초마다/수억 차례의 화학반응이/일어난다 일어난다 일어난다"라고 강조한다. 근대적인 제국주의와 식민주의가 사고하는 것처럼 정신이 몸을 만드는 것이 아니라 "매초마다" 일어나고, 일어나고, 또 일어나는 "수억 차례의 화학반응"이 "몸"으로 하여금 "정신을 창조"하도록 만든다. 따라서 "몸이 곧 뇌수"라는 김지하의 깨달음은 "몸"이 곧 욕망이요 생명이라는 깨달음이라고 할 것이다. 김지하의 "몸이 곧 욕망이요 생명"이라는 깨달음은 20세기에 만연했던 정신과 몸의 대립이나 삶과 죽음의 대립 혹은 인간과 인간의 대립을 넘어서서 남성과 여성의 대립, 인간과 자연의 대립, 국가와 국가의 대립을 극복하여 마치 몸이 정신을 창조하는 것처럼 죽음이 삶을 창조하고, 여성이 남성을 창조하고, 자연이 인간을 창조할 뿐만 아니라 국가와 국가가 서로서로 창조하는 상호생성의 길을 사유하고 실천한다. 이런 측면에서 김지하는 노마드의 몸, 즉 노마드의 욕망과 생명이 만드는 노마드의 상호 생성적 관계의 길을 사랑이라고 부른다.

3. 노마드적 사랑의 상호 생성적 관계

김지하가 노마드의 몸을 "예전엔/잘 몰랐지"라고 말하는 것과는 달리 노마드의 몸, 즉 노마드의 욕망과 생명이 만드는 상호 생성적 관계의 길이라고 부를 수 있는 "사랑"을 "아직도/나는 모른다//조금은 알지만/정말은 다 모른다"(같은 책, 「사랑」, 1~4쪽)라고 말한다. 그러나 그가 "모른다"라고 말하는 것이 사실은 "몸의 상처가,/더욱이/지하실에서의/그 몸의 상처가//어떻게 마음을/뿌리에서조차 뿌리에서조차/아프게 하는지/슬프게 하는지"라는 "몸의 상처가" "마음을" "아프게"도 하고 "슬프게"도 하는 이유이기 때문에 몸에 대하여 "예전엔/잘 몰랐지"라고 말하는 것처럼 "사랑" 또한 20세기의 제국주의나 식민주의의 인식과는 다른 21세기의 우주생태학적 의미가 내포되어 있다. 따라서 우리는 그의 "몸의 상처"를 단순히 독재와 파쇼에 대한 개인적 저항의 차원에서 인식하지 말고, 노마드의 개체적인 "몸" 속에 내재되어 있는 노마드 무리의 사회성, 정치성 그리고 역사성으로 읽어야만 할 것이다. 이러한 측면에서 김지하가 "몸의 상처"를 통하여 인식하는 사랑 또한 개체적인 동시에 집합적인, 즉 노마드적 몸의 상처를 통한 개인적 저항의 문신을 개체의 자각이나 생성뿐만 아니라 노마드의 무리 전체를 생성의 관계로 변화시키는 사랑이다. 이러한 관계는 21세기의 노마드 무리에 각인되어 있는 근대 제국주의와 식민주의의 "죽임"의 문화를 21세기의 우주생태학적인 "살림"의 문화로 변화시키는 "사랑"이다. 이러한 관계를 김지하는 노마드의 인식, "천지부모를 모신/나 또한/천지의 한 부모"(같은 책, 「재진화 再進化」, 15~17쪽)라는 전체론(holism)적 시각으로 인식한다. 따라서 그는 "50여 년을 내내/시를 써온 이 뒷날에야/느지막이 시의 뜻을 세운다"(같은 책, 12~14쪽)라고 말한다.

김지하가 "느지막이 시의 뜻을 세운" "길"은 "푸르른 창조의 새벽/나 또한/다시 태어나리라"(같은 책, 27~29쪽)라는 우주생태학적 노마드의 삶과 시를 쓰는 길이다. 김지하가 "재진화"라고 명명하고 있는 우주생태학적 삶과 시를 쓰는 길은 20세기의 제국주의와 식민주의가 만든 영토화 된 "몸의 상처"를 스스로 탈영토화의 "죽임"으로 인하여 몸의 상처를 입은 나와 관계를 맺는 "새/풀잎과 나무,/구름과 물과 다람쥐들이//이제 새로이/태어나"(같은 책, 21~27쪽)도록 만드는 "살림"이라는 재영토화의 관계 속으로 들어가는 것이다. 나를 "죽임"으로 관계의 대상을 "살림"으로 이끄는 노마드적 관계는 결과적으로 나조차도 "새 오만년의 한/새//또는/한 물방울//그리고/한 풀잎으로 나무줄기로//한 구름으로/또 몇 마리의/새 다람쥐로"(같은 책, 44~52쪽) "다시 태어나"는 것이다.

이와 반대로 20세기의 제국주의와 식민주의의 서열적이거나 지배와 피지배의 관계는 관계를 맺는 대상이나 타자를 소유하여 "죽임"으로 인하여 강제적으로 관계의 주체나 "나"라는 합리성의 폭력적 자아를 "살림"으로 나아가고자 하는 관계라고 이야기한다. 그러나 결과적으로 제국주의와 식민주의는 사회적 관계에 대한 명칭이기 때문에 관계의 대상이나 타자의 "죽임"은 관계의 주체나 "나"라는 자아를 "살림"으로 이끄는 것이 아니라 타자에 대한 폭력뿐만 아니라 결과적으로 폭력적인 "주체의 죽음"으로 이끈다. 따라서 다시 생명을 부여받는 것은 제국주의적이거나 식민주의적인 관계의 주체나 자아가 아니라 후기근대의 포스트모더니즘 이론이 강조하는 관계의 대상이나 타자이다.

그러나 노마드적 생성의 관계라는 측면에서 김지하는 20세기의 제국주의적이거나 식민주의적인 국가라는 주체가 자신을 "죽임"으로 이끌기 위하여 만든 "몸의 상처가,/더욱이/지하실에서의/그 몸의 상처가" 21세기인 오늘날에도 "몸은 정신을 창조"하는 것처럼 끊임없이 "어떻게 마음을/뿌리에서조차 뿌리에서조차/아프게 하는지/슬프게 하는지"에 대하여 후기근대의 포스트모더니즘의 방식이 아닌 탈근대의 노마돌로지의 방식에서 탐색한다. 그 시적 탐색의 결과는 20세기의 제국주의나 식민주의의 "죽임"의 문화가 만든 "몸의 상처"에 대한 "조금 아는/그것만으로도/그러나 나는 안다"라고 선언하는 "생명의 외침"(같은 책, 「바람이 가는 방향」, 26쪽)이다. 그가 "조금 아는" "그것"이라고 말하는 "생명의 외침"은 20세기나 21세기에 "바람이 가는 방향/거기 언제나/내가 서 있다"(같은 책, 1~3쪽)라는 것이다. 그러나 "그것"은 "바람과 같은 방향 아니다/바람에 맞부딪치는/역류의 길"(같은 책, 4~6쪽)이다. 그 "역류의 길"에서 김지하가 "조금 아는" 것은 "거기/회오리도 소소리도/하늬도 하늬바람도 일어//펄럭이는 옷자락/날리는 머리칼"(같은 책, 7~11쪽) 속에서 오직 살아 "외치는 몸뚱이 몸뚱아리"(같은 책, 12쪽)뿐이다. 그가 "바람에 맞부딪치는/역류의 길" 속에서 오직 살아남은 "몸뚱이 몸뚱아리"만을 가지고 "조금 아는" 것은 "나는 언제나/반역의 사람/바람없이는//내 삶도 없다/존재가 아닌 있음이 아닌/살아 있음 없다"(같은 책, 13~18쪽)라는 생명성에 대한 인식이고, 그 생명성에 대한 인식은 "아/바람소리 바람소리 속에/내 몸의 노래가 살아 있다"(같은 책, 22~24)의 "사랑"이라는 "몸의 노래"이다.

김지하가 20세기 제국주의와 식민주의의 "죽임"의 문화가 만든 자신의 "몸의 상처"를 통하여 이야기하는 "사랑"의 "몸의 노래"는 역설적이게도 "외로움"이다. 그래서 그는 "그 아픔이/외로움이라는 것.//누구도/가까이 다가가/덜어주지도 보태주지도 못하는//진정/외로움이라는 것"(같은 책, 「사랑」, 26~22쪽)을 그의 "몸뚱이 몸뚱아리"로 받아들이지만, 그 "외로움"의 "몸의 상처"를 만든 20세기의 제국주의와 식민주의의 "죽임"의 문화에게 되돌려주는 후기근대의 환원주의가 아니라 스스로 "외로움"을 더욱 "외롭게" 만드는 탈근대의 죽음으로 다가간다. 이 스스로 죽는 것이 김지하가 이야기하는 탈근대적인 노마드의 "사랑"이다. 노마드적 사랑의 관계 속에서 이루어지는 나의 죽음은 역설적이게도 너의 삶으로 생성되고, 너의 삶은 다시 나의 죽음을 살리므로 삶과 우주의 생태학적 관계 속에서 죽음과 삶이 순환하는 생명의 미학을 만든다. 이러한 생명의 미학은 20세기의 제국주의와 식민주의가 지니고 있었던 죽음의 미학과 전혀 다르다. 다시 강조하지만, 자본주의적 소유와 제국주의적 지배를 토대로 한 죽음의 미학은 자신의 생명을 지배적이거나 소유적인 주체의 "살림"으로 만들기 위하여 타자나 관계의 대상을 "죽임"으로 인하여 생명성의 필연적인 조건이라고 할 수 있는 관계의 단절을 만들고, 결과적으로 관계를 구성하고 있는 주체와 타자, 즉 나와 너를 모두 죽음으로 몰고 가는 파괴의 미학을 추구한다. 따라서 김지하는 "몸의 상처"를 통하여 "정신을 창조"하는 몸을 인식하게 되고, 그러한 몸의 인식을 통한 "사랑"이라는 "몸의 노래"를 "그러매/ 이렇게 생각한다"라고 말한다.

바람이
강 이편에서
강 저편으로 소슬이 이어가듯

우리 모두
몸 한 귀퉁이
어디라도 조금은
괴로워해야 한다는 것

공연히라도 가끔은
아파할 줄을
슬퍼할 줄을

알아야만 한다는 것

그리고
그것이 사랑이라는 것을

꼭
알아야만 한다는 것. (같은 책, 「사랑」, 25~39쪽)

20세기의 제국주의나 식민주의의 인간이나 국가가 아닌 21세기의 탈근대적인 노마드와 노마드의 무리는 상호 "일 대 일 관계"가 존재하느냐 존재하지 않느냐의 차이이다. 20세기의 제국주의나 식민주의의 인간이나 국가가 가족적이거나 종족적인 혹은 민족적인 관계를 필연적이고 고정적인 관계로 상정한다면, 탈근대적인 노마드나 노마드의 무리는 모든 관계를 개연적이거나 우연적인 관계로 상정한다. 따라서 노마드는 물이나 바람이고, 노마드의 무리는 회오리나 소소리, 하늬 혹은 개울이나 호수, 강이다.

이런 의미에서 김지하는 노마드와 노마드의 무리를 "바람이/강 이편에서/강 저편으로 소슬이 이어가듯"이 노마드의 한 점으로 존재하는 바람과 "강 이편에서/강 저편으로 소슬이 이어가"는 노마드의 무리로 구성되는 바람의 이중성을 함께 사유한다. 따라서 20세기의 제국주의와 식민주의에 의하여 하나의 "문신"처럼 만들어진 "몸의 상처"는 노마드라는 개인으로 한정되거나 노마드의 무리라는 집합에 의하여 사라지지도 않는다. 노마드의 한 점과 무리의 집합을 동시적으로 사유하는 김지하는 "나"가 아니라 "우리 모두/몸 한 귀퉁이/어디라도 조금은/괴로워해야 한다는 것//공연히라도 가끔은/아파할 줄을/슬퍼할 줄을//알아야만 한다는 것"이 "사랑이라는 것"이라고 말한다. 따라서 김지하가 말하는 "몸"은 나의 몸일 뿐만 아니라 "우리 모두"의 "기관들 없는 몸"이고, "괴로워"하는 것 또한 나뿐만 아니라 우리 모두의 괴로움을 "아파"하고 "슬퍼"하는 것이다.

노마드와 노마드의 무리를 함께 사유하고 실천하는 21세기의 노마드 시인 김지하는 20세기의 제국주의와 식민주의의 가족과 국가에 의하여 만들어진 "몸의 상처"를 아파하고 슬퍼하는 생성적 관계를 추구하는 노마드적 사랑, 즉 노마드 무리의 생성을 "유목"이라고 부르고, 유목의 극한에서 다시 노마드적 "몸 한 귀퉁이/어디라도 조금은/괴로워"하는 것을 "은둔"이라고 명명한다. 따라서 김지하의 생성적 "유목"은 들뢰즈가 말하는 "영토화"나 "재영토화"이고, 기존의 것으로부터 이탈이나 탈주의 "은둔"은 들뢰즈가 이야기하는 "탈영토화"이다. 따라서 그는 「유목과 은둔」에서 "의리(義理)가/낮은 샘가에 피묻은 채 머물고/온 허공에 수만 가지 꽃, 꽃들이/어지러이 피어"(같은 책, 1~4쪽) 있는 근대적 이성과 합리성의 "집"에서 "어찌 나갈까"(같은 책, 5쪽)라는 탈영토화의 "은둔"과 더불어 "저 먼 쓸쓸한 바다까지/가 마침내 내 두 아이를/만나 기어이"(같은 책, 6~8쪽) "유목"의 집으로 재영토화하기 위하여 "데리고 돌아올까"(같은 책, 9쪽)를 고민한다. 따라서 김지하의 "집"은 "유목과 은둔의 집"(같은 책, 10쪽)이며 노마드의 탈영토화와 재영토화가 끊임없이 지속적으로 이루어지고 있다는 점에서 "오랜 내 새 집"(같은 책, 11쪽)이다.

노마드와 노마드의 무리가 "유목과 은둔"이라는 탈영토화와 재영토화를 통하여 만드는 사랑의 상호 생성적 관계는 집, 사회, 국가 그리고 세계와 우주뿐만 아니라 역사와 삶 일반을 포함한다. 따라서 김지하는 "일산의/오피스텔 빌딩/11층 고공 꼭대기에 앉아 한낮에//빈/들녘/자그마한 흙집 하나를 생각"(같은 책, 「흙집」, 1~6쪽)하다가 "네 시간 자고 열 시간 일한다는/동경대 출신 우파 엘리뜨들 앞에서/자기는 열 시간 자고 네 시간 일한다고 말한/쯔루미(鶴見) 선생의 쿄오또 철학이/노을 비끼는 이 저녁에 웬일로/뚜렷뚜렷이/허공에 새겨지는구나"(같은 책, 14~20쪽)라는 21세기의 탈근대적 삶에서 출발하여 "거기 마침내/옛 옛 조선나라 그 옛날의/선도풍류(仙道風流)에 이르렀으니"(같은 책, 「추사」, 60~65쪽)라는 "산은 높고/물은 깊도다"〔山崇海深〕의 추사체(秋史體) 글 속에서 근대가 아닌 탈근대의 역사를 읽기도 하고, "이제 그만/일본에 대한/미움을 버릴 때다"(같은 책, 「일본에서」, 31~33쪽)나 반핵 평화운동의 현장인 부안에서 "아!/부흥!/문예부흥!/동북공정에 대한 커다란 한마디 대답!/그리고 아름다움과 상상력과 문화의 대개벽!"(같은 책, 「부안 2」, 55~60쪽) 혹은 "위대한 운동은/신화를 동반하는 법/오히려 어쩌면/신화가 주체다"(같은 책, 「두레마을에 가서」, 6~9쪽)처럼 근대적 신화와 주체가 생성적으로 결합하는 한반도의 통일뿐만 아니라 중국과 일본을 포함한 동아시아의 평화로운 세계로 나아간다.

이러한 인식은 20세기의 제국주의와 식민주의가 아닌 21세기의 탈근대적인 노마드와 노마드의 무리가 지니는 "색공(色空)이란 그런 것//생극(生剋) 또한 그런 것//일체가 아니다〔不然〕와 그렇다〔其然〕로/차원 변화하는 것"(같은 책, 「우레 앞에서」, 24~27쪽)이라는 "유목과 은둔"의 지속적인 과정, 즉 탈영토화와 재영토화의 과정에 대한 인식이다. 따라서 그는 "일본은 경제적으로 망해야만/정신적으로 산다는,/일본의 해방은 여성들과/피차별 소수민중의 것"(같은 책, 「쿄오또 1」, 21~24쪽)이라고 이야기하며, "반도로부터/만주에서조차/생명과 평화의 길이//숲속에서 드러날 때/쿄오또는 귀를 열 것이다/아시아는 드디어/평화 속에서 생명할 것이다"(같은 책, 51~54쪽)라고 노래한다. 이러한 인식은 궁극적으로 근대적 국가인이거나 가족인이 사유하고 실천하는 운명과 다른 탈근대적 노마드의 운명애이기 때문에 "이 더위 속을/아직도 서로 남남인/아시아를 위하여//공동체와 집합 대신/호혜(互惠)를 발언해야 하는/한 민족의 소명"이라는 노마드 무리의 집합적 인식과 "그렇구나/내 운명이다"(같은 책, 「ANA」, 34~41쪽)라는 노마드의 개체적 인식이 일치하는 탈근대적 노마드 시인의 운명이다.

4. 노마드의 생성적 글 읽기

20세기의 제국주의와 식민주의에 대한 저항의 세계로부터 21세기의 우주생태학적인 상생의 세계로, 20세기의 근대적 민족(혹은 국가) 시인으로부터 21세기의 탈근대적 노마드 시인으로 김지하의 삶과 시가 변모한 것처럼 그의 시를 읽는 독자들 또한 근대적 국가인이나 가족인으로부터 탈근대적 노마드나 노마드의 무리로 변모하였거나 변모해야만 한다. 그 변모의 과정에서 무엇보다도 중요한 것은 독자나 비평가가 시를 읽거나 들을 때에 근대적 무의식으로 작동하고 있는 시적 기호의 이해나 해석의 틀에서 벗어나 시적 이미지와 생성적으로 결합하거나 관계를 만들어야만 한다는 것이다. 즉 시를 이해하거나 해석하려고 하지 말고, 시적 이미지의 세계와 접속하려는 지속적인 노력이 필요하다. 시를 이해하거나 해석하는 것은 근대의 언어 속에 내재되어 있는 제국주의나 식민주의의 국가나 가족의 선택적 이분법의 기호를 해석하거나 이해하는 것이고, 그러한 이분법의 틀에서 벗어난 기호들을 신비화시키는 것이기 때문에 근대적 국가주의와 종교주의의 세계에서 벗어날 수 없다. 김지하가 이야기하는 것처럼 "나"는 "어머니의 자궁에서 미끄러지면서부터 고아의식이라는 근원적 결핍감을 지닐 수밖에 없는" 노마드이고, 노마드의 결핍감을 생성적으로 채우는 것은 근대적 가부장주의의 가족이나 국가주의의 국가가 아니라 "그 자체로 생명의 체험일 수밖에 없는" 연인관계나 친구관계로 구성된 노마드의 무리 속으로 침잠하는 것이다.

시인이나 독자 혹은 창작가나 비평가 모두가 노마드일 때, 저 들판에 핀 꽃이나 풀 한 포기가 뭇생명들의 열락이듯이 수많은 시의 언어들이나 텍스트들이 "신성의 황홀이나 시의 백열을 가능케 하는 원동력"으로 작동할 수 있다. 이것은 어쩌면 "아하, 중세극복이/그리 수월치 않았구나!"(같은 책, 「삼소굴 1」, 10~12쪽)처럼 정말로 근대극복을 통한 탈근대의 세계로 진입하는 것이 "수월치" 않은 일일 수도 있지만, "한 소년이 문득/'엇'/하고 외치"거나 "곁에 있던 젊은 부인 하나가/'카오스모스'라고 은근히/속삭"(같은 책, 「원형」, 3~8쪽)이는 것처럼 어느 날 "문득" 오거나 이미 오래 전부터 우리 주위에서 "은근히 속삭"이는 새 삶의 "원형"적 모델일지도 모른다. 그 "문득"이나 "속삭임" 속에서 가장 뚜렷하게 체험하거나 은근히 들리는 것은 근대적으로 고착된 동양과 서양, 남성과 여성, 인간과 동물의 이분법을 무차별적으로 깨트리는 "노마드"라는 언어이다. 노마드와 노마드의 무리는 근대의 철학적이거나 과학적인 의미의 해석이나 이해의 언어가 아니라 창조적 경험이나 예술적 체험의 언어이고, 마치 물이나 바람이 수없이 많은 생명을 잉태하는 것처럼 우주생태학적인 미래의 생성을 의미하는 언어이다. 따라서 저 20세기의 근대의 질곡을 고스란히 "몸의 상처"로 감싸안고 있는 김지하가 21세기에 노마드 시인이 되는 것처럼, 그의 시를 읽거나 21세기의 삶을 살고자 하는 우리들 또한 노마드의 독자가 되어 그의 시를 나의 몸속에 생성적으로 분해시켜야만 한다. 김지하처럼 우리들 또한 "천지부모를 모신/나 또한/천지의 한 부모"이다. 우주의 본질은 변화이기 때문에 변화하는 모든 것은 아름답다.

3

탈근대의 지구촌 문화읽기

문화제국주의와 탈근대의 노마드 문화

영국 근대 어린이문학의 탈근대성
『버드나무 사이로 부는 바람』의 "어린이 되기"

다가온 미래와 미래의 인간
존 쿳시의 『추락』에 나타난 "동물 되기"

남아프리카의 노마드적 주체와 탈근대 지식의 형성

탈식민적 탈근대의 "노마드" 문학

문화제국주의와 탈근대의 노마드 문화

1. 식민지 사회의 문화 콤플렉스

영·미를 비롯한 서구사회에서 문화학(cultural studies, culturalogy)의 등장은 서구적 근대세계의 파국과 일치한다.[1] 19세기 내내 물질적 진보와 전지구적 팽창을 거듭하던 서구국가들이 20세기 접어들어 새로운 위기에 처한 것은 그들의 외부세계가 아니라 서구국가들 내부에서 일어난 스스로의 반목과 질시로 인한 자멸이었다. 제1차, 2차 제국주의 전쟁의 패전국은 패전국 나름대로, 그리고 승전국은 승전국 나름대로 전쟁의 상처를 곱씹어야만 하는 현실이 서지식인들로 하여금 근대적 계몽을 토대로 하는 진보와 발전에 대한 믿음이라는 근대성을 의심하도록 만든 것이다. 개별주체의 자율적 판단을 토대로 한 근대 민주주의의 확신이 어떻게 독일과 이탈리아 등에서 파시즘에 대한 민중의 맹종으로 귀결되었는가? 그리고 이러한 파시즘에 대항하여 싸운 프랑스와 미국의 레지스탕스들이 전후(戰後)에 또다시 여성과 비서구 민족과 국가들에 대하여 이전의 파시즘적 행태와 동일한 국가적 폭력을 재구성하였는가? 왜, 근대 자본주의 부르주아 관료체제에 저항하여 형성된 사회주의 국가들이 또 다른 국가관료주의의 폭력을 행사하는가? 그리고 전쟁의 종결과 더불어 형성된 미국과 소련을 중심으로 한 전지구적 냉전구도는 또 다른 전지구적 전쟁의 도래와 함께 인류를 멸망의 도가니로 빠져들게 하지 않겠는가? 이러한 지식인의 고민은 프랑스에서 문화인류학과 대중문화 분석을 토대로 한 구조주의와 후기구조주의 학문을 잉태하였고, 영국과 미국에서는 지식 전반에 흩어져 있는 '삶의 양식'(the way of life)을 근간으로 하는 문화유물론(cultural materialism)과 신역사주의를 형성하였다. 따라서 1960년대와 70년대에 시작된 서구 문화학은 근대 분과학문체계로 확고한 근대의 울타리를 마련하고 있는 대학이나 국가적 제도로부터 벗어나 탈근대적 대안을 찾으려는 미래학으로 정의할 수 있다.

그러나 1980년대 이후, 서구 문화학과 문화연구가 미국 중심의 자본주의 대학과 연구소 운영체계 속으로 이동함에 따라, 문화연구는 서구적 근대의 파국으로 인한 자기반성과 새로운 생성으로 나아가기보다는 포스트모더니즘이라는 문화이론으로 미국 중심의 후기근대적 문화이데올로기의 형식을 띠기 시작한다. 즉 영국과 프랑스 중심의 문화연구가 지니고 있는 근원적인 "탈근대적 대안을 찾으려는 미래학"의 성격은 사라지고 미국 중심의 "후기자본주의적 문화논리"라는 이데올로기로 자리 잡은 것을 우리는 포스트모더니즘(Jameson 1984, pp. 55~57)이라고 명명할 수 있을 것이다. 이러한 변화는 근원적으로 근대 대학제도의 철저한 국가적 통제, 삶의 의식적 측면은 물론 무의식적 측면까지 파고든 자본주의적 시장논리의 문화적 코드화로 인한 문화지식의 상품화, 소련과 동유럽 사회의 몰락으로 인한 냉전구도의 해체와 미국 중심의 일원적 세계체제의 확립 그리고 문화를 중심으로 한 포스트모더니즘 논쟁의 비생산성 등과 맞물려 있다. 이러한 미국 중심의 후기자본주의적 문화논리는 하나의 상품으로 교환가치만을 중시하는 문화인식과 자본주의 시장논리 속에 매몰된 정보적 가치로 평가되는 지식으로 귀결될 수밖에 없었다. 그리고 교환가치만이 중시되는 문화상품(개별적 삶의 양식)과 전지구적 시장논리의 정보적 가치로만 평가되는 소비적 지식(대학의 학문구조)은 서구 근대화과정을 통하여 폭력과 억압으로 형성된 미국 중심의 후기자본주의적 질서를 더욱더 강화하는 역할을 담당하고 있다. 마치 외부적으로 완전히 차단되어 있는 뫼비우스의 띠처럼, 자체 순환적으로 미국 중심의 후기자본주의가 지니고 있는 제국주의적 국가질서를 강화·재생산하고 있는 문화논리를 우리는 문화제국주의라고 일컫을 수 있을 것이다.

이러한 문화제국주의의 문화논리는 가족주의와 나르시시즘이라는 근대 인식론의 핵심(Cahoone 1988, pp. 67~98)이라고 할 수 있다. 근대 정신분석학의 태두인 프로이트의 등장과 더불어 인간의 본성으로까지 일컬어지고 있는 근대 나르시시즘의 문화는 마치 프로이트의 정신분석학이 근대 자본주의의 가족주의 이데올로기이듯이, 미국 중심의 후기자본주의 문화이데올로기의 핵심적 요소라고 할 수 있다. 20세기를 지배한 프로이트의 정신분석학이 근대 자본주의의 이데올로기라고 칭하는 것은 그의 정신분석학이 "아버지-엄마-나"라는 권력관계로 이루어진 가족주의적 삼각형의 구도로 분석되고 있기 때문이다. 즉 "신-사제-나"나 "왕-신하-나"라는 전근대적 권력구조와 마찬가지로 "국가-관료-나"라는 근대 자본주의의 권력관계는 "아버지-엄마-나"라는 가족주의적 권력관계에 토대를 두고 있기 때문에 근대 자본주의의 도래와 더불어 신기루처럼 사라진 "신-사제-나"라는 종교적 권력구도나 "왕-신하-나"라는 전제군주적 권력관계는 개개인의 삶의 양식을 지배하는 의식과 무의식의 측면에서 끊임없이 재생되고 재코드화된다. 이러한 권력관계의 무의식적 재생과 재코드화를 근대 자본주의의 가족주의 문화라고 명명할 수 있다.

후기근대 혹은 포스트모더니즘 문화논리의 핵심을 이루고 있는 나르시시즘의 문화는 이러한 서구적 근대 자본주의의 핵심이라고 할 수 있는 가족주의 이데올로기와 같은 연장선상에 있다고 할 수 있다. 즉 개개인의 삶을 구성하는 의식과 무의식까지 침투한 근대 자본주의의 시장논리가 이전의 "아버지=국가"였던 가족주의적 상징체계를 해체시켰다. 그러나 근대의 개별적 구성원들로 하여금, 그들의 개별적 주체와 동일시하였던 서구·백인·남성 중심의 폭력적 주체인 동시에 그 폭력에 대한 저항적 주체의 이중적 역할을 담당하였던 국가의 해체는 가족주의적인 상상적 아버지의 상실과 더불어 '나'라는 개별적 주체의 해체로 나아가는 나르시시즘의 근원적 모델이다. 따라서 "국가=아버지"라는 근대적 주체의 확고한 존재를 눈으로 직접 확인할 수 있었던 시대에 국가=아버지의 논리는 "지배 아니면 종속"이라는 근대의 제국주의적 정치나 경제의 논리로 대변되지만, 국가=아버지라는 상징적 존재가 우리의 가시적 시야에서 사라진 이후에 존재하는, 즉 정치경제학적 측면에서 바라본 국가독점 자본주의라는 주체가 다국적기업의 비국가적 자본주의로 대체되는 상황에서 드러나는 '나'라는 허구적 주체의 나르시시즘적 의식과 무의식의 논리는 불확정성과 미결정성 혹은 무의미로 대표되는 '삶의 양식'이라는 제국주의적 문화의 논리로 대변되고 있다.

그러나 후기근대 혹은 포스트모더니즘이라고 일컬어지고 있는 문화의 내부 속으로 침투해 들어가면, "지배 아니면 종속"이라는 정치경제학적 논리와 신자유주의적 나르시시즘의 문화적 논리가 미국 중심의 제국주의적 문화논리로 통합되어 있음을 발견할 수 있을 뿐만 아니라, 문학예술을 비롯한 영화와 광고 등의 문화분야에서 이와는 달리 끊임없이 새로운 '삶의 양식'이 변화·생성되고 있음을 발견할 수 있다. 그리고 이러한 새로운 삶의 양식의 변화와 생성은 결코 기존의 정치·경제학적 논리가 아니라 문화적 측면에서 발견될 수 있는 요소이기 때문에, 기존에 형성되어 있는 국가나 아버지의 가부장적 주체나, 아니면 현재 파괴·해체되고 있는 개별적인 나르시시즘적 주체의 입장이 아니라 새롭게 형성되고 있는 '노마드'적 주체의 입장에서 삶의 양식의 변화와 생성을 파악할 필요가 있다. 그리고 이러한 노마드적 주체의 입장에서 삶의 양식의 변화와 생성이 가장 두드러지게 나타나는 곳은 전지구의 곳곳에서 새롭게 피어오르고 있는 페미니즘, 탈식민주의, 생태주의의 실천적 생성이 이루어지고 있는 문화라고 할 것이다.

이처럼 문화의 영역에서 페미니즘, 탈식민주의, 생태주의와 같은 새로운 삶의 양식의 변화와 생성을 "지배 아니면 종속"이라는 제국주의적 정치경제학의 논리나 끝없는 해체나 부정의 신자유주의적 나르시시즘의 문화논리로 환원시키지 않는 방법은 근대 분과학문의 "정치·경제/문화" 혹은 "문화/자연"이라는 이분법에서 바라보는 것이 아니라 전지구적 인류문화에 포함되어 있는 근대 자본주의의 정치·경제적 요소 그리고 생태계의 자연에 포함되어 있는 인간의 문화라는 근원적인 자연과 사회의 생태학으로 나아가는 시각의 전환이 필요하다. 즉 권력관계나 자본의 소유관계라는 양적인 시각에서 벗어나 삶의 양식이라는 질적인 시각의 획득을 필요로 할 뿐만 아니라, 이러한 삶의 양식이라는 질적인 시각의 필요성은 문화의 근원적 모델을 자연의 생명성에 뿌리내려야 함을 의미한다고 할 수 있다. 따라서 이 글은 후기근대의 문화적 현상이며 문화적 논리라고 할 수 있는 포스트모더니즘의 부정적 요소를 근대적 시각으로 파악함과 동시에, 그 긍정적 요소를 탈근대적 시각으로 파악하여 오늘날에도 지속적으로 이루어지고 있는 근대화과정의 문화제국주의로부터 탈주하여 탈근대적 생성과 변화를 지향하는 '노마드' 문화의 생성적 조건과 흐름을 이론과 문화적 생산의 측면에서 살펴보고자 한다.

2. 노마드의 문화 혹은 노마돌로지의 문화적 조건

"신이 존재하느냐 혹은 존재하지 않느냐"에 대한 논의가 항상 신학이나 종교의 울타리에서 벗어날 수 없는 것과 마찬가지로 '주체의 존재'에 대한 긍정과 부정은 서구적 근대의 정신/몸, 개인/사회, 남성/여성, 서구/비서구 그리고 인간/자연이라는 이분법의 울타리에서 벗어날 수 없다. 이것은 근원적으로 "주체(나)란 무엇인가"라는 데카르트적 코기토가 형성한 "언어의 감옥"이자, 근대적 주체인 서구·백인·남성 중심주의가 형성한 "근대적 주체의 감옥"이다(Jameson 1972, pp. 3~5). 따라서 문제는 "주체란 무엇인가?"라는 과거 지향적이거나 현재의 기능론적인 질문이 아니라, "주체란 어떻게 구성되었는가?" 혹은 "주체란 어떻게 작동되는가?"라는 문화에 대한 현실 분석적이고 미래 지향적인 "구성(혹은 구축)주의적 시각"[2)]의 질문이 필요하다. 오늘날의 포스트모더니즘 논의에서 이러한 현실 분석적이고 미래 지향적인 구축주의적 시각은 근대의 지식 전반에 대한 문제제기로부터 시작한다.

18~19세기에 이루어진 서구근대의 형성과 더불어 시작된 근대 대학제도의 분과학문체계는 고대그리스 사회(혹은 국가)의 민주주의를 모델로 하여 형성되었다고 할 수 있다. 이것은 근대 대학제도의 분과

학문체계의 지식이 플라톤의 '국가철학'(state philosophy)을 모델로 하여 형성되었다는 것을 의미하는데, 들뢰즈-가타리는 고대그리스의 지식적 모델을 플라톤 이전과 플라톤 이후로 구분하고 있다. 플라톤 이전과 플라톤 이후를 매개하는 지식인이 바로 소크라테스인데, 소크라테스는 감언이설로 청년들을 현혹시킨다는 이유로 국가에 의하여 독살된 데 반하여 플라톤은 소크라테스를 개념적으로 전유하여 국가철학의 지식적 토대를 형성하였다. 이런 점에서 우리는 소크라테스 자신의 지식과 플라톤이 전유한 소크라테스의 지식이 상호 동일하지 않다는 결론을 도출할 수 있는데, 들뢰즈-가타리는 이러한 차이를 국가철학과 노마돌로지로 구분하고 있다(Deleuze and Guattari 1994, p. 102). 즉 국가가 탄생하기 이전의 고대그리스는 고대 아시아와 아프리카의 문명세계로부터 탈영토화하여 스텝과 사막, 바다를 가로질러 형성한 노마드의 문화라는 것이다. 이러한 고대그리스의 노마드 문화가 지니고 있는 특성은 고대 아시아나 아프리카의 문명이 그 정치적 주권 혹은 지배가 "마법사-왕의 머리"와 "법학자-사제의 머리"라는 두 개의 형식(Deleuze and Guattari 1987, p. 354)을 띠고 있는 데 반하여 다양한 평등적 (혹은 연대나 유대) 관계인 "친구들의 세계"(Deleuze and Guattari 1994, p. 3)를 형성하였다는 것이다.

고대 아시아나 아프리카 문명의 '국가철학'이 지니고 있는 "마법사-왕의 머리"나 "법학자-사제의 머리"의 지식체계가 이러저러한 권력형태의 서열구조로 이루어진 것과는 달리, 고대그리스의 도시들이 형성한 노마돌로지는 지식인·노동자·상인·예술가·군인 등이 어떠한 서열구조로 편입되지 않는 "친구들의 세계"를 형성하였다. 이러한 친구들의 세계 속에서 "나"라는 삶의 주체는 마법사-왕이나 법학자-사제라는 "머리"(아버지)를 모델로 구성되는 것이 아니라, 나-지식인,

나-노동자, 나-예술가 등의 수많은 결연이나 동맹의 관계가 지니고 있는 시·공간적 의미 변형에 따라 구축되는 것이다. 노마돌로지가 만든 이러한 친구들의 세계는 다른 문명세계와는 달리 고대그리스의 민주주의 문화를 만든 원동력이었으며, 이러한 노마돌로지적 사유와 문화는 유럽 르네상스 시대에 다시 형성되어 서구 근대 민주주의 문화를 창출할 수 있는 원동력이 되었다.

따라서 문제는 어떻게 중세후기의 르네상스 시대에 새로운 노마드적인 르네상스 문화를 창출한 이탈리아의 도시 혹은 스페인이나 포르투갈과는 다른 영국·프랑스·독일이라는 나라들이 이전의 중세문화와 다른 새로운 근대 민주주의 문화를 창출할 수 있었느냐 하는 것이다. 그리고 르네상스 후기에 영국·프랑스·독일과 노마드적 "관계형성"[3]을 오늘날의 우리 문화 속에서 어떻게 형성시킬 수 있는가 하는 문제일 것이다. 즉 르네상스의 문화적 열풍이 이탈리아의 도시들에서 시작하여 스페인과 포르투갈·네덜란드로 이동하여, 뒤늦게 영국·프랑스·독일에 도착하였음에도 불구하고, 이들 나라들이 르네상스의 노마드 문화가 지니고 있는 무한한 노마드적 벡터의 힘을 근대 민주주의 문화의 형성으로 계열화시킨 관계적 요인이 무엇인가 하는 문제이다. 이러한 "관계"를 우리는 영국·프랑스·독일이 다른 르네상스의 선진국들과 대비되게 르네상스 이전의 유럽을 구성하였던 로마교황청 중심의 서열구조와 단절하여 단일한 특이성의 문화를 형성하였다는 점에서 찾을 수 있다. 이러한 나라단위의 단일한 특이성의 문화는 내적 관계와 외적 관계의 자율성을 생산하였는데, 영국의 경우에 내적 관계는 웨일즈와 스코틀랜드를 병합하여 대영제국을 건설할 수 있는 생성적 관계를 산출하였으며, 외적 관계는 전세계의 수많은 지역들과의 교역관계를 통하여 결과적으로 식민지를 경영하는 근대적 관계를 창출하였다고 할 수 있다.

이처럼 오늘날의 포스트모더니즘 문화는 인류의 역사를 통하여 문명과 서열구조의 권력관계로부터 벗어나고자 하는 수많은 노마드들이 형성한 고대그리스와 중세유럽의 노마드 문화가 전지구적으로 확산된 것이라고 할 수 있다. 그러나 오늘날의 가족주의의 원초적 모델이 되고 있는 고대 아시아와 아프리카 문명의 마법사-왕 혹은 법학자-사제의 권력구조로부터 탈주하여 형성된 고대그리스의 노마드 문화가 다시 고대그리스의 도시국가들로 정착하면서 플라톤의 이데아/현실이라는 이분법에 토대를 둔 국가철학이 형성된 것과 마찬가지로, 중세의 종교적 가족주의의 권력구조로부터 탈주하여 형성된 르네상스의 노마드 문화는 영국·프랑스·독일로 계승되어 근대 자본주의라는 주체(서구·백인·남성)와 타자(비서구·유색인·여성)의 관계를 고착시키는 근대적 가족주의의 국가철학을 형성하였다. 즉 고대그리스의 국가철학이 "주인(시민)과 노예"의 관계를 고착시킨 것과 마찬가지로 중세의 유럽은 기독교를 통한 "주인(기독교인)과 노예(이방인)의 관계"를 고착시키고, 근대의 서구문화는 가족주의를 통하여 고대그리스의 시민주의와 중세유럽의 기독교주의를 부활시키고 있다. 따라서 오늘날의 포스트모더니즘의 문화적 현상으로 나타나는 노마드 문화는 고대 아시아나 아프리카의 문명 혹은 중세의 로마교황청처럼, 서구적 근대가 만든 미국 중심의 서구·백인·남성 중심주의의 영토로부터 탈영토화하는 문화의 무한한 생산성이 지니고 있는 벡터의 힘을 의미한다고 할 수 있다.

그러나 포스트모더니즘 문화가 지니고 있는 노마드 문화의 무한한 생산성은 그 생산성이 과거·현재·미래의 다양한 지표들로 향하고 있기 때문에 부정적 측면과 긍정적 측면 혹은 이것도 저것도 아닌 허무주의적 측면 모두를 지니고 있다. 여기에서 우리는 후기근대의 국제적 권력관계의 중심인 미국이 바라보는 포스모더니즘이 근대라는 서구·백인·남성 중심주의의 울타리에서 벗어나고 있지 못함을 살필 수 있고, 특히 노마드 문화라는 후기근대의 문화적 현상을 근대적 주체의 있음에 대비하여 후기근대적 주체의 없음으로 인식하는 것만을 포스트모더니즘이라고 오해하는 결과를 초래한다. 즉 최근 미국의 WTO빌딩 폭파사건과 아프간침공 사건에서 볼 수 있는 바와 같이 근대의 서구/비서구, 백인/유색인, 남성/여성이라는 근대적 선/악의 이분법으로 구성된 국가철학의 권력관계가 친미(선)/반미(악)이라는 이분법을 존속시키고 있다.

이러한 근대를 지속시키는 국제적 관계의 상황에서 주체의 있음과 없음이라는 이분법적 인식론은, 오늘날의 미국 중심적인 문화제국주의를 단지 두 개의 서로 다른 형식으로 존속시키고 있을 뿐이다. 하나의 형식은 근대화과정의 소수자였던 비서구·유색인·여성의 주체적 자각이 근대적 주체인 서구·백인·남성의 나르시시즘적 주체의 환원으로 끊임없는 제국주의적 대립과 갈등으로 나아가는 것이고, 다른 하나의 형식은 노마드 문화의 무한한 생산성을 지니고 있는 현실적으로 존재하는 다양한 벡터의 힘을 다양성이나 불확정성이라는 이름으로 허구화하여 전근대적이거나 초기근대적인 낭만주의적 향수를 자아내어 현실적으로 존재하는 제국주의적 권력관계를 존속시키는 방향으로 나아가는 길이다. 포스트모더니즘이라는 미국 중심의 문화제국주의 논리는 이러한 부정적이고 허무주의적인 문화만을 강화시키고 있다.

따라서 고대그리스나 중세유럽 르네상스 시대의 영국·프랑스·독일처럼 오늘날의 포스트모더니즘 문화가 진정한 미래의 창출로 나아가는 진정한 노마드 문화의 형성조건은 고대 아시아나 아프리카의 문명이나 중세의 로마교황청 역할을 하는 오늘날의 미국문명과 단절하여 새로운 미래로 나아갈 수 있는 문화적 거리를 유지하는 길이다. 우리의 노마드 문화를 구성하기 위하여 필수적인 요소라고 할 수 있는 이러한 탈근대의 문화적 거리는 후기근대 문화의 일부분을 구성하고 있는 정치적이고 군사적인 형식으로 이루어진 국가간의 가족주의적 관계의 단절을 의미하는데, 그러한 근대적 관계의 단절은 새로운 탈근대적 관계의 형성을 의미하기도 한다. 그리고 이러한 문화적 거리는 필연적으로 근대 국가철학의 가족주의적이거나 나르시시즘적이 아닌 노마돌로지의 지식을 획득하도록 만드는데, 이러한 노마돌로지는 포스트모더니즘의 노마드 문화를 주체의 있음과 없음으로 바라보도록 만드는 것이 아니라 "무한한 생산성을 지닌 벡터의 힘"으로 바라보도록 만든다. 근대의 가족주의나 그 극한을 보여주고 있는 나르시시즘의 사유 속에서 볼 때, 유럽 르네상스의 노마드 문화를 진지구직으로 계승하고 있는 오늘날의 노마드 문화는 주변부나 소수자 문화의 가당찮은 저항이나 항거로 보일 뿐, 노마드적인 새로운 관계가 지니고 있는 "무한한 생산성을 지닌 벡터의 힘"은 전혀 보질 못한다. 이러한 예는 오늘날의 문화비평에서 가장 급진적이면서도 근본적인 시각을 지니고 있다고 평가되는 지젝(Slavoj Zizek)과 들뢰즈의 영화비평에서 매우 분명하게 드러난다.

근대 가족주의의 전형이라고 할 수 있는 프로이트의 정신분석학을 계승하고 있는 라캉을 통하여 끊임없이 근대 국가철학의 대부들인 칸트와 헤겔을 부활시키고 있는 지젝은 〈브라질〉[4]이라는 영화에 등장하는 남성과 여성의 관계를 "여성은 없음이다"(woman is nothing)나 "사랑은 없음이다"(love is nothing)로 분석하는 토대로 삼는다(Zizek 1999, pp. 89~123). 〈브라질〉은 마치 조지 오웰의 『1984』를 상기시키는 영화라는 측면에서, 미래의 컴퓨터로 통제되는 파시즘사회를 다루는 과학영화인 동시에 한 남자(파시즘사회의 지배집단의 구성원)와 한 여자(파시즘사회에 대항하는 도시게릴라 집단의 구성원)의 관계를 다루고 있는 영화이다. 그러나 지젝은 "컴퓨터로 통제되는 파시즘사회"에 대한 분석이나 남성과 여성의 관계가 지니고 있는 계급적 역학관계에 대한 언급은 전혀 없이 한 남성이 사랑한 여성이라는 "기표의 부재"(the absence of signifier)에만 초점을 맞추고 있다. 그러나 지젝의 지적처럼 〈브라질〉이라는 영화에서 한 남자의 머릿속에 존재하는 상상적 개념의 근대적이거나 전근대적인 여성은 존재하지 않지만, 미래 파시즘사회의 지배집단에 대항하여 도시게릴라로 활동하는 "여성전사"는 엄연히 존재하고 있고, 그리고 그녀를 사랑하는 지배집단 출신의 남자는 그 사랑의 관계를 통하여 자신의 지배집단으로부터 탈주하여 그 사회에 저항하는 새로운 도시게릴라로 변형되어 엄연히 존재하고 있다.

〈브라질〉과 같은 계열에 있는 영화가, 일반적으로 게이영화라고 분류될 수 있는 〈거미여인의 키스〉이다. 이 영화는 〈브라질〉과는 조금 다르게 사회적으로 타락한(마약 때문에 감옥에 수감된) 게이와 파시즘사회에 저항하여 감옥에 수감된 한 남자의 관계를 다루고 있다. 〈브라질〉과 마찬가지로 이들의 관계를 규정하고 있는 파시즘사회는 그들의 관계를 분석하는 데 없어서는 안 될 필수적인 요소이다. 기존의 근대적 할리우드 영화장르(웨스턴, 갱스터, 하드보일드 탐정, 스크루볼 코미디, 뮤지컬, 가족 멜로드라마)의 어떤 장르로도 재단할 수 없는 영화가 앞의 두 영화인데, 지젝은 〈브라질〉이라는 영화를 이용하여 자신이 주장하는 "사랑(혹은 여성)은 없음이다"를 입증하는 텍스트로 사용하고 있는 데 반하여, 들뢰즈의 노마돌로지적 입장에서 〈브라질〉이나 〈거미여인의 키스〉는 그가 주장하는 "사랑은 그 무엇 되기이다"(love is becoming something)[5]를 입증하는 텍스트로 사용될 수 있다. 그러나 지젝의 분석에서 개별적 관계와 사회적 관계는 서로 별개로 존재하지만, 들뢰즈의 노마돌로지 속에서 바라보는 관계는 개인/사회의 이분법을 결코 인정하지 않으며, 이에 덧붙여 그 이분법을 뛰어넘는 생성적 관계에 대한 조망이 있다. 비록 〈브라질〉은 미래를 다루고 있고 〈거미여인의 키스〉는 전지구적 현재의 국지적 상황을 다루고 있지만, 두 영화를 지배하고 있는 사회는 근본적으로 가족주의를 토대로 하는 파시즘의 사회이다. 그리고 영화 〈브라질〉에서 파시즘에 대항하여 싸우는 게릴라는 여성이지만, 〈거미여인의 키스〉에서 파시즘에 대항하여 감옥에 들어간 사람은 남성이라는 차이만 있을 뿐이다. 그런데 문제는 〈브라질〉에서 게릴라여성을 사랑하는 남자는 자신이 속해 있는 상류사회의 소비문화로부터 탈주하여 파시즘에 대항하여 싸우는 도시게릴라 전사가 되고, 〈거미여인의 키스〉에서 운동권 남자를 사랑하는 타락한 도시 뒷골목의 게이는 도시 뒷골목에 있는 게이들의 마이너문화로부터 탈주하여 사회에 저항하는 운동권의 책무를 떠맡는 전사가 된다.

지젝의 관점에서 보면, 〈브라질〉이나 〈거미여인의 키스〉에서 전통적인 사랑이나 여성은 존재하지 않는다. 그러나 들뢰즈의 관점에서 보면, 두 영화에서 제기하는 사랑이라는 관계는 이전의 "나"(주체라고 생각한 가족주의적인 절대적 자아)가 아닌 또 다른 새로운 "나"(형성과정에 있는 노마드적 자아)를 형성하는 과정의 생성적 원천이자 힘이다. 이런 측면에서 지젝(혹은 그가 이론적으로 이용하는 라캉)은 현존하는 "기표의 미끄러짐"이라는 문화적 현상의 상징성을 근대적 가족주의의 시각에서 분석하여 근대적으로 조합(배치)하는 역할을 담당하고 있다. 그러나 지젝이나 라캉의 현실에 대한 미시적 문화분석과 배치는 현존하는 권력관계나 억압관계를 보지 못하게 만들 뿐만 아니라 그 권력과 억압의 체계를 그대로 인정하는 결과를 만든다. 이와 반대로 들뢰즈의 노마돌로지는 그러한 권력관계나 억압의 구조가 개별적 관계 속에 무의식으로 침투하여 현실적 관계를 왜곡시키는 모습을 볼 수 있게 할 뿐만 아니라, 그러한 권력관계나 억압의 구조를 뛰어넘어 새로운 관계의 의미가 구축되는 과정이나 생성 혹은 가능성을 찾으려는 지적 생산자의 모습을 상기시키고 있다.

3. 탈근대적 문화의 생성

임권택 감독의 〈뽕〉이라는 영화가 유럽과 미국에서 공연되었을 때, 유럽과 미국의 관중들은 기립박수로 그 영화에 찬사와 갈채를 보냈다. 그러나 1980년대의 우리 사회에서 그 영화는 일종의 개량화된 포르노 영화로 받아들였다. 이러한 차이는 유럽과 미국이 당면한 근대 가족주의의 가부장제가 현실의 문화적 퇴보를 거듭하는 것에 대한 하나의 경고로, 〈뽕〉이 다루고 있는 근대 이전의 한국사회가 지녔던 가부장제의 파괴적이고 억압적인 특성에 대한 서구적 후기근대의 보편적 문화인식일 것이다. 그러나 근대화의 과정에서 표면적으로 해체된 것 같은 한국사회의 유교적 가족주의의 가부장제는 식민지적이고 번역된 근대화과정 속에서 식민지적 국가주의나 아류 제국주의 체제를 통하여 다시 살아나 역으로 국가주의나 억압적 권위주의의 문화적 인식의 토대를 제공하고 있다. 따라서 〈뽕〉에서 제시하고 있는 근대 이전의 가족주의적 가부장제가 억압적으로 행사하고 있는 여성이라는 생명체에 대한 억압이나 파괴는 보이지 않고, 그 이면에 있는 남성 중심의 포르노 그래피적 에로티시즘만이 한국 근대인의 시선에 선명하게 드러나는 것은 아주 당연할지도 모른다.

이러한 측면에서 2000년에 발표된 홍상수 감독의 〈오! 수정〉은 가족주의의 가부장인 "아버지의 부재"를 통하여 주인공 수정이의 관계가 지니고 있는 양면성을 제시하고 있다. 하나는 근대적 가족주의의 가부장제와 나르시시즘의 시각에서 바라보는 주체의 있음이나 없음의 극단적 시각에서 바라보는 수정이의 처녀성 상실의 이야기이고, 다른 하나는 "아버지의 부재"가 제시하는 가족주의로부터 벗어난 "고아"의 관점에서 바라본 "여성의 탄생과정"이다. 이것은 서로 다른 두 개의 사건이 아니라 하나의 사건에 대한 두 개의 계열화이다. 즉 근대적인 가족주의나 나르시시즘의 계열화와 탈근대적인 노마드적 생성의 계열화가 〈오! 수정〉에는 서로 단절된 두 개의 이야기로 제시되고 있어서 관객인 우리로 하여금 어떤 하나의 문화적 선택을 하도록 강요한다. 그러나 문제는 우리가 근대 서구문화의 한 고아라는 관점에서 형성되는 새로운 생명(여성)의 탄생과정을 보지 않고 습관적으로 그 생명성을 억압하고 파괴하는 근대적 혹은 전근대적인 가족주의나 나르시시즘으로 사건을 계열화하고 있다는 것이다. 이것은 근대화의 과정에서 우리의 아버지인 국가나 민족이 서구의 근대처럼 강력하게 존재하지도 않았고, 또한 비서구·유색인·여성의 등장과 더불어 서구가 겪은 후기근대의 경험처럼 강력한 "아버지의 부재나 상실"을 경험하지도 않았기 때문이라고 할 것이다. 그러나 이러한 근대의 경험으로부터 탈주하여 탈근대적 노마돌로지의 시선을 획득하는 것은, 탈근대적 문화의 생성을 실천적으로 뒷받침하는 강력한 현실적 힘이자 이론으로 작용하고 있는 탈식민주의와 페미니즘이 우리의 문화 속에서 강력한 새로운 생성의 연대로 나아갈 수 있는 탈근대적 유대의 조건이라고도 할 수 있다.

그러나 홍상수 감독의 〈오! 수정〉은 일부에서 수많은 찬사가 나왔음에도 불구하고 우리의 문화에서 그렇게 주목을 받지 못하고 사라졌다. "그 이유가 무엇일까?" 자못 궁금하다.

이러한 궁금증을 해결하기 위하여 좀더 확장된 문화적 현실을 살펴보는 것은 필수적이다. 이러한 측면에서, 1960년대 이후 미국의 가족주의나 남성 중심주의의 해체를 드러내는 아버지의 부재나 상실이 가장 극적으로 제시되는 것은 아마도 2000년 전미국을 휩쓴 〈아메리칸 뷰티〉라는 영화일 것이다. 이 영화에서 회사와 가정이라는 자본주의적 서열구조의 두 축에서 서서히 죽어가고 있는 미국의 한 중산층가정의 가장은 새로운 노마드적 관계의 형성을 통하여 독자적인 주체의 생성으로 나아간다. 이러한 새로운 생성은 자본주의라는 사회적 주체도 아니고, 가족주의의 서열구조로 이루어져 있는 가부장이라는 전통적 주체도 아니다. 〈아메리칸 뷰티〉의 주인공 버냄이 생성시키는 새로운 주체는 사회나 가족으로부터 벗어나 새롭게 형성된 관계의 주체이다. 이러한 새로운 탈근대적 형성과정에 있는 노마드적 주체를 우리는 그의 딸 '제인' 과 이웃집 소년 '릭' 의 관계에서도 발견할 수 있다.

그러나 이 과정에서 우리는 이러한 새로운 형성과정의 주체를 억압하고 말살하는 미시적 파시즘의 두 형태를 발견할 수 있다. 하나는 이웃집 릭의 아버지가 담당하고 있는 전형적인 근대의 가부장적 파시즘이고, 다른 하나는 버냄의 아내이자 제인의 어머니가 담당하고 있는 후기근대의 미국적 페미니즘이 담당하고 있는 자본주의적 파시즘이다. 릭의 아버지가 담당하고 있는 전형적인 근대의 가부장적 파시즘은 히틀러의 게르만 종족주의가 이데올로기적 판타지로 개인의 몸에 내재되어 가족이나 이웃의 관계 속에서 그들의 생명성을 앗아가거나 억압하는 미시적 파시즘으로 계승되고 있음을 보여주며, 미국적 페미니스트의 자본주의적 파시즘은 법이나 제도를 통하여 새로운 권력으로 등장하는 미국적 페미니즘이 자본주의의 권력과 폭력적 속성을 가족주의의 이름으로 부활시키고 있음을 보여준다. 자신도 모르는 사이 갑자기 다가온 죽음의 과정에서 빛나는 버냄의 미소와 극적으로 대비되는 권총을 들고 폭풍우 속을 거니는 릭의 아버지(전형적인 근대의 가부장적 파시즘)의 주체적 자부심을 상실하는 모습과 버냄이 죽은 것을 알고 권총을 든 채로 옷장 속의 버냄의 옷을 부둥켜안고 오열을 터뜨리는 버냄의 아내이자 제인의 어머니가 지니고 있는 단란한 가정의 상실을 제기하는 모습은 강력한 근대적 주체의 폭력과 새로운 후기근대적 주체의 부재(여성적 주체의 남성적 대체)가 미국 중산층 가족주의 이데올로기의 지속 속에서 파괴의 극한으로 치닫고 있음을 보여준다.

이와는 달리 전지구적인 탈근대의 노마드 문화를 한 단계 끌어올린 사람은 〈와호장룡〉을 통하여 "근대적 서구인늘이 노서히 이해하지 못하는 새로유 미학"을 제시했다고 평가받는 대만 출신의 이안(李安)이 감독한 영화들일 것이다. 〈결혼 피로연〉 이후, 이안 감독의 일관된 관심이 "전통에 대한 뒤집어보기(혹은 전통으로부터 탈주하기)"라는 측면에서, 〈음식남녀〉는 "전통적인 가족에 대한 관념을 뒤집어보는 주제의식"을 보여주고 있고, 〈음식남녀〉와 더불어 그의 데뷔작인 〈결혼 피로연〉은 전통적인 가족주의에서 벗어나 가족에 대한 탈근대적 비전을 매우 구체적으로 제시하고 있다. 특히 〈음식남녀〉가 중국인 가족에 한정되어 있음에 반하여, 〈결혼 피로연〉은 백인과 중국인, 게이부부와 이성애적 부부의 관계가 혼합되어 있는 뉴욕의 "복합문화적"(multicultural) 가족을 보여준다는 점에서 더욱 근대 가족주의가 지속시키고 있는 "근대의 상상적 공동체"인 국가나 민족의 권력으로부터 벗어나는 탈근대적 노마드 문화의 면모를 확실하게 드러내고 있다.

〈음식남녀〉에서 권위주의적이고 전통적인 유교적 가족주의의 울타리로부터 가장 벗어나 있는 둘째딸이 아버지를 계승하여 가족의 가업인 "음식 만드는 일"에 복무하게 된 것은 전적으로 아버지가 가족주의의 영토로부터 탈영토화(자신의 욕망에 충실한 것)하는 것에 기인한다고 할 수 있다. 즉 둘째딸이 음식 만드는 일에 복무하면서 가족의 업을 유지하는 것은 미시적 가족주의의 코드가 유지시키고 있는 자본주의라는 영토로부터 탈영토화하여 자신의 노마드적 욕망[6]에 충실히 순응하는 것으로 표현되어 있다. 이러한 탈영토화와 재영토화라는 욕망의 자연스러움은 이안 감독이 일관되게 보여주고 있는 가족주의로부터 탈영토화한 탈근대적 가족에 대한 비전이다. 즉 〈음식남녀〉에서 이루어지는 "음식 만들기"로 비유되고 있는 '관계'의 형성은 전통적인 남녀관계가 지니고 있는 운명적 만남이라는 암묵적인 근대적 가족주의를 해체할 뿐만 아니라, 프로이트의 "아버지-엄마-나"라는 "오이디푸스의 삼각형"이라는 가족주의적 욕망의 자본주의적 영토로부터 탈영토화하고 있다고 할 수 있다.

〈음식남녀〉에서 아버지의 역할은 가족주의를 토대로 가족에 군림하는 근대적 가부장이 아니라, 가족구성원들의 사회적 생활에 대한 휴식과 재충전의 기회를 제공하는, 어머니의 부재를 대신하여 "일요일의 만찬"을 제공하는 친구의 역할이다. 이러한 일요일의 만찬은 세 명의 딸들이 스스로 자립하는 날까지만 한정되어 있는, 친구로 대변되는 아버지의 봉사일 뿐이다. 따라서 이러한 봉사가 끝나는 "마지막 만찬"에서 아버지가 딸의 친구인 금영과 결혼하겠다고 발표하는 것은 다소 희극적으로 제시되지만 매우 자연스러워 보인다. 이 놀라운 발표가 사실은 영화의 줄거리들을 계속 관찰한 관객의 입장에서 볼 때, 우리는 금영의 딸에 대한 지속적인 음식 만들기의 봉사가 자신의 딸과 금영의 딸에 대한 아버지의 구분이 전혀 없는 가족주의의 완전한 폐기와 같은 의미의 계열에 있음을 알 수 있다. 따라서 딸의 친구인 금영과의 결혼 선언은 우리가 근대의 가족주의라는 울타리(남성, 자본, 권력 등으로 이루어지는 서열구조)에서 벗어나면 너무나도 쉽게 수긍이 가는 일이다. 따라서 아버지가 둘째딸에 의하여 되찾은 음식의 맛은 아버지의 또 다른 생명성의 회복을 나타낼 뿐만 아니라, 자연스러운 탈근대적 가족의 문화가 우리의 욕망 내부에 도사리고 있음을 볼 수 있다. 이것이 바로 근대의 가족주의로부터 탈영토화하여 탈근대적 노마드의 문화를 생성시키고자 하는 본연의 욕망이라고 하겠다.

〈결혼 피로연〉에서도 전통적인 근대의 가족(남녀의 결합으로 이루어진 전통의 계승)은 깨어지고, 탈근대의 가족(단순한 게이부부만이 아니라 3인이 구성하는 부부관계)을 이루지만 고씨가문의 혈통이라는 자식의 생산으로 부모와 자식의 가족적 전통은 계승되고 있다. 물론 이러한 탈근대적 가족을 이룰 수 있는 계기는 가족이나 연인의 관계가 상호소유의 관계 혹은 지배나 종속의 관계가 아니라 서로가 서로의 탈영토화를 끊임없이 도와주면서 상호 공존하는 관계가 이루어지기 때문이다. 영화에서 백인 게이가 부모님과 여자의 경제적 생활 때문에 위장결혼을 제안하는 것, 부모가 자식이 게이라는 것을 고통스럽게 수용하는 것, 특히 여자가 자식을 낳겠다고 말하는 것을 기쁘게 받아들이는 것 등은 노마드적 욕망의 자연스러운 관계형성을 볼 수 있는 탈근대적 문화의 속성을 보여준다. 이러한 과정에서 자본주의의 시장경제에서 이루어지는 것과 다른 자본의 역할(집의 소유, 미술품으로 집세를 내는 것 등)은 근대 이전의 자본의 역할이 근대의 자본의 역할과 다르듯이 탈근대의 자본의 역할 또한 근대 자본주의의 자본과 다름을 보여준다고 하겠다. 이것은 동일한 이안 감독의 영화임에도 불구하고,

미국의 백인 중산층가족을 다루고 있는 〈아이스 스톰〉에서 근대 자본주의와 가족주의가 결합되어 있는 노마드적 욕망의 억압이 궁극적으로 근대적 가족의 파멸로 이어지고 있다는 점에서 근대적 인식과 탈근대적 인식의 크나큰 차이와 무게를 짐작할 수 있게 만든다.

따라서 문제는 미국 중심의 서구문화 속에서 가족으로 대변되는 근대문화의 파멸과 해체에 관심을 두느냐, 아니면 우리를 비롯한 다양한 서구적 근대화의 주변부 문화들 속에서 이루어지는 탈근대적 문화의 생성에 초점을 맞추느냐 하는 것일 것이다. 들뢰즈-가타리를 비롯한 서구의 수많은 페미니스트들과 탈식민주의자들 그리고 생태주의자들이 탈근대적 문화의 생성에 초점을 맞추고 있는 것은 당연한 일일지도 모른다. 이들과 마찬가지로 우리도 근대화의 과정에서 정치나 경제의 지배와 종속으로 드러나는 지배/종속의 이분법적 관계에서 지배적인 문명을 해바라기 식으로 추구하는 시각으로부터 벗어나, 즉 근대의 지배적인 문명으로부터 어떻게 탈주하여 새로운 탈근대적 삶의 방식의 문화를 창출하는 관계로 나아가느냐에 대한 인식의 전환이 필수적이다. 앞에서 서술한 바와 같이 이러한 탈근대적 인식의 전환을 가로막는 근대의 족쇄가 바로 미국과 정치(군사)·경제적으로 맺어져 있는 근대 제국주의적 관계의 가족주의적(아버지 혹은 형을 상징하는 미국과 아들 혹은 동생을 상징하는 우리) 유대의 끈이라고 할 수 있다. 이러한 가족주의적 국가들의 근대적 관계는 근대 이전의 중국과 조선을 연결시켰던 전근대의 가족주의적 관계가 조선으로 하여금 새로운 근대문화를 창출하여 근대화를 앞당길 수 있는 기회를 박탈하였던 것과 마찬가지로, 오늘날 우리가 탈근대의 문화를 창출하여 탈근대의 세계로 나아가는 길을 의식적인 형태나 무의식적인 형태로 가로막고 있다는 것이다. 이러한 측면에서 들뢰즈-가타리의 미래에 대한 예견은 의미심장하다고 하겠다.

> 우리(서구인들)에게 현재에 대한 저항은 결여되어 있다. 개념들의 창조는 그 자체로서 미래의 어떤 형식에 구원을 청하며, 아직은 존재하지 않는 새로운 대지와 새로운 민족을 요청한다. 유럽화는 하나의 생성을 구축하는 것이 아니라, 단지 속박된 민족들의 생성을 방해하는 자본주의의 역사를 구축할 따름이다. 바로 이 점, 즉 창조의 상관물로서 결여된 하나의 대지와 하나의 민족의 구축이라는 점에서 예술과 철학은 다시 합치된다. 그러한 미래를 요구하는 자들은 대중주의 작가들이 아니라 가장 귀족적인 특권계급들이다. 그러한 대지와 민족은 우리(서구)의 민주주의들 안에서는 결코 찾아지지 않을 것이다. (Deleuze and Felix Guattari 1994, p. 108)

들뢰즈-가타리의 말처럼, 근대를 창출하여 근대화를 주도한 서구인들에게 근대라는 "현재에 대한 저항은 결여되어 있다"고 할 수 있다. 따라서 근대의 이데올로기가 만든 '상상적 공동체'의 국가(제국)주의로 유지되고 있는 가족주의적 환상이 여전히 근대의 유령으로 떠돌고 있는 서구적 현실 속에서 노마드 문화나 노마돌로지라는 새로운 인식의 "개념들"은 그들의 몫이 아니라 근대화의 주변부에 있었던, 그래서 서구적 근대로 완전히 영토화되지 않은 "새로운 대지와 새로운 민족"의 몫이라고 할 수 있다. 그리고 고대그리스나 중세유럽의 르네상스처럼 이 "새로운 대지와 새로운 민족"이 창출되기 위해선 삶의 방식이라는 측면에서 이루어진 노마드 문화, 즉 "예술과 철학"의 합치인 노마돌로지의 생성이 필연적이다. 또한 이러한 노마드 문화나 노마돌로지는 근대의 "대중주의 작가들"(미국의 할리우드 영화들로 대표되는)이 아니라 근대의 중심으로부터 벗어나 고고하게 인류 보편성의 문화를 창조하기 위하여 서구적 근대에 의하여 양분된 "예술과 철학"을 합치하고자 노력하는 "가장 귀족적인 특권계급들" 속에서 이루어진다고 할 것이다. 우리의 문화 속에 존재하는 이들의 노력을 올바로 평가하여 탈근대의 문화를 창출하기 위해선 하루 빨리 미국이나 서구 중심의 시각으로부터 벗어나 탈근대적인 노마돌로지의 시각을 획득하는 일이 가장 급선무라고 할 것이다.

4. 맺음말

지금까지 문화의 시대 혹은 후기근대의 문화를 규정하는 포스트모더니즘을 중심으로 오늘날의 문화를 바라보는 근본적인 인식론의 전환에 대한 필연성을 살펴보았다. 이러한 인식론의 전환은 지금까지 문명의 관점에서 바라보았던 국가적이고 집단적인 가족주의적 시각에서 벗어나 끊임없이 미래지향적인 문화의 형성으로 나아갔던 노마돌로지의 취득을 의미한다. "문명의 기록 이래로 억압과 폭력의 역사가 아닌 것이 없다"라는 바르트(Roland Barthes)의 말처럼, 억압과 폭력의 역사로 점철된 근대 국가철학의 시각으로부터 벗어나 역사적 전환기였던 고대그리스의 노마드 문화나 중세유럽 르네상스의 노마돌로지의 시각으로 바라볼 때, 우리는 우리의 주변에서 이루어지고 있는 수많은 생성의 문화를 인식할 수 있을 것이다.

오늘날 전지구적으로 이루어지고 있는 탈근대적 문화의 생성을 가로막는 것은 기존의 삶의 방식을 의식과 무의식 속에서 끊임없이 지속시키고자 하는 가족주의의 문화적 코드라고 할 수 있다. 자본주의의 성장과 더불어 자본에 의하여 유지되고 있는 근대 가족주의는 우리의 문화적 무의식 속에 자리 잡고 있어서 근대 자본주의에 의하여 탈코드화된 전근대적 권력체계를 부활시키고 있을 뿐만 아니라, 근대에 의하여 만들어진 국가와 개인의 자본주의적 서열관계를 존속시키는 수단이 되고 있다. 이런 측면에서, 최근 미국 중심으로 이루어지고 있는 포스트모더니즘 논의는 근대 초기와 중기의 강력한 제국주의적 이데올로기의 토대였던 데카르트의 코기토적 주체를 해체하는 "주체의 부재"에 대한 논의로 후기근대의 새로운 주체를 형성하고 있는 페미니즘이나 탈식민주의, 생태주의의 시각을 차단하는 또 다른 제국주의의 문화적 이데올로기의 역할을 담당하고 있다. 주체의 있음과 없음은 항상 "아버지-엄마-나"라는 가족주의적 관계의 '나'라는 주체의 있음과 없음으로 환원되기 때문에 근대 초기와 중기의 강력한 주체의 우월성을 강조하는 제국주의적 정치·경제·군사적 강제와 폭력의 이데올로기는 후기근대라는 문화적 혼돈기 속에서 "주체의 부정"을 통하여 현실적으로 존재하는 제국주의적 관계의 무한한 지속이라는 문화적 이데올로기를 담당하고 있다.

이러한 제국주의 문화이데올로기의 심층에는 '나'라는 주체의 욕망을 가부장적 오이디푸스로 바라보았던 프로이트의 가족주의적 정신분석학과 프로이트를 계승하여 그 욕망을 "결여"(혹은 부재)로 바라보았던 라캉의 나르시시즘적 정신분석학이 도사리고 있다. 따라서 이들의 가족주의적 전통을 따르는 지식인들의 다양한 개인이나 사회에 대한 정신분석이나 문화분석은 오이디푸스(아버지나 국가)라는 주체의 있음과 없음으로 끊임없이 환원되어 현존하는 국제질서나 가족주의적 서열구조를 지속시키는 문화(삶의 방식)적 코드의 역할을 한다. 이러한 근대적 문화코드로부터 벗어나 오늘날의 전지구적인 노마드의 문화 속에서 이루어지고 있는 새로운 탈근대적 문화의 생성을 살펴보기 위해선 허구적인 '아버지'의 대리인인 '나'의 있음과 없음이라는 논의가 아니라 노마드적인 '나'의 관계에 대한 성찰이다. 그리고 이러한 노마드적인 '나'는 가족주의적거나 나르시시즘적인 '나'가 아니라 사회적 구성체로 존재하는 '나'이다. 왜냐하면 서구적 근대에 의하여 구분된 사회/개인의 이분법이 아니라 "욕망은 근원적으로 사회적 욕망이다"라는 들뢰즈-가타리의 정의에 따르자면, 우리 개개인의 창조적 욕망을 규정하고 있는 것은 근원적으로 사회적 욕망이기 때문이다. 따라서 우리의 사회적 욕망을 규정하고 있는 근대의 제국주의적 국가관계는 탈근대적 문화의 생성을 가로막는 가족주의적 억압의 장치라고 할 수 있다. 이것이 바로 우리의 다양한 탈근대적 문화의 생성을 방해하는 미국과 맺어진 정치(군사)적 관계라고 할 것이다.

따라서 근대적 관계로부터 벗어나 탈근대적 관계를 형성하는 근원은 고대그리스나 중세유럽의 르네상스 시대처럼 다양한 방향으로 어우러지는 노마드적 관계이고, 이러한 관계가 지니고 있는 무한한 생성의 벡터적 힘을 살피고자 하는 미래학을 노마돌로지라고 부른다. 오늘날 이러한 노마돌로지를 형성하는 노마드 문화의 원천은 근대의 서구·백인·남성 중심의 가족주의적이고 제국주의적인 문명으로부터 벗어나 서구와 비서구, 남성과 여성 그리고 인간과 비인간의 관계를 "친구들의 관계"로 재형성하고자 하는 탈식민주의, 페미니즘, 생태주의라고 할 것이다.

그리고 탈식민주의, 페미니즘, 생태주의가 후기근대의 문화 속에서 개별적으로 작용하여 또 다른 이분법으로 환원되는 것을 막고, 그것들 상호 문화의 연대 속에서 새로운 생성으로 방향을 틀 지어주는 것이 노마돌로지의 지식이라고 할 수 있다. 노마돌로지의 지식은 후기근대의 부정적 측면과 긍정적 측면 그리고 허무주의적 측면이 모두 뒤섞여 있는 탈식민주의, 페미니즘, 생태주의로 하여금 진정한 탈근대의 문화로 나아가도록 만드는 노마드적 관계, 즉 그것들이 지니고 있는 사회적 관계의 상호생성을 원칙으로 하는 생명성에 그 토대를 두도록 만들 수 있다고 본다.

주

1) 콘리(V. A. Conley)는 이러한 징후를 1968년 프랑스의 상황으로 제시하고 있다. 프랑스에서 미완의 혁명으로 끝난 1968년 5월은 마치 중세의 종말을 알리는 르네상스와 마찬가지로 서구적 근대의 종말을 고하는 새로운 시작이라고 할 수 있다는 것이 콘리의 주장이다. 그녀는 인간주체의 무한한 자유를 신뢰하고 그러한 자유를 무기로 자신이 처한 상황에 맞서 싸우는 인간의 실존주의적 경향(근대적)과 각 개인이 아무리 자유로워지려 해도 자신을 지배하는 삶의 구조에 종속되어 있을 뿐만 아니라 삶의 의미를 만들어내는 힘은 그 구조에서 나온다고 보는 구조주의적 경향(후기 근대적)이 상호 대립했던 시기가 1968년이라는 것이다(Conley 1997, pp. 1~12 참조).
2) Mathew 1989, p. 125. 이 글에서 로버츠는 데리다(J. J. Derrida)의 해체주의적 관점을 따르고 있는 드만과 비교하여, 바흐친의 르네상스 시대의 카니발문화에 토대를 둔 대화주의적 언어분석을 "구축주의적(architectonic) 시각"이라고 부른다. 이런 측면에서 푸코가 이야기하는 "알려지지 않은 지식"(the unknown knowledge) 그리고 들뢰즈와 가타리가 노마돌로지(nomadology)라고 부르는 지식을 해체주의적이거나 구축주의적인 지식과 구별하여 "구성주의적 지식"(constructivist knowledge)이라고 부를 수 있다.
3) Buchanan 2001, pp. 17~29. 이 글에서 이안 부캐넌은 들뢰즈의 철학을 일반적으로 "선험적 경험주의"(the transcendental emprícism)라고 정의하는 이유를 칸트가 선험성이라고 정의한 것과 경험주의 철학자들이 이야기하는 경험을 들뢰즈는 관계(relation)로 보았기 때문이라고 말한다.
4) 이 영화는 〈여인의 향기〉라는 제목의 비디오로 번역하여 출시되어 있다. 〈브라질〉이라는 영화가 〈여인의 향기〉라는 제목으로 번역되었다는 이 얼토당토하지 않은 번역문화가 오늘날의 우리 문화가 지니고 있는 변형된 근대성이라고 본다면, 그것은 지나친 억측일까?
5) 들뢰즈-가타리의 공저인 『안티-오이디푸스』 『천 개의 고원』 『카프카: 소수문학의 위하여』 『철학이란 무엇인가?』는 노마드 문화를 토대로 한 노마돌로지의 지식을 근대 국가철학을 토대로 한 부정적 인식의 몸과 욕망을 전복시켜서 긍정적 차원의 몸과 욕망에 대한 이론

과 분석이라고 할 수 있다. 이에 대해선 장시기 2001a에서 몸철학, 탈근대성, 미학의 관점에서 살펴보았다.

6) 들뢰즈-가타리가 바라보는 "욕망"은 프로이트의 정신분석학이 가정하는 가족주의적인 "오이디푸스"도 아니고 프로이트를 계승하는 라캉의 "결여"(lack)도 아니다. 이들이 바라보고 있는 노마드적 욕망은 단지 생산적 특성을 지니고 있는 "흐름"(flowing)이기 때문에 또 다른 흐름의 욕망과 만나 관계를 형성해야만 그 성격이 드러난다. 이에 대해선 Deleuze and Guattari 1984(pp. 1~3); 장시기 2001a(267~87쪽) 참조.

영국 근대 어린이문학의 탈근대성

『버드나무 사이로 부는 바람』의 "어린이 되기"

1. 근대 어린이문학의 탈근대성

"문학의 위기"(이창배 1999)라고 일컬어지고 있는 시대에 "근대문학의 사생아" 혹은 "근대문학의 비주류"라고 할 수 있는 어린이문학은 새롭게 생성되고 있다. 기존의 "(본격)문학"이라고 일컬어지고 있는 것들과 마찬가지로 어린이문학도 근대화의 과정 속에 지속적으로 존재하고 있었음에도 불구하고, 오늘날의 어린이문학은 (본격)문학과 달리 위기의 시대가 아니라 성장이나 발전의 시대이다. 또한 다양한 어린이문학의 내용과 표현은 근대적으로 고착된 인간과 동물의 이분법적 경계선을 무너트리는 근대문학의 불가능한 영역까지도 새로운 문학적 가능성으로 만들고 있다. 이러한 현상은 단지 어린이문학에만 나타나는 것이 아니라, 여성문학과 비서구문학에도 동일하게 적용시킬 수 있는 오늘날의 문학 텍스트적 현상이다. 새롭게 생성하고 있는 어린이문학이 어른/어린이의 이분법적 경계선을 파괴하듯이, 여성문학과 비서구문학은 남성/여성이나 서구/비서구의 이분법적 경계선을 파괴한다.

따라서 "문학의 위기"라고 일컬어지는 시대에 어린이문학이 성장·발전하는 현상은 여성주의나 탈식민주의 문학의 등장과 맥락을 같이한다고 할 수 있다.

어린이, 여성, 비서구인은 오늘날의 우리가 향유하고 있는 근대 자본주의의 주류가 아니라 비주류이고, 문학을 토대로 한 자본주의 문화권력의 다수자(majority)가 아니라 소수자(minority)이다. 따라서 "문학의 위기"라는 구절에서 지칭하고 있는 문학은 어린이와 여성과 비서구인이라는 근대적 소수자들이 향유하고 있는 문학이 아니라, 근대 자본주의 문화권력을 휘두르는 서구·백인·남성의 다수자가 향유하는 문학이 분명하다. 따라서 문제는 이러한 근대적 다수자의 문학이 마치 모든 문학을 대표하는 것처럼 여겨져 왔고, 심지어 문학창작의 작가나 비평가들 그리고 일반독자들까지도 여성문학이나 비서구문학, 어린이문학 전체를 일반적인 문학의 아류로 받아들이고 있다는 것이다. 그러나 여성문학이나 탈식민주의 문학이 문학 일반을 드러내는 그 자체이듯이, 어린이문학 또한 (본격)문학의 아류가 아니라 문학 일반을 드러내는 그 자체이다. 따라서 오늘날 어린이문학의 성장과 발전은 서구·백인·남성 중심주의의 근대화과정에서 사라지고 지워진, 어린이문학이 지니고 있는 본연의 자기 위치를 찾아가는 과정이다.

이러한 후기근대의 문화적 현상은 지금까지 당연하게 여겼던 근대문학의 정전에 대한 도전과 더불어 근대문학 자체를 다시 정의하도록 만든다. 오늘날 우리가 향유하고 있는 다양한 장르의 문학텍스트들은 18~19세기에 시작된 서구적 근대의 형성과 더불어 이루어진다. 따라서 오늘날과 같은 "내용과 표현"을 지닌 소설의 발생은 18세기 영국에서 이루어졌으며(이언 와트 1988), 근대 이전의 서사시가 오늘날의 내용과 표현을 지닌 서정시로 변한 것 또한 18~19세기 초반의 낭만주의와 더불어 시작되었다고 할 수 있다. 그러나 19세기는 창작소설이 발생한 시대일 뿐만 아니라 창작동화가 발생한 시대이며, 『순수의 노래와 경험의 노래』(*Songs of Innocence and of Experience*)나 『서정담시집』(*Lyrical Ballads*) 같은 18~19세기 초반의 낭만주의 시들에 나타나는 서정성은 블레이크(W. Blake)나 워즈워스(W. Wordsworth) 같은 시인들의 "어린이 되기"로 가장 극명하게 드러난다.[1] 따라서 오늘날 존재하는 근대문학의 발생은 근대문화의 비주류나 소수자를 포함한 근대문학 일반의 발생이지, 오늘날 위기라고 일컬어지고 있는 주류나 다수자만이 향유하는 (본격)문학만이 아니다.

이러한 문학사적 진실에도 불구하고 본격(어른)문학과 아류(어린이)문학의 이분법적 구분은 서구 근대화과정에서 문학이 텍스트 읽기의 개인적이고 집단적인 즐거움에서 벗어나 근대적인 교육의 수단으로 전환되는 순간에 발생한다.[2] 흔히 19세기 중반부터 20세기 초반으로 상정하고 있는 서구국가들의 근대적 교육제도의 완비는 문학교육을 토대로 이루어진다고 할 수 있다. 영국의 경우에 근대의 대학제도들과 더불어 시작되는 제국주의적 '영국민성'(Englishness)의 교육은 기존의 대학들이 담당했던 종교교육이 문학교육으로 대체되기 시작하면서 이루어진다. 문학텍스트에서 표현하고 있는 다양한 '삶의 방식'(way of life), 즉 '문화'를 "지금까지 생각되어지고 알려진 최상의 것"(the best which has been thought and known, Matthew 1869, Introduction, Chap. 1)으로 규정하고 있는 매튜 아놀드(M. Arnold)는 19세기 이전의 영국문학에서 셰익스피어를 비롯한 제국주의적 영국민성의 문학교육에 필요하지 않은 어린이문학이나 여성문학을 문학사적으로 제거하거나 사장한 주범이라고 할 수 있다. 그리고 매튜 아놀드를 계승한 캠브리지대학의 영문과 교수였던 리비스(F. R. Leavis)는 근대 영국소설을 서열화한 『위대한 전통』(*The Great Tradition*)으로 아놀드의 문학교육의 정전화 작업을 20세기 초반까지 확대시켰다.

영국과 미국뿐만 아니라 전세계의 영문학교육에서 아놀드와 리비스의 제국주의적 영국민성 교육은 1960년대에 등장한 레이먼드 윌리엄스(R. Williams)와 그외 많은 문화연구자들의 "문화는 일상적이다"라거나 "문화는 모든 삶의 방식이다"라는 개념에 의해 깨졌다고 할 수 있다(Williams 1976. pp. 5~6). 그러나 아놀드와 리비스가 만든 문학교육의 정전화 작업은 19세기 말과 20세기 초에 형성되어 전세계로 확대된 근대적 문학교육의 제도와 의식 속에 고스란히 남아서 서구/비서구, 남성/여성, 어른/어린이, 인간/비인간의 근대적 이분법에 대한 의식을 끊임없이 재생산하고 있다. 이러한 근대적 이분법은 비서구·여성·어린이·비인간에 대한 서구·남성·어른·인간의 억압과 폭력을 합리화시키는 의식적 수단이다. 일제 식민지와 미국식 근대화과정에서 만들어진 우리의 문학교육 또한 근대영국에서 출발한 문학교육의 제도와 (문학교사의) 근대적 의식에서 자유롭지 못하다. 우리의 근대적 문학교육은 우리의 국가나 민족이 영국이나 미국이 아니기 때문에, 우리의 국민성이나 민족성을 함양하고 계발하는 형식으로 이루어져 있다. 그러나 어느 나라, 어느 민족이든 자체의 국민성이나 민족성의 기준은 성인(어른)·남성이기 때문에 어린이나 여성은 타자화되거나 계몽의 대상이 된다.

서구·백인·남성 중심주의의 서구적 근대성이 깨어지고 있는 후기근대의 문화적 상황 속에서 근대적으로 타자화되거나 계몽의 대상이 된 비서구나 여성을 대변하는 목소리는 페미니즘이나 탈식민주의의 이론이나 텍스트들에서 다양하게 나타나고 있다. 그러나 비서구나 여성과 마찬가지로 타자화되거나 계몽의 대상으로 존재하는 어린이를 대변하는 목소리는 서구적 근대를 계승하고 있는 문학 정전적 교육이나 제도의 측면 이외에서는 크게 드러나지 않는다. 어린이는 근대화과정에서 성장한 여성 지식인이나 비서구 지식인들처럼 논리적으로 일목요연하게 자신들에게 가해진 근대적 억압과 폭력을 설명하거나 그것들에 저항하지 못한다. 이러한 현상은 서구적 근대성의 억압과 폭력 속에 있으면서도 그러한 폭력과 억압에 저항하는 자신들의 목소리를 갖지 못하는 자연생태계의 모습과 일치하는 것일 수도 있다. 서구적 근대가 만든 인간/비인간의 이분법이 자연생태계의 생명을 파괴하는 주범이듯이, 남성/여성 혹은 어른/어린이의 이분법은 소수자인 여성이나 어린이의 생명을 파괴하는 주범이다.

근대나 후기근대 혹은 탈근대의 시대이든 어른/어린이의 이분법은 어린이문학에 접근하는 문학비평가나 학교교사가 문학텍스트를 어린이교육의 측면에서 바라보는 시각에 고스란히 남아 있다. 비평가나 어린이문학의 교사가 어린이문학을 교육의 측면에서 접근했을 때, 그 시각이나 관점에는 이미 사회나 국가의 도덕적이고 윤리적인 성인·남성의 관점이 스며들어 있다. 여성문학이나 비서구문학이 지니고 있는 여성이나 비서구의 관점이나 시각이 서구·남성의 시각에서 벗어나야 하듯이, 어린이문학이 지니고 있는 어린이의 시각이나 관점은 성인·남성의 시각에서 벗어나야만 그 문학적 내용과 표현이 올바르게 드러난다. 따라서 서구근대성에서 벗어나는 탈근대성을 제시하는 질 들뢰즈가 "문학은 교육이나 계몽이 아니라 여성 되기, 동물 되기, 어린이 되기이다"[3]라고 말하는 것처럼, 어린이문학은 어린이를 교육하는 교사의 텍스트가 아니라 어린이문학을 읽고 향유하는 독자들 스스로 어린이 되기를 실행하는 도구이어야만 한다.

문학텍스트가 지니고 있는 문학교육과 어린이 되기의 상반된 효과는 영국적 근대의 형성기를 지나 본격적으로 근대의 정점으로 치닫는 과정에서 생산된 케네스 그래함(K. Grahame)의 『버드나무 사이로 부는 바람』(*The Wind in the Willows*)에 잘 제시되어 있다. 『버드나무 사이로 부는 바람』은 본격적인 소설문학으로 읽히고 있는 동시에, 어린이문학으로 평가 절하되기도 한다. 이러한 『버드나무 사이로 부는 바람』이 지니고 있는 글 읽기의 이중성은 문학텍스트 읽기가 지니고 있는 근대 문학교육의 계몽적 측면과 탈근대적 어린이 되기의 쾌락적 측면을 상호 비교할 수 있는 좋은 예가 된다. 따라서 이 글은 『버드나무 사이로 부는 바람』을 읽는 독자나 비평가가 문학교육이나 어린이 교육이라는 근대적 계몽주의의 시각을 버리고 글 읽기의 즐거움이 지닌 어린이 되기를 시도하였을 때, 서구·백인·남성 중심주의의 근대성에 의하여 왜곡되거나 억압된 근대적 소수자의 무의식이 어떻게 드러나는가를 살펴보고자 하는 것이다.

2. 어린이 되기의 소수자적 무의식

19세기에 출판되었으나 리비스의 『위대한 전통』에 포함되어 있지 않은 루이스 캐럴(L. Carroll)의 『이상한 나라의 앨리스』(*Alice in Wonderland*)와 『거울나라의 앨리스』(*Looking through the Glass*)[4)]처럼 대부분의 훌륭한 어린이문학이 그러하듯이, 『버드나무 사이로 부는 바람』도 영국문학에서 교육적 정전의 반열에 드는 어른의 문학인 동시에 어린이문학이다. 그러나 근대적 전통에서 만들어진 영국문학의 고전교육은 독자들로 하여금 『버드나무 사이로 부는 바람』이 지니고 있는 '어린이 되기'를 사라지게 만들고, 오직 근대적 문학교육의 계몽주의에서 비롯된 어른/어린이의 이분법을 토대로 한 수많은 이분법적 하위구조를 의식적으로 재생산하게 한다. 이러한 왜곡된 이분법의 대표적인 예로 1983년에 출판된 옥스퍼드대학교 출판사의 "세계 고전 연작"(World's Classics series)의 하나인 『버드나무 사이로 부는 바람』의 표지에는 다음과 같이 정제된 근대 문학교육의 내용이 표현되어 있다.

> 『버드나무 사이로 부는 바람』(1908)은 "햇볕, 흐르는 강물, 숲, 먼지투성이의 시골길, 겨울 난롯가 이야기 등에 생생하게 살아 있는 젊은이의 정신을 유지하는 사람들"을 위한 책이다.
>
> 바로 이러한 관점에서 케네스 그래함은 아름답고 관대하며 질서 정연한 세계 속에 살고 있는 토드(두꺼비), 몰(두더지), 뱃저(오소리) 그리고 래트(쥐)에 관한 초시간적인 이야기를 썼다. 그러나 그것은 또한 어둡고 어떤 이름으로 명명되지 않은 수많은 힘들에 의하여 위협을 받고 있는, 즉 '사악한 조그마한 얼굴들'과 '원한과 증오의 시선들'을 지닌 '야생 숲의 공포감'으로 포위되어 있는 세계이기도 하다. 따라서 그 세계는 '새벽의 문'을 여는 신비한 '바람을 부는 자'에 의하여 보호되고 있다. 『버드나무 사이로 부는 바람』은 이제 우리 〔영〕문학에서 고전의 반열에 올라 있으며, 우리들의 문학적 번민을 일으키는 데 성공하였을 뿐만 아니라 평화와 도피를 향한 우리의 욕망에 완전한 형상화를 제공하면서 평화와 도피를 요구하는 데 성공하고 있다. (Grahame 1983)

근대의 제국주의 영국이 시들어가고 있는 후기근대의 다문화적 상황 속에서 평화로운 영국을 위협하고 있는 "어둡고 어떤 이름으로 명명되지 않은 수많은 힘들"이 암시하는 제국주의적 우월감이나 평화로운 영국을 보호하는 "'새벽의 문'을 여는 신비한 '바람을 부는 자'"가 지니고 있는 신교도주의의 신비주의적 발상은 『버드나무 사이로 부는 바람』의 이분법적 문학교육의 측면에 철저하게 용해되어 있다. 『버드나무 사이로 부는 바람』을 토대로 이루어지는 영국 제국주의의 문학교육은 "아름답고 관대하며 질서정연한 세계"와 "어둡고 어떤 이름으로 명명되지 않은 사악한 세계"라는 이분법을 토대로 이루어진다. 여기에서 "아름답고 관대하며 질서정연한 세계"는 영국·성인(부르주아)·남성의 세계를 상징하며 "어둡고 어떤 이름으로 명명되지 않은 사악한 세계"는 비영국·노동자(어린이)·여성의 세계를 상징한다. 분명히 "평화로운 강둑이 지니고 있는 삶의 가치들에 대한 집착을 통하여 이루어지는 평화와 행복의 전파"는 『버드나무 사이로 부는 바람』이 지니고 있는 이데올로기적 전갈의 일부분이기도 하다. 그러나 어른/어린이의 이분법으로 만들어진 두 세계의 대립은 "토드(두꺼비), 몰(두더지), 뱃저(오소리) 그리고 래트(쥐)"라는 인간의 이름과 동물적 성격을 통하여 어린이 되기가 만드는 인간과 동물, 남성과 여성의 경계 허물기를 뚜렷하게 드러내지 못한다.

어린이 되기는 성인문학만을 (본격)문학으로 간주하는 근대적 문학교육의 수단으로 만들어진 상징과 은유로 글 읽기를 하는 것이 아니라, 유치원이나 초등학교의 구전동화 교사들이 하는 것처럼 텍스트에 등장하는 이야기의 정서와 느낌으로 빠져드는 글 읽기를 하는 것이다. 이러한 글 읽기는 글쓰기에도 동일하게 적용되어 어린이문학의 작가들이 행하는 문학적 실천이기도 하다. 따라서 들뢰즈는 "작가의 글쓰기는 어린 시절의 기억을 불러오는 것이 아니라 어린이 되기를 수행하는 것이다"라고 말한다. 평화로운 강둑을 배경으로 이루어지고 있는

"버드나무 사이로 부는 바람"의 이야기에 등장하는 "몰"은 가정적이고, "래트"는 시인인 동시에 전쟁을 좋아한다. 그리고 "뱃저"는 자유로운 영혼의 소지자이고, "토드"는 자기과시적이다. 어린이는 평화로운 강둑의 정서 속에서 가정적인 "몰"이 되기도 하고, 시인인 동시에 전쟁을 좋아하는 "래트"가 되기도 하고, 자유로운 영혼을 소지하고 있는 "뱃저"가 되기도 하며, 자기과시적인 "토드"가 되기도 한다. 이러한 어린이 되기의 글 읽기 과정에서 두더지 되기와 가정적 인물 되기가 서로 혼합되고, 시인이나 전쟁을 좋아하는 인물 되기와 쥐 되기가 혼합되며, 자유로운 영혼을 지닌 인물 되기와 오소리 되기가 혼합될 뿐만 아니라 두꺼비 되기와 자기과시적인 인물 되기의 정서와 느낌이 혼합된다.

이러한 어린이 되기가 만드는 정서와 느낌의 혼합은 자기 새끼들을 보호하고 생성시키는 두더지의 특성과 가정적 인물의 특성을 동일한 동물성으로 인식하는 것이고, 물질적인 생산의 노동을 하지 않고 유유자적하며 글을 쓰거나 전쟁을 좋아하는 시인(?)의 특성과 남의 물건이나 먹을거리를 자유자재로 가지고 가거나 먹어치우는 쥐의 특성을 동일한 동물성으로 인식하는 것이며, 자유로운 영혼을 지닌 인물의 은둔적 특성과 굴을 파고 살며 밤에 활동하는 오소리의 특성을 동일한 동물성으로 인식하는 것이고, 자기과시적인 인물의 허장성세(虛張聲勢)와 두꺼비의 볼품없는 뒤뚱거리는 특성을 동일한 동물성으로 인식하는 것이다. 이러한 인식은 인간 속에 내재하고 있는 다양한 동물성을 드러내어 혼재하도록 할 뿐만 아니라, 다양한 동물들에 포함되어 있는 인간에 대한 인식이라는 근원적인 생태학적 인식에 도달하도록 만든다. 이러한 어린이 되기가 만드는 정서와 느낌의 혼합은 근원적으로 동물 되기이지, 인간/동물의 인간 중심적인 이분법 속에서 만들어지는 자연생태계의 파괴에 대한 인식이 아니다.

이와 반대로 『버드나무 사이로 부는 바람』에 나타난 어린이 되기의 정서와 감각 속에서 동물들의 느낌이나 정서와 혼합되지 않은 인간/비인간의 근대적 이분법은 동물들의 정서와 감각 속에서 "어리석고 위험천만한 사람들"이라는 파괴적이고 폭력적이라는 인간이라는 동물성으로 드러난다. 인간(성인·남성)이라는 동물은 "빵-빵-거리는 거대하고 길고 반짝이는 자동차"의 "소음과 먼지 그리고 바람"을 일으키며, 동물과 자연이 한가롭게 어울리는 "오후의 평화"를 파괴하는 몰지각하고, 다른 동물들과 어울리지 못하는 특이한 동물이다. 따라서 『버드나무 사이로 부는 바람』을 읽는 어린이의 다양한 동물 되기의 하나로 등장하는 인간(어른) 되기는 개별적인 존재의 정서와 감각을 취득하는 근원적인 동물 되기와는 달리 파괴적이거나 폭력적인 동물이 되는 것이다. 이러한 파괴적이거나 폭력적인 동물 되기는 자기과시적인 토드에 의해서 이루어진다. 그러나 자동차 질주에 대한 광적인 매료나 돈(자본)의 무차별적인 소비로 이루어지는 토드의 파괴적·폭력적인 동물 되기조차도 텍스트의 대단원을 이루고 있는 파티의 마지막 장면이 보여주는 다양한 동물들의 어울림 속에서 이전과 다른 토드가 되었다는 점은, 어린이 되기가 지니는 동물 되기의 다양한 생성의 요소라고 할 수 있다.

『버드나무 사이로 부는 바람』의 어린이 되기가 지니는 동물 되기는 근대의 또 다른 소수자라고 할 수 있는 여성되기를 내포하고 있다. 이것은 근대적 정점에 도달한 당시의 영국이 요구하는 "신사(gentleman)계급"과 같은 전형적인 남성성에 대한 도전이기도 한데, 이러한 이유 때문에 문화연구로 근대적 정전의 문학교육에 도전하는 주디 자일스(J. Giles)와 팀 미들턴(T. Middleton)은 『버드나무 사이로 부는 바람』을 남성 중심의 "동성적 사회"(homosocial)에 저항하는 게이문학이나 "동성애 이론"(queer theory)의 모델로 제시하기도 한다(Giles and Middleton 1999. p. 185). 그러나 어린이문학이 지니는 특성들 중의 하나가 섹슈얼리티의 부재라는 점에서 『버드나무 사이로 부는 바람』은 전형적인 어린이 소년들의 이야기라고 할 수 있다. 따라서 자일스와 미들턴이 제시하는 "몰의 집"이 나타내는 "당시의 남성적 이상과 동떨어져 있는 모습"은 성인남성의 "남성성 부재"가 아니라 어린이 되기가 지니는 여성되기로 읽을 필요가 있다.

> 〔그의 집〕 중간에는 금붕어가 있는 작고 둥근 연못이 있었는데, 그것은 새조개의 조가비로 가장자리의 테두리가 장식되어 있었다. 연못의 한가운데에는 더 많은 새조개의 조가비들로 장식된 환상적인 건조물이 솟아 있었는데, 그 꼭대기에는 모든 것을 이상하게 보이도록 만들어서 매우 재미있는 효과를 반영하는 커다란 은으로 된 유리구슬이 놓여 있었다. (Grahame 1983, p. 52)

앞에서 서술한 바와 같이 어린이문학의 글 읽기가 지니는 어린이 되기는 근대적 문학교육의 수단으로 만들어진 상징이나 은유를 통한 글 읽기가 아니라, 정서와 느낌으로 빠져드는 글 읽기이다. 따라서 "작고 둥근 연못" "새조개의 조가비" "환상적인 건조물(erection)" "유리구슬"이 지니고 있는 남성과 여성에 대한 프로이트의 정신분석학적 은유와 상징은 어린이 되기의 글 읽기에서 중요한 위치를 점하는 것이 아니라 어린이 되기를 방해하는 근대적 문학교육의 요소들이다. 어린이 되기의 글 읽기에서 정말로 중요한 것은 언어로 표현되어 있는 정서와 감각의 느낌이 존재하는 세계로 진입하는 것이다. 직장을 지니고 있는 성인·남성과는 달리 글을 읽을 줄 아는 어린이에게 집은 휴식의 공간이 아니라 모든 삶과 놀이가 생성되는 하나의 세계이다. 따라서 자신이 소속하고 있는 세계의 중앙을 "금붕어"나 "새조개의 조가비"와 같은 자연적 아름다움과 "환상적인 건조물"이나 "유리구슬"과 같은 인공적 아름다움으로 장식하는 것은 어린이들의 소꿉놀이처럼 어린이의 감각과 정서인 동시에, 여성의 감각과 정서라고 말할 수 있다. 이러한 어린이와 여성의 감각과 정서는 근대적인 서구·백인·남성 중심주의의 가부장적 서열로 잘 정돈되어 있는 것 같은 세상의 "모든 것을 이상하게 만들어서 매우 재미있는 효과를 반영"한다. 이러한 효과가 바로 영국적 근대의 한 가운데에서 생산된 수많은 (본격)문학의 정전들을 제치고 『버드나무 사이로 부는 바람』이라는 어린이 문학이 지니고 있는 탈근대적 요소들이 아닐까?

어린이 되기가 지니는 여성되기의 특성은 『버드나무 사이로 부는 바람』의 주인공이라고 할 수 있는 "몰"이 마침내 동굴의 가정에서 벗어나 "강둑의 삶"이라는 공동체의 세계 속으로 진입하면서 두드러지게 나타난다. 몰은 이미 강둑의 삶을 영위하고 있는 "래트"를 만난다. 래트는 몰에게 강의 세계가 지니고 있는 더욱더 많은 요소들을 보여주려고 할 뿐만 아니라, 그를 데리고 강둑으로 소풍을 가기도 한다. 이 과정에서 래트는 전형적인 남성의 역할을 담당하지만, 몰은 그를 돕거나 보조하는 여성의 역할을 담당한다. 그러나 자일스와 미들턴이 인정하듯이 『버드나무 사이로 부는 바람』은 이것보다 5년 이후에 출판된 포스터(E. M. Forster)의 『모리스』(Mauric)의 "동성애적 각성"과는 달리 육체적인 섹슈얼리티가 전혀 드러나지 않는 어린이 문학이다(Giles and Middleton 1999, p. 186). 따라서 『버드나무 사이로 부는 바람』의 어린이 되기가 지니는 여성 되기의 특성은 "생물학적 성(sex)"의 여성 되기가 아니라 "사회적 성(gender)"의 여성 되기이다.

> 이 앞의 장(章)들 속에서 두드러지게 드러나는 점은 몰이 가정적이고 '여성적' 인 역할을 담당하는 방식들이다. 그는 굉장히 정서적인(소풍바구니 꾸러미를 푸는 것에 대한 자그마한 흥분, 회한의 눈물, 노 젓기의 서투름이 보여주는) 성격의 소지자이다. 그리고 그의 끊임없이 반복되는 정서의 탈주는 남성적 자기절제의 실패가 보여주는 기호들이다. 이와 반대로 래트 행동을 하는 남성인 동시에 시인이다. (같은 곳)

사회적 관계에서 몰이 담당하고 있는 여성 되기의 역할은 "소풍바구니 꾸러미를 푸는 것에 대한 자그마한 흥분, 회한의 눈물, 노 젓기의 서투름" 등이 보여주는 "정서적인" 감각이나 느낌들을 지니는 것이지 "남성적 자기절제"가 지니고 있는 서구·백인·남성 중심주의의 근대적 이성이나 합리성을 획득하는 것이 아니다. 이러한 "몰"의 여성 되기는 "행동하는 남성인 동시에 시인"인 근대적 이성이나 합리성에 물들어 있는 래트조차도 순간적인 여성 되기를 시도(뱃저를 만나기 위하여 야생의 숲으로 들어가는 장면)하게 만들 뿐만 아니라 은둔하고 있는 뱃저마저도 사회적 공동체의 관계를 맺는 강둑의 세계로 나오도록 만든다. 『버드나무 사이로 부는 바람』이 끊임없이 보여주고 있는 강둑의 세계가 암시하는 상호생성의 공동체는 몰의 여성 되기에 그 뿌리를 두고 있다고 해도 과언이 아니다. 따라서 어린이 되기가 제시하는 여성 되기는 궁극적으로 가장 폭력적이고 파괴적인 영국 제국주의의 남성성을 보여주는 토드와의 관계 속에서 몰 뿐만 아니라 래트와 뱃저 또한 여성의 정서적인 감각이나 느낌들을 지니는 여성 되기를 수행한다. 그리고 이야기의 전과정에서 생성적인 관계가 거의 불가능하게 보였던 토드조차도 이야기의 말미에 드러나는 파티에서 수많은 다른 동물들을 도와주며 생성시키는 여성 되기의 관계를 수행한다.

이러한 측면에서 전통적인 근대의 문학교육에서 강조하는『버드나무 사이로 부는 바람』의 "강둑"의 세계를 끊임없이 생성시키는 "'새벽의 문' 을 여는 신비한 '바람을 부는 자' (Piper)"는 영국의 근대적 제국주의를 강화시키는 종교적 신비주의의 요소가 절대로 아니다. 강둑의 세계를 생성시키는 "바람을 부는 자"는『버드나무 사이로 부는 바람』과 같은 어린이문학이 지니고 있는 어린이 되기에 필연적으로 수반되는 여성 되기의 역할을 담당하는 몰과 같은 정서와 감각을 지니고 있는 자연생태계의 수많은 동물들이다. 그리고 그들이 부는 생명의 바람은 자연생태계의 동·식물들뿐만 아니라 인간들의 수많은 관계를 생성시키는 여성적 감각과 정서가 지니는 느낌의 "바람"이라고 할 수 있다.

3. 우리 어린이문학의 탈근대성을 위하여

지금까지 살펴본 것처럼 오늘날 인구에 회자되고 있는 "문학의 위기"는 서구·백인·남성 중심주의가 지니는 근대적 문학교육의 위기이지, 어린이문학을 포함한 문학 일반의 위기가 아니다. 영국을 비롯한 독일과 프랑스에서 시작된 근대적 문학교육은 사회적으로 계몽된 정신분석학적 상징과 은유를 통하여 서구·백인·남성 중심주의를 유통시키는 문학텍스트만을 문학적 정전으로 규정하고, 그러한 상징과 은유가 관통되지 않는 어린이문학을 또 다른 근대의 소수자라고 할 수 있는 여성이나 비서구의 문학과 더불어 문학적 정전에서 배제하거나 은

폐시키는 역할을 담당했다. 따라서 어린이문학을 "근대문학의 사생아" 혹은 "근대문학의 비주류"라고 여기는 문학비평가들의 태도뿐만 아니라 근대 문학교육의 계몽주의적 측면을 받아들여 어린이문학을 어린이의 계몽이나 교육의 입장에서 접근하는 문학교사의 태도들 또한 서구·백인·남성 중심주의의 서구근대성을 끊임없이 우리의 문학적 인식으로 유통·재생산시키는 것이다. 비서구문학, 여성문학, 어린이(생태) 문학이 생성·발전하는 오늘날을 문학의 위기라고 엄살을 떠는 것이 바로 우리들의 모습에서 드러나는 서구적 근대성의 핵심이다.

케네스 그래함의 『버드나무 사이로 부는 바람』의 어린이 되기가 드러내는 동물 되기와 여성 되기가 보여주듯이, 서구근대성이 만들어진 핵심에서조차도 근대적 문학교육의 계몽주의나 서구·백인·남성 중심주의에서 벗어나는 일은 어린이문학의 작가나 텍스트가 아니라 어린이문학에 접근하는 비평가나 문학교사의 몫이다. 어른/어린이를 비롯한 서구/비서구, 인간/비인간, 남성/여성의 근대적 이분법에서 벗어나 그러한 이분법이 없이 상생하는 탈근대로 나아가고 있는 후기근대의 현재뿐만 아니라 근대적 핵심의 과거에도 루이스 캐럴이나 케네스 그래함 같은 어린이문학의 작가들은 끊임없이 어린이 되기를 통하여 동물 되기와 여성되기의 탈근대성을 보여주었다. 이러한 측면에서 역설적이게도 근대의 핵심에 이미 존재하고 있는 어린이문학의 탈근대성을 발견하여 우리 어린이문학의 탈근대성을 위한 토대를 마련하는 일은 어린이문학의 비평가나 교사가 어린이문학의 작가들과 마찬가지로 끊임없이 어린이 되기를 시도하는 것이다.

어린이 되기는 어른의 위계질서가 만든 상징이나 은유로 어린이문학을 이해하거나 해석하는 것이 아니라, 어린이문학의 글 읽기를 통하여 어린이의 정서나 감각의 세계로 진입하는 것이다. 케네스 그래함의

『버드나무 사이로 부는 바람』이 보여주는 것처럼 어린이 되기는 어른/어린이의 근대적 이분법을 깨트릴 뿐만 아니라 인간/비인간과 남성/여성의 구분이 없는 상호생성의 세계가 지니는 정서와 감각을 취득하는 것이다. 어린이문학에 접근하는 비평가나 문학교사, 성인독자들이 끊임없는 어린이 되기를 통하여 어린이가 지니고 있는 상호생성의 세계와 현실의 세계를 끊임없이 넘나들 때, 서구근대성에 의하여 만들어진 전지구적인 후기근대의 잘못된 문학적 위기의식은 스스로 극복될 수 있을 것이며, 또한 근대의 소수자인 여성이나 비서구 문학과 더불어 어린이문학이 새로운 탈근대성의 세계로 나아가는 문학 일반의 등대 역할을 할 수 있을 것이라고 믿는다.

주

1) 블레이크와 워즈워스의 시들에서 드러나는 시적 대상은 주로 어린이들이다. 블레이크의 경우, 어린이를 시적 대상으로 선택하는 것은 "인간영혼의 모순적인 상태들"을 보여주는 경험과 순수의 두 대립적 관계에서 「순수의 노래들」이라는 시들에서 더욱 뚜렷하게 드러난다. 그리고 워즈워스의 경우, 『서정담시집』에서 뚜렷하게 드러난 '어린이 되기'와 '여성 되기'와 같은 소수자 되기는 후기 『서곡』(*The Prelude*)에서 어른의 관점(시인의 시각)으로 어린이를 보는 것으로 전환된다. 따라서 대부분의 워즈워스 비평가들은 『서정담시집』에 비해 『서곡』이 지니는 문학적 퇴락을 지적하기도 한다.
2) Barry 1995. 피터 배리에 의하면, 영문학이 대학에서 최초의 교양과목으로 등장한 것은 1828년의 런던대학교이며, 영국의 대학체제를 대표하는 옥스퍼드와 캠브리지에서 영문학과가 창설된 것은 1894년과 1911년이다.
3) 질 들뢰즈가 제시하는 문학텍스트 읽기를 통한 탈근대성은 장시기 2001a. 참조.
4) 새로운 탈근대성의 문학을 제시하는 들뢰즈는 『의미의 논리』에서 루이스 캐럴의 『이상한 나라의 앨리스』가 지니고 있는 어린이(소녀) 되기의 다양성을 분석하고 있다. 이에 대해선 Deleuze 1990a; 장시기 2002a(263~76쪽) 참조.

다가온 미래와 미래의 인간

존 쿳시의 『추락』에 나타난 "동물 되기"

1. 문화연구와 지식인 계급의 형성

레이몬드 윌리엄스(R. Williams)로부터 시작된 문화연구(cultural studies, culturology)는 각각의 학문분야가 지니고 있는 개별적인 자율성과 독자성을 강조하는 근대적인 학문체계가 아니다. 새로운 문화연구가 지니고 있는 탈근대성은 매튜 아놀드(M. Arnold)와 리비스(F. R. Leavis)에 의하여 완성된 근대적인 문화개념을 탈근대적인 문화개념으로 전환시키면서 이루어진다.[1] 윌리엄스가 이야기하는 탈근대적 문화개념은 "지적·정신적·미학적 발전의 일반적 과정"과 "지식적(특히 예술적) 활동의 작업들과 실천들"이라는 근대적인 문화개념에 "생명을 양육하는 방식", 즉 "전반적인 삶의 방식"(a whole way of life)이라는 개념을 첨가하면서 이루어진다(Williams 1976, p. 90). 그러나 중요한 것은 윌리엄스가 제기하는 것처럼 '문화'를 "하나의 삶의 방식"으로 보았을 때, 근대적인 문화개념인 "지적·정신적·미학적 발전의 일반적 과정"과 "지식적(특히 예술적) 활동의 작업들과 실천들"은 문화의 일반적인 개념이 아니라 철학사, 문학사, 역사학 등의 근대적인 지식의 학문분야를 일컫는 동시에 그러한 학문분야를 토대로 이루어진 지식인계급이 지니는 "삶의 방식"을 일컫는 개념이라는 사실이다 (Williams 1961, p. 59).

윌리엄스가 지적하고 있는 것처럼 근대적인 문화의 개념을 토대로 만들어진 근대적 지식인들의 "삶의 방식"은 크게 두 가지 형태로 이루어졌다. 하나는 근대의 대학이 만들어지면서 형성된 아놀드와 리비스의 문화개념을 토대로 과거의 "지적·정신적·미학적 발전의 일반적 과정"을 연구하여 그것을 계몽주의적으로 교육하고 전파하는 것이고, 다른 하나는 현실적인 사회구조 속에서 이루어지는 현재적인 "지식적(특히 예술적) 활동의 작업들과 실천들"을 토대로 그러한 작업과 실천들을 계몽주의적으로 교육하고 전파하는 것이다. 이러한 두 가지 형태의 근대적 지식인들의 삶의 방식은 계몽주의적 내용을 지닌다는 공통점과 서구적 근대의 사회구조가 지니고 있는 지배와 저항의 이분법 속에서 대체로 전자는 지배적 입장의 삶의 방식을 택하고 후자는 저항적 입장의 삶의 방식을 택하고 있다는 차이를 가진다. 이러한 근대적 지식인의 삶의 방식이 지니고 있는 문제점은 지식이라는 도구를 통하여 독자적인 삶의 방식을 구성하고 있는 지식인의 존재론적 입장은 사라지고, 사회를 오직 지배와 피지배(저항), 부르주아와 프롤레타리아라는 이분법으로 구분한다는 것이다. 오늘날 이러한 사회구조의 이분법은 계몽주의와 더불어 서구·백인·남성 중심주의의 서구적 근대성을 지속시키고 있는 인식론적 도구가 되고 있다.

따라서 문학·역사학·철학이라는 근대 인문학과 정치학·사회학·경제학이라는 근대 사회과학의 분과학문체계로부터 벗어나기 위하여 시도된 문화연구는 서구적 근대를 지탱시키고 있는 고급문화(혹은 본격문학)와 대중문화(혹은 저급문학) 그리고 지배 이데올로기와 저항(혹은 대중) 이데올로기의 이분법을 깨면서 근대의 지배계급과 피지배계급의 어느 곳에도 속하지 않으면서 동시에 둘의 어느 곳에도 속할 가능성을 지니고 있는 지식의 본질[2]과 지식인계급의 정체성[3]에 대하여 질문하고 있다. 이러한 질문은 문화연구라는 지식적 도구를 통하여 이루어지고 있지만, 그것은 또한 서구적 근대가 서구의 지리적 한계의 틀을 깨고 전지구적으로 확산된 후기근대의 문화적 상황이 만든 새로운 조건이기도 하다. 따라서 서구·백인·남성 중심주의의 근대를 지속하고자 하는 힘과 페미니즘·탈식민주의·생태주의가 추구하는 미래의 탈근대로 나아가고자 하는 힘이 서로 충돌하고 있는 후기근대의 문화적 상황은 지식의 본질과 지식인계급의 정체성을 다시 정의하도록 만든다. 이러한 지식의 본질과 지식인계급의 정체성에 관한 문제는 근대성이 추구하는 과거나 현재의 문화가 아닌 미래의 문화와 연결되어 있다.

새로운 문화연구가 요구하는 지식의 본질과 지식인의 정체성을 정면으로 맞닥뜨리는 사람이 바로 질 들뢰즈이다. 들뢰즈는 펠릭스 가타리와 공동으로 저술한 『천 개의 고원』에서 근대의 지식을 고대의 플라톤과 아리스토텔레스로부터 계승된 국가철학(state philosophy)의 연장이라고 설명하면서 국가철학으로부터 벗어나는 새로운 지식을 고대의 스토아학파를 계승한 노마돌로지라고 주장한다(Deleuze and Guattari 1987, pp. 351~423). 국가철학은 고대의 주인-노예관계를 사제-신민, 국가-시민, 지배-피지배 관계로 끊임없이 재구성하면서 플라톤의 이데아/현실의 이분법을 근대적 국가철학으로 변형시켜 인식론적으로 재생산한다. 이와 반대로 노마돌로지는 인간을 비롯한 모든 존재(a thing)를 하나의 점으로 존재하는 노마드로 인식하면서, 노마드들이 만드는 친구관계와 연인관계의 내재적이고 외연적인 특질을 파악하는 것이다. 들뢰즈는 이러한 노마드들의 특질을 "그 무엇 되기"(becoming something), 즉 "여성 되기"(becoming woman), "동물 되기"(becoming animal) 혹은 "지각할 수 없는 것 되기"(becoming the imperceptible)라고 말한다.

들뢰즈가 새로운 탈근대의 지식과 지식인의 정체성으로 제시하고 있는 노마돌로지와 노마드의 인간은 서구·백인·남성 중심주의가 지속되고 있는 근대적인 국가-시민의 관계에서 뚜렷하게 드러나지 않는 듯하다. 근대적인 지식인은 국가의 편이거나 시민(혹은 민중)의 편에 속한다고 인식되고 있고, 근대적인 지식 또한 국가적 지배에 봉사하거나 그것에 저항하는 역할로 양분되고 있다. 따라서 노마드와 노마돌로지를 근대적인 사회구조 속에서 드러나는 특징으로 규정하는 것은 거의 불가능한 듯이 보인다. 이러한 현실적 불가능성을 새로운 가능성으로 연결시킨 사회가 바로 흑인차별법인 아파르트헤이트(Apartheid)를 폐지하고 새로운 탈근대의 세계로 나아가고 있는 남아프리카공화국이다. 남아프리카공화국에서 태어나서 그곳에서 자란 네덜란드계 백인인 존 쿳시(J. M. Coetzee)의 소설 『추락』(*Disgrace*)[4]은 서구·백인·남성 중심주의가 지배했던 근대의 사회구조가 깨어지고 새로운 탈근대적 질서가 만들어지고 있는 과정에서 일어나는 한 지식인의 방황을 다루고 있다. 소설에 등장하는 지식인의 방황은 들뢰즈가 이야기하는 탈근대적 노마드와 아주 흡사하다. 이러한 이유 때문에 폴 패튼은 이미 쿳시의 『추락』을 「생명, 동물 되기 그리고 도래할 인간」(Life, Becoming-Animal, and People to Come)으로 분석한 바가 있다 (Patton 2003, pp. 65~76).

"이혼을 한 쉰두 살의 남자인 그는 스스로 생각하기에 섹스문제를 아주 잘 해결하고 있었다"(Coetzee 1999, p. 1)로 시작하는 쿳시의 『추락』

은 크게 두 개의 부분으로 이루어져 있다. 소설의 처음부분(1장부터 6장까지)은 남아프리카공화국의 수도 케이프타운에 있는 케이프타운기술대학교에서 근무하는 영문학교수인 데이비드 루리(David Lurie)가 제자와의 연애사건으로 교수직을 포기하는 과정으로 이루어져 있고, 소설의 뒷부분(7장부터 24장까지)은 교수직을 떠난 루리가 딸의 자작농지가 있는 마을에서 끊임없이 떠돌이, 즉 노마드로 생활하는 과정을 다루고 있다. 이처럼 소설을 구성하고 있는 두 개의 부분이 양적으로 서로 불균형하게 이루어져 있는 이유는 아마도 소설가 쿳시가 근대적인 구조가 지배하는 소설의 앞부분보다는 탈근대적인 구조가 생성하는 소설의 뒷부분에 더 많은 비중을 두었기 때문일 것이다. 그러나 들뢰즈의 탈근대적 노마돌로지를 이해하기 위해선 근대적 국가철학의 이해가 반드시 수반되어야만 하듯이, 쿳시가 묘사하고 있는 교수직에서 "추락"한 데이비드 루리의 노마드적인 삶과 그의 새롭게 구성된 노마놀로지에 접근하기 위해선 처음부분에서 묘사되고 있는 루리의 근대적인 지식인의 형상을 정확하게 이해할 필요가 있다.

데이비드 루리는 "근대언어"(modern languages)를 전공하는 교수이지만, 근대성이 추구하는 "거대한 〔대학교육의〕 합리화의 일부로 고전과 근대언어의 교과목들은 폐지되었기 때문에 부가적으로 커뮤니케이션 강좌를 담당하고 있는 교수이다"(같은 책, p. 3). 따라서 그는 "커뮤니케이션 기술"과 "고급 커뮤니케이션 기술"이라는 두 개의 정규강좌와 "낭만주의 시"라는 특별강좌를 담당하고 있다. 여기에서 흥미로운 사실은 1990년대 이후의 남아프리카공화국이 '아파르트헤이트'라는 유색인차별법이 폐지되고 흑인정권이 들어선 사회적·정치적인 탈근대적 상황과 더불어 대학에서 고전문학이나 언어학이라는 근대적 분과학문이 폐지되고 "커뮤니케이션"과 같은 후기근대의 과학적 기능주의로 구성된 지식체계 분야가 새롭게 하나의 학문으로 자리 잡아가고 있다는 것이다. 그러나 루리는 "인간사회는 우리의 생각이나 느낌 그리고 의도들을 서로서로 대화하기 위하여 언어를 창조했다"(같은 곳)라는 커뮤니케이션학의 가장 기본적인 전제를 불합리하다고 생각한다. 그가 생각하는 "언어의 기원은 노래에 있고, 노래의 기원은 공허한 인간의 영혼을 소리로 채워야 할 필요성에 근원을 두고 있다"(같은 책, p. 4)는 것이다. 루리의 이러한 인식은 언어가 로고스적인 말씀의 전달이라는 초기근대적 인식론도 아니고, 소쉬르의 언어학에 기반을 둔 "언어는 단지 기표(signifier)와 기의(signified)의 임의적인 약속으로 이루어진 기호일 뿐이다"라는 후기근대적 언어의 인식론도 아니다.

2. 근대적 지식인의 추락 혹은 탈영토화

루리가 소속해 있는 학과의 새 비서가 "이제 사람들은 스스로 복종하고 싶은 법률들만 골라서 선택한다. 이것은 무정부적인 것이다. 주위의 모두가 무정부적인 것으로 가득 차 있을 때, 우리는 아이들을 어떻게 교육시킬 수 있겠는가?"(같은 책, p. 9)라고 말하는 것처럼, 정치·사회·문화적으로 근대적인 것은 무너지고 새로운 질서(비록 완전한 탈근대의 성격은 지니고 있지 않지만)가 등장하기 시작한다. 그러나 쿳시는 루리의 기질을 "변화하려고 하지 않는 것"으로 규정한다. "그〔루리〕의 기질은 고정되어 있고, 이미 결정되어 있다"고 쿳시는 말한다. 이처럼 후기근대의 문화 속에서 탈근대적으로 "변화하려고 하지 않고, 고정되어 있고, 이미 결정되어 있는" 기질은 서구·백인·남성 중심주의의 근대성을 획득한 백인·남성 지식인의 근대적인 특질이다. 이러한 근대적인 특질은 서구적 근대성을 획득한 프로테스탄티즘과 계몽주의의 결합이라고 할 수 있지만, 서구·백인·남성 중심주의가 흔들리고 있는 후기근대의 문화적 상황에서 치명적인 성격의 결함으로 작용한다. 이러한 근대적 지식인의 결함을 쿳시는 다음과 같이 이야기하고 있다.

> 당신의 기질을 따르라. 그것은 철학이 아니다. 그는 철학이라는 이름으로 그것에 위엄을 부여하려고 하지 않을 것이다. 그것은 성 베네딕트 수도원의 규칙과 같은 하나의 규칙일 뿐이다.
>
> 그는 아주 건강하고, 그의 정신은 깨끗하다. 직업적으로 그는 학자이거나 학자였고, 학자정신은 여전히 그의 핵심을 구성하고 있다. 그는 그의 수입으로, 그의 기질로, 그리고 그의 정서적인 수단들로 살고 있다. 그는 행복할까? 대부분의 척도들에 의하면, "그렇다"라고 말할 수 있다. 그는 스스로 행복하다고 믿는다. 그러나 그는 『오이디푸스』의 마지막 코러스를 잊지 않고 있다. 죽을 때까지, 어떤 사람도 행복하다고 부를 수 없으리. (같은 책, p. 2)

소설가 쿳시는 루리가 지니고 있는 "기질"을 "철학"이 아니라 "성 베네딕트 수도원의 규칙과 같은 하나의 규칙일 뿐"이라고 말한다. 중세의 신학이 지배하던 것과 같은 이러한 규칙이 바로 근대를 구성하고 있는 "학자정신"이라면, 그것은 근대의 대학이라는 구조 속에서 철학적 외피를 둘러쓰고 근대성을 지속시키는 국가철학의 역할을 담당한다. 따라서 "죽을 때까지, 어떤 사람도 행복하다고 부를 수 없으리"라는 『오이디푸스』의 마지막 코러스처럼 근대의 "학자정신"은 기독교신학과 마찬가지로 "죽음"을 궁극적인 미덕으로 삼는 죽음의 미학이지, 생성적 삶을 구성하고 있는 생명의 미학을 근거로 하는 것이 아니다.

루리가 지니고 있는 이러한 근대적 학자정신은 그가 "대학교 때에 지니고 있었던 열정"의 부재와 교수라는 직업을 유지하기 위한 "분과학문의 체계로 측정되는 산문적인 논문", 즉 "〔근대적〕 비평에 진력이 날 정도로 피곤해하고 있다"는 사실로 드러난다. 따라서 워즈워스를 전공하고 있는 "그가 정말로 쓰고 싶어 하는 것은 『이탈리아의 바이런』이라는 음악", 즉 "오페라공연의 형식으로 남녀의 사랑에 관한 중재"(같은 책, p. 4)의 글을 쓰는 것이다.

지식인학자로서 루리가 지니고 있지 않은 "열정"과 그가 간절히 소망하고 있는 "음악적 글쓰기"는 들뢰즈가 새로운 지식이라고 명명하고 있는 노마돌로지의 근본적인 요소이다. 열정과 음악적 글쓰기는 철학이나 과학의 요소가 아니라 예술의 요소이듯이, 끊임없이 생성적이고 창조적인 것을 추구하는 노마돌로지는 근원적으로 예술적인 지식이다. 들뢰즈는 가타리와 함께 마지막으로 출판한 『철학이란 무엇인가?』에서, 중세의 국가철학이 철학과 종교의 결합으로 이루어진 것과 마찬가지로 근대의 국가철학은 철학과 과학의 결합으로 이루어졌다고 말한다. 따라서 문학비평을 중심으로 한 오늘날의 인문사회과학이 지니고 있는 비평적 글쓰기에는 근대 국가철학이 중시하는 논리학과 근대 국가과학이 중시하는 기능주의가 만연해 있다고 비판한다. 이런 측면에서 들뢰즈는 철학과 과학의 결합으로 형성된 논리적이고 기능적인 비판이 근대성으로 자리 잡고 있는 동시대의 한계를 돌파하는 길은 "철학적 지식과 실천적 예술의 결합"이라고 말하고 있다.

> 만일 철학이 개념 위에서 탈영토화된다면, 그것은 현재의 민주주의 국가의 형식이나 심지어 반성의 코기토보다도 더 애매모호한 커뮤니케이션의 코기토 속에서 탈근대의 철학을 위한 조건을 발견하

지 못한다. 우리〔유럽인들〕는 커뮤니케이션을 결여하고 있지 않다. 그와 반대로 우리는 그것을 너무나 많이 지니고 있다. 우리는 창조를 결여하고 있다. **우리는 현재에 대한 저항을 결여하고 있다.** 〔탈근대적인〕 개념들의 창조 그 자체는 미래의 형식, 즉 아직 존재하지 않는 새로운 대지와 새로운 민족을 요구한다. 유럽화는 생성이 아니라 자본주의의 역사를 구성할 뿐이다. 그것은 종속된 민족들의 생성을 방해한다. 바로 이 지점, 즉 창조의 상관물로서 결여하고 있는 대지와 민족의 구성이라는 지점에서 예술과 철학은 수렴한다. (Deleuze and Guattari 1994, p. 108. 강조는 원저자)

고전문학이나 언어철학은 국가철학을 근간으로 하는 논리철학적 구성물이고, 커뮤니케이션 같은 실용적 학문들은 국가과학적 기능주의의 구성물이다. 루리와 같은 후기근대의 지식인들은 서구적 근대의 초기에 형성된 국가철학의 고전문학이나 근대언어학이라는 논리적 구성물을 포기하고 커뮤니케이션학과 같은 기능주의적 구성물이라는 새로운 지식의 습득을 강요받고 있다. 그러나 근대가 이미 서구·백인·남성중심주의의 논리이기 때문에 "논리적"이라는 것은 이미 기능주의를 내포하고 있다. 따라서 들뢰즈는 유럽인들이 "결여하고 있는" 것은 커뮤니케이션이 아니라, 논리적인 것과 기능적인 것이 끊임없이 순환하는 근대의 환원주의가 지속되는 "현재에 대한 저항"이라고 말한다. 유럽인들로 대표되는 근대적 지식인들은 논리학과 기능주의에 저항하는 것이 아니라, 논리학과 기능주의를 끊임없이 순환할 뿐이다. 따라서 들뢰즈가 이야기하는 "아직 존재하지 않는 새로운 대지와 새로운 민족"은 유럽이 아니라 아시와 아프리카 혹은 남아메리카의 땅이다. 『추락』에 등장하는 루리는 백인임에도 불구하고 남아프리카공화국이라는 아프리카의 땅에 거주하고 있고, 그 땅은 오랜 동안의 백인 중심주의, 즉 끊임없이 유럽화를 추구하는 '아파르트헤이트' 로부터 탈영토화된 땅이다. 따라서 남아프리카공화국은 논리적이고 기능주의적인 근대적 지식이 탈영토화되어 생성적이고 창조적인 탈근대적 지식으로 재영토화될 수 있는 "새로운 대지"의 조건을 지니고 있다. 들뢰즈가 이야기하는 탈근대적 "미래"는 남아프리카공화국에서 이미 "다가온 미래"인 것이다.

그러나 문제는 "미래의 형식"이 "아직 존재하지 않는 새로운 대지와 새로운 민족"을 동시에 "요구"하고 있다는 사실이다. 루리가 새로운 대지인 아프리카의 지식인으로 탈근대의 개념들을 창조하는 "새로운 민족"에 동참할 수 있을 것인가? 소설의 앞부분에서 쿳시는 분명히 "아니다"라고 말하는 듯하다. 그는 여전히 식민지를 지배하고 있는 백인 취향의 삶을 유지하고 있다. 그는 매주 목요일 오후 2시에 만나서 계약섹스를 하는 소라야(검은 머리와 검고 투명한 눈을 지닌 유색인)와 헤어진 이후에도 "말레이시아, 타일랜드 그리고 중국 출신의 수많은 이국적인 여성들을" 하우스로부터 제공받고, "또 다른 소라야"(another Soraya)와 하룻밤을 보내기도 한다. 그리고 그의 주위에 있는 사람들은 백인 중심주의의 근대에서 벗어나 탈근대로 나아가는 남아프리카공화국을 떠나기 위하여 "뉴질랜드영사관에 이민신청"을 하고 있는 중이다(Coetzee 1999, p. 8). 따라서 그가 "새로운 민족"에 동참할 수 있는 길은 스스로 백인임을 포기하는 길일 뿐만 아니라 근대적 제도가 유지되고 있는 대학교의 근대적 지식인의 영토로부터 탈영토화하는 길일 뿐이다. 루리가 근대적 인간으로부터 탈영토화하여 탈근대적인 미래의 인간으로 재영토화하는 길은 아주 우연스럽게도 그가 결여하고 있는 "열정"의 발현으로부터 발생한다.

루리가 순간적인 열정으로 그의 "낭만주의 시인" 강의를 수강하고 있는 멜라니 아이삭스(Melanie Isaacs)와 연애를 하는 사건은 자본을 수단으로 "섹스문제를 해결하는 것"과는 달리 생명의 영토(인권)를 지닌 두 사람의 영혼이 교류하는 친구관계나 연인관계를 형성하는 문제이다. 따라서 루리는 멜라니의 남자친구가 고소한 "성폭력사건"에 대하여 죄를 인정하지 않고 "나는 그 경험으로 인하여 영혼의 풍요로움을 느꼈다"(같은 책, p. 56)라고 고백한다. 그러나 그러한 고백으로부터 되돌아오는 것은 냉소와 조롱일 뿐이고, 대학교에서 소집된 "성폭력사건" 위원회는 루리에게 끊임없이 근대적 영토의 "타협"을 요구한다. 대학교에서 요구하고 있는 타협은 두 사람의 영혼이 교류되는 연애사건에서 하나의 당사자(여성, 학생, 유색인)가 배제된 상황에서 또 다른 당사자(백인, 교수, 남성)에게 만들어진 역차별이다. 이러한 역차별은 근대적인 서구·백인·남성주의의 왜곡된 결과일 뿐만 아니라, 학문적으로 논리학과 기능주의가 순환하는 것처럼 왜곡된 형태로 서구·백인·남성 중심주의의 핵심근대성과 아프리카·흑인·여성 중심주의의 후기근대성이 폭력적이고 억압적으로 순환하는 것일 뿐이다.

이러한 근대의 순환성은 서구적 근대가 전지구적으로 확산되고 있는 오늘날의 모든 지식인들이 경험하는 것이다. 따라서 대부분의 서구적 지식인들과 마찬가지로 고전문학과 근대언어학이 커뮤니케이션학으로 대체되는 순환의 고리를 목격하는 루리가 초기근대성의 논리로 그러한 학문적 타협을 받아들이지 못하는 것처럼 그는 연애사건의 왜곡된 형태에 대하여 "나는 후회하지 않는다. …후회는 여기〔학생인 멜라니에 대한 루리의 책임〕에도 있지 않고 저기〔학교의 명예에 대한 루리의 책임〕에도 있지 않다. 후회는 또 다른 세계, 즉 또 다른 담론의 우주에 속한다"(같은 책, p. 58)라고 말한다. 이러한 루리의 고백은 그를 에

워싸고 있는 수많은 학생들과 그에게 일말의 직업적 연민을 지닌 "성폭력사건" 위원회의 교수들에게 근대적으로 전혀 이해할 수 없는 동물의 울부짖음으로 들릴 수밖에 없다. 그는 근대적으로 영토화된 인간들이 전혀 이해할 수 없는 아주 이상한 동물이다. 결과적으로 루리의 선택은 "스스로 학교를 떠나는 것"(같은 책, p. 59)이다. "일단 떠나기로 결심한 이후에 그를 과거로 회귀시킬 수 있는 것은 아무것도 남아있는 것이 없다."(같은 곳) 이러한 루리의 타협에 대한 불응은 그가 미래에 대한 경험에 열려 있다는 것을 의미한다.

> 우리가 제공받고 있는 삶의 가능성들이 지니고 있는 가증스러움은 내부로부터 나타난다. 우리는 우리 시대의 외부로부터 우리 자신들을 느끼지 못하고 끊임없이 시대와 부끄러운 타협을 지속한다. 이러한 부끄러움의 느낌은 철학의 가장 강력한 동기들 중의 하나이다. 우리는 희생자들에 책임을 질 수 있는 것이 아니다. 그러나 우리는 이미 그들 앞에 존재하고 있다. 동물의 역할(으르렁거리거나, 땅을 파거나, 비죽거리거나, 얼굴을 찡그리는 것)을 담당하는 것 이외에 비열함으로부터 벗어나는 길은 없다. 사고 그 자체는 때때로 살아있고, 심지어 민주주의적인 인간에게 보다도 동물에게 더 가깝다.
> (같은 책, pp. 107~108)

들뢰즈가 말하는 것처럼 학생들과 학교당국 그리고 언론이 루리에게 행하는 가증스러움은 그로 하여금 자유로운 동물이 아니라 우리에 갇힌 동물로 살아가는 삶을 선택하라는 "가증스러움"이다. 안과 바깥이 모두 근대성의 인간이라는 동물의 우리로 구성되어 있는 서구지식인들에게 그 우리로부터 벗어날 수 있는 길은 전혀 존재하지 않기 때문에, 그들은 "끊임없이 시대와 부끄러운 타협을 지속한다." 루리는 들뢰즈가 말하는 "철학의 가장 강력한 동기들 중의 하나"인 "부끄러움의 느낌"을 서구지식인들과 공유하고 있다. 그러나 학문과 삶에서 모두 "부끄러움의 느낌"을 경험한 루리는 "타협"을 통하여 "부끄러움"을 위장하고 있는 근대의 인간으로 남아 있는 것이 아니라 "으르렁거리거나, 땅을 파거나, 비죽거리거나 얼굴을 찡그리는" "동물의 역할을 담당"하여 "비열함으로부터 벗어"난다. 따라서 루리의 동료교수이면서 성폭력사건 위원회의 위원장인 마사반 마나스(Mathabane Manas)가 "나는 노력했지만, 더 이상 당신 자신으로부터 당신을 보호할 수 없다" (같은 책, p. 58)라고 말하는 것처럼 교수라는 근대지식인의 정착민적 삶으로부터 탈근대적인 노마드로 "추락"하는 것은 근대적 삶의 "부끄러움"이나 "비열함"으로부터 벗어나기 위한 루리의 선택이다.

3. 새로운 대지에서 탄생된 미래의 인간

근대지식인의 정착민적 삶으로부터 탈근대적인 노마드의 삶으로 이동하는 것은 근대적인 의미에서 "문맹자, 실어증 환자, 혹은 누뇌가 없는 자"(Deleuze 1994, p. 109)가 되는 것을 의미한다. 루리는 남아프리카공화국에서 자신에게 하나의 의미의 선분으로 남은 딸의 자작농지에서 탈근대적인 노마드, 즉 "문맹자, 실어증환자 혹은 두뇌가 없는 자"와 마주하게 된다. 그러나 그러한 맞닥뜨림은 루리의 의지로 이루어지는 것이 아니다. 그것은 이미 탈근대적인 새로운 대지가 된 남아프리카공화국이 만드는 미래의 경험이다. 그와 루시의 어머니가 도시 출신의 지식인들임에도 불구하고 그의 딸이 "돌연변이와 같은 불굴의 젊은 정착자"가 된 것이 그들의 몫이 아닌 것처럼, 루리가 탈근대적인 노마드가 되는 것은 순전히 근대에서 탈근대로 이동하고 있는 남아프리카 공화국이 지니는 오늘날의 "역사의 몫"(Coetzee 1999, p. 61)이다. 그러나 근대에서 탈근대로 변화하는 역사는 개인의 눈에 포착되지 않는다. 루리가 교수라는 직업을 포기하자마자 딸의 자작농지로 간 이유는 예전에 멜라니의 연인이 되고자 하면서 멜라니의 교수가 되려고 한 것처럼 딸의 친구인 동시에 그녀의 "아버지가 되기" 위한 것이었다.

국가철학이 아닌 노마돌로지의 구조에서 루리가 멜라니의 연인인 동시에 교수가 되는 것이 불가능한 것처럼, 삶의 구조에서 성인이 된 딸의 친구인 동시에 아버지가 되는 것은 불가능하다. 이러한 불가능성은 루리가 경험하는 새로운 대지에서 이루어질 뿐만 아니라 이미 근대적 지식으로부터 벗어나고자 하는 루리의 의식의 잔재로 남아 있다. 여전히 지식인계급에 속한다는 자부심 때문에 루리는 이전에 쓴 저작들, 즉 워즈워스에 관한 두 권의 책들과는 다른 형식의 글을 쓰고자 한다. 그것은 "말들과 음악, 즉 말하고 노래하는 인물들이 서로 교차하는 무대를 위한 어떤 것"이다. 이러한 글쓰기의 형식이 근대적 지식인의 글쓰기와 다른 이유는 근대적 지식인의 글쓰기가 텍스트에 대한 해석과 이해를 토대로 한 비평적 글쓰기인 데 반하여 탈근대적 글쓰기는 "무엇인가를 생산하는 것"(같은 책, p. 63)이기 때문이다. 근대적인 비평하고 분석하는 것이 남성적인 작업인 데 반하여 텍스트와의 만남을 통하여 "무엇인가를 생산하는" 것은 여성적인 작업이다. 따라서 루리는 루시에게 "아버지가 되는 것"에 대하여 다음과 같이 이야기한다.

> 아버지가 되는 것… 나는 그것을 어머니가 되는 것과 비교하여서 느낄 수밖에 없다. 왜냐하면 아버지가 되는 것은 다소 추상적인 일

이기 때문이다. 그러나 우리 함께 그것이 어떻게 되는지 기다렸다가 살펴보자. 만일 무엇인가가 오게 된다면, 네가 제일 먼저 그 목소리를 듣게 될 것이다. 아마도 그것은 처음이자 마지막일 것이다. (같은 곳)

루리가 "아버지가 되는 것"에 대하여 질문하는 루시에게 "그것을 어머니가 되는 것에 비교해서 느낄 수밖에 없다"라고 대답하는 것으로 보았을 때, 루리는 이미 의식적으로 탈근대적이다. 서구·백인·남성 중심주의의 근대성에 의하여 구성된 "아버지 되기"는 가부장적 권력의 행사와 밀접하게 연결되어 있기 때문에 "추상적인 일"이라고 말할 수밖에 없다. 그러나 그의 의식과는 달리 그의 삶은 이미 루시의 아버지가 되기 위하여 딸의 자작농지로 온 것이다. 이러한 의식과 삶의 분리는 그의 근대적 경험의 "아비투스"(habitus)에 의하여 만들어진 것이다. 그러나 루리는 교수라는 근대지식인의 정착민적 삶을 스스로 포기한 것처럼 근대적 경험의 아비투스를 스스로 포기할 준비가 되어 있고, 그러한 준비는 "우리 함께 그것이 어떻게 되는지 기다렸다가 살펴보자"라는 미래에 대한 열린 시각으로 드러난다. 소설 속에서 루리가 끊임없이 바이런의 삶을 고민하면서 만드는 지적인 열린 시각이 그를 미래의 경험으로 이끄는 힘으로 작동한다.

그러나 미래는 전혀 예상하지 못한 사건들로 이루어진다. 딸의 자작농지에서 이루어지는 루리의 삶은 루시의 삶에 의존할 수밖에 없다. 그녀의 삶은 주로 농사짓기와 늙은 개들을 돌보는 대지와 동물 되기의 관계, 늙은 개들을 안락사하는 수의사의 직업을 지닌 베브 쇼(Bev Shaw)와 빌 쇼(Bill Shaw)와의 친구관계, 그리고 전에는 그녀의 일꾼이었지만 지금은 이웃에 살면서 그녀의 일을 돌보고 있는 흑인 페트루스(Petrus)와의 동료관계로 이루어져 있다. 루리는 이러한 관계들을 루시와 공유하기 시작한다. 그러나 루리는 루시 이외의 다른 관계들에 전혀 관심이 없다. 따라서 루리가 예언한 것처럼, 소설에서 그가 아버지 되기를 하는 목소리를 가장 먼저 듣는 사람은 그의 딸 루시이다. 루리가 비록 지식의 측면에서 미래에 대한 열린 시각을 지니고 있음에도 불구하고 루시와의 지속적인 대화를 통하여 드러나는 것은 "바이런에 대한 글쓰기"를 통하여 도달하고자 했던 그의 "여성 되기"가 아니라 딸의 생성적 관계의 삶을 억압하거나 방해하는 "아버지 되기"로 나타난다. 딸의 집으로 오기 전에 이루어졌던 대학생활의 지적인 불협화음과 여성관계의 불협화음이 또 다른 형식으로 루리에게 드러난다. 그러나 그러한 전자의 불협화음이 요구하는 타협이 근대적인 것인 데 반하여 후자의 불협화음이 요구하는 타협은 탈근대적인 것이다.

들뢰즈가 말하는 여성 되기는 모든 존재들이 남성성과 여성성의 결합으로 이루어졌다는 관점에서 근대와 같은 남성적 서열주의에 의하여 남성성으로 길들여진 존재가 관계를 통하여 여성적 감각과 지각을 포함한 오감을 생성시키는 것이다. 백인과 흑인이 서구적 근대성에 의하여 구성된 것처럼 남성과 여성도 사회적으로 구성된 것이지 객관적 실재로 존재하는 것은 아니다. 그러나 남성으로 자라나고, 그러한 삶의 아비투스가 고정된 삶의 가치로 형성된 50대의 남성에게 여성 되기란 그를 지금까지 이끌고 온 과거의 아비투스를 해체하는 일이다. 예를 들어 "내가 가까이 했던 모든 여성들은 나에게 무엇인가를 가르쳤다. 그 정도로 그들은 나를 더 좋은 사람으로 만들었다"라는 루리의 말에 대하여 "그와 똑같이 당신이 정반대, 즉 당신이 당신의 여성들을 더 좋은 사람들로 변화시켰다고 주장하지 않기를 바라요"(같은 책, p. 70)라는 딸의 말을 루리는 이해하지 못한다. 따라서 소설가 쿳시는 루리가 "매력적이려고 노력하지 않는 여성들을 좋아하지 않는" 남성적 아비투스를 비판하면서 "그는 과거의 편견들을 쫓아내야만 하고, 그러한 아비투스를 깨끗이 지워야만 하지만, 그는 그렇게 하려고도 하지 않고 그렇게 할 마음조차도 없다"(같은 책, p. 72)고 말한다. 이와 같은 루리가 지니고 있는 의식과 삶의 분리는 근대적으로 만들어진 지식을 통한 고상한 삶에 대한 믿음으로 이루어져 있다. 루시가 삶의 관계를 맺고 있는 "베브 쇼가 자신을 고상한 삶으로 이끌지 않는다"고 말하는 루리에게 루시는 다음과 같이 말한다.

"그들은 나를 더 고상한 삶으로 이끌지 않는다. 그 이유는 더 고상한 삶이란 존재하지 않기 때문이다. 이것, 즉 우리가 동물들과 공유하고 있는 삶이 존재하고 있는 유일한 삶이다. 그것이 바로 베브와 같은 사람들이 만들고자 노력하고 있는 〔미래의〕 본보기이다. 그것이 바로 내가 따르고자 노력하는 삶이다. 몇몇 인간의 특권을 짐승들과 공유하는 것. 나는 개나 돼지와 같은 또 다른 삶으로 되돌아가고 싶지도 않고, 개나 돼지가 인간의 지배하에 사는 것처럼 살 필요도 없다고 생각한다."

"사랑하는 루시야, 엇나가지 마라. 그래, 나도 동의한다. 너의 삶이 너에게 존재하고 있는 유일한 삶이다. 모든 수단들을 동원해서 동물들에게 친절하도록 노력해 보자. 그러나 전망을 잃지는 말아야지. 우리는 동물들과 다른 창조의 질서 속에 있지 않니? 필연적으로 더 고상한 것은 아니지만, 분명히 서로 다르지. 그렇게 우리가 친절해야만 한다면, 단순한 관대함에서 벗어나도록 노력하자. 죄의식을 느끼거나 천벌이 두렵기 때문이 아니잖아."

루시는 숨을 들이마신다. 그녀는 그의 훈계에 반응을 하려는 듯하다가 하지 않는다. 그들은 침묵 속에서 집에 도착한다. (같은 책, p. 74)

부르디외가 『구별짓기: 취향의 판단에 대한 사회적 비판』(*Distinction: A Social Critique of the Judgement of Taste*)에서 구체적으로 입증한 것처럼 "고상한 삶에 대한 믿음"은 고급문화와 대중문화의 이데올로기 혹은 지식인과 민중이라는 이분법의 계몽주의에 고착된 "아비투스"에 의하여 형성된 것이지, 근원적으로 존재하는 것이 아니다.[5] 루시는 서구·백인·남성 중심주의의 근대적인 아비투스가 없다. 따라서 그녀가 지니고 있는 "유일한 삶"은 그녀의 동료인 베브 부부와 마찬가지로 대지와 "동물들과 공유하고 있는 삶"이다.

루시에게 개나 돼지는 단지 동물적인 종(種)과 유(類)의 구분만이 있을 뿐이다. 따라서 루시가 추구하는 "몇몇 인간의 특권을 짐승들과 공유하는 것"은 정서와 느낌의 동물적 감각을 소유하는 것이지, 인간의 삶을 포기하고 "개나 돼지와 같은 또 다른 삶으로 되돌아가는 것"도 아니고 "인간이 지배하는" 동물적 상황으로 빠지는 것도 아니다. 그러나 루리는 루시의 생명체가 지니고 있는 정서와 느낌의 동물 되기를 근대적 지식인의 계몽주의에 입각한 인간이나 지식인 중심의 "친절"이나 "관대함"으로 받아들일 뿐이다. 따라서 그는 그가 벗어나고자 했던 근대의 기독교적 계몽주의가 만든 "동물들과 다른 창조의 질서" 속으로 다시 들어간다. 이러한 기독교적 "질서" 속에서 "다르다"는 것은 존재의 평등성을 인식하는 것이 아니라, 차별하고 배제하기 위한 수단일 뿐이다.

루리의 삶이 분열증적으로 깨어지고 근대적 지식인에서 탈근대적 지식인으로 재구성되는 것은 교수라는 직위에서 딸의 아버지로 전환하는 공간적 (혹은 지리적) 이동으로 이루어지는 것도 아니고, 대화를 통한 시간적 과정의 투여로 이루어지는 것도 아니다. 그가 지니고 있는 근대의 계몽주의적 지식인의 아비투스는 전혀 예상하지 못한 사건을 통하여 서서히 깨어지기 시작한다. 그 사건은 아파르트헤이트의 폐지와 더불어 남아프리카 전역에 있는 백인들의 영토를 불법적으로 빼앗고자 하는 3명의 흑인 무장강도들이 루시를 강간하는 사건이다. 사건의 피해자이며 당사자인 루시는 이 사건을 역사적 불행으로 받아들이고, "나에게 일어난 일은 순전히 사적인 문제"(같은 책, p. 112)로 치부한다. 루시가 "또 다른 시대와 또 다른 장소에서 공적인 문제가 될 수 있는" 일을 "사적인 문제"로 치부하는 이유는 그곳이 근대의 서구·백인·남성 중심주의가 깨어지고 이미 "다가온 미래"의 탈근대적 시간과 장소로 규정되는 "남아프리카"이기 때문이다. 루시는 "땅을 사랑하고, 오래된 대지적 삶의 방식"을 받아들이며 살고자 한다. 따라서 그녀는 백인여성이 아닌 아프리카인 되어 자신과 자신의 땅을 보호하기 위하여 이미 두 명의 부인이 있는 페트루스와 계약결혼(그녀는 레즈비언이다)을 하기로 결심한다.

근대적인 삶과 인식 속에서 루리는 결코 루시의 삶과 그녀의 결정을 이해할 수 없다. 그러나 그의 충고는 이미 또 다른 세계에 살고 있는 루시의 삶을 간섭하거나 그녀의 사고를 억압하는 것이 될 뿐이다. 루리가 루시의 삶에 간섭하거나 억압적인 그녀의 아버지 되기에서 벗어나는 것은 그의 소일거리로 만들어진 "개꾼"(dog-man)[6]의 일을 충실히 수행하면서이다. 그는 기독교적 사고에서 벗어나 "열린 마음을 가지려는 노력" 속에서 개들을 안락사 시키는 "베브 쇼가 천사가 아니라 악마일 수도 있다는 가능성을 인식할" 뿐만 아니라 "그녀의 동정심이 드러나는 이면에는 도살꾼과 같은 냉혹함이 숨어 있을 수도 있다"(같은 책, p. 144)는 가능성을 인식하기도 한다. 기독교적 인간 중심주의에서 벗어난 이러한 인식은 그로 하여금 서서히 "개꾼, 즉 개를 책임지고, 심리적으로 개의 영혼을 지닌 자(harijan)[7]가 되도록" 한다. 루리가 이러한 일을 하는 것은 "동물복지사업이나 사회적 명예회복의 일, 심지어 바이런 연구와 같은 일을 하는 사람들은 수없이 많지만, 개들의 시체에 대한 존중심을 표할 만큼 어리석은 사람들은 아무도 없기 때문이다. 따라서 그가 서서히 되어가고 있는 것은 바보, 어리석은 자 그리고 미치광이이다"(같은 책, p. 146). 쿳시가 루리의 동물 되기로 형상화하고 있는 "바보, 어리석은 자 그리고 미치광이"는 들뢰즈가 탈근대적 노마드의 삶으로 규정하고 있는 여성 되기와 동물 되기의 "문맹자, 실어증 환자 혹은 두뇌가 없는 자"와 동일한 것이다.

딸의 집에서 나와 주변에 있는 "그래함스타운"에 새로운 거주지를 마련하고, 근대적인 "유혹의 삶에서 벗어났다"(같은 책, p. 148)고 말하는 루리의 새로운 삶이 생성시키는 것은 그가 오랜 동안 새로운 지식으로 꿈꾸고 있었던 바이런에 대한 음악적 글쓰기의 완성이다. "음악적인 것"은 루리가 멜라니의 부모를 찾아가서 자신이 "멜라니와의 관계에서 진정으로 결여된 것"이라고 말하는 것이며, 자신은 심지어 "[욕망으로] 불타오를 때조차도 노래를 하지 않는다"(같은 책, p. 171)고 말하는 근대적 지식, 즉 철학과 과학의 결합이라는 근대의 국가철학이 결여하고 있는 예술적 요소이다. 이러한 현실의 욕망을 노래하는 음악적인 요소는 루리가 다른 낭만주의 시인들과 구별되는 바이런의 특성으로 발견하는 것이기도 하다. 그러나 바이런은 낭만주의 시인이면서 워즈워스와 콜리지를 비롯한 낭만주의의 주류를 형성한 시인과 비평가들로부터 배척당한 시인이었고, 매튜 아놀드 이후의 근대적 영문학 비평에서 항상 이단으로 취급되어 온 작가이다(윤효녕 1999, 85~107쪽). 들뢰즈가 음악적 글쓰기를 통하여 근대 철학사의 비주류들이거나 이단으로 평가되었던 스피노자, 흄, 니체, 베르그송을 노마돌로지로 재구성하는 것과 마찬가지로 루리는 낭만주의의 비주류이면서 이단으로 평가되었던 바이런을 노마돌로지로 재구성하고 있다.

4. 탈근대적 지식의 형성

『추락』의 주인공인 루리가 타협과 비열함을 양산하는 근대적 지식인의 "고상한 삶(?)"에서 추락하였으면서도 그것에서 끝나지 않고 새로운 탈근대적 노마드의 삶과 노마돌로지의 지식을 형성시키는 이유는 그가 성적 욕망으로 대표되고 있는 관계를 맺고자 하는 모든 존재의 근원적 힘에 충실하였기 때문일 것이다. 자신이 지니고 있는 근원적 욕망과 본연의 학자정신에 대한 긍정은 근대적인 대학구조의 끊임없는 타협과 비열함으로 얻어진 교수라는 직위의 삶으로부터 스스로를 "추락"시키는 요인이기도 하지만, 자신의 욕망에 대한 긍정은 또한 그가 딸의 자작농지에서 이룩하는 진정한 여성 되기와 동물 되기의 원천이기도 하다. 아파르트헤이트가 폐지된 이후에 남아프리카공화국에서 백인과 흑인이라는 근대적 대립과 갈등의 구조는 깨어졌지만, 아직 완전한 탈근대의 공동체를 구성하지 못한 사회 속에서 여성과 동물은 여전히 소수자의 위치에 머물러 있다. 따라서 루리가 여성 되기와 동물 되기를 통하여 달성하는 소수자 되기는 아파르트헤이트를 통한 백인 지배의 시대에 흑인 되기가 새로운 미래를 구성하는 요소인 것처럼 또 다른 미래를 구성하는 노마드적 삶의 힘이기도 하다.

지속적인 소수자 되기를 통한 노마드적 삶이 지니고 있는 힘은 "나를 죽이지 않는 사건은 무엇이든지 나를 더 강하게 만든다"라는 새로운 경험과 사건에 대한 긍정이고, 이러한 새로운 경험과 사건에 대한 긍정은 "그녀(멜라니) 또한 고통을 겪었을 것이고, 그 고통을 극복했을 것"(Coetzee 1999, p. 191)이라는 타인에 대한 믿음이다. 따라서 그는

"그의 가슴속에서 만개하는 꽃처럼, 그의 심장 또한 고마움으로 넘쳐 흐른다"(같은 책, p. 192)라는 삶과 삶이 맺는 관계의 풍요로움을 스스로 노래하도록 만든다. 그가 교수라는 직위에서 "추락"하기 이전이었던 6개월 전까지만 해도 『이탈리아의 바이런』이라는 책에서 "자신의 유령과 같은 위치"가 "테레사와 바이런의 사이" 혹은 "열정적인 몸의 여름을 연장시키고자 하는 열망과 어쩔 수 없는 망각의 긴 잠이 부르는 소리"의 사이라는 이분법의 그물망에 갇혀 있다고 생각했었다. 그러나 바이런을 통한 그의 비전은 이분법으로 구분되는 에로틱한 것도 아니고, 또한 비가적(elegiac)인 것도 아니면서 에로틱하면서도 비가적인 "희극적" 비전을 지닌 것이며 "선율을 따라 춤을 추는 물고기처럼" 끊임없이 탈영토화와 재영토화를 반복하여 흐르는 "음악 그 자체"로 바뀌었다(같은 책, pp. 184~85). 그가 보는 바이런조차도 "그는 음악을 창조하고 있는 것(혹은 음악이 그를 창조하고 있는 것)이지, 그가 역사를 창조하고 있는 것은 아니다"(같은 책, p. 186)라는 노마드적 "운명애"(Amor Fati)의 인식으로 바뀐다.

대학과 교수직이라는 서구적 근대의 영토에서 탈영토화 한 루리가 궁극적으로 재영토화하여 도달한 곳은 근대의 계몽적 합리주의가 주장하는 중심과 주변, 즉 다수와 소수라는 이분법이 존재하지 않는 곳이다. 이것은 레즈비언이면서 강간을 당하여 임신한 아이를 출산하고자 하는 루시의 "사람들은 다수와 소수로 구분되지 않는다. 나는 소수자가 아니다. 당신에게 당신의 삶이 소중한 것처럼 나에게도 소중한 나 자신의 삶이 있다. 나의 삶에서 결정을 내리는 사람은 항상 나 자신이다"(같은 책, p. 198)라는 말에서 아주 뚜렷하게 드러난다. 이것은 서구적 근대가 만든 서구·백인·남성 중심주의의 "아비투스"에 길들여져 있는 루리로 하여금 "운명애, 관대함, 인내와 같은 노인의 미덕들을 결여하고 있다"는 것을 깨닫도록 만들고 "할아버지 정신의 시인이었던 빅토르 위고(Victor Hugo)와 같은 시인들을 다시 보아야만 한다"(같은 책, p. 218)는 노마돌로지의 지식에 도달하도록 만든다. 따라서 그의 노마돌로지는 "워즈워스에 대한 수많은 독서에도 불구하고 시골의 삶에 대한 충분한 시선을 결코 지니지 못했다"는 진실이고, 관계를 맺고 있는 (현재 베브 쇼와 함께 죽이고 있는) "동물에게 그의 모든 애정을 집중시켜야만 한다"(같은 책, p. 219)는 "사랑"에 대한 믿음이다. 이러한 사랑은 근대적인 기독교주의나 계몽주의의 집착이나 소유가 아니라 마지막으로 그의 관계의 끈을 유지하였던 개마저도 "체념"(Yes, I am giving him up)하는 자연생명체의 탈영토화와 재영토화의 과정으로 인간의 삶과 세상을 인식하는 것이다.

주

1) Giles and Middleton 1999, pp. 9~29. "문화연구"를 개괄하고 있는 주디 자일스와 팀 미들턴은 문화연구의 궁극적인 왜곡의 본질은 매튜 아놀드가 『문화와 무질서』(*Culture and Anarchy*)에서 문화를 "지금까지 생각되어지고 알려진 가장 좋은 것"(the besy which has been thought and known)으로 정의한 것이라고 말한다. 이에 대해선 Arnold 1869(Introduction; chap. 1) 참조.
2) Frow 1995, p. 91. 이 책에서 존 프로는 "문화자본"(cultural capital)이라고 일컬어지고 있는 지식은 근대 자본주의화 과정을 통하여 상품생산으로 통합되는 역사라고 말하고 있다. 프로의 말처럼 오늘날의 지식은 "지식정보화 시대"나 "문화상품의 시대"라는 용어가 설명하고 있는 것처럼 사회와 국가를 지탱하고 있는 주요한 생산력이다. 이러한 연구로는 Machlup 1962가 있는데, Machlup는 이 책에 이어서 『지식의 창조와 분배 그리고 경제적 의미』(*Knowledge: Its Creation, Distribution and Economic Significance*)라는 제목으로 세 권의 연작을 출판하였다. 『지식과 지식생산』(*Knowledge and Knowledge Production*, 1980), 『학문분야들』(*The Branches of Learning*, 1982), 『정보경제학과 인류자본』(*The Economics of Information and Human Capital*, 1984)이 그것이다.

3) 존 프로는 문화연구에서 지식인계급의 정체성에 대한 문제가 제기되는 이유를 두 가지로 들고 있다. 하나는 피에르 부르디외가 문화를 구성하는 삶의 방식, 즉 삶의 취향(문화적 선호)은 계급이나 공동체에 따라 가치의 서열이 있는 것이 아니라 단지 문화의 아비투스(habitus)에 의하여 구성되는 것이라는 문화의 가치부재에 대한 연구의 결과이다. 이에 대해선 Bourdieu 1984 참조. 그리고 지식인계급의 정체성에 대한 문제가 제기되는 또 다른 이유는 미국에서 1900년에 17.4%에 불과하던 지식산업 종사자들이 1980년에는 52.2%로 증가한 것처럼 후기근대에 접어들면서 근대적 사회구조를 지속시킬 수 없을 정도로 증가한 지식인계급 자체의 양적인 팽창이다. 이에 대해선 Rubin and Huber 1986(p. 195) 참조.
4) 이 글을 쓰는 도중에 나는 존 쿳시가 『추락』으로 노벨문학상을 수상했다는 소식을 신문에서 읽었다. 이와 더불어 국내에서 그의 소설 제목 "Disgrace"를 "불명예"가 아닌 "추락"으로 번역했고 그 의미가 크게 다르다고 생각하지 않기 때문에 "추락"이라는 제목을 그대로 사용하고자 한다. 소설텍스트는 Coetzee 1999이다.
5) 주 3) 참조.
6) 소설에서 "개꾼"의 업무는 늙은 개를 안락사하는 베브 쇼의 일을 도와주는 일이다. 루리는 루시의 소개로 베브 쇼가 늙은 개를 안락사하기 위하여 마취를 하고 주사를 놓는 과정에서 개를 잡아주거나, 개가 죽은 이후에 개 화장터로 개들을 옮겨주는 일을 한다. 소설에서 "개꾼"이라는 별명은 페트루스가 루리에게 붙여준 이름이다(Coetzee 1999, p. 146).
7) "태양의 아들"이라는 본래의 의미에서 "동물의 영혼을 지닌 자"라는 의미로 변형된 "하리잔"은 간디가 신분제도의 폐해를 지적하기 위하여 인도의 카스트제도에서 "불가촉천민"으로 취급받고 있는 도살꾼들에게 붙여준 이름이다.

남아프리카의 노마드적 주체와 탈근대 지식의 형성

1. 탈근대의 시선으로 근대를 되돌아보기

남아프리카에는 아주 특별한 지식인들이 존재한다. 1991년 노벨문학상을 탄 나딘 고디머(Nadine Gordimer)의 『거짓의 날들』(*Lying Days*)에 고디머의 자전적인 젊은 날의 모습으로 등장하는 헬렌 쇼나 『말기 부르주아의 세계』(*The Late Bourgeois World*)에 등장하는 엘리자베스 반 덴 산트(Green 1992, pp. 272~92), 2003년 노벨문학상을 탄 존 쿳시(John M. Coetzee)의 『야만인을 기다리며』(*Waiting for the Barbarians*)에서 그 어느 곳에도 정착하지 못하고 야만인을 기다리는 변경의 늙은 지방판사와 『추락』(*Disgrace*)에서 스스로 교수직에서 물러나는 50대 영문과교수 데이비드 루리[1] 그리고 '아파르트헤이트'(Apartheid)의 폐지와 흑인정부의 등장에 가장 기여를 한 앙드레 브링크(Andre Brink)의 『잊기 전에』(*Before I Forget*)에 등장하여 근대의 과거를 회상하는 노 소설가 크리스 헤지스(Brink 2005)가 바로 특별한 지식인들이다. 그러나 남아프리카에서 이들은 단지 소설 속의 주인공들만이 아니다. 이들은 지금도 케이프타운이나 요하네스버그와 같은 대도시들뿐만 아니라 남아프리카 지역의 전역에서 쉽게 만날 수 있다. 이들 지식인들의 특성은 근대성의 필수적 요소라고 할 수 있는 국가(nation), 종족(race), 성(gender)의 구별이 없으며, 근대적인 사회적 규범이나 도덕적 가치에서 벗어나 자신의 내면에서 우러나오는 욕망에 따라 행동하고 사고한다.

남아프리카에서 이들 지식인들과 가장 유사한 현실적인 인물이 바로 막스 두 프레즈(Max du Preez)[2]이다. 1951년 출생한 두 프레즈는 1948년부터 1994년까지 인종차별의 '아파르트헤이트'를 토대로 남아프리카공화국을 지배한 '네덜란드계 백인'(Boer, Afrikaner) 출신의 아프리칸스(Afrikaans)어 신문사의 정치부 기자였다. 그러나 그는 국가나 가족뿐만 아니라 근대적 의미에서 같은 종족인 아프리카너들에게 "반역자"라는 소리를 들었다. 그는 1988년 남아프리카에서 유일하게 아파르트헤이트에 반대하는 아프리칸스어 신문 『브라이 위크블라드』(*Vrye Weekblad, Free or Independent Weekly Journal*)를 창설하였고, 뛰어난 필력과 죽음을 무릅쓴 기자정신으로 권력의 핵심에 있는 백인 독재정권의 폐부를 드러내기도 하였다. 그는 또한 권력의 음모로 여 『브라이 위크블라드』가 폐간된 1994년 이후에는 데스몬드 투투(Desmond Tutu) 주교가 주도한 '진실과화해위원회'(Truth and Reconciliation Commission)의 〈특별보고〉와 〈특별과제〉 시사토론회 프로그램을 주관한 남아프리카 SABC방송국의 프로그래머와 진행자로 활동하였다. 그러나 현재 그는 1999년에 수십 년 동안의 해방투쟁과 넬슨 만델라(Nelson Mandela)의 대통령 당선으로 권력을 잡은 아프리카민족회의(African National Congress, ANC)와 결탁한 SABC방송국의 흑인권력투쟁에 의해 쫓겨나 자유기고가로 활동하고 있다.

삶과 죽음의 경계선을 수없이 넘나들며 아프리카너 백인들에게서는 "매국노"라는 소리를 듣고, 새롭게 권력을 획득한 흑인이나 유색인들에게서는 "새로운 인종차별주의자"라는 소리를 들으며, 또한 동료 아프리카너 기자들에게서는 "미친 막스"(Mad Max)라는 소리를 들었던 두 프레즈는 단순한 저널리스트 기자가 아니다. 그는 남아프리카의 근대화과정에서 만들어진 아파르트헤이트와 같은 근대적 폐해들을 해결하기 위하여 나미비아와 모잠비크 등과 같은 백인/흑인 인종적 대립의 아프리카 국가들뿐만 아니라 개신교/가톨릭 종교적 대립의 아일랜드 그리고 자유주의/사회주의(공산주의)의 이데올로기적 대립이 첨예했던 통일 이전의 동·서 베를린을 방문하여 해결책을 모색하기도 한 행동하며 사색하는 지식인이었다.

그러나 그의 발견은 남아프리카의 근대화과정에서 만들어진 아파르트헤이트의 폐해를 해결할 수 있는 모델이 다른 곳에 있는 것이 아니라 모든 지역적인 근대적 대립과 갈등을 해결할 수 있는 총체적인 모델이 남아프리카이며, 그 총체적인 모델의 현실적 발현이 바로 '아파르트헤이트'라는 것이었다. 아파르트헤이트는 근대적 의미의 '문명/야만'이라는 이분법을 토대로 '백인/흑인'이라는 종족의 대립, '개신교/아프리카 원시신앙'이라는 종교적 대립, '자유주의/사회주의(공산주의)'라는 이데올로기적 대립의 토대였다.

두 프레즈는 "반역자 기자의 기억들"이라는 부제가 달린 『창백한 원주민』(*Pale Native*)이라는 자서전적 삶의 역정을 기록한 저서(Preez 2003)를 통하여 남아프리카의 근대화와 탈근대화의 과정에서 권력이나 개인적인 이익에서 벗어나 올바른 삶을 살고자 했던 지식인의 변화과정을 서술하고, 이러한 변화과정을 토대로 『전사, 연인 그리고 예언가의 이야기』(*Of warriors, Lovers, and Prophets*)라는 새로운 남아프리카 역사서(Preez 2004)를 저술하였다. 그러나 문제는 "창백한 원주민" 이라고 일컬어지는 두 프레즈의 삶에 대한 고백과 남아프리카의 어떤 교과서에도 등장하지 않는 남아프리카 역사의 "전사, 연인, 예언가" 들에 대한 이야기는 이 텍스트들을 읽는 독자들에 따라서 반역자, 매국노, 새로운 인종차별주의자 혹은 미친 막스로 읽혀질 수도 있고, 또는 만델라가 지칭한 것처럼 "모든 이들의 뛰어난 본보기"(an outstanding example to all of you)이거나 진정한 지식인으로 읽혀질 수도 있다. 따라서 문제는 남아프리카공화국의 현실과 역사뿐만 아니라 동시대의 많은 남아프리카 백인들에 의하여 "역사는 너를 거스르고 있다"(History is against you)는 근대적 역사에 대항하여 남아프리카의 새로운 탈근대의 역사를 만들고 있는 두 프레즈를 우리가 어떻게 읽어야만 하는가이다.

『역사의 이론』(*A Theory of History*)에서 시작하여 『파편들로 이루어진 역사철학』(*A Philosophy of History in Fragments*)을 잇는 『근대성의 이론』(*A Theory of Modernity*)으로 근대성 연구의 3부작을 완성시킨 아그네스 헬러(Agnes Heller)는 근대성을 바라보는 오늘날의 '포스트모더니티'(postmodernity)를 두 가지 개념으로 설명하고 있다. 하나는 "모든 것은 상대적이고, 진실은 존재하지 않으며, 모든 문화는 상호 동등하다"는 "전혀 사색되지 않은" 일반적인 개념이고, 다른 하나는 "자기 반성적이며, 끊임없이 자기 자신에 대하여 질문을 하"는 "사색적인" 개념이다(Heller 1999 pp. 2~3). 물론 "사색되지 않은" 포스트모더니티의 개념이나 "사색적인" 포스트모더니티 개념은 모두 근대 서구·백인·남성 중심의 "거대 서사"(grand narrative)가 깨어지는 과정의 산물이라는 측면에서 근대적 지식의 모태가 되는 계몽주의 지식의 소산이라고 할 수도 있다. 그러나 오늘날 존재하고 있는 이 두 가지 포스트모더니티는 역사를 "연대기적 이야기"(historish story)로 보느냐, 아니면 "사건적인 서술"(geschichtlich narrative)로 보느냐에 따라서 근대적 포스트모더니티와 탈근대적 포스트모더니티로 구분할 수 있다(같은 책, p. 2).

이와 같은 헬러의 '포스트모더니티'의 이중성에 대한 언급은 프레드릭 제임슨(Fredric Jameson)의 근대에 대한 역사적 구분과 유사하다. 제임슨은 서구·백인·남성에 의하여 형성되어 전세계로 확산된 '근대성'(modernity)의 역사적 기간을 "초기근대"(the early modern), "핵심근대"(the high modern), "후기근대"(the late modern)로 구분한다. 그러나 역사이론가들에 따라서 흔히 유럽이나 미국에서 1945년 이후 혹은 1960년대 이후로 이야기되고 있는 후기근대를 제임슨은 후기자본주의의 시장논리를 지배하는 이데올로기의 문화적 현상으로 드러나는 포스트모더니티와, 근대적 과거와 구별되는 새로운 영화 및 소설을 지배하는 지식의 논리로 드러나는 포스트모더니티가 혼재되어 있다고 본다(Jameson 1984, pp. 55~57). 제임슨이 이야기하는 문화적 현상의 이데올로기로 드러나는 포스트모더니티는 헬러가 이야기하는 "전혀 사색되지 않은 일반적인 개념"의 포스트모더니티이고, 새로운 지식의 논리로 드러나는 포스트모더니티는 "사색적인 개념"의 포스트모더니티라고 할 수 있다. 따라서 헬러와 마찬가지로 제임슨도 지식의 논리로 드러나는 포스트모더니티는 마치 "신이 존재하느냐 혹은 존재하지 않느냐"에 대한 논의가 항상 신학이나 종교의 울타리에서 벗어날 수 없는 것과 마찬가지로 "주체의 존재"에 대한 긍정과 부정은 서구적 근대의 정신/몸, 사회/개인, 남성/여성, 서구/비서구, 인간/자연이라는 이분법의 울타리에서 벗어날 수 없다는 점을 간과하여 근원적으로 "주체(나)란 무엇인가"라는 데카르트적 코기토가 형성한 "언어의 감옥"이자, 근대적 주체인 서구·백인·남성 중심주의가 형성한 "근대적 주체의 감옥"에서 벗어나는 지식의 논리를 형성하는 작업이라고 이야기한다 (Jameson 1972, pp. 3~5).

헬러가 "전혀 사색되지 않은" 포스트모더니티라고 부르고 제임슨이 "후기근대 자본주의의 문화이데올로기"라고 부르는 포스트모더니티를 근대의 연속이라는 측면에서 "후기(혹은 말기)근대성"이라고 부른다면, 헬러가 "사색적인" 포스트모더니티라고 부르고 제임슨이 "근대적 주체의 감옥"에서 벗어나는 지식의 논리라고 부르는 포스트모더니티를 서구·백인·남성 중심주의가 작동하는 근대와의 단절이라는 측면에서 "탈근대성"이라고 부를 수 있다. 탈근대성은 제임슨이 "근대적 주체의 감옥"이라고 부르는 국가·인종·성 중심의 근대적 주체들이 지니는 근대적 정체성을 의심하면서 새로운 탈근대적 정체성을 찾는 작업이라고 할 수 있다. 이러한 작업은 근본적으로 "정체성은 고정되어 있는 정체성이 아니라 시간적이거나 공간적인 차이와 차이화의 과정을 통한 동질성을 의미한다"(Heller 1999, p. 2)는 것이다. 따라서 어떤 개인이나 집단의 시간적이고 공간적인 정체성은 그 개인이나 집단의 삶이 지니는 지리학이고 그것에 대한 서술이다. 이런 측면에서 헬러가 제시하는 고갱의 타히티 그림이 지니고 있는 "우리는 어디에서 왔고, 우리는 무엇이며 그리고 우리는 어디로 가고 있는가"(같은 책, p. 5)라는 유명한 질문들은 "사색적"이고 "근대적 주체의 감옥"에서 벗어나는 탈근대성이 지녀야만 하는 가장 근본적인 "역사의식"이라고 하겠다.

두 프레즈는 헬러가 제시하는 것처럼 그의 삶의 역정을 서술한 『창백한 원주민』에서 끊임없이 "우리는 어디에서 왔고, 우리는 무엇이며 그리고 우리는 어디로 가고 있는가"를 스스로 질문하고 대답한다. 그리고 그러한 질문과 대답의 결과로 그는 『전사, 연인 그리고 예언가의 이야기』를 통하여 남아프리카의 근대사를 탈근대사로 바꾸는 역사 다시 쓰기를 시도한다. 그의 남아프리카 역사 다시 쓰기는 "근대주의자들이 과거의 역사적 회상이나 무한한 미래의 기획이나 투사를 통하여 현재의 문제를 주변화하는" 것과는 달리 "절대적인 현재시제로 (과거와 미래를) 사유하는 것"(같은 책, p. 7)이다. 따라서 두 프레즈는 헬러가 서구 18세기적 근대의 전형이라고 이야기하는 헤겔적인 전통의 자유주의이거나 19세기적 근대의 전형이라고 이야기하는 마르크스적인 전통의 사회주의의 "근대주의의 두 가지 대안적인 정신적 행로"에서 벗어나 있을 뿐만 아니라 "사색되지 않은 포스트모더니티"의 전형이라고 할 수 있는 근대의 종교적 "근본주의"(fundamentalism)에서도 벗어나 있다.[3] 두 프레즈는 "우리는 어디에서 왔는가?"라는 인류 전체의 "하나의 역사"라는 보편성을 사색하고 "우리는 무엇인가?"라는 인간이라는 종의 철학적 개념을 사유하며 "우리는 어디로 가고 있는가?"라는 "현재의 미래"를 고민한다. 이러한 그의 사색과 고민이 대부분의 근대적 지식인들처럼 단순히 지적 유희로 끝나지 않고 남아프리카의 현실 속에서 끊임없이 드러나는 그의 삶의 실천으로 지속되었다는 점에서 그의 삶과 지식의 형성과정을 살펴보는 것은, 또 다른 근대와 탈근대의 와중에 살고 있는 우리에게 근대성과 탈근대성에 대한 통찰력을 제공한다.

2. 남아프리카 역사의 사건적 서술과 노마드적 주체

두 프레즈가 근대적인 삶과 사유의 방식에서 벗어나 탈근대적인 삶과 사유의 방식으로 전환하는 동기는 두 가지 사건이다. 하나는 남아프리카공화국 내부에서 일어난 국내적 사건이고, 다른 하나는 남아프리카공화국과 인접해 있는 나미비아공화국에서 일어난 국제적 사건이었다. 두 프레즈는 이 두 개의 사건을 단순히 근대의 연대기적 이야기로 서술하지 않는다. 마치 시인이나 소설가처럼 그는 이 두 개의 사건들과 만나면서 자신의 과거와 현재뿐만 아니라 자신이 속하고 있는 남아프리카와 세계의 과거와 현재를 재구성한다. 이러한 현재적 역사의 사건적인 서술은 국가를 토대로 한 지역, 종족, 성의 고정된 주체가 아닌 사건이 만드는 만남의 관계에 따라서 지역, 종족, 성의 주체를 끊임없이 전환하는 노마드적 주체가 되어야만 가능하다. 두 프레즈가 이야기하는 첫번째 사건인, 1976년 6월 요하네스버그 교외에 있는 흑인 거주지역인 "소웨토(Soweto) 민중봉기"[4]는 단순히 중고등학교 학생들이 아프리칸스어 교육에 반대하는 데모와 파업이었다. 아프리칸스어 신문 『블리드』(*Bleed*)의 기자로 소웨토 지역으로 간 두 프레즈는 데모대의 선봉에 서서 스스로 경찰이 쏘는 총을 맞고 죽음을 선택하는 열네 살 어린 소년을 보면서, 남아프리카공화국 흑인들이 지니고 있는 "절대적인 희망의 부재가 어린 소년을 그런 식으로 행동하도록 만들었다"는 것을 자각하게 된다.

그가 폭동에서 살해되지 않았다면, 이 소년은 무엇이 되었을까? 그가 현실적으로 진압이 되어 아파르트헤이트 사회 속에서 복종적인 흑인, 즉 광산노동자 아니면 아마도 정원사로 정착할 수 있다는 것은 도저히 내가 생각할 수 있는 것이 아니었다. 이러한 것들은 젊은 아프리카너 기자를 불안하게 하는 생각들이었다. 내 인생에서 최초로, 나는 나의 사회 속에 근본적으로 잘못된 그 무엇인가가 있다는 것, 이 사회는 철저하게 변해야만 할 것이라는 것, 그리고 그 변화는 곧 들이닥칠 것이라는 사실을 충분히 인식하게 되었다. (du Preez 2003, p. 68)

두 프레즈가 "소년의 죽음"에서 발견한 것은 남아프리카에서 거의 300여 년 동안 지속된 '아파르트헤이트' 사회가 더 이상 불가능하다는 인식이고, 또한 남아프리카 "사회 속에 근본적으로 잘못된 그 무엇"이 바로 아파르트헤이트의 삶과 사유의 방식이고, 따라서 "철저하게 변해야만 할 것"은 바로 17~18세기에 시작된 서구의 근대화과정이 만든 서구국가와 비서구국가, 백인과 유색인, 남성과 여성의 근본적인 차별의 삶과 사유에서 벗어나 서구와 비서구, 백인과 유색인, 남성과 여성을 동일한 삶과 사유의 지평에서 바라보는 것이다. 이런 측면에서 두 프레즈는 소웨토 봉기의 흑인들이 가장 싫어하는 사람들이 바로 "백인 아프리카너 남성들"(white Afrikner males)이라는 사실을 간파하고 자신이 바로 "백인 아프리카너 남성"(같은 책, p. 69)이라는 사실을 발견한다. 이와 더불어 두 프레즈는 서구·백인·남성 중심주의의 근대적인 삶과 사유의 방식이 아닌 "철저하게" 다른 탈근대적 삶과 사유의 방식이 이루어지는 "변화"가 남아프리카의 백인들이 아닌 흑인들의 "흑인의식"(black consciousness)에 의해서 "곧 들이닥칠 것이라는 사실"을 인식하게 된다.

"흑인의식" 운동은 헬러가 지적하고 있는 "전혀 사색되지 않은 일반적인 개념"의 '포스트모더니티'가 미국과 영국을 비롯한 서구사회에서 보편적인 사회적 흐름으로 대두되기 시작한 1960년대 초의 아프리카에서 나타난 사회적 현상이었다. 서구의 "전혀 사색되지 않은 일반적인 개념"으로 나타난 포스트모더니티의 한 흐름이라고 할 수 있는 후기식민주의(post-colonialism)와 유사한 탈식민주의(decolonialism)를 특징으로 하고 있는 흑인의식 운동은 근본적으로 헬러가 이야기하는 서구·백인·남성 중심주의의 근대화과정을 다시 사유하는 사색적인 포스트모더니티이며, 제임슨이 이야기하는 "근대적 주체의 감옥"에서 벗어나는 탈근대성이라고 할 수 있다. 이런 측면에서 "1960년대 초반 아프리카의 탈식민화가 시작한 이후로 (미국정부를 제외한) 국제사회는 남아프리카에 압력을 가하기 시작했다"(같은 책, p. 91)는 두 프레즈의 말은 서구사회가 역사적으로 지니게 된 "전혀 사색되지 않은 일반적인 개념"의 포스트모더니티와 17~18세기 이후로 시작된 근대성 전반의 근본적인 문제에 대한 사색적인 포스트모더니티의 만남을 의미한다. 따라서 두 프레즈가 "전혀 사색되지 않은 일반적인 개념"의 포스모더니티에 머물러 있는 일반적인 서구인들과는 달리 근대성의 근본적인 문제에 대하여 사색적인 포스트모더니티, 즉 탈근대성으로 전환하는 것은 그의 삶과 사유의 터전이 유럽이나 미국이 아니라 아프리카이고, 아프리카에서도 개별국가의 감옥에 머물러 있지 않고 국제적인 관계의 흐름을 파악했기 때문이라고 할 것이다.

두 프레즈가 1978년 당시에 남아프리카의 식민지였던 나미비아에서 새롭게 발견한 것은 나미비아를 포함한 앙골라, 모잠비크, 짐바브웨와 같은 남아프리카 주변국가들의 독립과 이 나라들의 독립 이후에 여전히 이 나라들에 대해 영향력을 행사하고자 하는 남아프리카공화국 백인정부의 집요하고도 폭력적인 내부간섭이었다.[5] 1970년대 후반과 80년대 초반에 남아프리카공화국 정부가 미국정부의 도움을 받아 대항하여 싸웠던 주변국의 해방운동들은 모잠비크해방전선(Frente de Libertacao de Mocambique/Liberation Front for Mozambique, Frelimo), 앙골라해방민중운동(Movimento Popular de

Libertacao de Angola/Popular Movement for the Liberation of Angola, MPLA), 짐바브웨아프리카민족연합-애국전선(Zimbabwe African National Union-Patriotic Front) 그리고 나미비아의 남서아프리카민중조직(South West African People's Organization, SWAPO)이었다. 두 프레즈가 이러한 국제적 갈등관계에서 궁극적으로 파악한 것은 이들 주변국과 마찬가지로 남아프리카공화국에서 오랜 동안 해방운동을 지도한 아프리카민족회의(ANC) 정부의 등장에 대한 남아프리카 백인정부의 두려움이었다.

이 과정에서 두 프레즈는 남아프리카 백인정부의 이중적인 정책을 목격한다. 하나는 나미비아 북부와 앙골라 변경지역에서 활동하고 있는 무장세력의 토대를 파괴하여 "남서아프리카민중조직"을 불안하게 하는 것이고, 다른 하나는 남서아프리카민중조직의 대안으로 인종차별을 토대로 한 정치세력을 지원하는 것이었다. 이것은 전직으로 헬러나 제임슨이 이야기하는 헤겔류의 18세기적이거나 초기 근대적인 근대성과 마르크스류의 19세기적이거나 핵심근대적인 근대성의 싸움이었다. 이러한 증거는 당시 국방장관이었으며 이후 남아프리카 대통령이 된 보사(PW Botha)의 "남아프리카를 정복하고자 하는 공산주의자의 계획이 명백해졌다"라거나 남아프리카국민당의 지도자였던 지질(Eben van Zijil)의 "누가 당신들을 진흙탕으로부터 건져냈는가? 백인들, 이 나라의 백인들과 남아프리카의 백인들이다. 누가 당신들을 산속에서 데리고 와서 너희의 등에 옷을 입혀주었는가? 백인들이다"(같은 책, p. 93)라는 말에서 적나라하게 드러난다. 따라서 두 프레즈는 나미비아에서 근대적인 인종차별을 토대로 한 종족적인 대립이 지역적인 대립과 일치하는 것을 파악하고, 그러한 대립이 남아프리카 지역을 포함한 아프리카 전역에서 이루어지고 있는 근대적인 대립과 일치하는 것을 파악한다. 이러한 인종차별을 토대로 한 종족적인 대립이 지역적인 대립과 일치하는 것은 남아프리카나 아프리카 전역뿐만 아니라 서구적 근대가 달성한 근대적 세계화와 동일할 것이다(Tomlinson 1999, pp. 71~105).

존 톰린슨(John Tomlinson)은 『지구화와 문화』(*Globalization and Culture*)에서 오늘날의 세계가 지니고 있는 "복잡한 관계성의 지구화"(globalization as complex connectivity)를 "근대성의 결과"로 나타난 현상이라고 파악하고, 헤겔이나 마르크스의 사상이 보여주는 것과 같은 초기근대적이거나 핵심근대적인 지구화의 "꿈들"(dreams)이나 후기근대적이거나 전혀 사유되지 않은 개념의 포스트모더니티가 지니는 지구화의 "악몽들"(nightmares)로부터 벗어나기 위해선 무엇보다도 "세계적인 탈영토화의 경험"(the mundane experience of deterritorialization)이 필요하다고 이야기한다(같은 책, pp. 113~28). 톰린슨이 이야기하는 "세계적인 탈영토화의 경험"은 헬러가 이야기하는 "사색적인" 포스트모더니티이고, 두 프레즈가 나미비아에서 발견한 남아프리카 백인정권이 지니고 있는 아류 제국주의와 그에 저항하는 해방운동에 대한 경험이라고 할 수 있다. "세계적인 탈영토화의 경험"은 또한 초기근대의 제국주의적이거나 핵심근대의 해방주의적인 정치적 경험이나 후기근대의 현실추수적인 경제적인 경험이 아니라, 사색적인 포스트모더니티이거나 탈근대성이라고 할 수 있는 "탈영토화의 문화적 경험"(같은 책, p. 114)이다. 따라서 두 프레즈는 흑인들을 단지 근대적인 "권력관계"(du Preez 2003, p. 95)로만 파악하는 남아프리카 백인정권의 시각이나 "역사는 너〔서구·백인·남성〕를 거슬러서 흐르고 있다"(같은 책, p. 2)는 일반적인 남아프리카 백인의 현실적인 시각에서 벗어나 "세계적인 탈영토화의 경험"이라고 할 수 있는 시간과 공간에 따라 존재의 정체성이 변화하는 노마드적 주체의 문화적 인 시각을 획득한다.

두 프레즈의 "탈영토화의 문화적 경험"은 언어에서 시작한다. 남아프리카에서 아프리카너들이 흑인이나 유색인들은 물론이고 다른 백인들과 차별성을 지니는 독자적인 정체성은 아프리칸스(Afrikaans)라는 그들의 언어라고 할 수 있다. 그러나 두 프레즈는 소웨토의 어린 학생들이나 나미비아의 흑인들 그리고 나미비아나 남아프리카 해방운동의 지도적 위치에 있는 사람들이 하나같이 "아프리칸스"를 사용하는 것을 보면서 소위 근대적인 정체성의 혼란을 경험하는 것이다. 남아프리카 군대가 남서아프리카민중조직(SWAPO)의 근거지로 나미비아와 앙골라의 국경지역에 있는 치타도(Chitado)라는 마을을 폭격한 이후에 그 마을을 취재하러 간 두 프레즈는 "나으리, 물 좀 주실 수 있나요?" 라고 아프리칸스(아프리칸스는 나미비아의 공식언어이다)로 말하는 흑인병사의 죽음을 보면서 "수세기 동안 흑인에게 강요한 백인들의 표현형식"(같은 책, p. 82)을 읽는다. 그래서 두 프레즈는 "죽어가는 병사가 나에게 말한 여섯 단어는 과거의 나였고, 또한 나를 대표했던 모든 것에 대하여 어두운 그림자를 드리웠다. 내가 그 사건 이후에 어떻게 과거와 동일한 사람이 될 수 있었겠는가?"(같은 곳)라고 반문한다.

두 프레즈가 근대적 과거와 현재 그리고 탈근대적 미래를 모두 포용하는 새로운 노마드적 주체의 정체성을 발견하는 것은 근대적인 서구/비서구, 백인/흑인(유색인), 남성/여성의 이분법을 넘어서서 우리 모두는 지리적이거나 종족적인 혹은 성적인 차별을 넘어서서 "아프리카인들"(Africans)이라는 사실의 발견이다. 두 프레즈는 심지어 이렇게 이야기한다. "곧이곧대로의 문자적인 의미에서 이 지상에 살고 있는 모든 인간은 아주 당당하게 이렇게 주장할 수 있다. 나는 하나의 아프리카인이다. 이 대륙은 모든 인류가 시작했던 곳이다. 여기에서 태어난 우리는 이렇게 말할 특권을 가지고 있다. 우리는 어머니 대륙 출신이다. 우리의 삶은 인류 최초의 문명이었다."(du Preez 2004, p. 236) 두 프레즈의 이러한 주장은 최근 남부 케이프 해안지역의 위트산드(Witsand)와 스틸바이(Stilbaai) 사이에 있는 블롬보스 동굴(Blombos Cave)에서 발견한, 7억 7천 년 전에 살았고 인류 최초의 예술과 문화를 즐겼던 사람들의 동굴벽화라는 고고학적 사실에 근거해 있을 뿐만 아니라 "500년 전에 아프리카 남부 끝을 재발견하여 다시 고향으로 되돌아 온 몇몇 창백한 백인들이 다시 아프리카인들이 되는" 과정 그리고 그 이후로 인도나 말레이시아, 중국인 들이 아프리카인들이 되었던 "세계적인 탈영토화의 경험"을 내포하고 있다. 이러한 경험은 놀랍게도 오늘날의 남아프리카공화국 대통령 타보 음베키(Thabo Mbeki)가 부통령이었던 시절의 남아프리카 신헌법을 선포하는 국회연설에서 드러난다.

> 나는 그들의 고독한 영혼들이 아름다운 케이프 지역의 거대한 광활한 공간에 스며들어 있는 코이족과 산족에게 존재의 빚을 지고 있다. 그들은 우리의 모토(native land)가 지금까지 보아온 가장 혹독한 학살의 희생자들이었고, 그들은 우리의 자유와 독립을 옹호하기 위한 투쟁에서 생명을 잃은 최초의 사람들이었으며, 또한 그들은 한 민족으로서 그 결과를 품에 안은 사람들이었다.
>
> (…) 나는 유럽을 떠나 우리의 모토에서 새로운 고향을 발견한 이주자들로 구성되어 있다. 그들 자신의 행동들이 무엇이었든지 그들은 여전히 나의 일부분으로 남아 있다. 나의 뼛속에는 동쪽으로부터 온 말레이 노예들의 피가 흐른다. 그들의 자랑스러운 위엄은 나

의 성품을 만들어주었고, 그들의 문화는 나의 본질의 일부분이다. 노예주인의 채찍에 의해 그들의 몸들에 새겨져 있는 채찍자국들은 지금부터 무엇이 행해지지 말아야 한다는 나의 의식에 각인되어 있는 격언이다.

(…) 나는 그들의 존재가 전적으로 육체적 노동을 제공할 수 있다는 사실에만 근거했던 인도와 중국으로부터 수송되어 이곳으로 왔던 사람들로부터 피를 물려받았다. 그들은 나에게 우리는 모두 고국이면서 동시에 외국에 거주할 수 있다는 것을 가르쳤고, 그들은 또한 나에게 인간존재 그 자체는 인간존재를 위한 필수불가결한 조건이었던 자유를 요구했다는 것을 가르쳤다.

이 모든 사람들의 일부분이고 그 어느 누구도 감히 그 주장에 대항하지 못하는 〔아프리카인의〕 지식 속에 있는 나는 이렇게 주장한다. 나는 하나의 아프리카인이다. (같은 책, pp. 235-36)

음베키의 말처럼 "아프리카인"이라는 말은 근대적 의미의 종족적 개념 속에서 오늘날의 남아프리카 다수 흑인(75.2%)을 구성하고 있는 호사(Xhosa), 줄루(Zulu), 스와지(Swazi) 그리고 은데벨레(Ndebele)의 은구니(Nguni)어를 사용하고 있는 종족들이나 소소(Sotho), 페디(Pedi), 츠와나(Tswana)의 소소-츠와나어를 사용하는 종족들 그리고 트송가(Tsonga)족과 벤다(Venda)족뿐만 아니라 극소수이거나 사라져 버린 코이족과 산족을 포함하고 있다. 또한 "아프리카인"이라는 말은 오늘날의 남아프리카 백인(13.6%)을 구성하고 있는 아프리칸스어를 사용하는 다수의 아프리카너 백인과 영어를 사용하는 백인 아프리카인들을 포함하며, 오늘날의 남아프리카 주민의 8.6%를 대표하는 유색인들과 2.6%를 대표하는 인도인들을 포함한다(Stotko

2002, pp. 20~21). 따라서 남아프리카에서 사용되고 있는 "아프리카인"이라는 언어는 마치 유럽 르네상스 시대의 전근대적인 과거로부터 벗어나 근대적인 삶과 사유의 방식을 새롭게 구축한 "카니발적인 언어"처럼 근대적인 과거로부터 벗어나 탈근대적인 삶과 사유의 방식을 새롭게 구축하는 "노마드적 주체"를 사유하는 탈근대적 언어의 개념이라고 할 것이다.[6]

3. 남아프리카 탈근대 지식의 형성

두 프레즈가 "아프리카인"이라는 노마드적 주체의 언어를 통하여 근대적인 서구/비서구, 백인/흑인(유색인), 남성/여성의 이분법에서 벗어나 새로운 탈근대의 지식을 형성시키는 과정은 근대적인 철학이나 과학의 지식이 요구하는 현실적인 논리나 기능의 측면이 아니라, 근대적 지식에 의하여 끊임없이 주변화되고 배타시되었던 예술적 사건을 통한 근대적 시간개념의 역사적 재구성이다. 마치 최근에 출판된 앙드레 브링크의 소설 『잊어버리기 전에』가 "사랑하는 여자의 죽음"이라는 하나의 사건을 통하여 남아프리카와 세계를 구성하고 있는 남성과 여성, 사회와 국가, 지식과 교육의 모든 것을 탈근대적으로 재구성하듯이, 두 프레즈는 남아프리카뿐만 아니라 오늘날의 인류 전체가 아프리카인이라는 보편적 개념으로 명명되어야만 하는 절대적 현재의 시각으로 현재와 과거, 미래를 재구성한다. 두 프레즈가 재구성하는 현재는 1488년 2월 3일 남아프리카 땅에 첫 발을 내디딘 포르투갈 해군 바르톨로메오 디아스(Bartholomeu Dias)가 코이코이족 한 명을 살해한 이후부터 지금까지이다. 따라서 절대적 현재의 과거는 1488년 이전이고, 미래는 남아프리카뿐만 아니라 인류 전체를 아프리카인이라고 명명하는 이후에 생성되는 모든 사건들이다. 따라서 1488년 이후 유럽인들이 남아프리카에 들어오는 과정은 아프리카인이 되어가는 과정과 아프리카인으로부터 멀어지는 과정으로 나눌 수 있다. 두 프레즈는 아프리카인으로부터 멀어지는 과정을 다음과 같이 이야기한다.

> 만일 이 사람들이 그 당시에 그들이 형제들이었다는 것을 알았다면, 단지 그들의 머리칼 구조와 피부의 염색체들, 코의 형상만이 달랐다는 것을 알았다면. 만일 그들이 조금만이라도 과거를 돌이켜 생각하여 서로가 모두 동일한 조상의 어머니로부터 태어났다는 것을 알았다면, 그리고 그들은 모두 한때 모슬 베이(Mossel Bay)에서 멀지 않은 곳에서 살았다는 것을 알았다면. 만일 그 포르투갈 사람들이 코이코이족과 부시맨들이 근원적인 인류의 유형과 가장 유사한 사람들이었다는 것을 알았다면. 정말로 그들이 수만 년 전 유럽으로 이주하기 전의 그들 조상들이 그들과 유사했다는 것을 알았다면. (du Preez 2004, p. 1)

두 프레즈가 이야기하는 것처럼 15세기 이후부터 유럽인들이 아프리카인으로부터 멀어지는 과정은 "그들이 형제들이었다는 것"이나 "동일한 조상의 어머니로부터 태어났다는 것" 그리고 "코이코이족과 부시맨들이 근원적인 인류의 유형과 가장 유사한 사람들이었다는 것"이 지적하는 것과 같은 과거에 대한 고고학적·인류학적인 철학지식의 부재와 "단지 그들의 머리칼 구조와 피부의 염색체, 코의 형상만이 달랐다는 것"이 지적하는 것과 같은 몸(대지 혹은 자연)에 대한 과학적 지식의 부재 때문이다. 단지 전형적인 18세기와 19세기의 유럽적 상황을 토대로 서구·백인·남성 중심주의의 철학적 논리를 구성한 헤겔과 마르크스처럼 아프리카인으로부터 멀어지는 과정을 선택한 유럽인들은 편협한 유럽 중심주의를 철학이라고 불렀고, 몸(대지 혹은 자연)은 시간과 공간의 차이에 따라 다르게 기능한다는 과학의 근본원칙을 망각하고 유럽의 시간과 공간 속에서 작동하는 몸을 제외한 모든 몸을 야만적인 것으로 치부한 유럽인 중심의 물질주의를 과학이라고 불렀다. 두 프레즈는 이러한 사고가 "유럽에서 500년 동안 지속되었다"(같은 책, p. 2)고 한탄한다.

헬러가 이야기하는 것처럼 헤겔과 마르크스의 유럽 중심주의 철학과 베버의 기능주의 과학으로 유지되고 있는 근대성의 원인은 아프리카 대륙에 첫 발을 내디딘 유럽인들의 이중적인 욕구, 즉 "상상할 수 없을 정도로 많은 황금의 보고"라는 기독교의 전설을 토대로 한 프로테스탄트 기독교인들의 개인적인 물질적 탐욕과 이슬람국가들의 성장을 저지하기 위한 기독교국가들의 사회(국가)적 탐욕이 결합하였기 때문이다. 이러한 결합이 남아프리카의 현실적인 사회적 기제로 작용한 것이 '아파르트헤이트'이다. 아파르트헤이트는 1652년 잔 반 리베크(Jan van Riebeeck)에 의하여 남아프리카의 케이프 지역에 최초의 영구 정착촌이 설립되면서부터 1991년 폐지되기까지 339년 동안 남아프리카의 공식·비공식적인 모든 삶과 사고방식을 지배했다. 따라서 아파르트헤이트는 17세기 이후부터 유럽 중심주의 철학과 물질적 기능주의 과학으로 대변되는 근대성의 가장 전형적인 표현이라고 하겠다. 두 프레즈는 영국 동인도회사의 토마스 스미스 경(Sir Thomas Smythe)에 의한 흑인추장 코레(Coree)의 런던 납치와 식민교육,[7] 그리고 반 리베크에 의한 아우트쇼마토(Autshomato)의 '로벤 아일랜드(Robben Island) 유배'[8]를 아파르트헤이트와 더불어, 339년 동안 남아프리카에서 구현된 가장 전형적인 근대성의 상징으로 인식하고 있다. 그러나 두 프레즈는 근대성의 파괴적이고 폭력적인 비인간성을 폭로하는 동시에, 유럽인들의 개인적 탐욕과 사회적 탐욕의 결합으로 만들어진 근대성에 대한 저항의 탈근대성, 즉 지역이나 종족 혹은 성에 대한 차별이 전혀 없이 모든 사람들의 아프리카인이 되어가는 과정을 "근대성에 대한 비폭력적이거나 폭력적인 정치적 저항의 행위"와 "원주민이나 유럽인들 혹은 유색인 이주민들의 아프리카인 되기"로 구분한다. 유럽인들의 도래와 더불어 시작된 "근대성에 대한 비폭력적이거나 폭력적인 저항의 행위"는 헬러의 근대성 구분과 마찬가지로 18세기와 19세기, 20세기의 가장 전형적인 사건들과 유형들로 구분된다. 즉 18세기의 "근대성에 대한 비폭력적이거나 폭력적인 정치적 저항의 행위"를 대표하는 전형적인 사건과 유형들은 영국의 식민화에 대한 아프리카너의 탈주와 전쟁을 통한 저항이었고, 19세기를 대표하는 전형적인 사건과 유형들은 영국의 완전한 식민지 속에서 인도인으로 대표되는 마하트마 간디(Mahatma Gandhi)의 비폭력적 저항이었으며, 20세기를 대표하는 저항은 아파르트헤이트의 합법화 속에서 이루어진 넬슨 만델라로 대표되는 '아프리카 민족회의'의 비폭력적이거나 폭력적인 것의 결합형태로 만들어진 저항이었다.

1895년 케이프 지역의 영국 식민지부터 1948년 남아프리카공화국의 독립까지 이어지는 탈주와 전쟁을 통한 아프리카너의 영국 제국주의에 대한 저항은 단지 저항의 형식을 띠고 있지만, 또한 전형적인 서구·백인·남성 중심주의가 작동하는 근대적인 지식의 형성이기도 하다. 교양적인 식민주의자들과 훌륭한 기독교인이 지니고 있는 근대적인 공통점은 "노예들을 잘 대우해야만 한다고 믿고 있는 동시에 한 인간이 또 다른 인간의 생명을 전적으로 소유하는 권리를 전혀 의심하지 않은 것"(du Preez 2003, p. 23)이라고 말하는 두 프레즈는 "350년 전에 케이프 지역에 도착한 백인 남아프리카인들은 당시에 유럽을 지배했던 인종에 대한 시각을 가지고 왔다. 아프리카너들이 인종차별주의를 개발한 것이 아니라 그들은 단지 그것을 완성시켰다는 것을 기억해야만 한다"(같은 책, p. 31)고 이야기한다. 아파르트헤이트는 18세기 노예제도의 20세기적 변형일 뿐이다. 따라서 아프리카너의 영국 제국주의에 대한 저항은, 마치 1차 세계대전과 2차 세계대전이 전형적인 근대 제국주의 국가들의 전쟁이었듯이 아프리카너 내부의 근대성을 더욱 강화시켰을 뿐이다. 이것이 바로 아프리카너들이 다른 아프리카 국가들이나 한반도를 포함한 아시아나 아메리카 독립국가들이 영국, 프랑스, 독일, 일본, 미국 등에 저항하면서 또 다른 자민족이나 자국가 남성 중심의 근대성을 강화시킨 모델이 되는 이유이다.

이와는 달리 마하트마 간디로 대표되는 19세기 후반과 20세기 초반의 "시민권" 혹은 "인권"이라는 이름으로 행해진 가장 전형적인 비폭력적 저항은 18세기적 전형이라고 할 수 있는 아프리카너의 저항과 마찬가지로 자민족 중심인 동시에 식민지 피지배인의 종속성과 아류 제국주의의 특성을 지닌다. 두 프레즈가 아프리카너 백인이면서도 "유럽인 신사"(European gentleman)의 위선적인 도덕이 지니는 "역사상 가장 커다란 범죄"를 지적하거나 근대 제국주의와 식민주의의 원흉으로 "영국에게 저주를 퍼붓는 것"(May God punish England, now we are going to give the English hell, 같은 책, pp. 49~53)과는 달리 간디는 "내가 남아프리카에서 보았던 유색인들에 대한 편견은 대영국의 전통들과 아주 상반되는 것들이었다"(du Preez 2004, p. 139)라고 말하는 것처럼 영국의 인종차별을 토대로 한 근대적 제국주의를 당연히 받아들였으며 "나는 영국왕권에 충실한 영국인들과 경쟁했다"라고 말하는 것처럼 영국에서 교육을 받은 근대 엘리트 계몽주의자라는 사실을 아주 자랑스럽게 생각했다. 이러한 간디의 인도 민족주의에 토대를 둔 왜곡된 저항의 근대성은 인도계 아프리카인들이 보어전쟁 기간 동안 영국을 지원하고 간디가 줄루족을 억압하는 영국군을 도와 영국군 "특무상사"(같은 책, p. 140)로 근무하는 토대가 된다. 따라서 두 프레즈는 간디와 같은 아류 제국주의를 1920년대와 30년대의 아프리카너 지식인들의 예를 들어 다음과 같이 설명하고 있다.

> 〔인도사회와 마찬가지로〕 아프리카너 사회는 보어전쟁 이후의 기간에 학자들과 교육받은 지식인들이 지극히 부족했기 때문에 극소수의 지식인들이 아프리카너의 사고방식에 매우 부적절한 영향력을 행사했다. 아주 고조된 영국에 반대하는 정서와 더불어 아주 명석한 일단의 학생들이 보어전쟁 이후의 30년 동안 독일과 네덜란드에서 공부하는 것을 선택했다. 인종분석을 통해 인간성을 바라보는 새로운 방식이 1920년대와 30년대의 이 나라들에서 교육되었다. 문화나 개인적인 업적이 아니라 유전적 자질이 인간의 가치를 결정했다. 이것이 바로 아돌프 히틀러(Adolf Hitler)의 민족사회주의의 지식적인 전제조건이었다. (du Preez 2003, p. 52)

두 프레즈는 영국 제국주의자들에 의하여 "현자"(Saint)로 신비화되고 숭앙된 간디가 지니고 있는 근대적 꼭두각시의 모습을 정확히 간파하고 있다. 간디가 남아프리카의 인도인 쿨리(Coolie)의 인권과 시민권을 격상시키고 궁극적으로 인도를 영국의 식민지로부터 해방시킨 토대는 그가 영국에서 공부한 근대적 지식을 토대로 한 민족주의였다. 그러나 근대적 지식을 토대로 한 민족주의는 18세기 영국 제국주의를 통하여 형성되어 19세기의 프랑스와 독일 등으로 확산되었다가 20세기에 전세계로 퍼져나가서 끊임없이 전쟁과 갈등을 야기한 근대성의 전형이다. 따라서 두 프레즈는 간디를 필요로 했던 남아프리카 인도인 사회와 영국 식민지 인도와 마찬가지로 남아프리카의 아프리카너 사회가 근대적인 "학자들과 교육받은 지식인들의 부족"을 영국과 대립하고 있는 네덜란드와 독일에 유학하여 공부하는 것으로 해결하였지만, 그것은 "문화나 개인적인 업적이 아니라 유전적 자질이 인간의 가치를 결정"하는 "앵글로색슨 백인남성 중심주의"를 "게르만 백인남성 중심주의"의 근대적 과학과 철학으로 대체시켰을 뿐이라는 것을 강조한다. 근대적인 인도사회와 아프리카너 사회의 차이는 간디를 지도자로 한 인도사회가 영국(백인) 다음의 제2국민이 되는 근대적 식민주의를 선택한 것에 반해, 아돌프 히틀러를 지도자로 한 게르만 사회나 아프리카너 사회는 영국 제국주의에 대항하여 폭력적인 전쟁을 하는 게르만 제국주의(혹은 게르만 민족 사회주의)를 선택했다는 것일 뿐이다.

'아파르트헤이트'를 토대로 한 근대 제국주의에 대한 18세기적 저항이나 19세기적 저항이 아파르트헤이트를 부분적으로 은폐시킬 뿐 근본적으로 제거하지 못하고 또 다른 아류 제국주의나 식민주의를 양산하는 것과는 달리, 남아프리카의 20세기적 저항으로 드러나는 '아프리카민족회의'의 저항은 아프리카너의 폭력적인 주체적 저항과 인도인 아프리칸스의 비폭력적인 타자적 저항을 결합시킬 뿐만 아니라 남아프리카에서 주체와 타자의 이분법에서 벗어나는 모든 노마드적 주체의 소수자들, 즉 백인, 유색인, 여성, 원주민 모두를 결합시킨다.[9] 이러한 결과는 1994년 만델라 정부가 등장하여 지역·인종·성 차별을 법적으로 금지시키는 소수자의 권리를 토대로 한 남아프리카 신헌법이 1996년에 의회의 합의를 거쳐 실제적인 효력을 발휘하기 시작한 것에서 가장 여실히 드러난다. 1990년 만델라가 로벤 아일랜드에서 28년간의 감옥생활을 마치고 돌아오고 해외망명중인 아프리카민족회의 지도자들이 돌아오면서 1994년의 자유선거에 의한 평화로운 정권이양까지 가는 과정에서 가장 중요한 역할을 한 것은 두 프레즈와 같은 아프리카너 지식인들이 아프리카너 사회로부터 스스로 탈주한 사건이었다. 세네갈 대통령 아브두 디우프(Abdou Diouf)가 개막연설에서 1830년대 영국 식민지로부터 탈주하여 남아프리카 내륙을 개척한 "아프리카너 개척자들"(The Voortrekkers)을 비유하여 "새로운 아프리카너 개척자들"(The New Voortrekkers)라고 불렀던 남아프리카의 아프리카너 민간대표들이 해외망명중인 아프리카민족회의 대표들과 만난 다카르 사파리(The Dakar Safari)라고 알려진 회의였다.

"아프리카는 아프리카너들을 백인 아프리카인들로 간주하고 있으며, 아파르트헤이트가 제거되면 대륙의 가슴으로 그들을 환영할 준비가 되어 있다"는 디우프의 연설에서 드러나듯이, '다카르 사피라'를 통하여 비로소 350여 년에 걸친 남아프리카의 근대화과정 속에서 "원주민이나 유럽인들 혹은 유색인 이주민들의 아프리카인 되기"는 가능해졌다. 근대적인 아프리카너의 18세기적 저항이 영국 제국주의자와 아프리카너 독립주의자라는 이분법을 양산시키고, 간디로 대표되는 인도계 아프리칸스의 19세기적 저항이 남아프리카에서 백인 1등국민, 인도인 2등국민 등의 인종적 서열체계를 더욱 강화시킨 반면에 20세기를 대표하는 아프리카민족회의의 저항은 모든 근대적 주체를 노마드적 주체의 소수자들로 변형시켰다. 유럽과 아시아·아메리카를 포함한 전세계의 근대화과정에서 가장 소수자라고 할 수 있는 "아프리카인 되기"를 통하여, 인간과 인간의 대립과 갈등으로 인한 인간에 의한 인간의 폭력과 억압으로 점철되었던 남아프리카의 근대는 마침내 종말을 고하게 된 것이다. 1994년 만델라 정부로 시작한 남아프리카 정부는 이러한 근대성의 종말과 소수자 중심의 탈근대성을 완성시키는 대리인들일 뿐이다. 남아프리카의 모든 지역이나 종족 혹은 성은 남아프리카를 구성하는 일부분이지 전체가 아니다. 이러한 탈근대성의 사유와 삶은 남아프리카뿐만 아니라 아프리카 대륙과 지구 전체로 확산될 것임에 틀림없다.

4. 남아프리카의 노마드적 주체와 탈근대 지식의 지구화

앙드레 브링크의 소설 『잊기 전에』에 등장하는 여성 조각가 라첼 롬바드(Rachel Lombard)는 남아프리카와 같이 소용돌이치는 역사의 절대적 현재라는 시간 속에는 "숨겨져 있지만 이미 존재했던 어떤 것과 결코 이전에 존재하지 않았던 어떤 것"(Brink 2005, p. 70)이 있다고 말한다. 남아프리카를 포함한 전지구적인 역사의 절대적 현재라는 시간의 측면에서 "숨겨져 있지만 이미 존재했던 어떤 것"은 지역적·종족적·성적 차이의 지속적인 대립과 갈등을 야기하는 근대성이라고 말할 수 있고 "결코 이전에 존재하지 않았던 어떤 것"은 지역적·종족적·성적 차이가 서로 조화와 상생을 이루어나가는 탈근대성이라고 말할 수 있다. 그러나 남아프리카의 현재와 달리, 우리가 살고 있는 한반도를 포함한 아시아와 유럽, 아메리카에는 "숨겨져 있지만 이미 존재했던 어떤 것"이라고 말할 수 있는 근대의 국가주의적·가족주의적인 허구적 주체의 지역·종족·성 중심주의의 근대성마저도 "숨겨져 있"는 상태로 사유하거나 행동한다. 이미 살펴본 바와 같이 남아프리카의 350여 년에 걸친 근대화과정은 유럽이나 아시아, 아메리카에서 국가주의나 가족주의 때문에 은폐되어 있는 근대성의 상호파괴와 궁극적인 자기파멸의 특성을 적나라하게 드러낸다.

남아프리카의 근대사에서 적나라하게 드러나는 지역·종족·성의 주체는 지역이나 종족에 토대를 둔 국가적 주체나 남성 가부장주의에 토대를 둔 가족적 주체가 아니라 지역적·종족적·성적 관계의 변화를 주도하고 또한 그 변화에 따라 끊임없이 존재를 재규정해야 하는 "노마드적 주체"라는 사실이다. 오늘날에도 이 세상의 모든 인간은 생산적이고 아름다운 삶의 관계를 형성하기 위하여 끊임없이 지역·종족·성적 관계의 변화들을 시도한다. 두 프레즈는 350여 년에 걸친 남아프리카 교회와 식민지통치의 기록을 통하여 흑인·아시아·혼혈 여성과 결혼한 아프리카너 남성의 성을 107개나 나열하고 있다(du Preez 2003, p. 30) 12~13세대의 기간 동안 아프리카너의 가족사가 지속되었다는 측면에서, 이러한 기록은 아프리카너 전체를 망라한다고 할 수 있다. 이러한 "노마드적 주체"의 역사는 단지 근대사의 측면만은 아니다. 두 프레즈는 이미 종교인들과 과학자들, 그리고 역사가들의 조명을 받았던 수백 년 전에 이주하여 흑인 아프리카인이 된 남아프리카 동북부지역의 렘바(Lemba)족이라고 부르는 "흑인 유태인들"(du Preez 2004, pp. 157~65)에 대해서도 자세하게 언급하고 있다.

그러나 문제는 서구·백인·남성 중심주의의 과학과 철학의 근대성에 의하여 "숨겨져 있지만 이미 존재했던 어떤 것"을 찾아내는 "노마드적 주체"의 발견이 중요한 것이 아니라 조각가 라첼이 예술가로서 "나는 숨겨져 있지만 이미 존재했던 어떤 것을 찾아내고 싶어하는 것이 아니라 결코 이전에 존재하지 않았던 어떤 것을 만들고 싶다"(Brink 2005, pp. 69~70)고 말하는 것처럼 "결코 이전에 존재하지 않았던 어떤 것"이라는 탈근대성의 지식을 만드는 것이라고 할 수 있다. 따라서 두 프레즈는 헬러가 "전혀 사색되지 않은 개념"의 포스트모더니티와 "사색적인" 포스트모더니티를 구분하고 제임슨이 후기근대의 문화이데올로기로 작용하는 포스트모더니티와 "근대적 주체의 감옥"에서 벗어나는 포스트모더니티를 구분하는 것처럼 남아프리카뿐만 아니라 아프리카 전역에 있는 근대적 지식인들이 주장하는 근대적인 지역이나 종족 혹은 성에 토대를 두는 "후기식민주의"와 "탈식민주의"를 구분한다. 심지어 다카르 사파리에 함께 참석한 아프리카너 최고의 시인이라고 일컬어지는 브레히튼 브레히튼바흐(Breyten Breytenbach)의 종족구별의 민주주의나 경제적 관점에서 아프리카 독립국가들을 판단하려는 경제주의적 시각을 두 프레즈는 비판한다(du Preez 2003, pp. 160~67). 두 프레즈의 시각은 헬러나 제임슨처럼 서구·백인·남성 중심주의나 물질주의적 기능주의의 근대적 논리에 찌들 대로 찌든 철학이나 과학의 판단이 아니라 마치 "결코 이전에 존재하지 않았던 어떤 것을 만들고 싶다"는 예술가처럼 끊임없이 근대적 소수자의 입장에서 새로운 생성적 관계를 만들려는 예술가적 삶과 실천의 관점이다.

두 프레즈와 마찬가지로 절대적 현재의 시간 속에서 철학, 과학, 예술이 지니는 탈근대의 지식을 사유하는 질 들뢰즈는 『철학이란 무엇인가?』에서 새로운 사유의 개념을 창조하지 않고 과거의 개념을 가지고 사유하고 판단하는 철학과 조건의 변화에 따른 새로운 생성을 무시하고 이미 결정되어 있는 명제에 따라 현재적 기능만을 관찰하는 과학을 비판하면서, 탈근대의 철학이나 과학은 근원적으로 절대적 현재의 시간 속에서 미래의 생성을 만드는 예술의 노마드적 지식을 따라서 개념을 창조하고 새로운 생성을 발견해야 한다고 말한다. 따라서 남아프리카의 근대화과정에서 만들어진 '아프리카인'이라는 "노마드적 주체"의 개념은 새로운 탈근대를 사유하는 개념적 토대가 될 수 있고, "과거-현재-미래"라는 연대기적 이야기의 근대적 시간관을 파괴하면서 등장한 두 프레즈의 절대적 현재의 시간이라는 "사건적인 서술"을 통한 역사에 대한 탈근대의 지식은 단지 과거로부터 지속하는 순간적인 현재의 기능이 아니라 지역적·종족적·성적 관계를 만드는 사건에 때라서 끊임없이 새로운 생성을 만드는 지식이다. 사건은 항상 미래지향적이다. 따라서 근대적 사건들을 통하여 두 프레즈가 아프리카너는 아프리카인의 일부라는 인식으로 아프리카인이 되듯이, 근대적 사건을 통하여 대한민국은 한반도의 일부라는 인식으로 한반도인(혹은 한반도인은 아시아의 일부라는 인식으로 아시아인)이 되고, 미국은 아메리카의 일부라는 인식으로 아메리카인이 되는 탈근대의 미래는 머지않다는 것을 알 수 있다.

주

1) Strauss 1992, pp. 378~402. 그리고 『추락』에 대한 논의는 Heyns 2002(pp. 57~65) 참조.
2) 두 프레즈는 '탁월한 젊은 남아프리카인 상'(The Outstanding young South African Award by the Chamber of Commerce), 남아프리카기자연합회에서 제공하는 '프링글 상'(The Pringle Award), 미국 하버드대학교의 니만 펠로우스(Nieman Fellows) 재단에서 수여하는 '루이스 M 라이온스 상'(The Louis M Lyons Award) 그리고 케이프타운대학교에서 명예학위를 수여받을 정도로 남아프리카의 대중적인 지식인이다. 이에 대해선 http://www.zebrapress.co.za 참조.
3) 헬러는 아리스토텔레스가 『정치학』에서 "잘 자란 아시아인들보다도 아무런 교양이 없는 유럽인들이 자유에 대한 사랑을 더 발전시켰다"라고 말하는 것처럼 헤겔이 "아무런 전제가 없는 〔서구·백인·남성 중심주의의〕 거대서사"(the grand narrative without presupposition)를 만들었다는 점에서 18세기 근대 초기의 사상을 반영하고, 마르크스가 19세기 핵심근대의 "진보의 시대가 지니는 거대한 환상들을 헤겔이나 막스 베버보다 그의 책들에 더 많이 반영하고 있다"는 점에서 "전형적인 18세기의 자식"이라고 부른다. 이러한 측면에서 막스 베버는 "사색되지 않은 포스트모더니티"라고 할 수 있는 이미 근대

화의 식민주의와 제국주의의 과정을 통하여 고정된 서구·백인·남성 중심주의 근대 자본주의의 문화를 근원적인 것으로 사유하는 20세기 근본주의의 산물이다(Heller 1999, pp. 12~18).

4) 소웨토 민중봉기 연구자들은 1976년의 봉기기간 동안 1천 명 이상이 살해되었고, 5천 명 이상이 부상당했다고 이야기한다. 당시 백인정부의 경찰은 1976년 6월 16일에 백인 2명과 흑인 21명이 죽고, 경찰관 11명을 포함한 1005명이 부상당했다고 발표했다. 그러나 그해 7월 21일에 당시 내무부 장관 지미 크루거(Jimmy Kruger)는 의회에서 봉기의 최초 5일 동안 130명이 죽었고, 1118명이 부상당했다고 보고했다. 그러나 "전쟁터에서 사상자와 부상자는 빨리 제거하는 반투족의 오랜 관습" 때문에 '소웨토 민중봉기'의 정확한 사상자와 부상자의 숫자는 계산하기 어렵다고 한다(du Preez 2003, p. 72).

5) Meredith 2005. 이 책에서 마틴 메레디스는 남아프리카 지역뿐만 아니라 아프리카 전역의 국가들이 1960년대 이후 새롭게 등장하는 현상을 18~19세기 유럽국가들이 등장하는 것과 비교하고 있다.

6) Roberts 1989, p. 125. 이 글에서 로버츠는 바흐친의 르네상스 시대의 카니발문화에 토대를 둔 대화주의적 언어분석을 미래로 나아가는 "구축주의적(architectonic) 시각"이라고 부른다.

7) 17세기 영국의 왕 제임스1세의 절친한 친구이면서 정치적 영향력이 가장 강한 상인이었던 영국 동인도회사의 토마스 스미스 경은 케이프 지역에 정착촌을 만들 계획을 가지고 1613년에 코레를 런던으로 납치하여 원주민과 소통할 수 있는 친영국적인 중개인을 만들기 위하여 영어교육을 시킨다. 그러나 스미스경의 의도와 달리, 코레는 케이프 지역의 주민들이나 지리에 대한 정보를 전혀 제공하지 않았기 때문에 1614년에 다시 케이프 지역으로 되돌아온다. 정확히 코레의 역할 때문인지는 몰라도 영국 동인도회사는 케이프 지역에 정착촌을 만들려는 계획을 포기하고, 18세기 말 이미 만들어진 네덜란드 동인도회사의 케이프 지역 정착촌을 정복하여 식민지로 만든다. 케이프 지역으로 되돌아온 이후의 코레는 영국인을 이용하여 부족전쟁을 하다가 네덜란드인에 의하여 살해된다(du Preez 2004, pp. 7~13).

8) 코레와 달리 아우트쇼마토는 자발적으로 영어교육을 받고 로벤 아일랜드와 케이프 지역에서 수년 동안 영국과 네덜란드 상인들을 위한 중개 우편업무(postal service)를 담당했다. 그러나 케이프 지역에 네덜란드 동인도회사의 정착촌이 만들어진 이후로 네덜란드인과 케이프 지역의 원주민인 코이코이족 사이의 중개인인 동시에 통역인의 영향력을 행사하는 역할을 담당하기 시작하자 반 리베크에 의하여 로벤 아일랜드로 추방된다. 아우트쇼마토의 로벤 아일랜드 유배 이후부터 아파르트헤이트의 폐지 이후 남아프리카 최초의 민주주의 선거로 대통령이 된 넬슨 만델라가 1989년 로벤 아일랜드로부터 석방되기까지 거의 300여 년 동안 로벤 아일랜드는 아파르트헤이트와 함께 서구·백인·남성 중심주의의 근대성이 지니는 폭력성과 비인간성의 상징 역할을 하였다(같은 책, pp. 13~14).

9) 1912년에 블로엠폰테인(Bloemfontein)에서 흑인 인권운동을 기반으로 창설된 '남아프

리카원주민민족회의' (South African Native National Congress, SANNC)는 간디의 영향으로 비폭력적 저항의 노선을 유지하다가 이후에 '아프리카민족회의' 로 이름을 변경하면서 1960년에 범아프리카민족회의(Pan-Africanist Congress, PAC), 남아프리카공산당(South African Communist Party, SACP)과 함께 당시의 남아프리카 정부에 의하여 불법단체로 공표되면서부터 이들과 연합하여 무장투쟁을 통한 부분적인 폭력적 저항의 노선을 견지한다(같은 책, pp. 185~86).

남아프리카의 탈식민적 탈근대의 노마드 문학

1. 탈근대의 문학적 조건

나딘 고디머(Nadine Gordimer)가 남아프리카공화국의 백인 지배 체제에 대한 저항과 미래의 새로운 세계에 대한 갈망으로 1966년에 발표한 『말기 부르주아의 세계』(*The Late Bourgeois World*)의 첫 페이지에는 프란츠 카프카(Franz Kafka)의 "나는 분명히 가능성들을 지니고 있다. 그런데, 그 가능성들은 지금 어느 돌 아래에 묻혀 있는가?"라는 질문과 "용감함의 광기는 삶의 지혜이다"라는 막심 고리키(Maxim Gorky)의 문학적 언술이 기록되어 있다.[1] 고디머가 제시하는 두 개의 구절은 단지 소설의 첫 페이지를 장식하는 미사여구가 아니라 소설 속에서 끊임없이 질문하고 대답하는 과정, 즉 나딘 고디머가 자기 자신뿐만 아니라 독자들에게 지속적으로 제기하는 일종의 문학적 화두라고 할 수 있다. 이런 측면에서 고디머는 자신의 소설을 동일한 문학적 화두를 지니고 있었던 카프카와 고리키에게 선사하는 것이다. 20세기 초, 서구적 근대화의 한가운데서 서구적 근대에 대한 저항과 미래의 새로운 삶의 양식을 고민했던 카프카와 고리키가 제시한 "〔삶의〕 가능성들"과 "용감함의 광기"가 20세기 후반의 남아프리카공화국이라는 서구적 근대화의 한 변방에 있는 여성작가에 의하여 다시 문학적 화두로 제시되는 것은, 근대의 또 다른 현재라는 시간과 공간 속에서 이루어지는 "과거에 대한 저항"과 "미래의 창출"이 나딘 고디머 문학의 주요 관심사이기 때문일 것이다. "현재"라는 근대화과정 속에서 이루어지는 과거와 미래라는 두 개의 축은 흔히 "후기근대"의 역사적 상황이 만드는 근대와 탈근대의 "동시성과 비동시성"(장시기 2001a 참조)의 공존으로 일컬어지고 있다.

20세기 초의 서구 문학비평가나 문학교수들이 카프카의 문학세계를 실존주의 문학으로 규정하고 고리키의 문학세계를 사회주의 리얼리즘 문학으로 규정하는 것처럼, 20세기 후반의 서구나 비서구의 문학비평가나 문학교수들은 나딘 고디머의 문학세계를 탈식민주의 문학으로 규정한다. 그러나 이러한 문학사적 규정성은 카프카와 고리키의 문학을 낭만(이상)주의/실존주의, 자본주의/사회주의, 리얼리즘/모더니즘이라는 근대적 이분법의 틀 속에 가두고 있다는 측면에서 나딘 고디머의 문학을 식민(제국)주의/탈식민주의라는 또 다른 근대의 이분법 속에 가두어놓는 한계를 지닌다. 이러한 근대 문학비평의 한계는 탈식민주의 문학뿐만 아니라 여성/남성이나 자연(생태)/인간(문명)의 전치된 이분법을 재생산하는 여성주의 문학이나 생태주의 문학에도 동일하게 드러난다고 할 수 있다. 이러한 이분법의 재생산은 근대적 문학비평이 문학텍스트의 글쓰기와 글 읽기가 이루어지고 있는 현재의 이중성, 즉 "과거에 대한 저항"과 "미래의 창출" 중에서 단지 과거에 대한 저항의 측면만을 문학적 평가의 잣대로 활용하기 때문일 것이다. 그러나 분명한 것은 이와 같은 이분법을 재생산하는 근대의 한계는 근대적 문학비평이나 문학사의 한계이지 실존주의, 사회주의 리얼리즘, 탈식민주의, 여성주의, 생태주의를 지향하는 문학텍스트들의 한계가 아니라는 사실이다. 카프카나 고리키와 마찬가지로, 고디머도 근대의 탈식민주의적 이분법의 문학비평이나 문학사의 한계를 뛰어넘는다.

서구적 근대의 한가운데서 활동한 카프카와 같은 훌륭한 실존주의 문학텍스트는 실존주의 문학비평을 초월하고, 고리키와 같은 훌륭한 사회주의 리얼리즘 문학텍스트는 사회주의 리얼리즘 문학비평의 울타리를 훌쩍 뛰어넘는 것처럼, 탈식민주의 문학으로 규정되고 있는 나딘 고디머의 텍스트들은 탈식민주의 문학비평의 영토로부터 끊임없이 탈영토화한다. 나딘 고디머와 같은 탈식민주의 문학텍스트들이 지니는 지속적인 탈주의 특성 때문에 호미 바바(Homi Bhabha)나 가야트리 스피박(Gayatri Chakravorty Spivak), 에드워드 사이드(Edward Said) 같은 탈식민주의 문학비평가들은 제국주의/탈식민주의의 이분법을 벗어나기 위하여 "잡종성"(hybridity)이나 "하층민문학"(subaltern literature), "오리엔탈리즘"이라는 개념을 사용하기도 하였다(박주식 1996, 309~34쪽). 그러나 바바의 "잡종성" 개념은 백인/흑인(유색인)이라는 근대적 식민주의의 이분법을 극복하는 듯하지만 잡종성(hy- or hetero-bridity)/순종성(homo-bridity)이라는 전치된 이분법을 재생산하고, 스피박의 "하층민 문학" 개념은 서구국가/비서구국가라는 근대 국가주의의 이분법을 극복하는 듯하지만 비서구나 식민지 집단 내부의 하층민(sub-alternant)/상층민(super-alternant)이라는 저항집단의 이분법을 재생산하며, 사이드의 오리엔탈리즘은 서양/동양이라는 제국주의의 이분법을 극복하는 듯이 보이지만 오리엔탈리즘/옥시덴탈리즘의 전치된 이분법을 재생산한다.

문학적 글쓰기와 글 읽기가 이루어지는 현재라는 시간과 공간 속에 내재해 있는 "과거에 대한 저항"과 "미래의 창출"이라는 이중성을 포용하는 동시에 서구적 근대성의 효시라고 일컬어지는 데카르트의 정신/몸의 이분법에 의하여 끊임없이 재생산되는 근대적 이분법에서 벗어나려는 문학비평적 노력은 들뢰즈의 "노마돌로지"(nomadology, 유목학 혹은 유목주의, Deleuze and Guattari 1994, pp. 85~113)에서 궁극적인 해결의 실마리를 찾는 듯하다. 들뢰즈는 인간의 사유체계인 철학이나 과학과 비교하여 소설을 비롯한 예술은 근본적으로 노마돌로지라고 규정하면서 인간을 비롯한 생명체나 비생명체를 망라한 모든 존재를 하나의 점으로 비유되는 "노마드"로 규정한다. 들뢰즈가 이야기하는 노마드는 정착민(국가인이나 가족인)과 대립되는 이분법의 언어가 아니라 바바의 "잡종"(hybrid)이나 스피박의 "하층민"을 포함하는 존재 그 자체의 개념이다. 하나의 노마드는 다른 노마드와 만나는 관계의 선분에 의하여 근대적 의미의 국가인이나 가족인이 되거나 혹은 서구적 근대의 제국주의나 식민주의라는 사회적 관계 속에서 탈식민적 의미를 내포하는 잡종이나 하층민이 된다. 문제는 국가인이나 가족인 혹은 잡종이나 하층민은 개인적·사회적 관계의 순간적인 특수성의 산물이고, 새로운 관계의 미래를 창출하는 영원한 보편성의 특성은 노마드라는 사실이다. 따라서 "노마드 문학"은 문학비평이나 문학사가 규정하는 실존주의나 사회주의 리얼리즘 그리고 탈식민주의의 특수한 시간과 공간의 문학적 특성뿐만 아니라 그러한 시·공간의 규정성을 뛰어넘는 예술적 생성의 보편성을 제시한다.

흔히 탈식민주의 문학의 거장으로 일컬어지고 있는 나딘 고디머가 카프카와 고리키의 문학적 언술을 인용하면서 제시하는 "가능성"과 "용감함의 광기"는 남아프리카공화국의 탈식민주의적 저항의 가능성과 탈식민주의적 투쟁의 용감함의 광기뿐만 아니라 "탈식민주의 이후"

(post-postcolonialism)를 창출하는 가능성과 용감함의 광기를 함께 일컫는 것이라고 말할 수 있다. 이것은 마치 카프카가 제시하는 "가능성"이 탈낭만주의적 저항의 가능성과 실존적 세계를 창출하는 가능성을 함께 일컫는 것과 같으며, 고리키의 "용감함의 광기"가 탈부르주아 리얼리즘의 저항을 내재하는 용감함의 광기와 사회주의 리얼리즘을 창출하는 용감함의 광기를 함께 일컫는 것과 같다. 나딘 고디머, 카프카, 고리키의 문학이 공통으로 지니고 있는 과거에 대한 저항과 미래의 창출이라는 이중의 "가능성"과 "용감함의 광기"는 노마드가 지니는 과거에 대한 저항의 탈영토화와 미래의 창출이라는 재영토화, 즉 노마드의 탈영토화와 재영토화의 과정 속에 있는 이중의 가능성과 용감함의 광기이다. 이러한 나딘 고디머의 노마드 문학의 특성은 카프카나 고리키 문학과의 관계 속에서 드러나듯이, 탈식민주의 문학이 지니는 노마드 문학의 특성은 남아프리카공화국에서 '아파르트헤이트'(유색인차별법)가 폐지된 1991년을 기점으로 이전의 나딘 고디머와 이후의 존 쿳시의 소설들이 지니는 "상호텍스트성"(intertextuality) 속에서 더욱 구체적으로 드러난다.

2. 나딘 고디머의 노마드 문학

근대적 의미가 아닌 탈근대적 의미에서 정치는 사회·경제·문화와 구별되는 하나의 전문성을 지닌 학문분야나 실천분야가 아니라 삶의 방식, 즉 개인이나 공동체의 문화를 구성하는 중요한 관계의 요소이다. 탈근대적 의미에서 정치는 삶을 구성하는 개인적 혹은 사회적인 모든 관계의 방식을 의미한다. 이런 측면에서 나딘 고디머의 모든 소설뿐 아니라 19세기 영문학에서 근대의 고전이라고 일컬어지고 있는 제인 오스틴(Jane Austin), 조지 엘리엇(George Eliot), 찰스 디킨스(Charles Dickens) 등의 소설들도 모두 정치적이다. 나딘 고디머와 19세기 작가들이 지니는 정치성의 차이는, 전자가 지니는 관계의 방식이 고정적이지 않고 변화무쌍한 데 반하여 후자가 지니는 관계의 방식은 계급이나 성(gender), 종족(영국인)의 고정적이고 영원불변의 속성(성격)이 관계를 결정한다는 것이다. 아이러니하게도 근대의 비평가들은 이와 같은 "계급이나 성, 종족의 고정적이고 영원불변의 속성이 관계를 결정"하는 소설의 서술방식을 순수문학이라고 규정하고, 나딘 고디머처럼 "고정적이지 않고 변화무쌍한 관계의 방식"을 이야기하는 소설의 서술방식을 정치(참여)문학이라고 규정하였다. 근대적인 문학비평가들에 의한 정치문학이라는 비판은 단지 나딘 고디머에 한정되는 것은 아니다. 나딘 고디머보다 훨씬 이전의 수많은 작가들이 정치적인 작가라고 무수히 많은 비난을 경험했다. 이들의 한결같은 특징은 부분적으로 그들의 문학서술 방식이 삶이 이루어지는 관계의 양식을 "고정적이지 않고 변화무쌍한 관계의 방식"으로 서술하고 있다는 점이다. 이런 측면에서 나딘 고디머를 "정치적인 작가"라고 명명하는 것은 나딘 고디머의 소설들이 "계급이나 성, 종족의 고정적이고 영원불변의 속성이 관계를 결정"하지 않는다는 것을 의미한다.

나딘 고디머의 소설들이 보여주는 19세기 소설들과 다른 새로운 관계의 삶의 방식에 대한 소설적 서술은 이미 19세기 후반과 20세기 초 서구작가들의 소설들에서 명확하게 드러난다. 가장 대표적으로 나딘 고디머가 인용하고 있는 막심 고리키는 부르주아 중산층계급의 고정적이고 영원불변의 속성이 삶의 관계를 결정하는 서술방식에서 벗어나 사회주의 리얼리즘 소설의 서술방식을 보여주고 있으며, 버지니아 울프(Virginia Woolf)는 사회적인 남성의 고정적이고 영원불변의 속성이 삶의 관계를 결정하는 서술방식에서 벗어나 여성주의 소설의 서술방식을 보여주고 있고, 윌리엄 예이츠(William Butler Yeats)는 영국인의 고정적이고 영원불변의 속성이 삶의 관계를 결정하는 전통적인 영국시의 서술방식에서 벗어나 탈식민주의적인 아일랜드 시의 서술방식을 보여주고 있다. 이러한 이유 때문에 들뢰즈는 "서구의 근대화과정은 지속적으로 (신)플라톤주의를 전복시키는 것"(Deleuze 1990b, p. 253)이라고 말한다. 고대의 이데아/현실의 이분법으로 존재한 플라톤주의의 근대적 변형은 데카르트의 정신/물질(몸)의 이분법으로 정신을 대표하는 서구(영국)·백인(부르주아)·남성을 이데아적인 것(진짜)으로 규정하고 그 이외의 것을 물질적인 헛된 것(가짜)로 규정하는 것이다. 따라서 근대 서구문학이 "플라톤주의를 전복하려는" 시도를 지속적으로 보여주면서도 이분법의 플라톤주의에서 벗어나지 못하는 이유는, 데카르트가 플라톤의 이상/현실을 기독교적인 정신/몸으로 대체한 것처럼 서구(영국)/비서구(아일랜드)를 아일랜드/영국으로 대체하거나, 백인(부르주아)/유색인(프롤레타리아)을 프롤레타리아/부르주아로 대체하거나 혹은 남성/여성을 여성/남성으로 대체하는 "전복"이라는 부분적인 성과와 "또 다른 이분법"이라는 한계 속에 머무르기 때문이다.

나딘 고디머의 소설들은 이와 같은 플라톤주의의 전복이라는 부분적인 성과와 또 다른 이분법에 의한 플라톤주의의 지속이라는 부분적인 한계에 머물러 있지 않다. 따라서 나딘 고디머를 탈식민주의 작가라고 명명하는 것은, 그녀의 소설문학이 달성한 백인/흑인의 이분법만 전복시키는 하나의 성과만을 부각시키고 다른 여러 가지의 성과들을 삭제해서 플라톤주의의 이분법을 변형된 형태로 존속시키는 근대적 문학비평의 한계라고 말할 수 있다. 그녀의 소설에는 서구/비서구, 백인/유색인, 남성/여성의 이분법이 아예 존재하지 않는다. 최초의 장편소설인 『거짓의 날들』(*The Lying Days*)부터 그녀의 소설에 등장하는 인물들은 모두 서구/비서구, 백인/흑인, 남성/여성의 이분법이 전혀 존재하지 않는 "노마드"들이다. 소설에 등장하는 인물들이 잠정적으로 서구적 사유방식이나 비서구적 사유방식을 선택하거나, 백인이나 흑인으로 삶의 관계를 맺거나, 혹은 남성이나 여성으로 존재하는 이유는 그녀의 소설이 다루는 소설적 공간이 남아프리카공화국임에도 불구하고 서구·백인·남성 중심주의가 작동되는 근대적 사회체제와 권력구조로 이루어져 있기 때문이다.

따라서 그녀의 소설에 등장하는 대부분의 인물들은 의식적이든지 무의식적이든지, 혹은 자발적이든지 강제적이든지 간에 서구나 비서구, 백인이나 흑인, 남성이나 여성으로 사유하고 존재하는 사회적 영토로부터 탈영토화하여 "노마드"가 된다. 사회적인 의식이나 존재의 영토가 서구·백인·남성 중심주의로 구성되어 있는 현실 속에서 노마드가 된다는 것은 노마드적인 삶의 구성요소인 "고정적이지 않고 변화무쌍한 관계의 방식"을 추구한다는 것을 의미한다.

나딘 고디머의 최초의 장편소설인 『거짓의 날들』은 헬렌 쇼(Hellen Shaw)의 젊은 날들을 다루고 있다. "거짓의 날들"이란 제목은 예이츠의 시에서 다루고 있는 "젊은 날들"에 대한 일종의 패러디 언어이다. 광산촌 중간간부의 아버지와 가정주부의 어머니를 두고 있는 평범한 중산층 백인소녀의 이야기에서 시작하는 소설은 헬렌이 "아버지-딸"이거나 "어머니-딸"이라는 근대의 가족관계로부터 탈영토화하여 네 개의 연인이나 친구의 관계를 구성하고, 마지막으로 그 관계들로부터 탈영토화하여 유럽을 향해 떠나는 것으로 끝맺는다. 이 과정에서 헬렌이 만나는 네 명의 인물은 자연주의자 루디 코흐(Ludi Koch), 자기정체성을 드러내지 않는 흑인 여대생 메리 세스와요(Mary Seswayo), 상류층 출신의 계몽주의적 사회주의 운동가 폴 클라크(Paul Clark) 그리고 마지막으로 개인적 관계의 생산성을 중시하는 유태인 요엘 아론(Joel Aaron)이다. 대학에 들어가면서 가족주의로부터 탈영토화한 헬렌은 루디와의 관계로부터 사회적 성(gender)의 영토에서 벗어나 자신의 몸이 지니는 대지의 특성을 발견하고, 메리와의 관계로부터 개 개인에게 내면화된 인종차별의 사회적이고 정치적인 영토의 현실적 실상을 발견하며, 폴과의 관계로부터 근대적 계몽주의가 지니는 백인/흑인의 지속적인 이분법의 반복을 경험한다.[2)]

헬렌이 가족주의의 근대적 정신으로부터 탈영토화하여 자연주의의 여성적 몸으로 재영토화하는 과정, 자연주의의 여성적 몸으로부터 흑인의 삶으로 재영토화하는 과정, 흑인의 삶에 대한 인식으로부터 근대적 계몽주의의 정치적 운동으로 재영토화하는 과정은 궁극적으로 남아프리카공화국의 근대적 서구·백인(인간)·남성 중심의 국가주의로부터 탈영토화하여 노마드적 개체의 삶을 추구하는 유럽의 세계로 나가는 재영토화의 "가능성"만이 남는다. 이것이 근대적 국가주의의 영토로부터 탈영토화하는 저항의 가능성이면서 새로운 미래의 생성적 관계를 구성하는 창조의 가능성인 이유는, 헬렌이 유럽으로 떠나는 과정에서 만나는 요엘과의 관계가 이전의 관계와 같은 시작과 끝이 없는 하나의 과정으로 남아 있기 때문이다. 헬렌은 유럽으로 떠나는 중이고, 요엘은 이스라엘로 떠나는 중이다. 따라서 헬렌과 요엘의 만남은 시작이면서 끝이고, 끝이면서 또한 시작이다. 이러한 과정은 들뢰즈가 노마드의 삶이나 노마드 공동체인 인간사회와 자연세계의 존재원칙 그리고 과거에 대한 저항과 미래의 창출이라는 현재라는 시간성이 지니는 탈영토화와 재영토화의 과정과 일치한다. 이러한 노마드의 삶의 과정은 마치 자연의 대지가 역사적 과정에 의하여 새로운 생명의 축적물을 쌓아나가는 것처럼 끊임없이 새로운 영토에 대한 감각과 느낌의 축적물들을 자신의 몸에 쌓아나가면서 내재성의 힘을 확산시킨다.

마치 『거짓의 날들』의 연작소설인 것처럼 『이방인들의 세계』는 전혀 반대의 방식으로 『거짓의 날들』이 보여주었던 탈영토화와 재영토화의 과정을 보여준다. 출판사 편집인이면서 영국 중 · 상류 사회의 삶이 지니고 있는 서구·백인·남성 중심주의의 나른함과 고루함의 생활을 견디지 못하는 토비 후드(Toby Hood)는 남아프리카공화국에 도착하면서부터 이곳이 주인이 없는 "이방인들의 세계"라는 것을 발견하고 역동적인 탈영토화와 재영토화의 과정이 남아프리카 사회의 파티문화에서 이루어지는 것을 발견한다. 파티문화가 지니는 과거의 영토에 대한 저항(탈영토화의 힘)과 미래의 새로운 영토의 창출(재영토화)이라는 이중성의 "현재"는 버지니아 울프의 『등대로』(*To the Lighthouse*)나 『댈러웨이 부인』(*Mrs. Dallaway*)에서 드러나는 무한한 감각의 정서와 느낌들이 소용돌이치는 "내재성의 장"(the plane of immanence)에 대한 묘사와 유사하다. 이러한 "내재성의 장"을 묘사하는 소설의 언어들은 과거의 영토를 지배하는 상징이나 은유에서 벗어나기 때문에 과거와 미래를 모두 포용하는 "지속"(duration)의 시간, 즉 들뢰즈가 "순수의 시간"이나 "생성의 시간"이라고 부르는 현재이다. 이 순수의 시간에서 토비가 만나는 역동적인 인간이 백인과 흑인이나 남성과 여성의 구별이 없이 모두와 친구이면서 연인이 되는 노마드, 즉 "새로운 인간"(new man)이라고 불리는 스티븐 사이톨(Steven Sitole)이다. 노마드적 특성에서 스티븐은 백인여성이면서 토비의 연인인 세실 로우(Cecil Rowe)와 비교되는데, 세실이 남성/여성의 근대적 이분법을 파괴했으면서도 백인/흑인의 또 다른 근대적 이분법을 유지하고 있다는 점에서 스티븐과 다르다. 스티븐이 지니는 이동의 자유로움, 직업의 자유로움 그리고 관계의 다양함은 그의 죽음 이후에 토비에게 정서와 느낌의 감염으로 살아난다.

서구·백인·남성 중심주의의 강력한 근대의 영토 때문에 토비의 이전 거주지였던 영국이나 남아프리카공화국의 백인사회에서 발견할 수 없는 스티븐의 삶, 즉 새로운 인간형의 노마드적 특성은 인종차별을 통한 사상차별인 아파르트헤이트로 드러나는 남아프리카공화국의 정치적 억압체제의 폭력으로 죽음을 당해야만 한다. 따라서 토비와 다른 인물들은 스티븐과의 관계 속에서 형성된 노마드의 내재적 힘을 축적하고 "언젠가 다시 남아프리카공화국으로 돌아오겠다"는 기약만을 남기고 떠난다. 이처럼 인간에 대한 서구·백인·남성 중심주의의 근대적 규정이 아닌 탈근대적 노마드의 자연스러운 탈영토화와 재영토화의 과정을 폭력적으로 방해하는 남아프리카공화국을 나딘 고디머는 "말기 부르주아의 세계"라고 부른다. 따라서 고디머의 『말기 부르주아의 세계』는 남아프리카공화국과 외부의 관계가 아니라 남아프리카공화국 내부의 삶을 다룬다. 상류층 백인 출신이면서 계몽주의적 사회주의의 지식으로 남아프리카공화국의 민주화운동에 투신하였다가 좌절한 전 남편의 자살사건을 알려주는 전보를 받은 이후의 하루 동안의 삶을 다루고 있는 『말기 부르주아의 세계』는 소설의 말미에 있는 "두렵다, 살아 있다, 두렵다, 살아 있다, 두렵다, 살아 있다…"(Gordimer 1966, p. 95)의 반복처럼 노마드적 삶의 핵심이라고 할 수 있는 현재라는 시간의 이중성을 적나라하게 보여준다. 시계 대신에 "심장의 맥박들"이 알려주는 현재라는 시간은 과거에서부터 지속하면서 폭력을 행사하고 있는 서구적 근대의 과거에 대한 저항의 "두려움"과 죽어가고 있는 근대

부르주아 세계에서 "살아 있음" 그 자체가 의미하는 이미 잉태되어 있는 미래의 세계를 창조하는 "생명성"의 이중성이다. 따라서 나딘 고디머가 이야기하는 "말기 부르주아의 세계"는 근대적 의미의 정치적 개념이 아니라 탈근대의 문화적 개념이다.

"나는 우리 시대를 말기 부르주아의 세계라고 지칭하는 책을 읽은 적이 있어. 그 말이 당신에게는 어떤 의미로 들려?"

나는 웃었다. 그것은 물 위를 스치는 바람처럼 나의 피부를 스치고 지나갔다. 때때로 어떤 단어들의 조합으로부터 무엇인가를 감지하는 느낌.

"그것은 멋있게 죽어가는 몰락의 느낌을 지니고 있어. 그러나 그것은 정치적인 개념규정이잖아. 그래서 나는 그것이 좋다고 생각하지 않아."

"맞아. 그러나 작가는, 그는 동독사람인데, 그것을 아주 광범위한 의미로 사용하고 있어. 그 말은 예술, 종교적인 신념, 기술, 과학적인 발견, 연애하는 것 등의 모든 것을 포용하고 있는 개념이야." (같은 책, p. 68)

"예술, 종교적인 신념, 기술, 과학적인 발견, 연애하는 것 등의 모든 것을 포용하"는 "말기 부르주아의 세계"라는 개념은 근대적 의미의 이성이나 합리적 판단으로 만들어지는 정치적 개념이 아니라, 이성이나 합리적 판단이 하나의 부분요소로 포함되어 있는 탈근대적 의미의 문화적 개념이다. 이러한 문화적 개념을 고디머는 "물 위를 스치는 바람처럼 나의 피부를 스치고 지나가"는 "어떤 단어들의 조합으로부터 무엇인가를 감지하는 느낌"이라고 표현하고 있다. 이러한 느낌은 "어린이가 항상 '저기 봐!' 하고 소리치면, 당신은 돌의 색깔들이나 나무 조각들과 같은 진정한 것들을 보게 된다"(같은 책, p. 12)고 말하는 "생성시키는 힘"(empowering force)과 "생성되는 힘"(empowered force)이 서로 균등하게 작용하는 관계 속에서 만들어지는 느낌이다. 주인공 엘리자베스는 하루 동안의 다양한 관계 속에서 기숙사에 있는 어린 아들 보보(Bobo)와의 관계와 사회주의 흑인 민족운동을 하는 루크(Luke)와의 관계에서 생성시키는 힘과 생성되는 힘이 서로 균등하게 작용하는 느낌을 지니며, 과거의 남편이었던 자살한 맥스와의 관계와 마찬가지로 동거하고 있는 백인 변호사 그래함(G. Mill)이나 양로원에 있는 노망이 든 할머니와의 관계에서 둘 중의 어느 하나의 힘만이 작동하는 파괴적 관계의 느낌을 지닌다. 이러한 죽어가고 있는 "말기 부르주아의 세계"와 새로 생성되고 있는 "노마드의 세계" 사이에서 엘리자베스는 "두려움"과 "살아 있음"이라는 현재의 이중성을 발견하는 것이다.

3. 존 쿳시의 노마드 문학

고디머의 소설들이 모두 과거에 대한 저항과 미래의 창출이라는 현재의 이중성 속에 무한히 머물러 있는 것만은 아니다. 『거짓의 날들』에서 보여주는 헬렌처럼 유럽으로 탈영토화하거나 『이방인들의 세계』에 있는 스티븐처럼 "새로운 인간"이 등장하는 것은 과거에 대한 저항뿐만 아니라 미래의 생성이 현재에도 끊임없이 존재한다는 노마드 문학의 역설이다. 그러나 문제는 이와 같은 미래의 생성이 항상 "가능성"으로만 존재하지 실제적인 삶의 모습으로 제시되지 않는다는 점이다. 탈영토화하는 과정의 노마드들만이 개별적으로 존재하지, 재영토화를 보여주는 노마드와 노마드의 관계적 생성물이 지속적으로 드러나지 않는다. 이러한 관계가 만드는 생성의 역설은 고디머의 마지막 소설이라고 할 수 있는 『자연의 놀이』(*A Sport of Nature*)에서 "무지개색깔의 가족"으로 이전의 소설들보다는 좀더 확실한 형태로 제시된다. 그러나 고디머가 궁극적으로 제시하는 것은 지속적으로 현존하고 있는 "무지개색깔의 가족"이 아니다. 단지 현재라는 과정에서 잠시 동안에 만들어진 무지개색깔의 가족은 "9밀리 파라빌럼 권총에서 나오는 두 발의 총성"으로 죽은 아버지이면서 남편인 와일라와 함께 사라져 버리고, 남아 있는 것은 단지 "무지개색깔의 가족"이 남긴 흔적, 즉 어린 아기뿐이다(Gordimer 1987, p. 240; 윤연정 2002, 52쪽).

현재라는 시간 속에서 과거에 대한 저항의 "두려움"만이 지속적으로 있고 미래를 창출하는 "살아 있음"의 즐거움이나 쾌락이 순간적으로만 존재하는 것은 남아프리카공화국에서 아파르트헤이트가 작동하는 근대성과 탈근대성이 혼재하고 있는 후기 부르주아 세계의 한계이지 소설가 나딘 고디머의 한계가 아니다. 노마드는 인간이나 자연 그리고 우주의 일반적이고 보편적인 존재양식이지, 서구·백인·남성 중심주의의 가족주의와 국가주의가 모든 개인적이고 사회적인 관계를 지배하는 근대적 생활방식 속에서 뚜렷하게 눈에 드러나는 현상이 아니다. 따라서 나딘 고디머의 노마드 문학은 남아프리카공화국에서 서구·백인·남성 중심주의의 근대성을 제도적으로 유지시켰던 아파르트헤이트가 폐지되는 1991년 이후의 노마드 문학텍스트들과 연관시켜서 살펴볼 때, 노마드 문학의 생성적 요소가 더욱 구체적으로 드러난다. 이러한 1991년 이후의 노마드 문학텍스트가 바로 존 쿳시의 소설들이다. 쿳시는 서구·백인·남성 중심주의의 제국주의적 근대의 대표적인 소설이라고 알려져 있는 다니엘 데포(Daniel Defoe)의 『로빈슨 크루소』를 탈식민주의적으로 패러디한 『적』(*Foe*, 1986)과 『마이클 K의 삶과 시대』(*Life & Times of Michael K, 1983*), 『야만인들을 기다리며』(*Waiting for the Barbarians*, 1980) 등과 같은 작품들을 발표하여 고디머와 함께 1991년 이전의 아파르트헤이트 폐지운동과 더불어 탈식민주의 작가로 활동한 소설가이다. 그러나 고디머가 1991년 노벨문학상을 받은 이후로 뚜렷한 작품활동을 하지 않은 것과는 대조적으로 쿳시는 1991년 이후에도 『불명예』(*Disgace*, 1999)[3]와 『젊음』(*Youth*, 2002) 같은 소설들을 발표하여 아파르트헤이트가 폐지된 이후의 탈근대적 상황에 있는 남아프리카공화국의 노마드 문학을 살펴볼 수 있는 좋은 기회를 제공한다.

그러나 무엇보다도 쿳시의 소설들이 고디머의 노마드 문학을 계승하고 있는 이유는, 고디머의 소설들에서 탈영토화하여 하나의 노마드적 "내재적 존재"로 사라져 버린 인물들이 아파르트헤이트 폐지 이후의 쿳시의 소설들에서 다시 살아나 새로운 생성적 관계의 회복을 추구하고 있다는 점일 것이다. 예를 들어 『거짓의 날들』에서 유럽으로 떠난 헬렌, 『이방인들의 세계』에서 스티븐의 죽음과 세실의 결혼으로 혼자가 된 토비, 『말기 부르주아의 세계』에서 살아 있음과 두려움의 혼돈 속에 머물러 있는 엘리자베스 그리고 『보존주의자』에서 마침내 백인들만이 여행하는 나라로 떠나버린 메링(Mehring) 그리고 『자연의 놀이』에서 남편이 살해당하고 혼자 방치되어 있는 힐렐라는 아파르트헤이트 폐지 이후의 "남아프리카공화국은 인간의 존엄성, 인종과 성 차별의 반대, 평등의 실현, 인간의 권리와 자유의 증진이라는 원칙에 기초해 세워진 국가"라는 탈근대적인 신헌법이 선포(1996)된 남아프리카공화국의 삶을 묘사하는 쿳시의 소설 『불명예』에서 영문학교수인 데이비드 루리(David Lurie)와 시골에서 조그만 농장을 경영하는 그의 레즈비언 딸 루시(Lucy)로 다시 등장한다. 물론 루리와 루시는 새로운 관계를 추구하고 있지만 그 관계가 쉽게 달성되지 않는다는 점에서 노마드이다. 노마드 문학에서 관계는 항상 과거를 재구성하고 미래를 창조하는 지속하고 있는 현재의 새로운 의미를 생성시킨다. 이런 측면에서 근대적 주체와 타자의 관계가 지배하고 있는 고디머의 소설에 등장하는 노마드의 관계는 항상 일시적이고 그 일시적인 관계마저도 폭력적이고 억압적인 사회적 제도에 의하여 무참하게 깨어진다. 그러나 쿳시의 노마드 문학에서 노마드와 노마드의 관계는 일시적인 것과 지속적인 것의 이중성을 지니며, 이러한 이중성의 관계가 끊임없이 지속되거나 일시적으로 관계를 맺었다가 중단되는 이유는 노마드와 노마드의 "생성시키는 힘"과 "생성되는 힘"이 서로 균형적으로 유지되느냐 아니냐에 달려 있다.

"이혼을 한 쉰두 살의 남자인 그는 스스로 생각하기에 섹스문제를 아주 잘 해결하고 있었다"로 시작하는 『불명예』에 등장하는 루리가 고디머의 소설에 등장하는 토비나 메링의 탈근대적 재현이라고 말하는 이유는, 소설의 초빈에 등장하는 루리가 토비나 메링과 마찬가지로 아무런 관계맺음도 지니지 않은 노마드로 등장하기 때문이다. 고디머의 『보존주의자』에 등장하는 메링처럼 루리는 진정한 관계맺음이 전혀 존재하지 않고 오직 자신의 사고 속에 갇혀 자신만을 인식적 주체의 "생각하는 나"(Thinking I)로 간주하고 외부적 대상은 모두 소유하거나 배척하는 물질적 대상들로만 인식한다. 근대적 자본을 통하여 오직 젊은 여성만을 섹스파트너로 관계 맺고자 하는 메링과 루리의 차이는 메링이 진정한 관계맺음의 대상을 농장으로 표현되는 자신의 영토로 설정하는 데 반하여, 루리가 진정한 관계맺음의 대상으로 설정하고 있는 것은 영국 낭만주의 시인인 바이런에 관한 예술적 지식이라는 것이다. 그러나 메링이 소유하여 보존하고자 하는 농장의 영토는 그가 순간순간 관계를 맺는 여성의 몸처럼 땅과 경작인의 상호 생성적 관계가 전혀 없는 메링을 받아들이지 않는다. 몸의 주인은 이성과 관념의 정신이 아니라 느낌과 정서의 대지인 것처럼, 땅의 주인은 자본이나 제도를 통한 소유자가 아니라 자연과 더불어 탈영토화와 재영토화의 과정 속에 있는 대지이다. 이러한 자발적인 정신적 고립을 통한 외부와의 관계단절로 드러나는 메링과 루리의 인간형은 서구·백인·남성 중심주의의 근대성이 작동하고 있는 자본주의의 사회체로 형성되는 전형적인 근대적 노마드이다.

근대적 형태의 노마드로 드러나는 근대적 자본가인 메링과 근대적 지식인인 루리의 또 다른 공통점은 생산성이 전혀 없고 소비성만이 가득 차 있는 젊은 여성과의 무분별한 섹스관계 때문에 자발적이지 않은 강제적인 탈영토화를 당한다는 것이다. 이러한 소비적 관계는 메링이 가지고 있는 근대적 의미의 자본이나 영토를 대표할 뿐만 아니라 루리가 지니고 있는 근대적 의미의 지식이나 대학교수라는 직위를 대표한다. 그러나 『보존주의자』에는 강제적 탈영토로 "백인들만이 여행하는 나라"로 떠난 메링과 더불어 태풍으로 모든 것이 뒤죽박죽이 된 대지와 흑인 농장노동자들만이 남아 있는 데 반하여 『불명예』에는 강제적 탈영토화를 당한 루리의 재영토화 과정 그리고 루리의 재영토화로 생산된 바이런에 관한 탈근대의 지식, 인간과 동물, 남성과 여성, 아버지와 딸의 생성적인 노마드의 관계가 존재한다. 쿳시의 『불명예』에는 서구·백인·남성 중심주의의 근대성에 의하여 형성된 근대의 기형적 노마드가 탈근대의 생성적 노마드가 되는 과정, 즉 근대적 의미의 "불명예"(dis-grace)가 탈근대적 의미의 "명예"(this-grace)가 되는 순간적이거나 일시적이지 않은 지속적인 탈근대적 재영토화의 세계가 제시되고 있다. 이러한 차이가 바로 아파르트헤이트가 폐지되기 이전의 남아프리카공화국과 아파르트헤이트가 폐지된 이후의 남아프리카공화국의 차이이고, 1991년의 아파르트헤이트 폐지 사건이 만든 이전의 근대와 이후의 탈근대가 지니는 노마드 문학의 차이일 것이다. "아파르트헤이트 폐지"라는 현재적 사건은 근대적 영토의 남아프리카공화국을 대지로 만드는 탈영토화의 특성과 대지의 남아프리카공화국을 전혀 다른 탈근대적 영토로 만드는 재영토화의 특성을 모두 지니고 있는 순수의 현재이며, 고디머가 그토록 갈망했던 과거에 대한 저항과 미래의 창출이라는 "가능성"과 "두려움의 광기"가 혼재하고 있는 "지속의 현재"(the present of duration)였다고 할 것이다.

근대적 의미의 "불명예"를 당하고 대학에서 스스로 물러난 루리가 찾아간 작은 농장을 경영하는 루시는 이미 "살아 있음"과 "두려움"의 와중에 있는 『거짓의 날들』의 헬렌이나 『말기 부르주아의 세계』의 엘리자베스가 아니라, 대지와의 생성적 관계 속에서 미래를 창출하는 "살아 있음"의 즐거움과 미래를 창출하는 "용감함의 광기"를 보여준다. 이것은 오늘날의 남아프리카공화국이 서구/비서구, 백인/흑인, 남성/여성의 근대적 이분법이나 이러한 이분법에 개별적으로 저항하는 후기근대의 탈식민주의, 생태주의 그리고 여성주의의 전치된 이분법도 완전히 사라진 노마드들의 세계, 즉 근대에서 완전히 벗어난 탈근대의 세계라는 것을 입증한다. 이러한 노마드들의 세계에서 루리와 루시의 관계는 가부장적 권위주의가 지배하는 가족주의의 가족관계가 아니라 서로서로 "생성시키는 힘"과 "생성되는 힘"이 균등하게 작용하는 친구관계의 가족이다. 이와 더불어 루시와 루리, 베브 쇼와 빌 쇼의 가족 그리고 흑인 동료인 페트루스의 가족이 맺는 노마드의 무리공동체는 그 어떠한 근대적 의미의 서열관계나 계급관계가 존재하지 않는 서로 상생적인 친구관계나 연인관계의 마을공동체이다. 이러한 노마드의 관계 속에서 루리는 근대적 의미의 "내가 가까이 했던 모든 여성들은 나에게 무엇인가를 가르쳤고… 나를 더 좋은 사람으로 만들었다"라는 인식과 더불어 근대적 의미의 "고상한 삶에 대한 믿음"을 버리고 "동물들과 공유하고 있는 〔노마드의〕 삶"에 대한 인식과 실천으로 여성 되기와 동물 되기, 탈근대의 지식인 되기를 달성한다. 루리가 바이런에 대한 글쓰기를 수행하면서 달성한 탈근대의 지식이 여성주의 문학에서 강조하는 여성 되기나 생태주의 문학에서 강조하는 동물 되기와 더불어 이루어진다는 점과 그의 탈근대적 지식의 핵심이 탈영토화와 재영토화의 과정이 삶의 리듬으로 구성되는 "음악적 글쓰기"라는 점은 고디머와 쿳시의 문학이 공통적으로 제시하고 있는 노마드적 삶의 관계, 즉 "고정적이지 않고 변화무쌍한 관계의 방식"을 추구하는 노마드 문학의 특성을 함축적으로 보여준다고 하겠다.

4. 노마드 문학의 탈근대성

지금까지 이른바 탈식민주의 문학작가들이라고 명명되고 있는 남아프리카공화국의 나딘 고디머와 존 쿳시의 소설들을 탈식민주의 문학비평 이론의 한계와 탈식민주의 문학텍스트들이 지니는 탈근대성을 함께 살펴보았다. 서구적 근대화과정으로 이룩한 제국주의적이고 식민주의적인 것에 대항하여 형성된 탈식민주의 문학이론은 제국주의나 식민주의에 대항하는 문학적 장점은 지니고 있지만, 또 다른 형식의 근대성이 만든 전치된 이분법을 재생산한다는 측면에서 문학적 폐해의 측면도 만만치 않다. 이런 측면에서 들뢰즈가 제시하는 "노마드" 문학은 탈식민주의 문학이론에서 이야기하는 탈식민적 저항뿐만 아니라 여성주의나 생태주의 문학이론에서 이야기하는 탈근대성을 함께 인식할 수 있는 문학적 글 읽기의 도구로 작동한다. 따라서 노마드 문학의 글 읽기는 근대적 폭력과 억압이 산재하고 있었던 식민지적 혹은 신식민지적인 1991년 이전의 남아프리카공화국에서 활동한 나딘 고디머의 소설텍스트들에서도 정치적 저항뿐만 아니라 문학적이거나 예술적인 생성을 읽어내는 도구이고, 탈근대적 상황에 도래한 1991년 이후의 존 쿳시의 텍스트들에서 문학적·예술적인 생성뿐만 아니라 일상적인 제도나 관계 속에 내재하고 있는 근대적 요소들에 대한 노마드적 저항을 읽을 수 있는 도구가 된다.

노마드 문학이 지니는 탈근대성은 단지 탈식민주의 문학텍스트들에 한정되어 있는 것은 아니다. 본론에서 살펴본 것처럼 나딘 고디머와 존 쿳시의 사회적 성(gender)에 아무런 구애가 없는 소설텍스트들은 근대적인 서구나 비서구, 남성과 여성, 인간과 동물의 구분이 없는 탈식민주의와 여성주의 그리고 생태주의 문학의 특성들을 골고루 보여주고 있다. 따라서 노마드 문학은 탈식민적 탈근대성뿐만 아니라 여성주의적 탈근대성과 생태주의적 탈근대성 모두 가능하다는 것을 보여준다. 그러나 문제는 한반도를 포함한 지구의 대부분 지역들이 남아프리카공화국이 달성한 정치적이고 사회적인 탈근대적 조건들을 획득하지 못하였다는 점일 것이다. 이러한 사회적이고 정치적인 근대의 한계 속에서 문학적 글쓰기와 글 읽기가 이루어지고 있는 현재는 과거에 대한 저항이나 과거의 지속이라는 측면이 강하게 부각되고, 미래의 생성이라는 측면은 크게 드러나지 않거나 내재성의 심연으로 가라앉기가 십상이다. 그럼에도 불구하고 노마드 문학을 통하여 탈식민적 탈근대성뿐만 아니라 여성적 탈근대성이나 생태주의적 탈근대성을 찾는 비평적 노력은 소설이나 시가 지니고 있는 문학적 잠재성을 더욱 드러내는 것이고, 자칫 빠질 수도 있는 미래에 대한 희망이 사라진 문학적 허무주의에서 벗어나 지역이나 종족(민족) 혹은 사회적 성의 구별이 아닌 인류의 보편적인 노마드 공동체의 미래를 노래하는 문학의 길이라고 하겠다.

주

1) Gordimer 1966. 나딘 고디머의 인용은 이 소설 이외에도 Gordimer 1956; 1958; 1974; 1987을 사용하고자 한다.
2) 『거짓의 날들』에 나타난 헬렌의 다양한 관계 속에서 헬렌이 만들어나가는 "소수자 되기"는 윤연정 2002 참조.
3) 이 소설이 지니는 탈근대성이나 노마드적 생성, 즉 감각적이고 정서적인 여성 되기와 동물 되기, 바이런에 관한 탈근대적 지식의 형성은 장시기 2004(66~86쪽) 참조. 이 글에서 필자는 쿳시의 소설을 국내에 번역되어 있는 제목과 같은 『추락』으로 번역하여 사용하였다. 그러나 이 글에서 필자는 소설의 전체적인 내용이나 이 글의 용도에 따라서 『불명예』라는 번역제목을 사용하고자 한다.

참고문헌

강우성(2007), 「이론의 죽음과 문화연구의 미래」, 동국대학교 통합인문학 문화학연계전공의 문화학 릴레이 특강발표.

고미숙(2001), 『한국의 근대성, 그 기원을 찾아서: 민족·섹슈얼리티·병리학』, 책세상

_____(2002), 「동아시아 근대(성) 형성, 그 차이와 반복」, 『모색』 창간호.

고은(2000), 『한용운평전』, 고려원.

고진하(1993), 『프란체스코의 새들』, 문학과 지성사.

김종갑(2001), 「문화연구와 영화연구」, 『안과밖』 제11호.

김지영(2003), 「포스트 서사학에서 헨리 제임스 시점의 재고찰」, 『2002년도 한국영어영문학회 학술발표회 발표논문집』, 한국영어영문학회.

김지하(2004), 『유목과 은둔』, 창작과비평사.

김태준(2004), 「서양의 충격과 동아시아」, 『한국문학의 동아시아적 시각』 3, 집문당.

김현(1969), 「여성주의의 승리」, 『현대문학』 178호/10월호.

나쓰메 소세키(1997), 『나는 고양이로소이다』, 유유정 옮김, 문학사상사.

_____(2000), 『마음·그후』, 서석연 옮김, 범우사.

만해 한용운(1998), 『한용운시전집』, 만해사상실천선양회 편, 장승.

박연규(2002), 「퍼스 기호학의 이해」, 『내러티브』 제5호.

박주식(1996), 「저항의 정치학: 탈식민주의 문학이론의 쟁점」, 『안과밖』 창간호, 창작과비평사.

송두율(1995), 『역사는 끝났는가』, 당대.

_____(2001), 『21세기와의 대화』, 한겨레신문사.

_____(2002), 『경계인의 사색』, 한겨레신문사.

송욱(1974), 『님의 침묵 전편해설』, 일조각.

심경석(2002), 「영화 보기/읽기와 영문학 교육」, 『안과밖』 제13호.

에이메 세제르(2004), 『식민주의에 관한 담론』(*Discourse on Colonialism*), 이석호 옮김, 동인.

와카바야시 미키오(2006), 『지도의 상상력』, 정선태 옮김, 산처럼.

윌리암 세익스피어(1995), 『세익스피어 전집』 제3개정판, 김재남 옮김, 을지서적.

윤연정(2002), 「소수자 되기와 경계적 글쓰기: 나딘 고디머의 『거짓의 날들』과 『자연의 놀이』」, 동국대학교 대학원 영문학석사학위논문.

윤효녕(1999), 「바이런의 낭만주의 비판」, 『안과밖』 제6호, 영미문학연구회.

이언 와트(1999), 『소설의 발생』, 전철민 옮김, 열린책들.

이은봉(2004), 「순환(循環)하고 연기(緣起)하는 생로병사」, 김지하, 『유목과 은둔』, 창작과 비평사.

이창배(1999), 『포스트모던 시대의 문학의 위기』, 동국대학교 출판부.

장시기(2000), 「원효와 들뢰즈-가타리의 만남: 깨달음의 몸과 기관들 없는 몸」, 『선학사상』 창간호.

———(2001a), 『근대와 탈근대의 접경지역들』, 사람생각.

———(2001b), 「〈죽음의 배〉에 나타난 로렌스(D. H. Lawrence)의 생명시학」, 『근대와 탈근대의 접경지역들』.

———(2002a), 「사건의 의미에 대한 역설의 서사학」, 『내러티브』 제5호, 한국서사학회.

———(2002b), 「동아시아의 근대형성과 전지구적 탈근대」, 『영미문화』 제2권 1호.

———(2003), 「만해 한용운의 불교적 '노마돌로지'에 나타난 근대성과 탈근대성」, 『2003卍海祝典』, 만해사상실천선양회.

———(2004), 「다가온 미래와 미래의 인간: 존 쿳지(J. M. Coetzee)의 『추락』(*Disgrace*)」, 『문학과 환경』 통권 3호, 문학과 환경학회.

———(2005), 『노자와 들뢰즈의 노마돌로지』, 당대.

———(2006), 「남아프리카의 노마드적 주체와 탈근대 지식」, 『우리 안의 보편성』, 한울아카데미.

전인한(2002), 「두 유혹 사이에서: 영화와 문학」, 『안과밖』 제13호.

정규환(2001), 「문학과 영상의 밀월을 돌아봄」, 『영미문학교육』 제5호.

조은(2003), 『침묵으로 지은 집』, 문학동네.

질 들뢰즈(1999), 『의미의 논리』, 이정우 옮김, 한길사.

질 들뢰즈, 펠릭스 가타리(1995), 『철학이란 무엇인가』, 이정임·윤정임 옮김, 현대사.

최재봉(2003), 「'문제적 개인' 송두율」, 『한겨레신문』(2003. 11. 4)

카라따니 코오진(柄谷行人)(1998), 「일본정신분석」, 박유하 옮김, 『창작과비평』 가을호, 창작과비평사.

토마스 메드윈(2004), 『바이런』, 김명복 옮김, 태학사.

토마스 샤츠(1995), 『할리우드 장르의 구조』, 한창호·허문영 옮김, 도서출판 한나래.

후지이 쇼조(2001), 『현대중국, 영화로 가다』, 김양수 옮김, 지호.

히야마 히사오(2000), 『동양적 근대의 창출』, 정선태 역, 소명출판.

魯迅(1985), 「燈下漫筆」, 『魯迅文集 I』, 竹內好 譯註, 한무희 옮김, 일월서각.

———(1985), 「燈下漫筆」, 『魯迅文集 II』, 竹內好 譯註, 한무희 옮김, 일월서각.

———(1987), 「燈下漫筆」, 『魯迅文集 Ⅲ』, 竹內好 譯註, 한무희 옮김, 일월서각.

____(1986), 「燈下漫筆」, 『魯迅文集 IV』, 竹內好 譯註, 한무희 옮김, 일월서각.
____(1987), 「燈下漫筆」, 『魯迅文集 V』, 竹內好 譯註, 한무희 옮김, 일월서각.
____(1987), 「燈下漫筆」, 『魯迅文集 VI』, 竹內好 譯註, 한무희 옮김, 일월서각.

Aldington, Richard(1970), D. H. Lawrence as Poet,"*Saturday Review of Literature*(1926. 5. 1), Ed. by R. P. Draper, D. H. Lawrence ed., London: Routledge & Kegan Paul.

Arnold, Matthew(1869), *Culture and Anarchy*, London: Cambridge University Press.

Bakhtin, M. M.(1981), *The Dialogic Imagination*, Michael Holquist ed., Caryl Emerson and Michael Holquist trans., Austin: The University of Texas Press.

Barry, Peter(1995), *Beginning Theory*, Oxford: Manchester University Press.

Berman, Marshall(1982), *All That Is Solid Melts into Air: The Experience of Modernity*, New York: Simon and Schuster.

Bourdieu, Pierre(1984), *Distinction: A Social Critique of the Judgement of Taste*, Richard Nice trans., Cambridge/Mass.: Harvard University Press.

Brink, Andre(2005), *Before I Forget*, London: Vintage.

Buchanan, Ian(2001). "Deleuze and Cultural Studies," *Deleuze and Guattari* vol. 1, Gary Enosko ed., London and New York: Routledge.

Buchley, Jerome H.(1970), "Autobiography in the English Bildungsroman," *The Interpretation: Theory and Practice*, Morton Bloomfield ed., Cambridge: Harvard University Press.

Cahoone, Lawrence E.(1988), *The Dilemma of Modernity*, Albany: State University of New York Press.

Coetzee, J. M.(1999), *Disgrace*, New York: Penguin Books.

Conley, Verena Andermatt(1997), *Ecopolitics*, London and New York: Routledge.

____(2001), "New Ecological Territories," *Deleuze and Guattari* vol. 1, Gary Enosko ed., London and New York: Routledge.

Deleuze, Gilles and Felix Guattari(1984), *Anti-Oedipus*, Robert Hurley, Mark Seem, and Helen R. Lanetrans., London: The Athlone Press.

____(1987), *A Thousand Plateaus*, Brian Massumi trans., Minneapolis: University of Minneapolis Press.

____(1994), *What Is Philosophy?*, Hugh Tomlinson and Graham Burchell trans.,

New York: Columbia University Press.

Deleuze, Gilles(1985), *Cinema 2*, Hugh Tomlinson and Robert Galeta trans., Minneapolis: University of Minnesota Press.

——(1986), *Cinema 1: The Movement Image*, Hugh Tomlinson and Barbara Habberjam trans., Minneapolis: University of Minnesota Press.

——(1990a), *The Logic of Sense*, Mark Lester and Charles Stivale trans., New York: Columbia University Press.

——(1990b), "The Simulacrum and Ancient Philosophy," *The Logic of Sense*, Mark Lester and Charles Stivale trans., New York: Columbia University Press.

Derrida, Jacques(1973), *Speech and Phenomena*, David B. Allison trans., Evanston: Northwestern University Press.

——(1976), *Of Grammatology*, Gayatri Chakravorty Spivak trans., Baltimore and London: The Johns Hopkins University Press.

——(1978), *Writing and Difference*, Allan Bass trans., Chicago: The University of Chicago Press.

du Preez, Max(2003), *Pale Native*, Cape Town: Zebra Press.

——(2004), *Of Warriors, Lovers and Prophets*, Cape Town: Zebra Press.

Eaglestone Robert(2000), *doing english*, London and New york: Routledge.

Foucault, Michel(1975), *Discipline and Punish: The Birth of the Prison*, London: Allen Lane.

Frow, John(1995), *Cultural Studies and Cultural Value*, Oxford: Clarendon Press.

Genosko, Gary(2001), "Freud' s Bestiary," *Deleuze and Guattari*, Gary Genosko ed., London and New York: Routledge.

Giles, Judy and Tim Middleton(1999), *Studying Culture*, Oxford: Blackwell Publishers Ltd.

Gordimer, Nadine(1956), *The Lying Days*, New York: Penguin Books Ltd.

——(1958), *A World of Strangers*, London: Penguin Books Ltd.

——(1974), *The Conservationist*, London: Penguin Books Ltd.

——(1987), *A Sport of Nature*, New York: Alfred A. Knopf.

——(1996), *The Late Bourgeois World*, London: Penguin Books Ltd.

Grahame, Kenneth(1983), *The Wind in the Willows*, London: Oxford University Press.

Green, Robert(1992), "The Novels of Nadine Gordimer," *South African English*

Literature, Michael Chapman, Colin Gardner and Es'Kia Mphahlele eds., Parklands: Ad. Donker Publisher.

Hanson, Victor Davis(2001), *Why the West Has Won*, New York: Random House.

Heller, Agnes(1999), *A Theory of Modernity*, Malden: Blackwell Publishers.

Heyns, Michiel(2002), "'Call No Man Happy': Perversity as Narrative Principle in *Disgrace*," *English Studies in Africa* vol. 45/no. 1.

Hicks, D. Emily(2001), "Deterritorialization and Border Writing," *Deleuze and Guattari*, Gary Genosko ed., London and New York: Routledge.

Jameson, Fredric(1972), The Prison-House of Language, New Jersey: Princeton University Press.

_____(1984), "Postmodernism or the Cultural Logic of Late Capitalism," *New Left Review* no. 146/July-August.

_____(1991), *Postmodernism or the Cultural Logic of Late Capitalism*, Durham: Duke University Press.

Kuper, Andrew and J. Kuper eds.(1985), *The Social Science Encyclopedia*, London: Routledge.

Lawrence, D. H.(1962), "Letter to J. M. Murry, May 20. 1929," *The Collected Letters of D. H. Lawrence* vol. 2, Harry T. Moore ed., New York: Viking.

_____(1977), *Selected Poems*, Middlesex: Penguin Books Ltd.

Legler, Gretchen(1998), "Body Politics in American Nature Writing. 'Who may contest for what the body of nature will be'," *Writing Environment*, Richard Kerridge & Neil Sammells ed., London & New York: Zed Books Ltd.

Machlup, Fritz(1962), *The Production and Distribution of Knowledge in the United States Princeton*, N. J.: Princeton University Press.

Massumi, Brian(1992), *A User's Guide to Capitalism and Schizophrenia*, Mass.: MIT.

Mathew, Roberts(1989), "Poetics Hermenutics Dialogics: Bakhtin and Paul de Man," *Rethinking Bakhtin*, Gary Saul Morson and Caryl Emerson ed., Evanston: Northwester University Press.

Meredith, Martin(2005), *The State of Africa*, London: Free Press.

Patton, Paul(2001), "Deleuze and Guattari: Ethics and Post-modernity," *Deleuze and Guattari*, Gary Genosko ed., London and New York: Routledge.

_____(2003), "Life, Becoming-Animal, and People to Come," *2003: The Future of*

Cyber, Virtual, and Bio Literature, Korea: The New Korean Association of English & Literature.

Roberts, Mathew(1989), "Poetics Hermenutics Dialogics: Bakhtin and Paul de Man," *Rethinking Bakhtin*, Gary Saul Morson and Caryl Emerson eds., Evanston: Northwester University Press.

Rubin, Michael Rogers and Mary Taylor Huber(1986), *The Knowledge Industry in the US*, Princeton/N. J.: Princeton University Press.

Said, Edward(1978), *Orientalism*, New York: Pantheon Books.

Scherer, Rene(2001), "On Four Formulas That Might Sum up The Deleuzian Philosophy," *Deleuze and Guattari*, Gary Genosko ed., London and New York: Routledge.

Shakespeare, William(1952), *King Lear*, Kenneth Muir ed., London: Methuen & Co Ltd.

Slavoj Zizek(1999), "Fantasy as a Political Category," *The Zizek Reader*, Elizabeth Wright and Edmond Wright ed., Oxford: Blackwell Publishers.

Smiley, Jane(1991), *A Thousand Acres*, New York: Fawcett Columbine.

Stotko, Mary-Ann(2002), *South Africa*, Milwaukee: Gareth Stevens Publishing.

Strauss, Peter(1992), "J. M. Coetzee," *South African English Literature*, Michael Chapman, Colin Gardner and Es'Kia Mphahlele eds., Parklands: Ad. Donker Publisher.

Tomlinson, John(1999), *Globalization and Culture*, Cambridge: Polity Press.

Webster, Roger(1996), *Studying Literary Theory*, London & New York: Arnold.

Williams, Raymond(1961), *The Long Revolution*, London: Chatto and Windus.

______(1976), *Keywords: A Vocabulary of Culture and Society*, London: Fontana.

Wordsworth, William(1904), *Wordworth Poetical Works*, Thomas Hutchinson ed., Oxford: Oxford University Press.

찾아보기